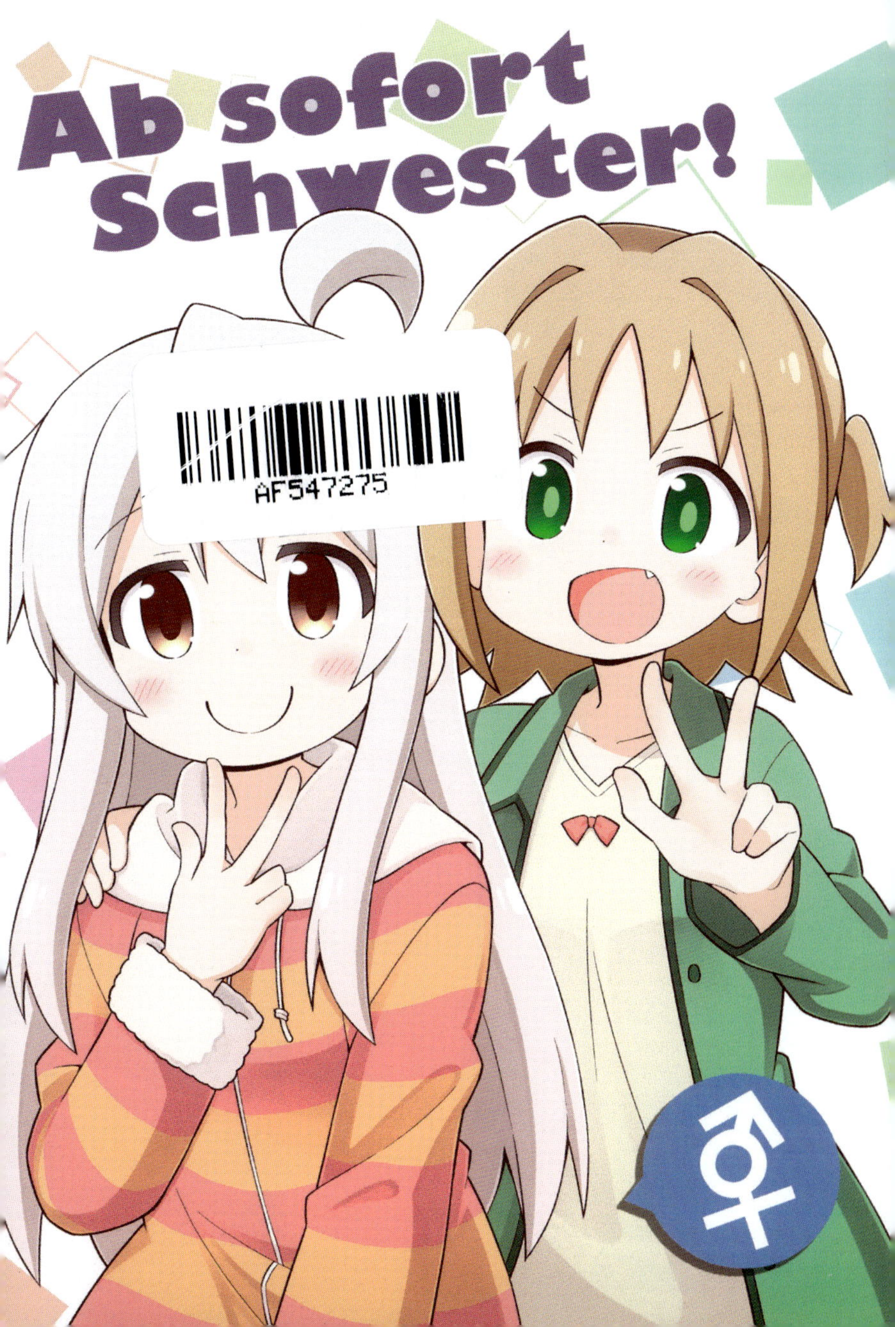
Ab sofort
Schwester!

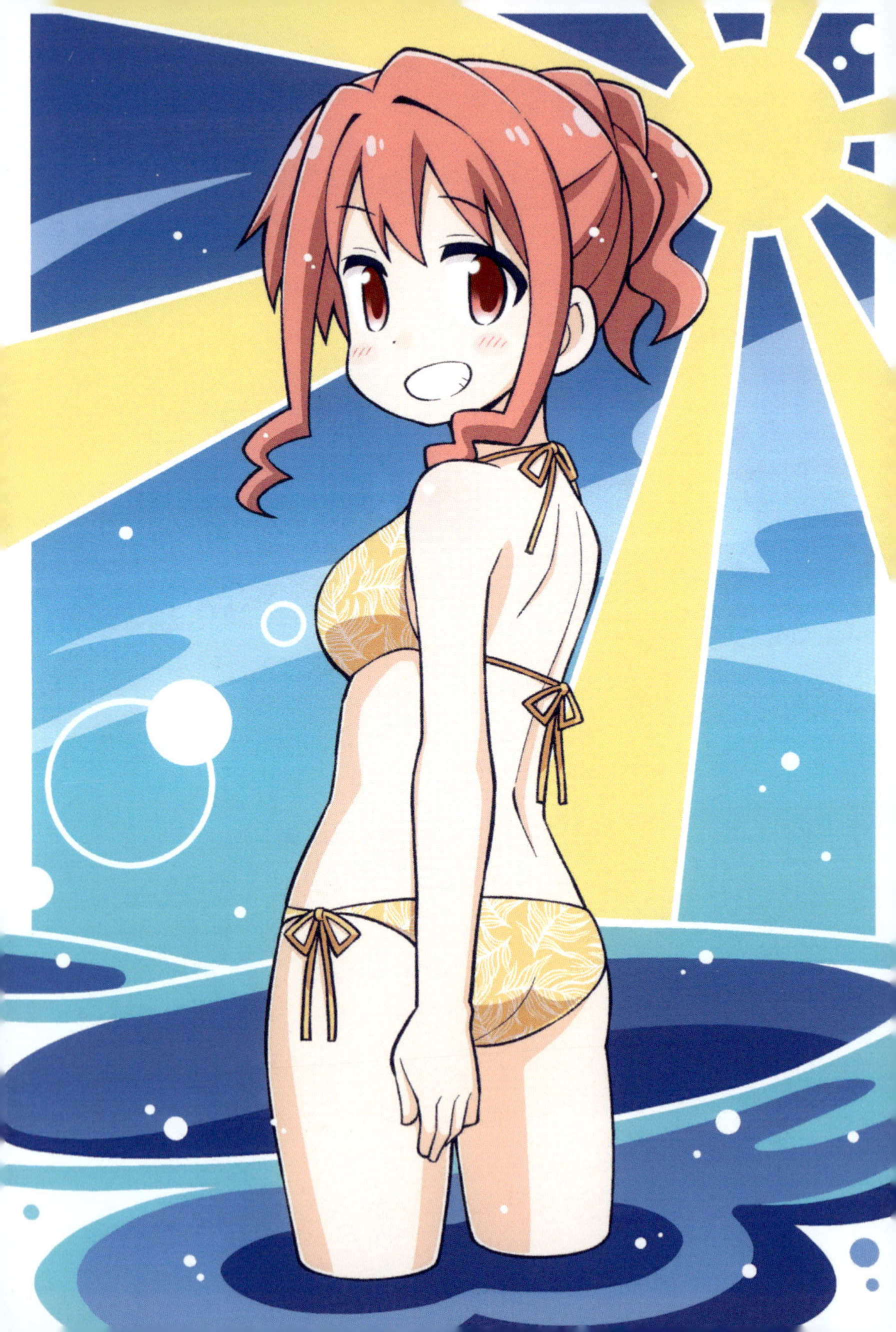

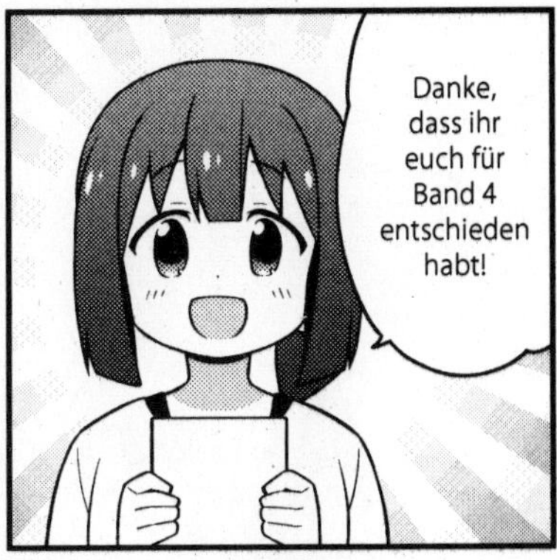
Danke, dass ihr euch für Band 4 entschieden habt!

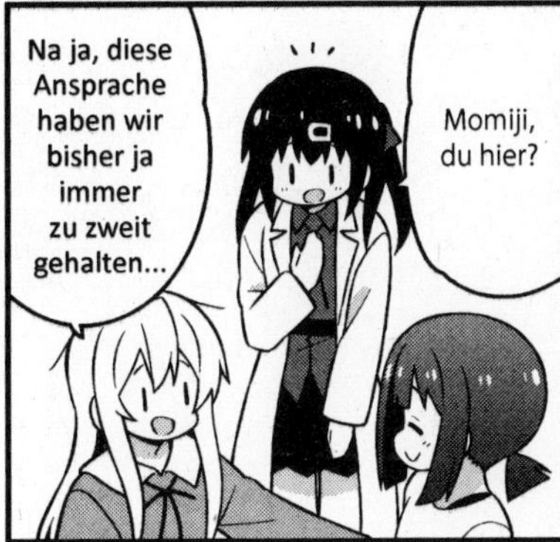
Momiji, du hier?
Na ja, diese Ansprache haben wir bisher ja immer zu zweit gehalten...

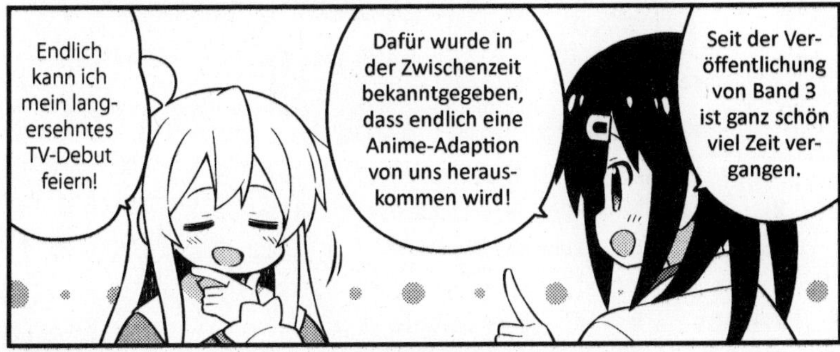
Seit der Veröffentlichung von Band 3 ist ganz schön viel Zeit vergangen.
Dafür wurde in der Zwischenzeit bekanntgegeben, dass endlich eine Anime-Adaption von uns herauskommen wird!
Endlich kann ich mein langersehntes TV-Debut feiern!

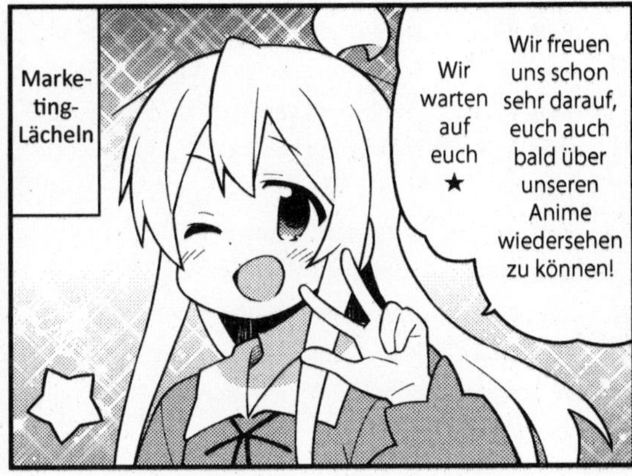
Wir freuen uns schon sehr darauf, euch auch bald über unseren Anime wiedersehen zu können!
Wir warten auf euch ★
Marketing-Lächeln

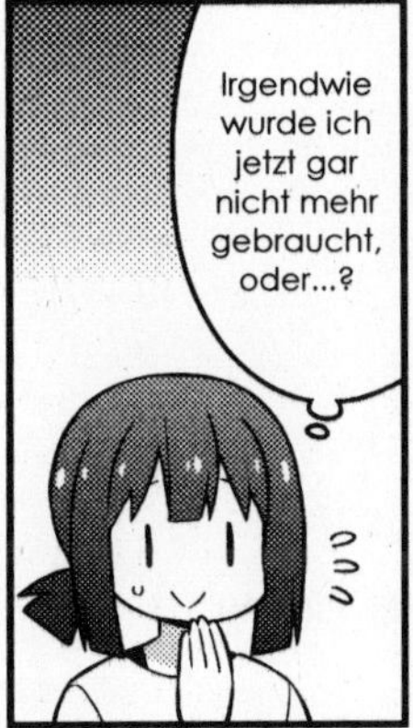
Irgendwie wurde ich jetzt gar nicht mehr gebraucht, oder...?

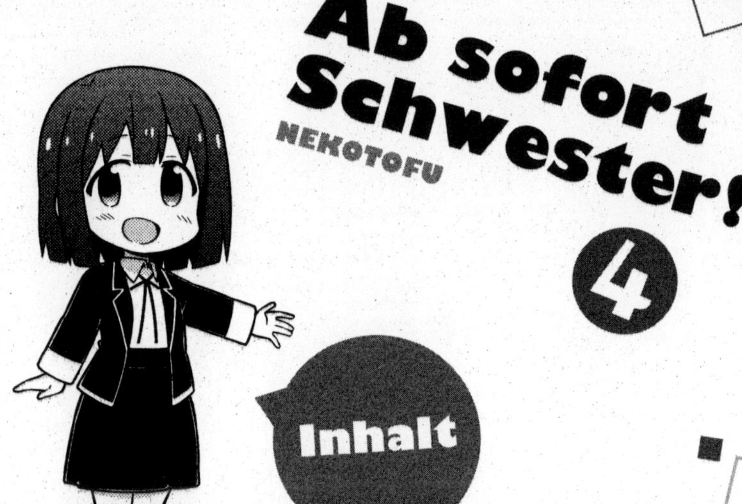

Inhalt

☼ = 8 Comicstrips extra für die Printausgabe!

- Kap. 28 -

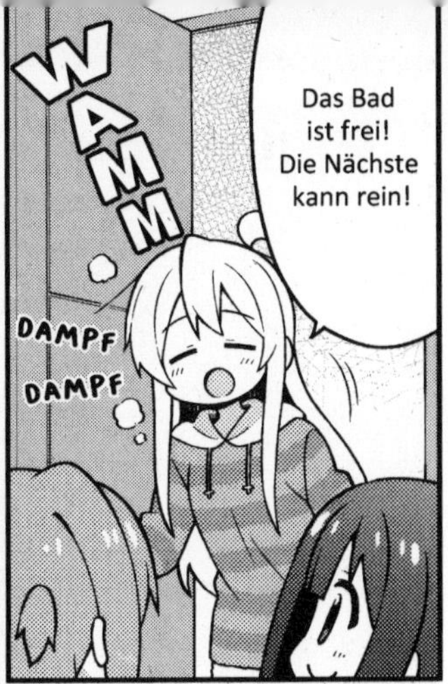
WAMM
Das Bad ist frei! Die Nächste kann rein!
DAMPF
DAMPF

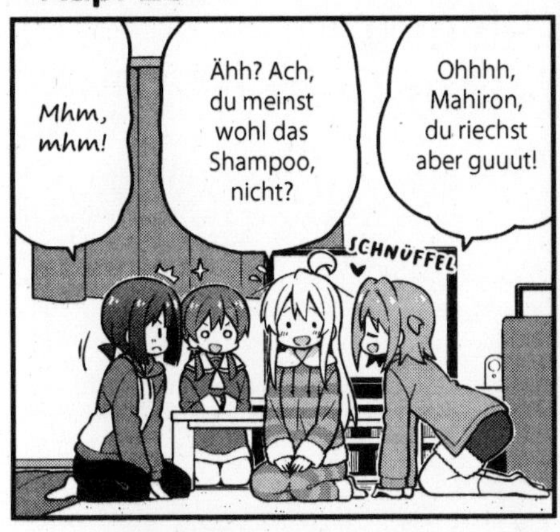
Ohhhh, Mahiron, du riechst aber guuut!
SCHNÜFFEL
Ähh? Ach, du meinst wohl das Shampoo, nicht?
Mhm, mhm!

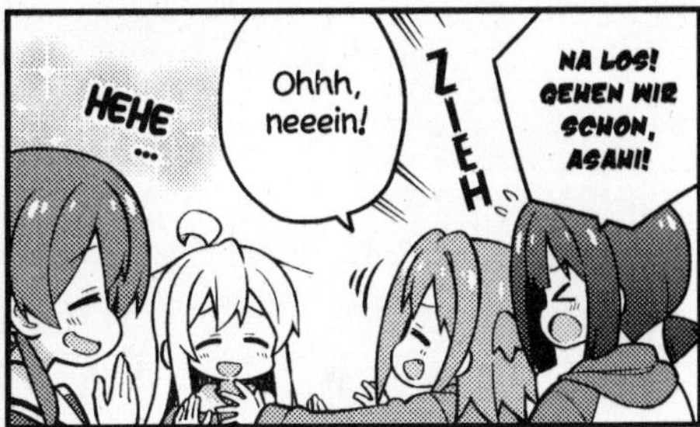
NA LOS! GEHEN WIR SCHON, ASAHI!
ZIEH
Ohhh, neeein!
HEHE ...

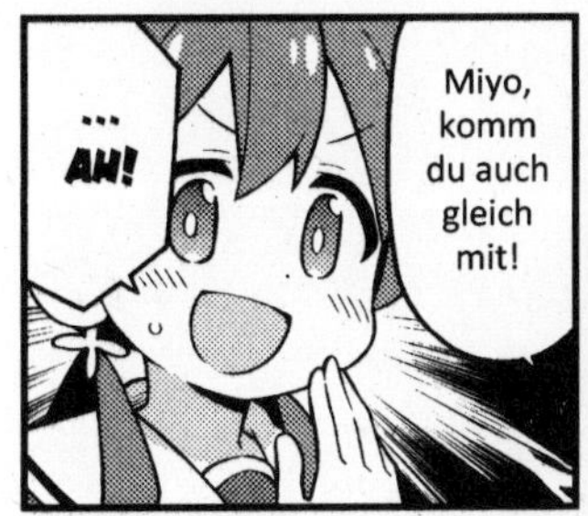
Miyo, komm du auch gleich mit!
... AH!

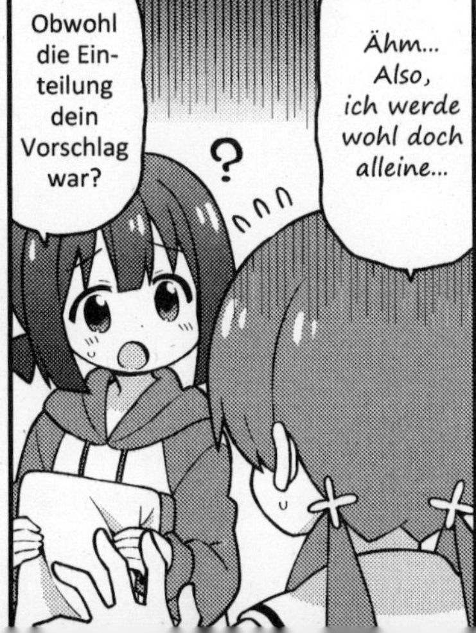
Ähm... Also, ich werde wohl doch alleine...
Obwohl die Einteilung dein Vorschlag war?
?

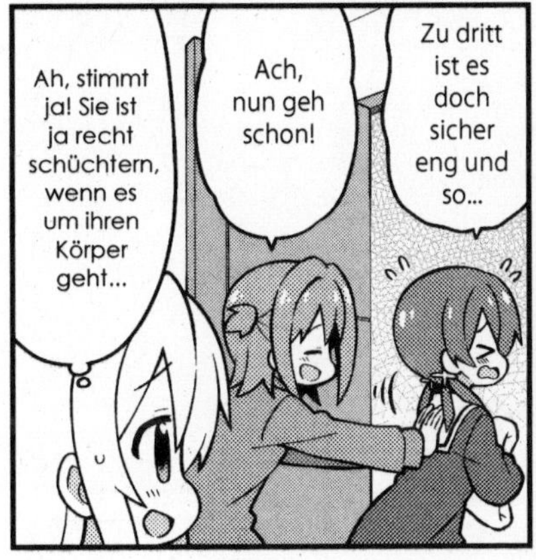
Zu dritt ist es doch sicher eng und so...
Ach, nun geh schon!
Ah, stimmt ja! Sie ist ja recht schüchtern, wenn es um ihren Körper geht...

Kapitel 28 : Mahiro und der Mädchenabend (Teil 2)

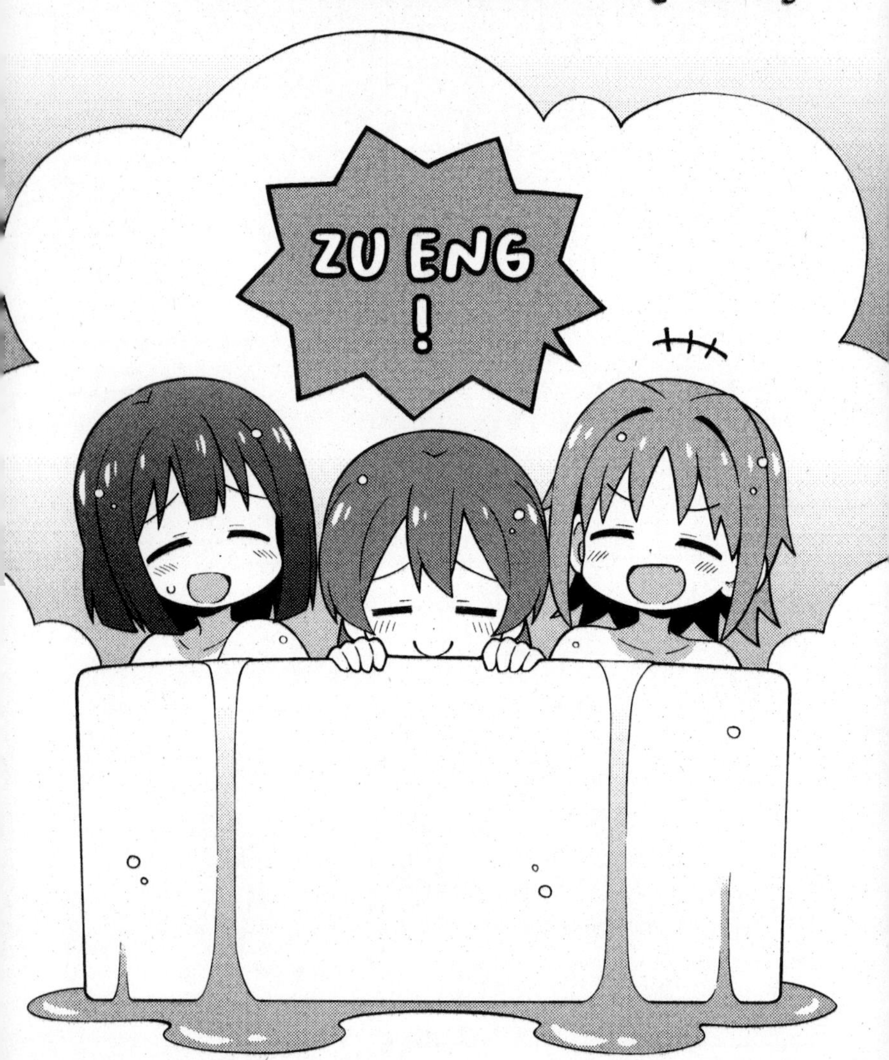

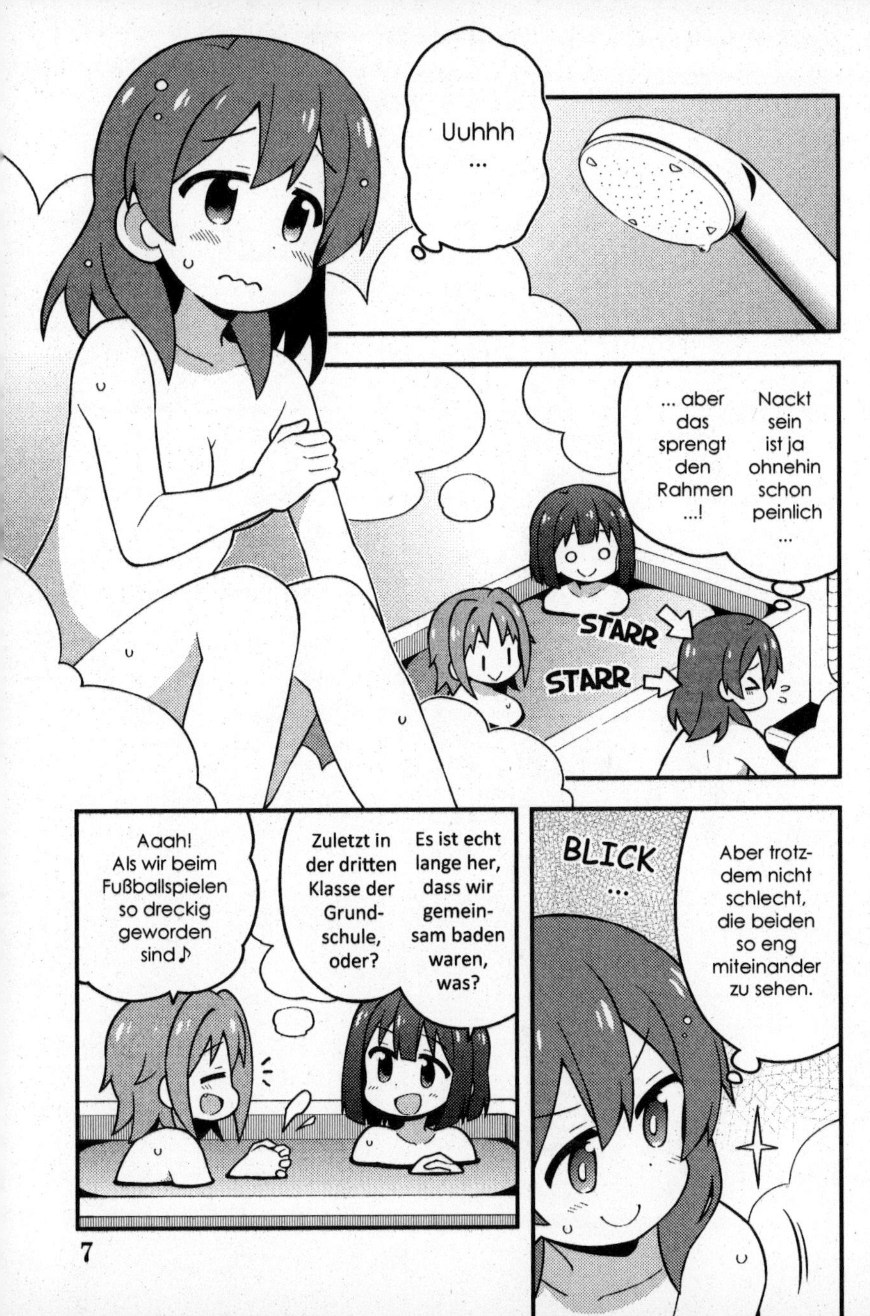
Uuhhh ...
Nackt sein ist ja ohnehin schon peinlich ...
... aber das sprengt den Rahmen ...!
STARR
STARR
Es ist echt lange her, dass wir gemeinsam baden waren, was?
Zuletzt in der dritten Klasse der Grundschule, oder?
Aaah! Als wir beim Fußballspielen so dreckig geworden sind♪
BLICK ...
Aber trotzdem nicht schlecht, die beiden so eng miteinander zu sehen.

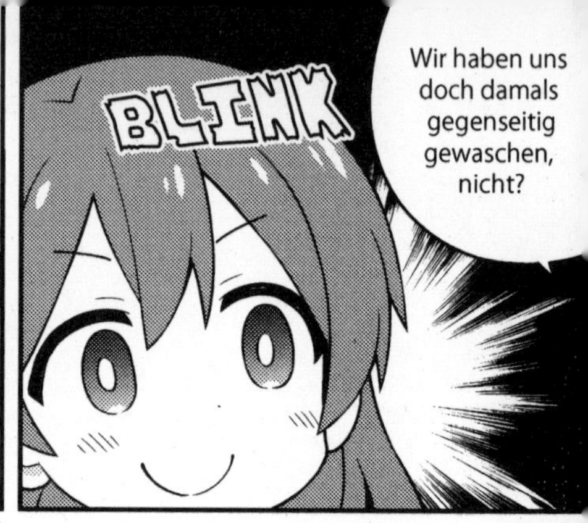
Wir haben uns doch damals gegenseitig gewaschen, nicht?
BLINK

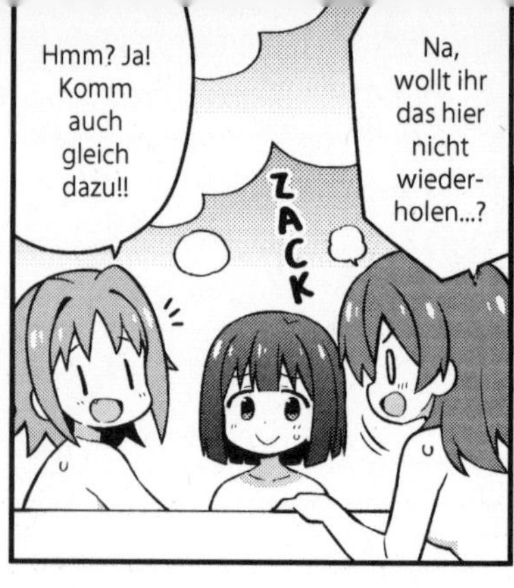
Na, wollt ihr das hier nicht wieder-holen...?
ZACK
Hmm? Ja! Komm auch gleich dazu!!

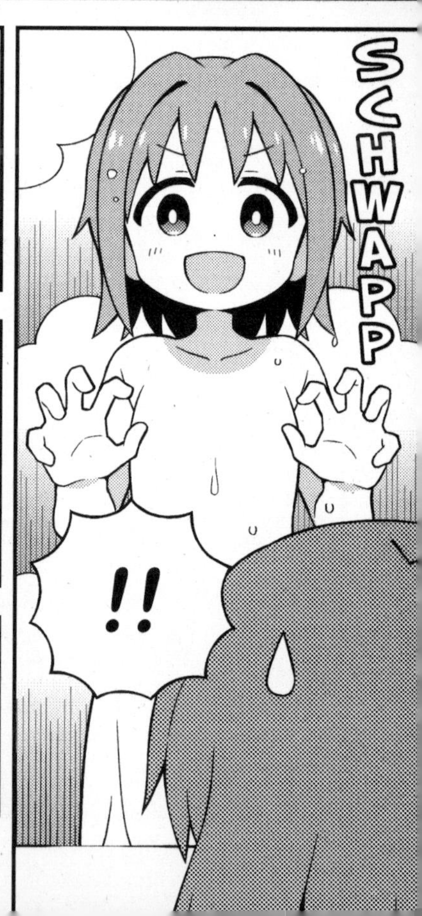
SCHWAPP
!!

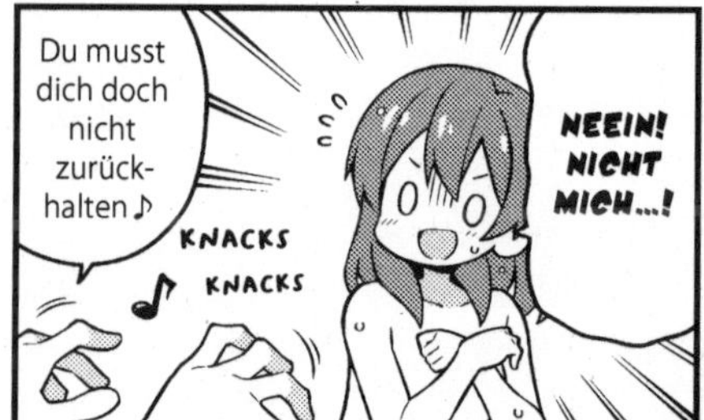
NEEIN! NICHT MICH...!
Du musst dich doch nicht zurück-halten♪
KNACKS
KNACKS

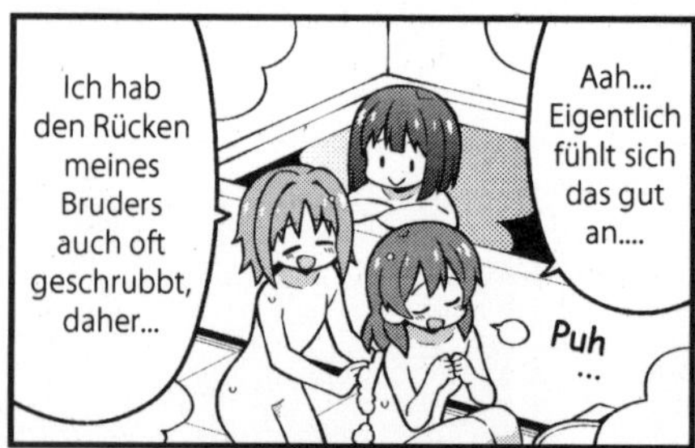
Aah... Eigentlich fühlt sich das gut an....
Puh ...
Ich hab den Rücken meines Bruders auch oft geschrubbt, daher...

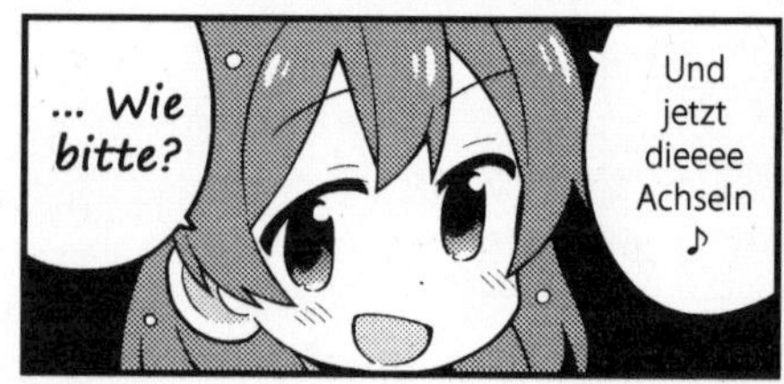
Und jetzt dieeee Achseln ♪
... Wie bitte?

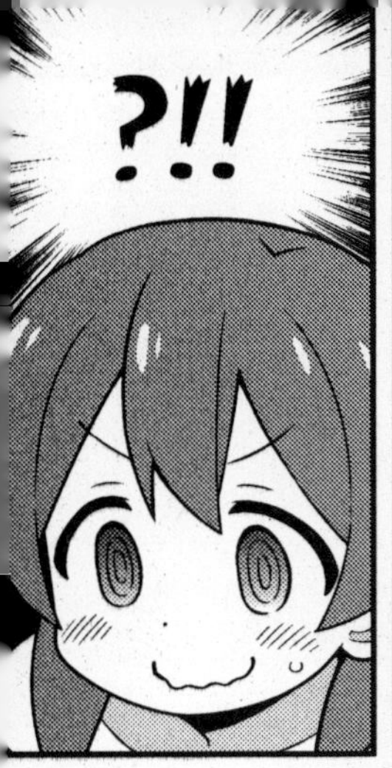
?!!

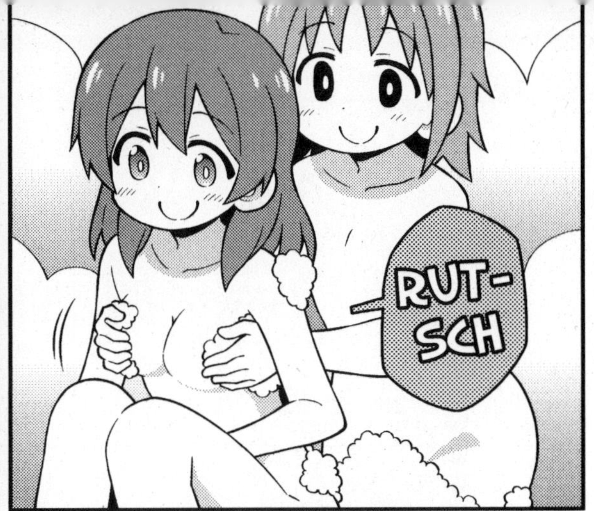
RUT-
SCH

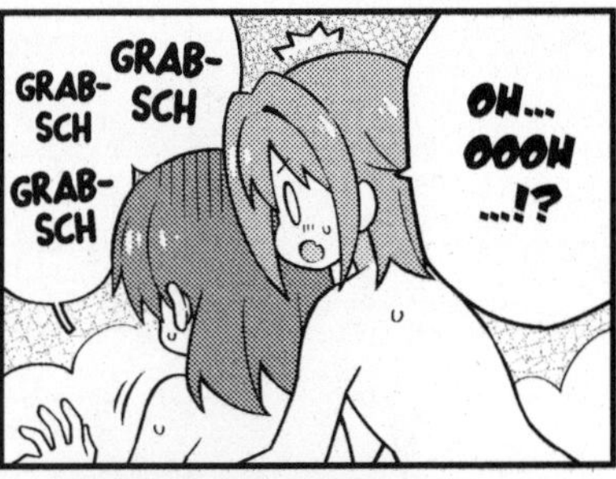
OH...
OOOH
...!?
GRAB-
SCH
GRAB-
SCH
GRAB-
SCH

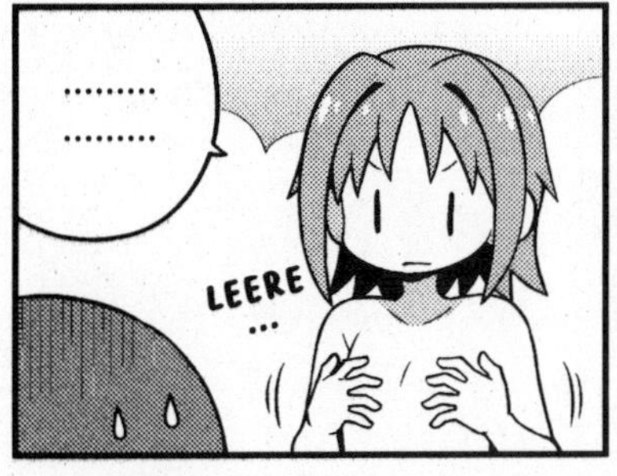
....
....
LEERE
...

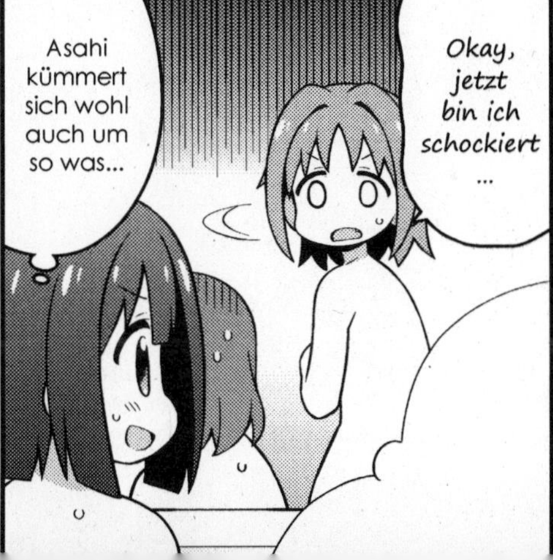
Okay, jetzt bin ich schockiert ...
Asahi kümmert sich wohl auch um so was...

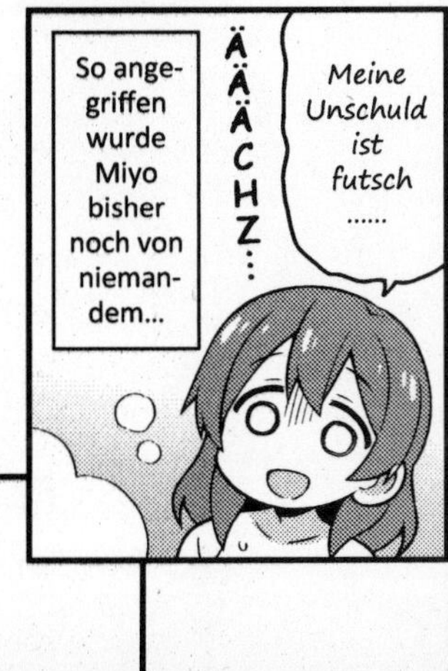
Meine Unschuld ist futsch ......
ÄÄÄCHZ...
So ange-griffen wurde Miyo bisher noch von nieman-dem...

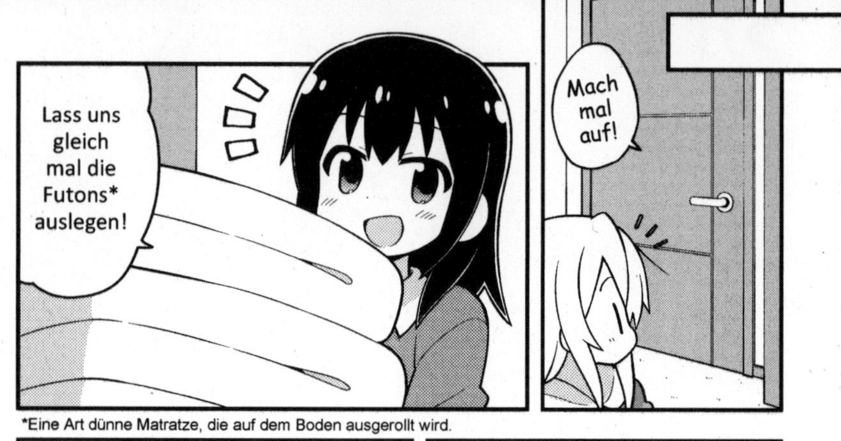

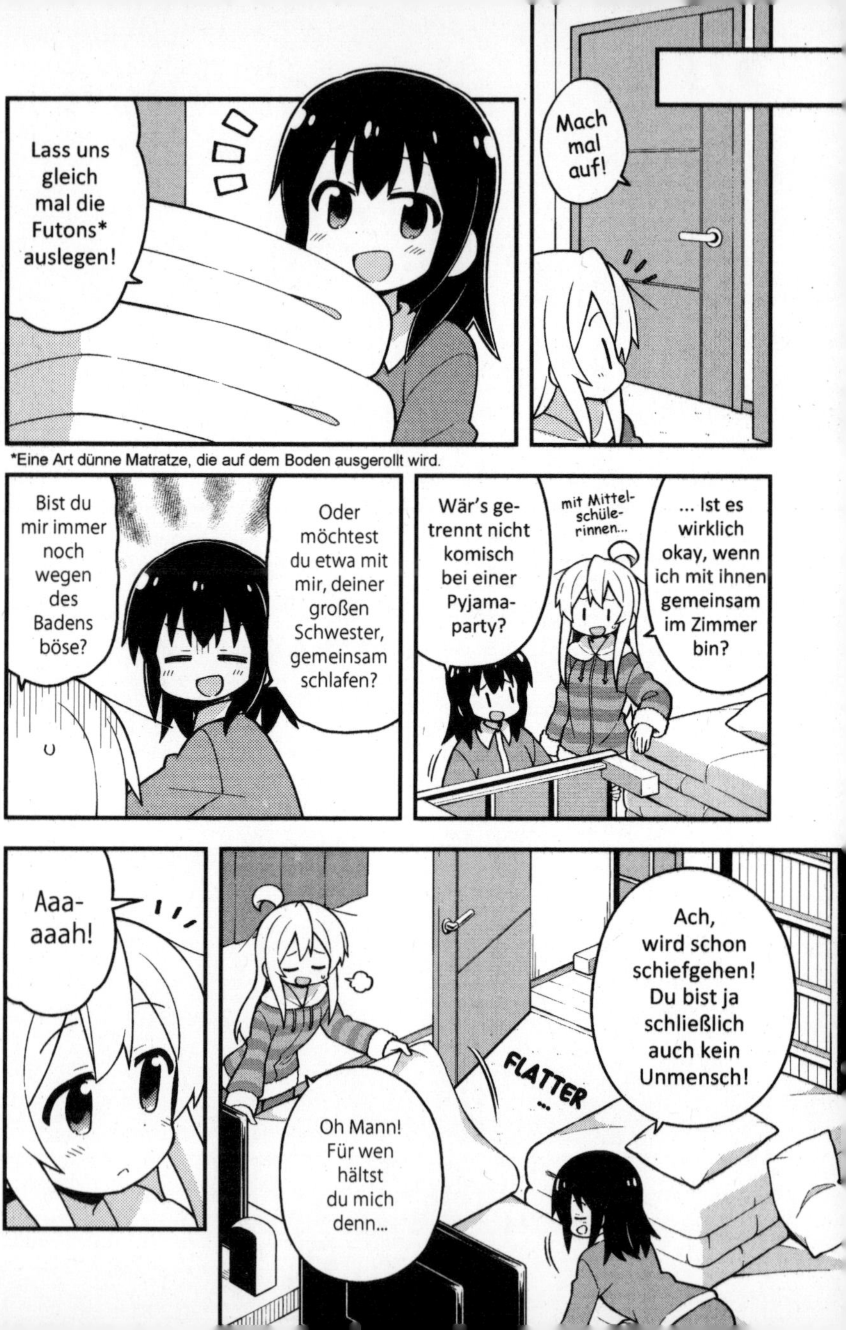

*Eine Art dünne Matratze, die auf dem Boden ausgerollt wird.

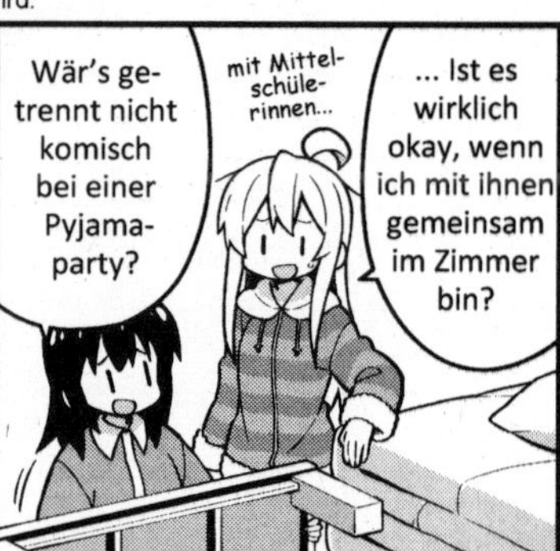

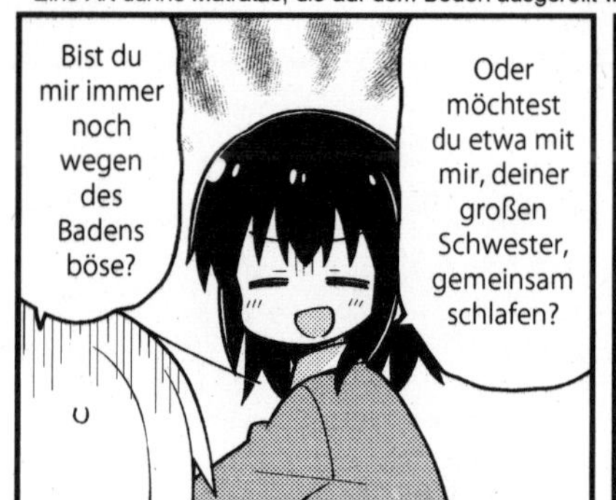

Ach, wird schon schiefgehen! Du bist ja schließlich auch kein Unmensch!

FLATTER ...

Oh Mann! Für wen hältst du mich denn...

Aaa-aaah!

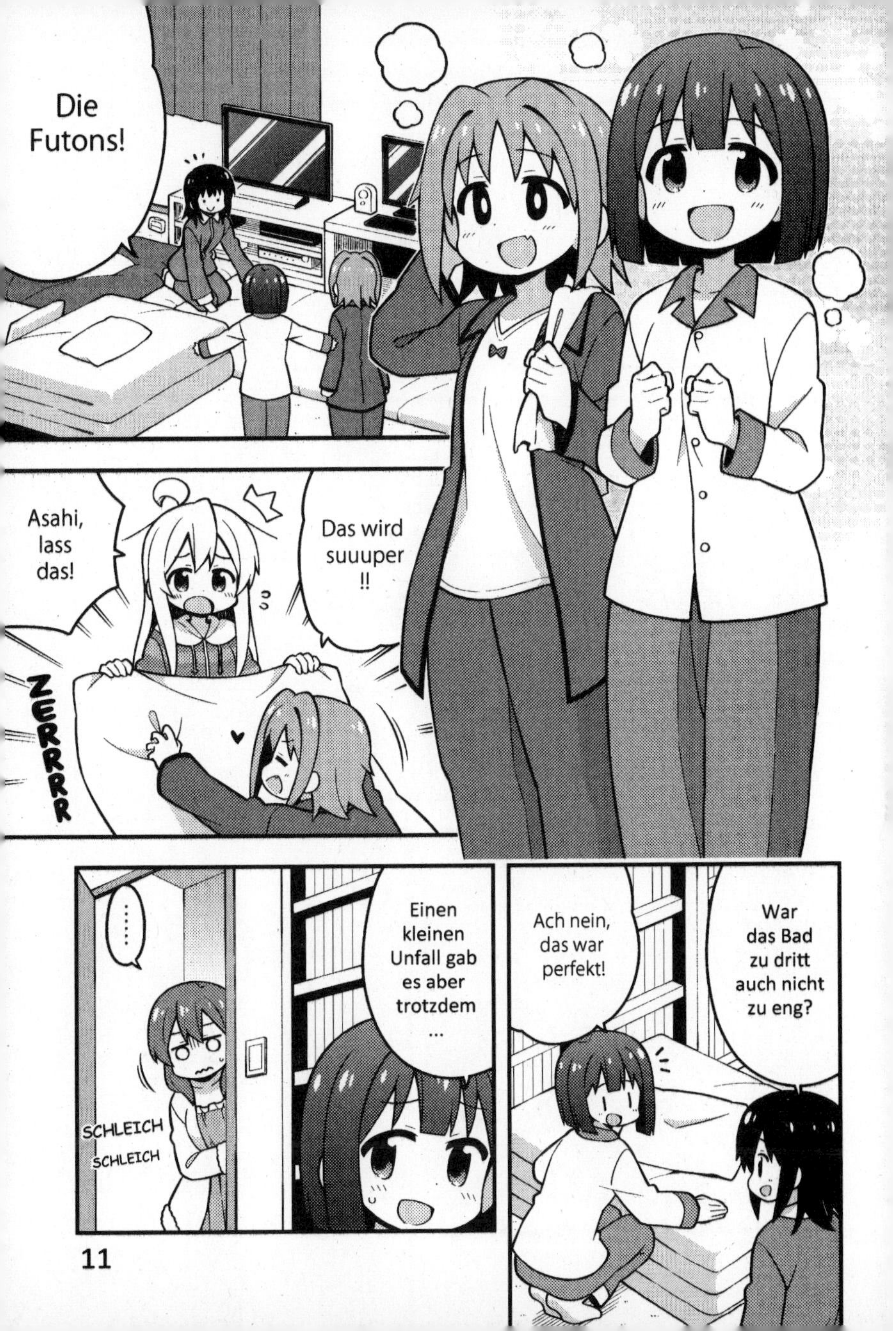

Die Futons!

Das wird suuuper !!

Asahi, lass das!

ZERRRR

War das Bad zu dritt auch nicht zu eng?

Ach nein, das war perfekt!

Einen kleinen Unfall gab es aber trotzdem ...

……

SCHLEICH

SCHLEICH

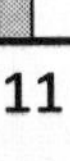

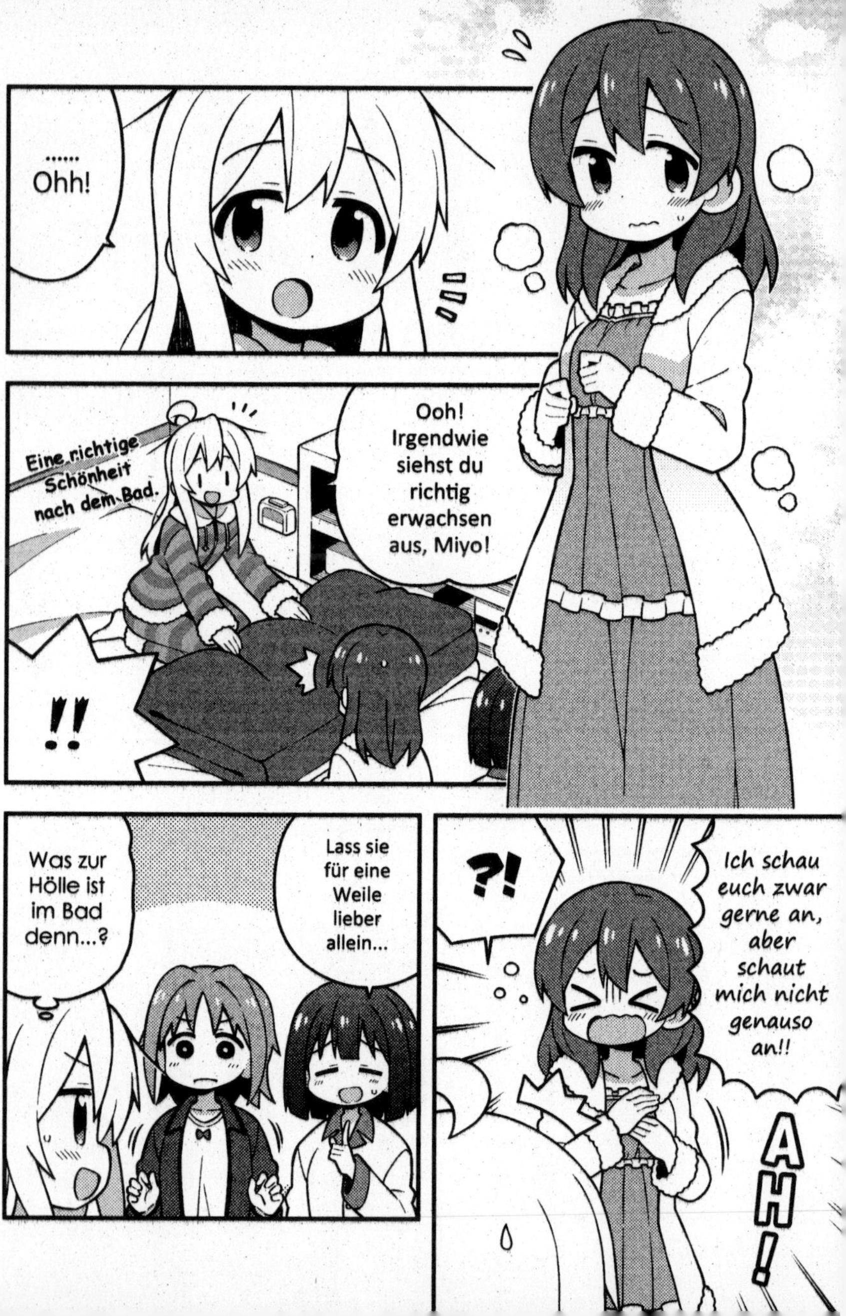

......
Ohh!

Ooh! Irgendwie siehst du richtig erwachsen aus, Miyo!

Eine richtige Schönheit nach dem Bad.

!!

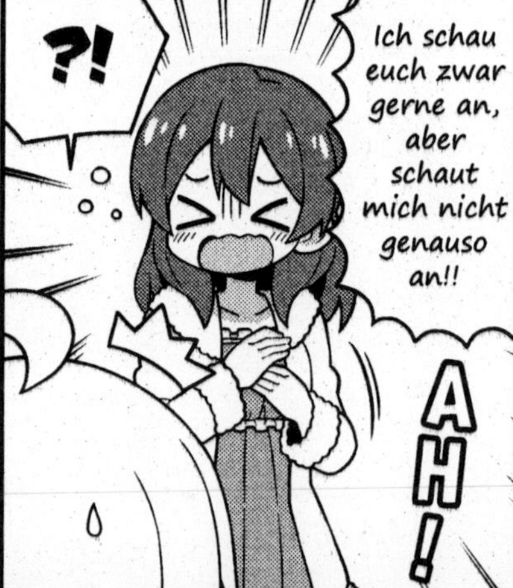

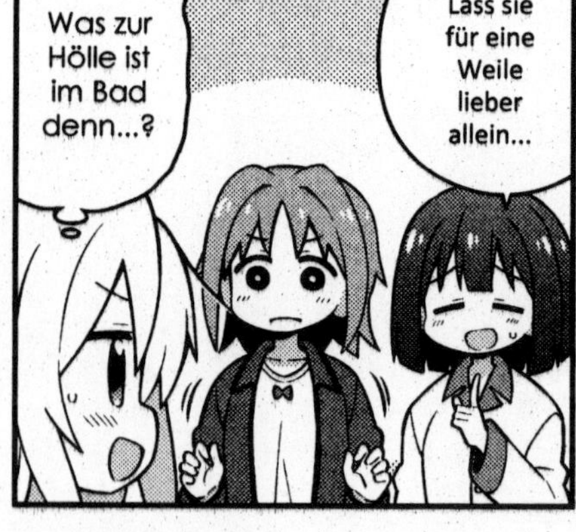

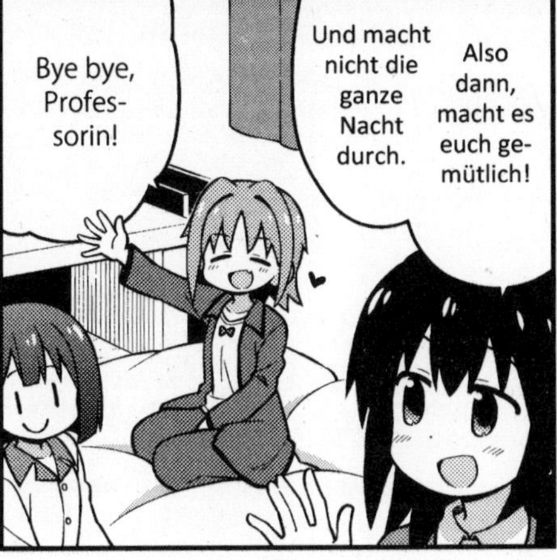
Also dann, macht es euch gemütlich!
Und macht nicht die ganze Nacht durch.
Bye bye, Professorin!

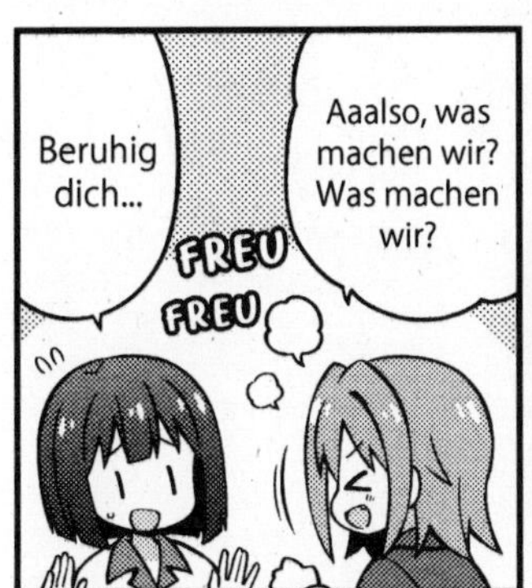
Aaalso, was machen wir? Was machen wir?
FREU
FREU
Beruhig dich...

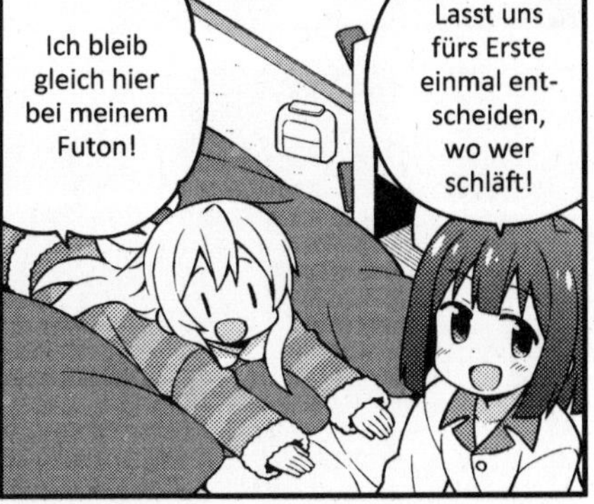
Lasst uns fürs Erste einmal entscheiden, wo wer schläft!
Ich bleib gleich hier bei meinem Futon!

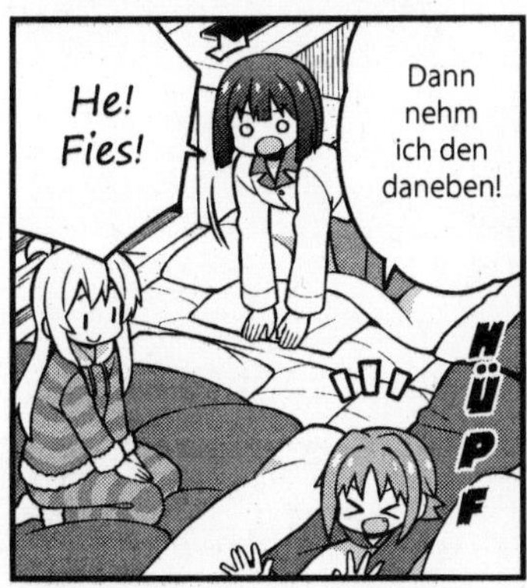
Dann nehm ich den daneben!
HÜPF
He! Fies!

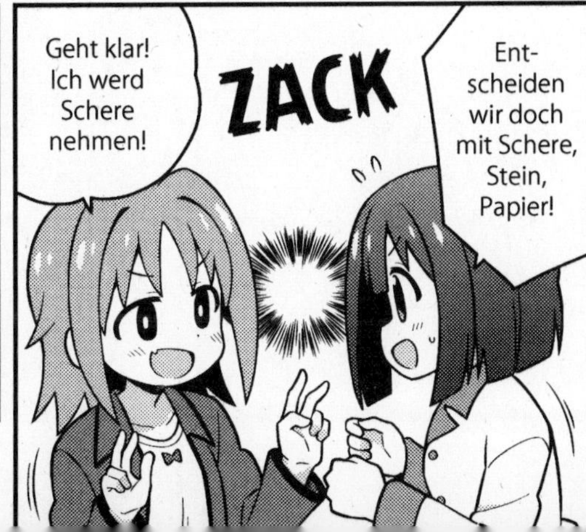
Entscheiden wir doch mit Schere, Stein, Papier!
ZACK
Geht klar! Ich werd Schere nehmen!

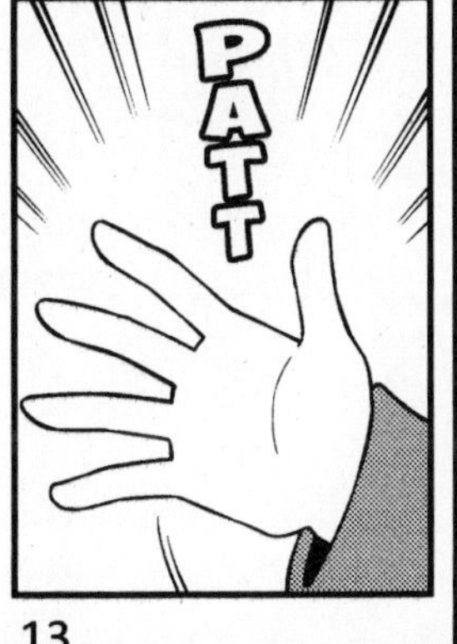
PATT

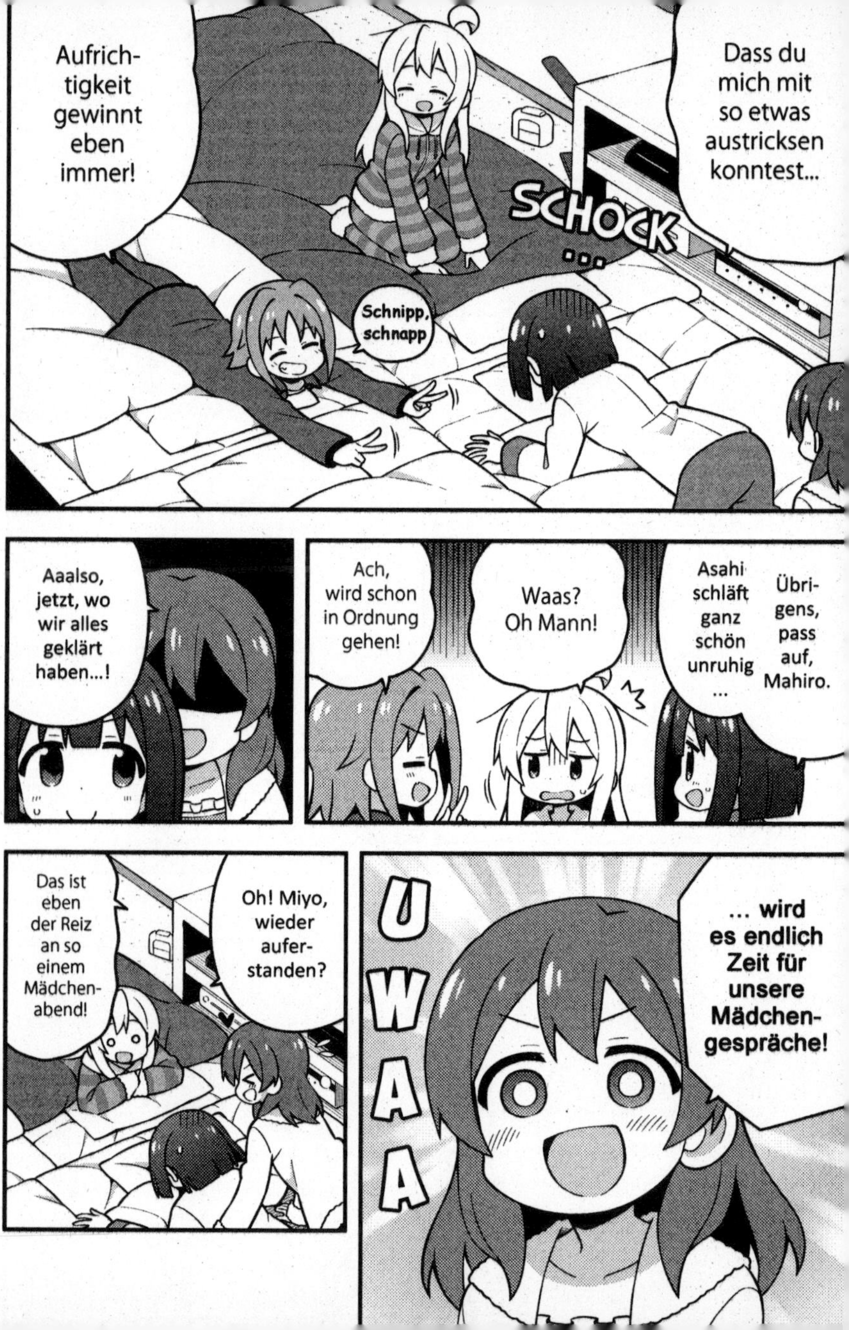

Dass du mich mit so etwas austricksen konntest...
SCHOCK ...
Aufrichtigkeit gewinnt eben immer!
Schnipp, schnapp

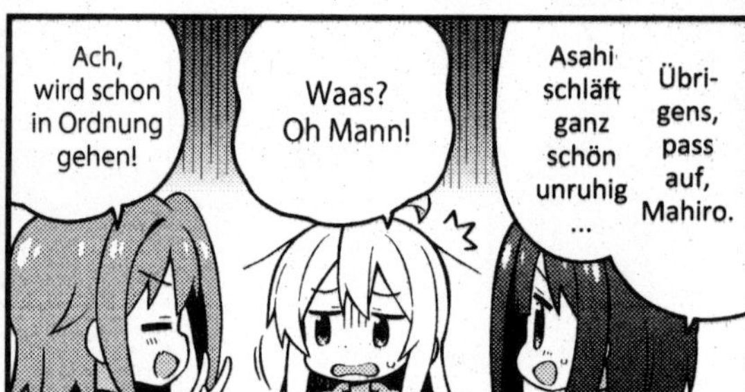

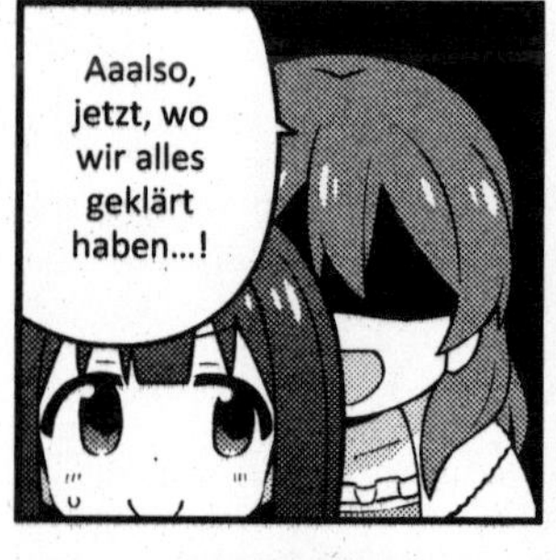

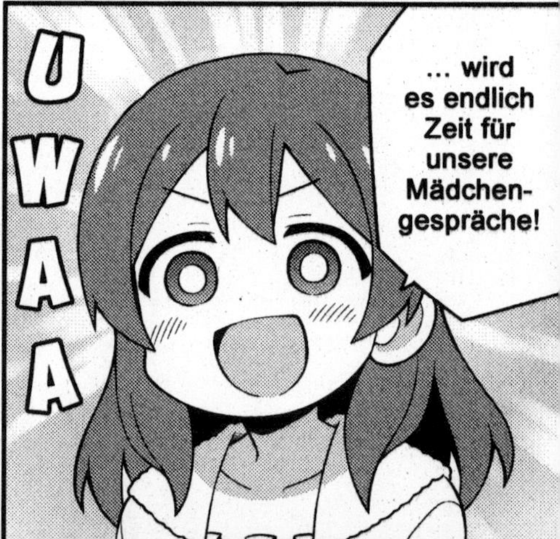

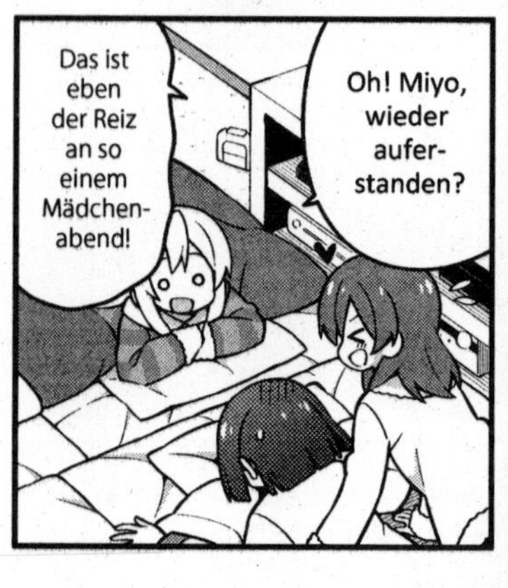

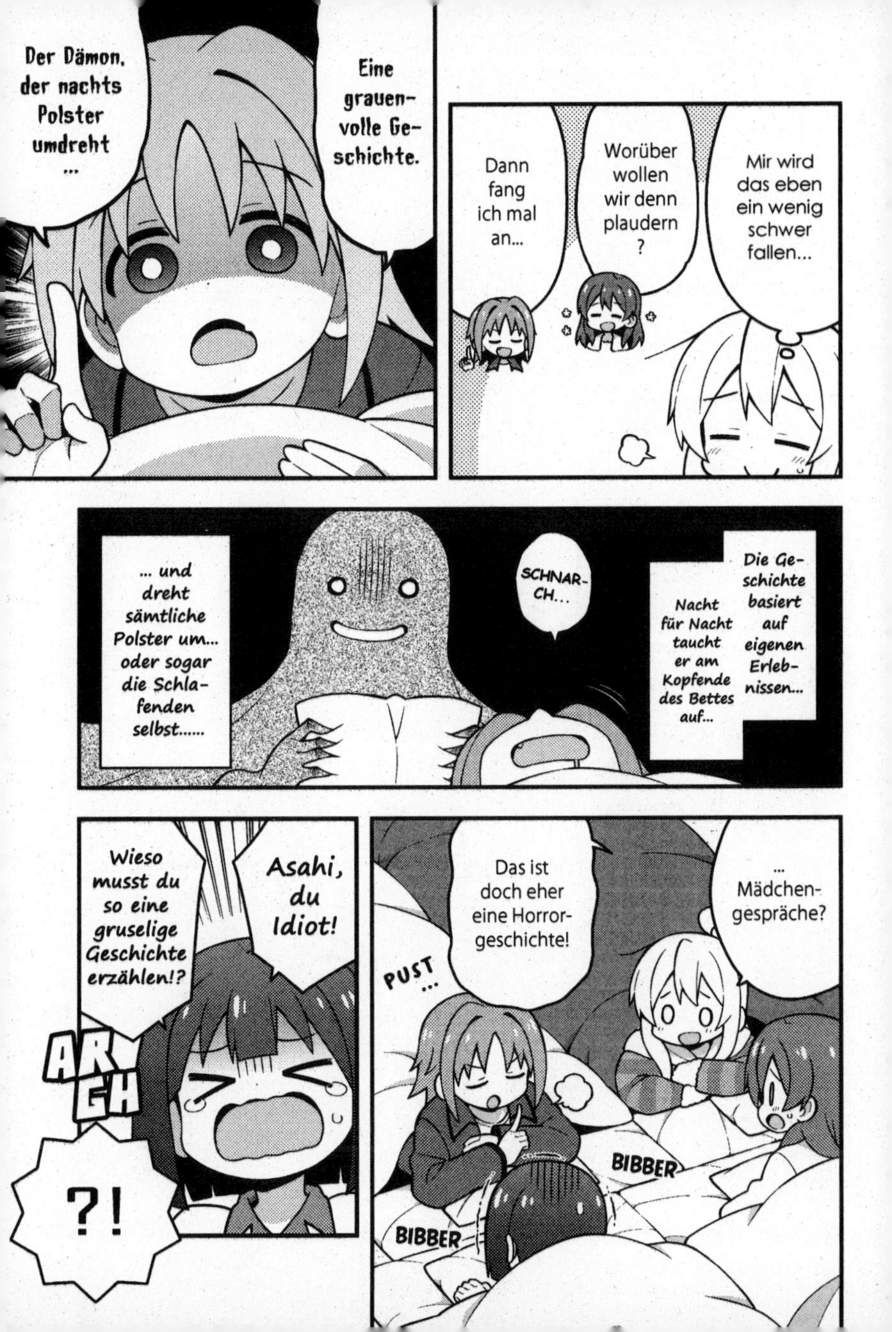

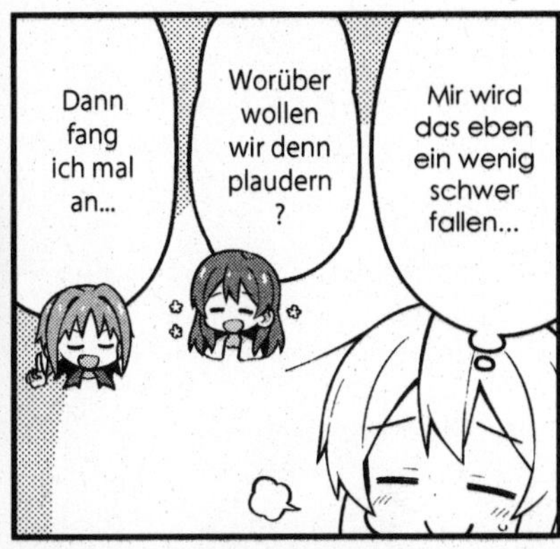

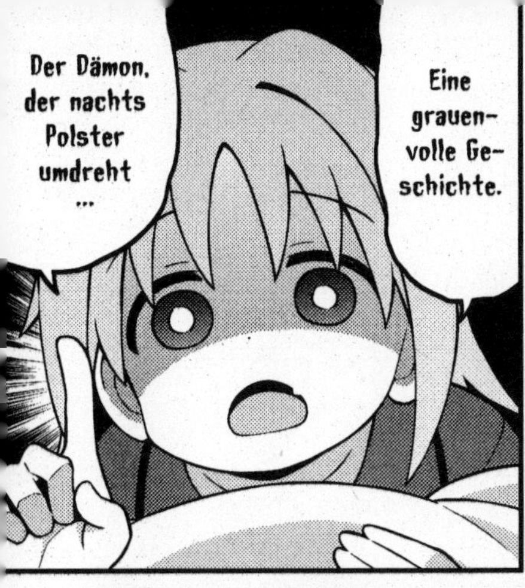

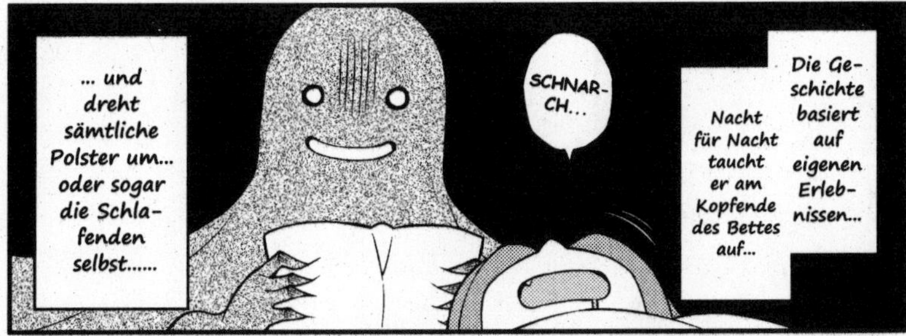

... Mädchengespräche?

Das ist doch eher eine Horrorgeschichte!

PUST ...

BIBBER

BIBBER

Asahi, du Idiot!

Wieso musst du so eine gruselige Geschichte erzählen!?

ARGH

?!

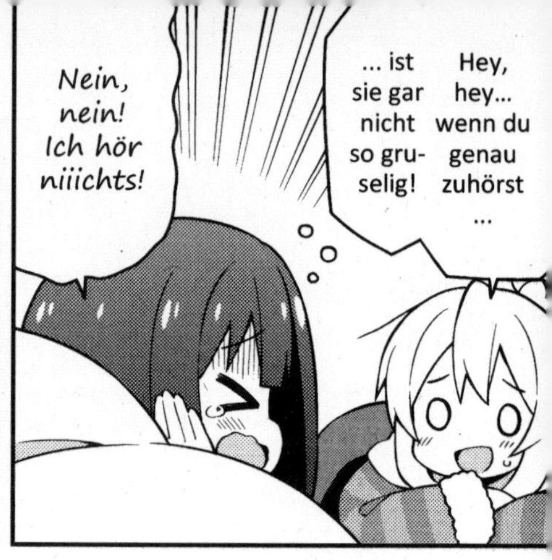
Hey, hey... wenn du genau zuhörst ...
... ist sie gar nicht so gru- selig!
Nein, nein! Ich hör niiichts!

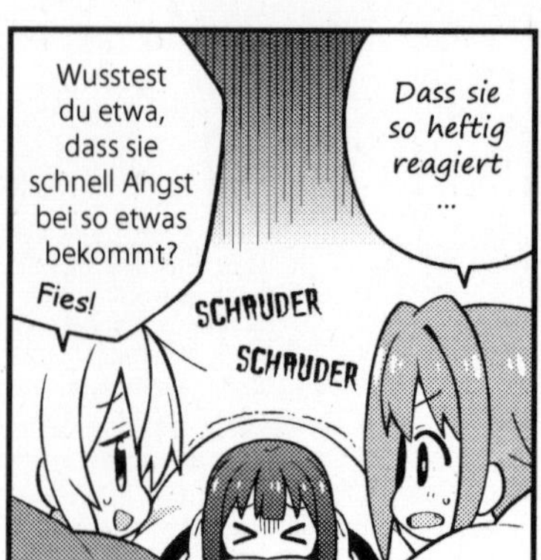
Dass sie so heftig reagiert ...
Wusstest du etwa, dass sie schnell Angst bei so etwas bekommt?
Fies!
SCHAUDER
SCHAUDER

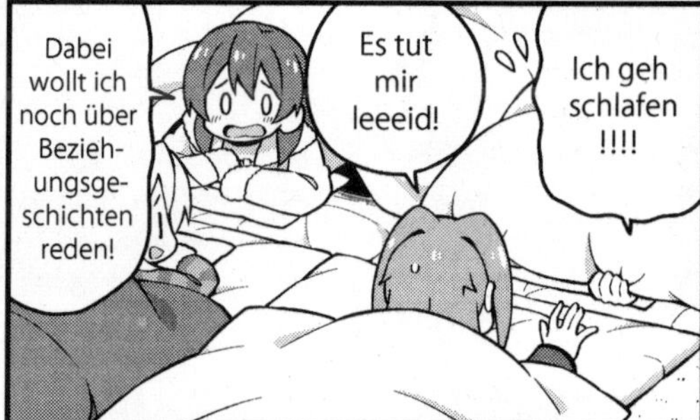
Ich geh schlafen !!!!
Es tut mir leeeid!
Dabei wollt ich noch über Bezieh- ungsge- schichten reden!

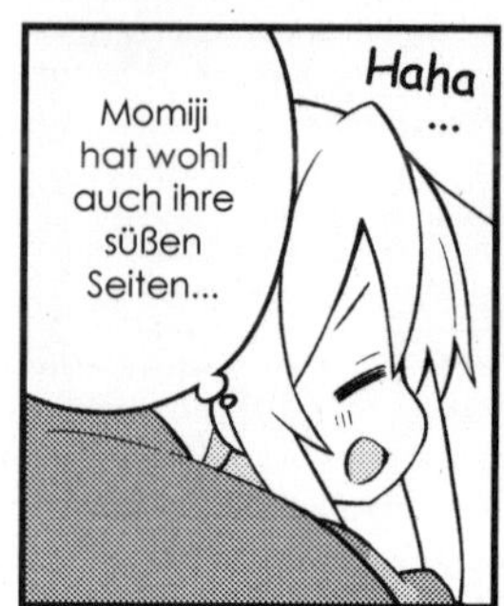
Haha ...
Momiji hat wohl auch ihre süßen Seiten...

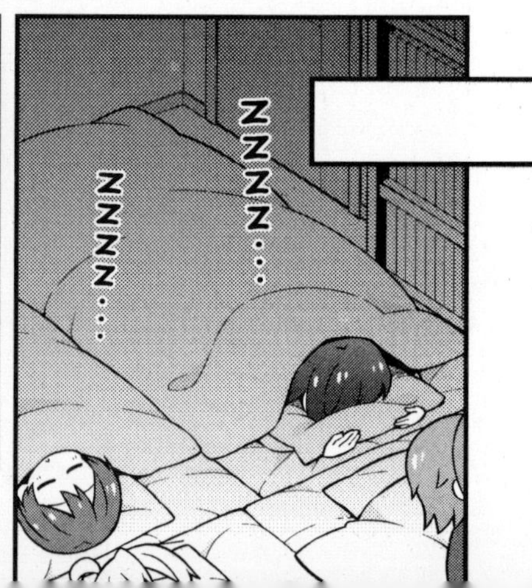
ZZZZ...
ZZZZ...

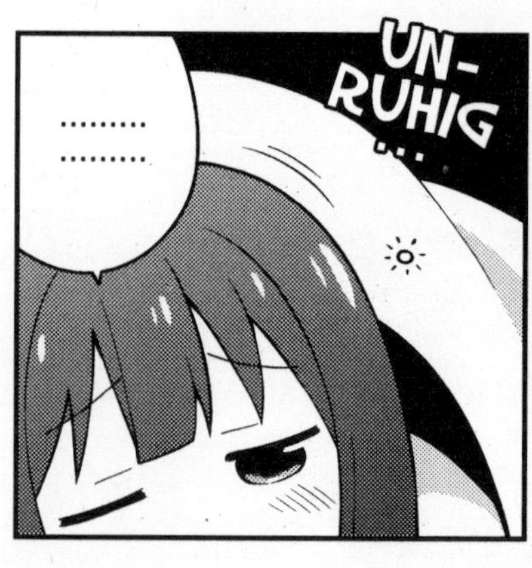
UN-RUHIG ...
....
....

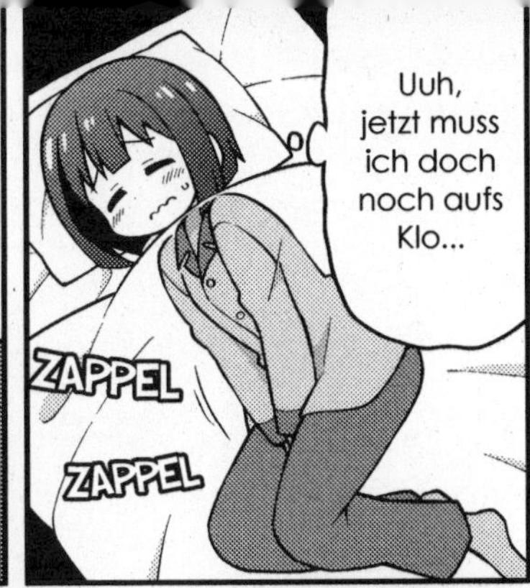
Uuh,
jetzt muss ich doch noch aufs Klo...
ZAPPEL
ZAPPEL

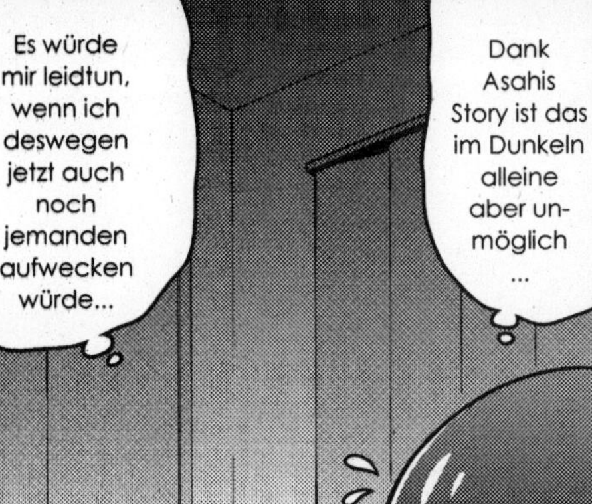
Dank Asahis Story ist das im Dunkeln alleine aber unmöglich ...
Es würde mir leidtun, wenn ich deswegen jetzt auch noch jemanden aufwecken würde...

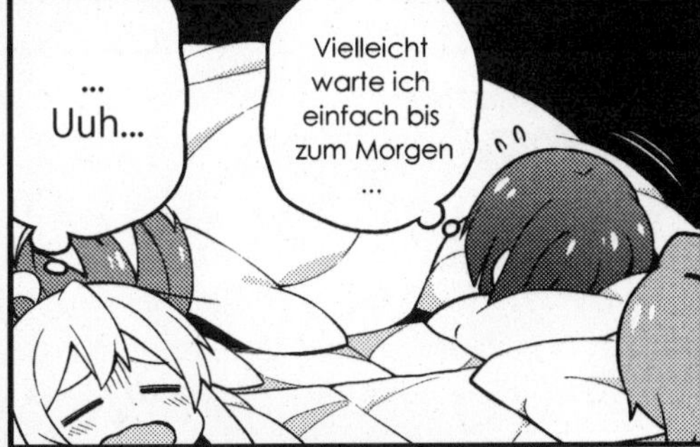
Vielleicht warte ich einfach bis zum Morgen ...
... Uuh...

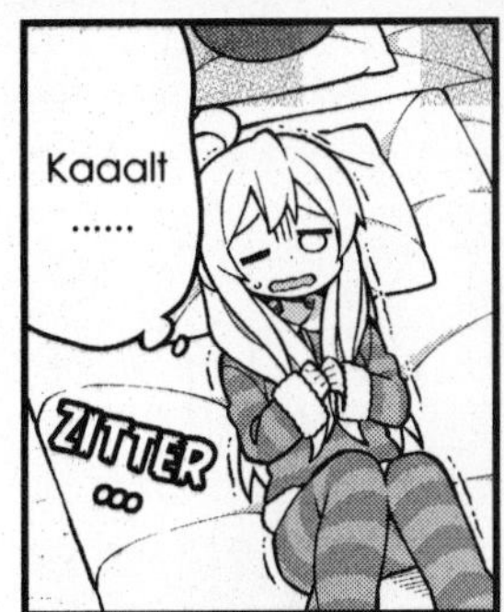
Kaaalt ......
ZITTER ...

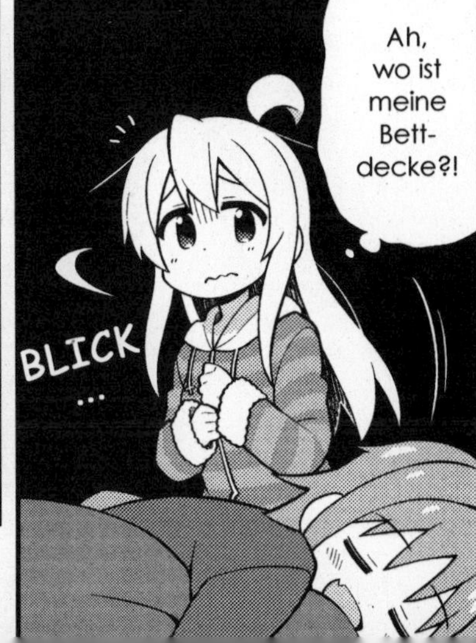
Ah, wo ist meine Bettdecke?!
BLICK ...

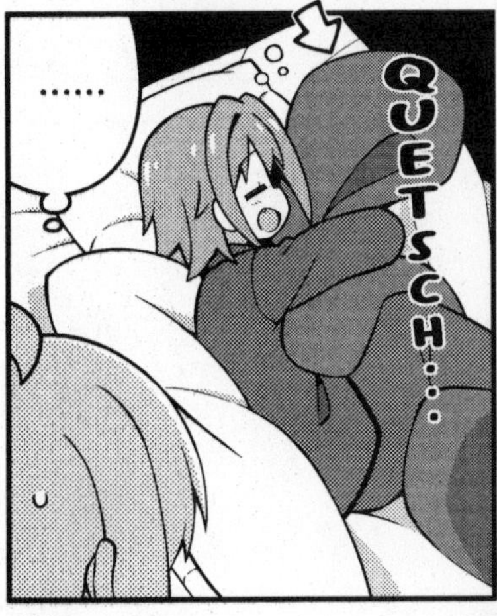
......
QUETSCH...

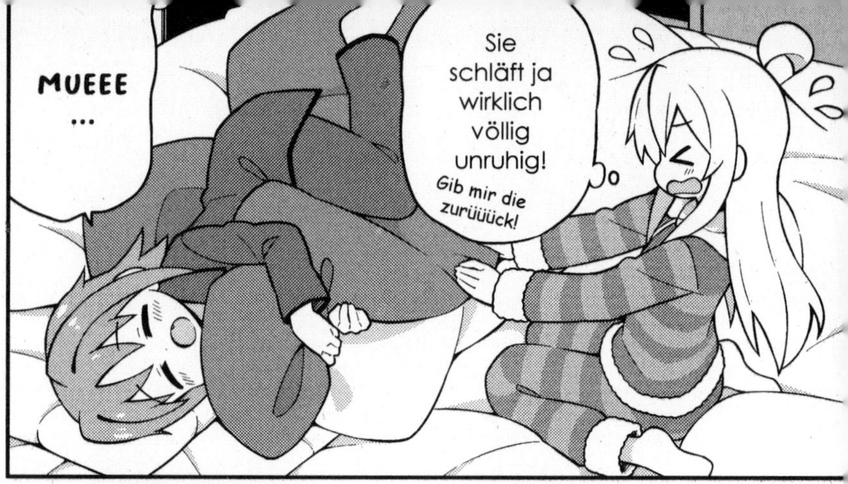
Sie schläft ja wirklich völlig unruhig!
Gib mir die zurüüück!
MUEEE ...

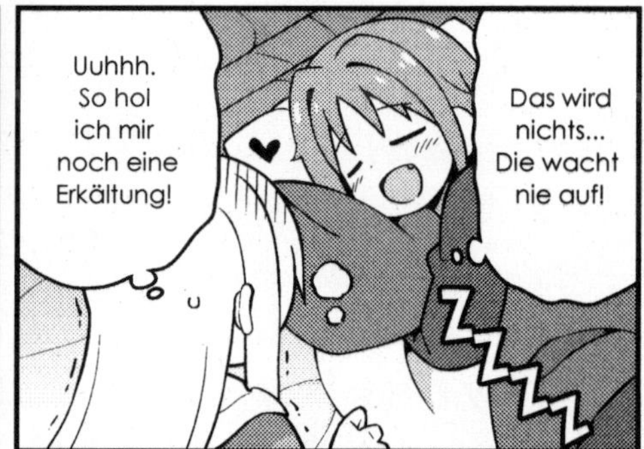
Das wird nichts... Die wacht nie auf!
Uuhhh. So hol ich mir noch eine Erkältung!

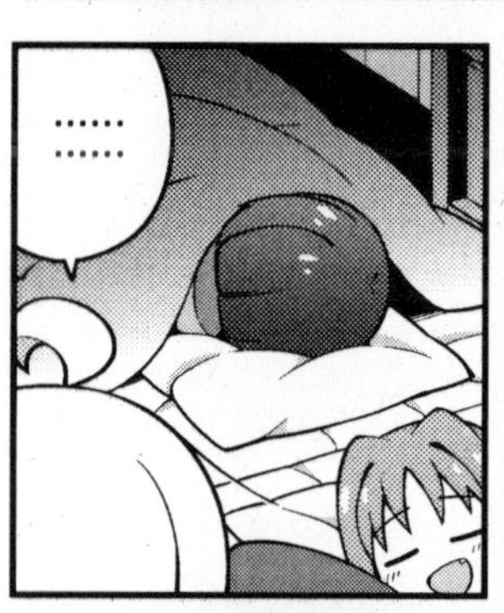
....

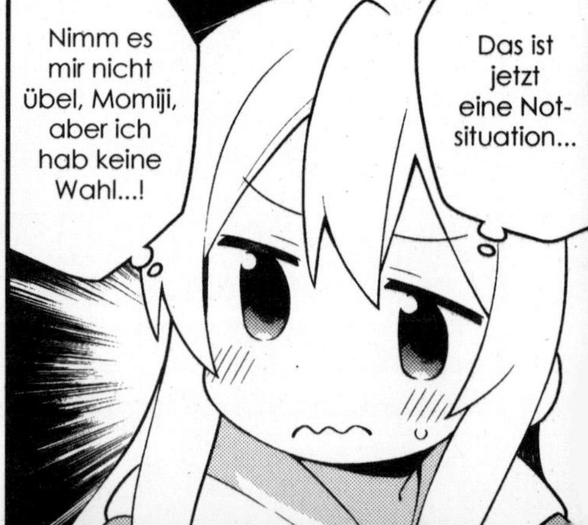
Das ist jetzt eine Not-situation...
Nimm es mir nicht übel, Momiji, aber ich hab keine Wahl...!

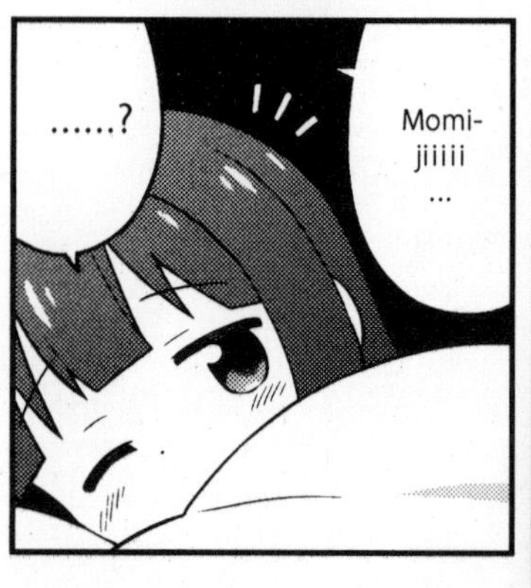
Momi-jiiiii ...
......?

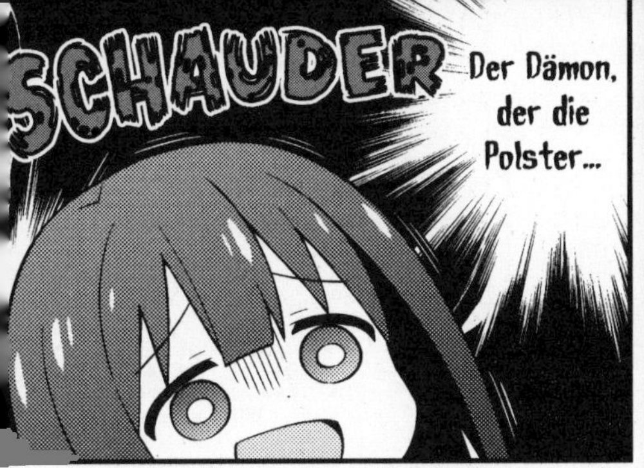
SCHAUDER
Der Dämon, der die Polster...

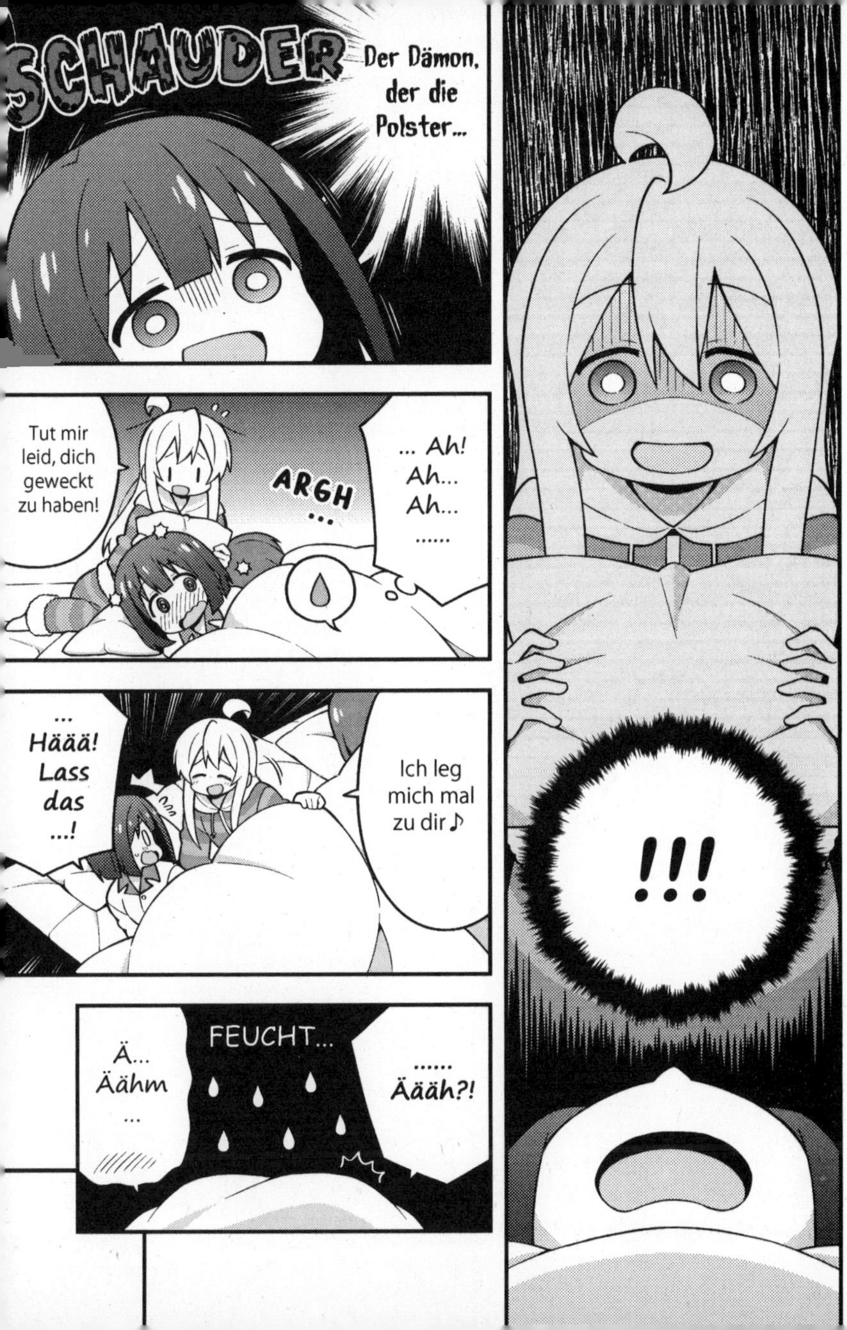

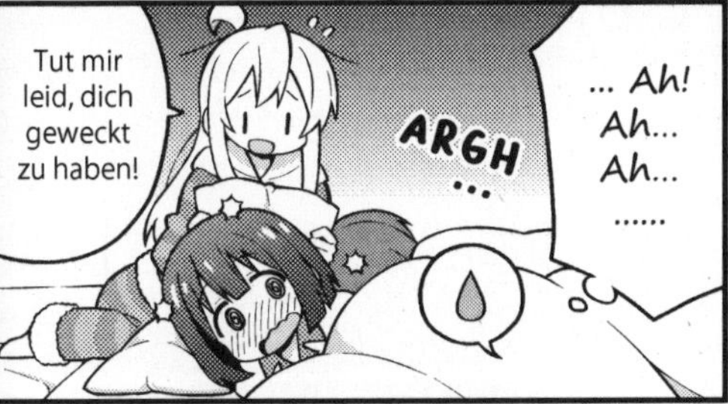
... Ah! Ah... Ah... ......
ARGH ...
Tut mir leid, dich geweckt zu haben!

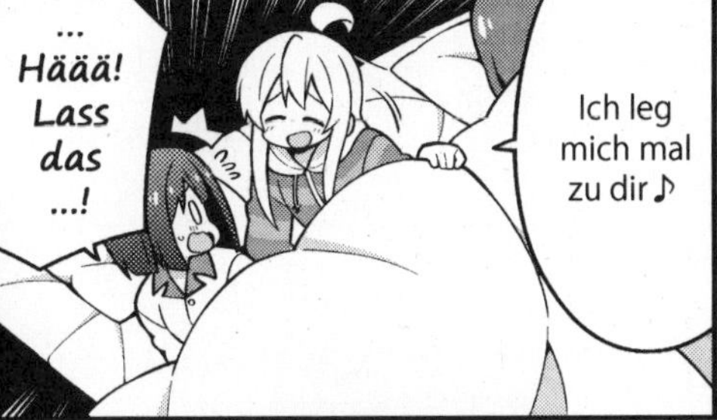
Ich leg mich mal zu dir♪
... Häää! Lass das ...!

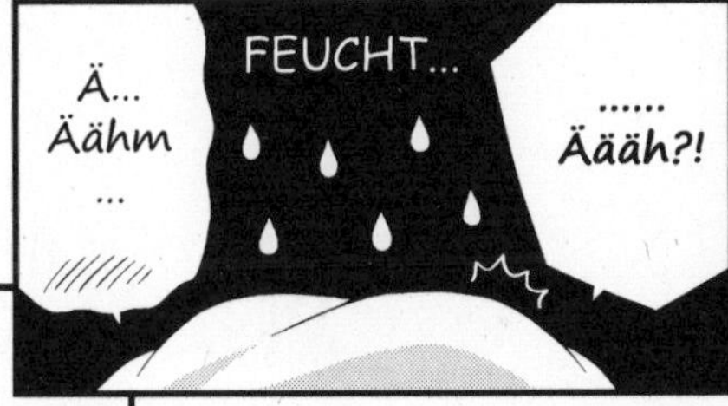
...... Äääh?!
FEUCHT...
Ä... Äähm ...

!!!

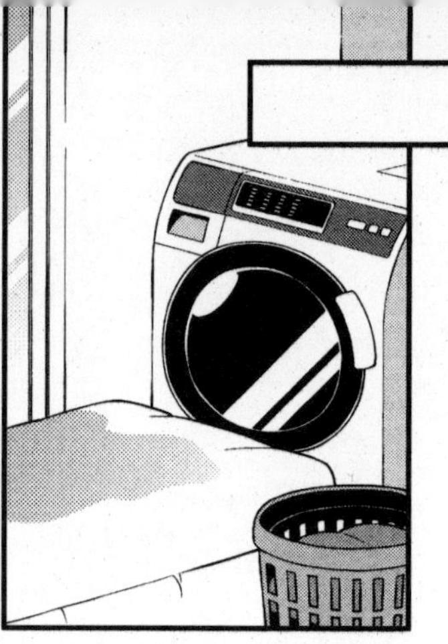

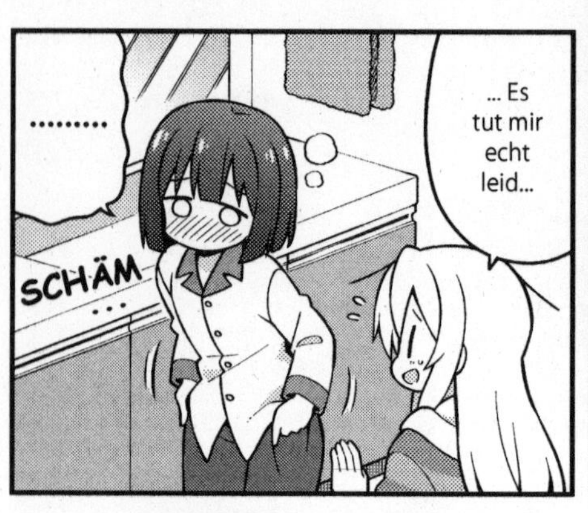
... Es tut mir echt leid...
....
SCHÄM
...

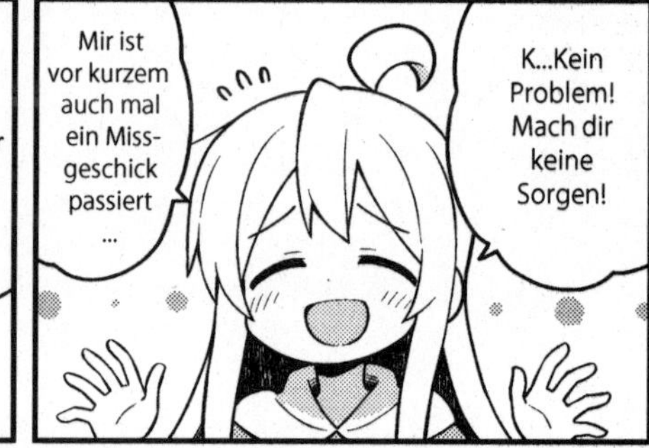
K...Kein Problem! Mach dir keine Sorgen!
Mir ist vor kurzem auch mal ein Missgeschick passiert ...

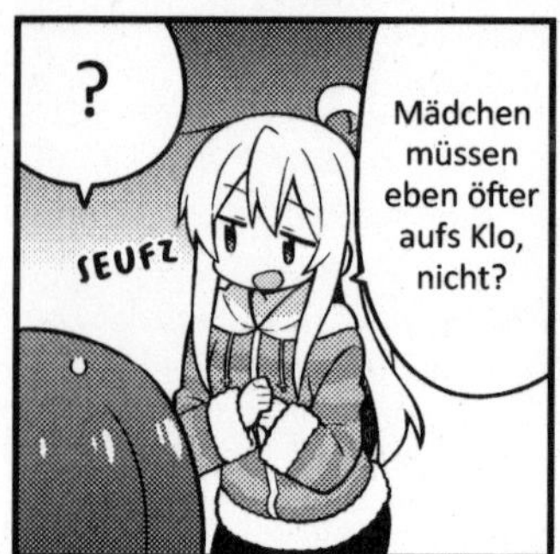
Mädchen müssen eben öfter aufs Klo, nicht?
?
SEUFZ

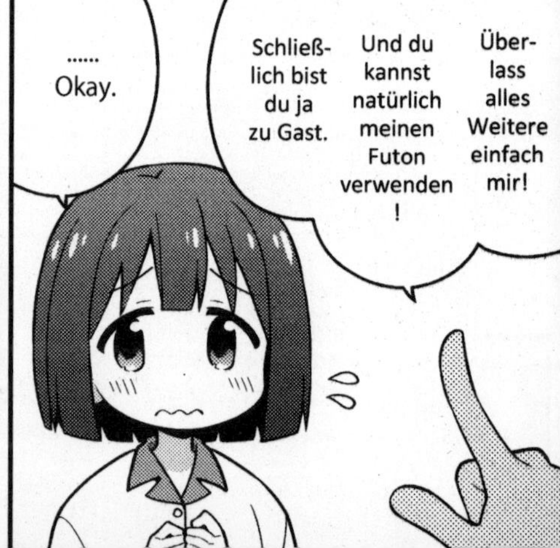
Überlass alles Weitere einfach mir!
Und du kannst natürlich meinen Futon verwenden!
Schließlich bist du ja zu Gast.
...... Okay.

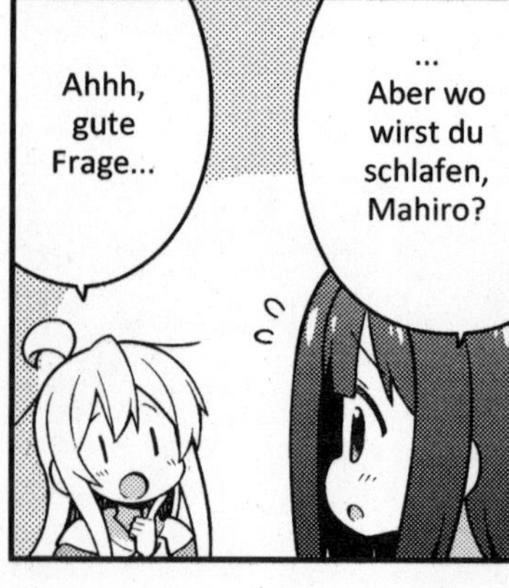
... Aber wo wirst du schlafen, Mahiro?
Ahhh, gute Frage...

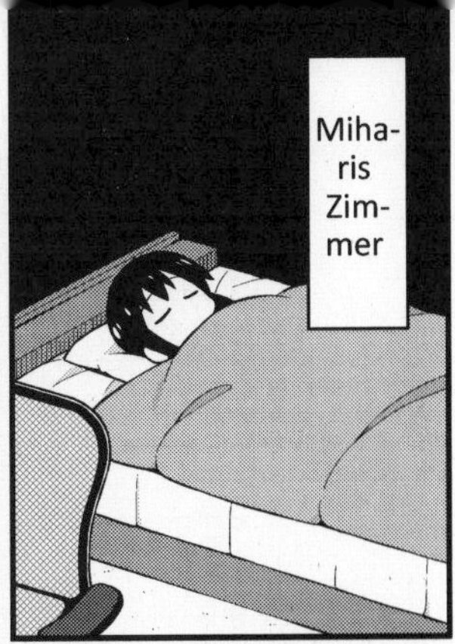
Miha-
ris
Zim-
mer

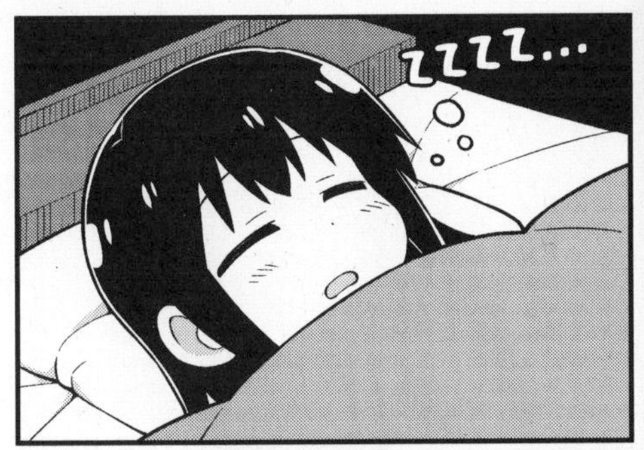
ZZZZ...

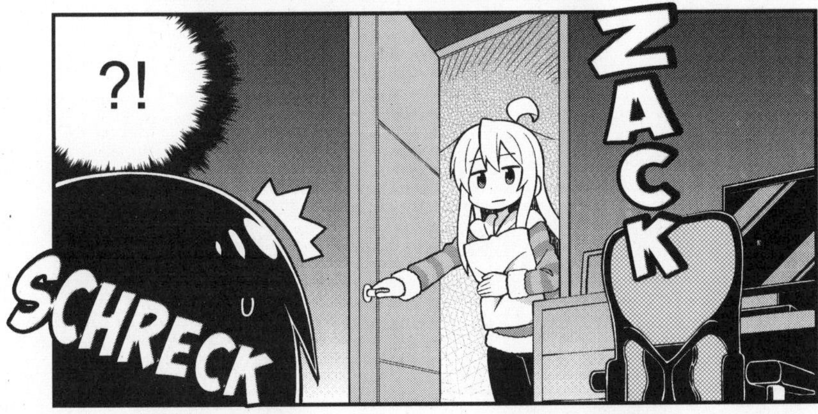
ZACK
?!
SCHRECK

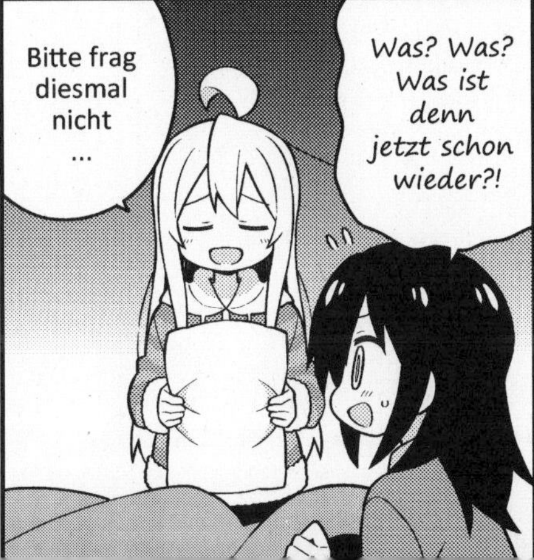
Was? Was? Was ist denn jetzt schon wieder?!
Bitte frag diesmal nicht ...

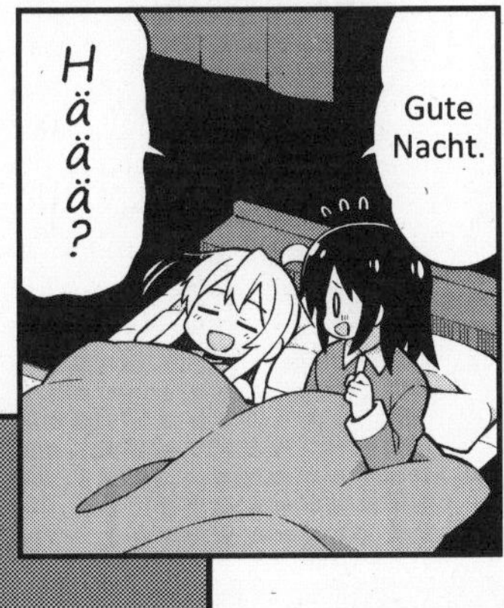
Gute Nacht.
Häää?

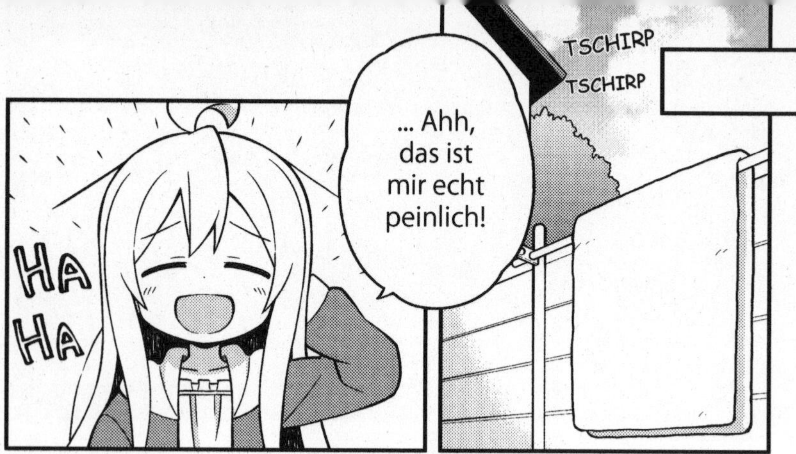
TSCHIRP
TSCHIRP
... Ahh, das ist mir echt peinlich!
HA HA

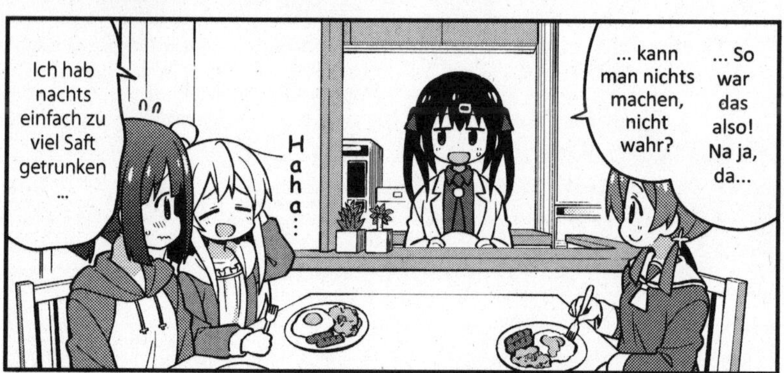
... So war das also! Na ja, da...
... kann man nichts machen, nicht wahr?
Haha...
Ich hab nachts einfach zu viel Saft getrunken ...

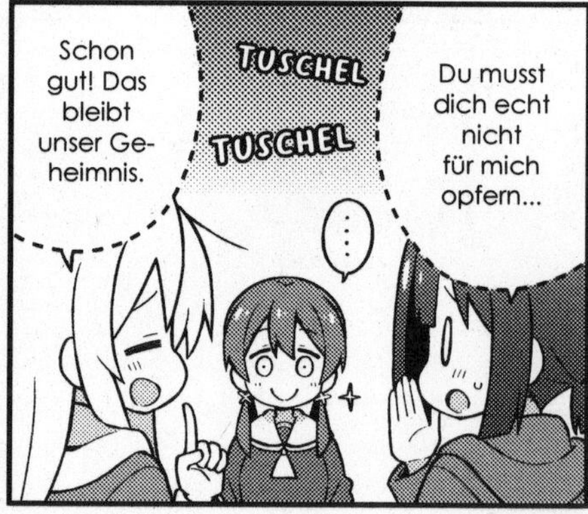
Du musst dich echt nicht für mich opfern...
TUSCHEL
TUSCHEL
Schon gut! Das bleibt unser Geheimnis.
...

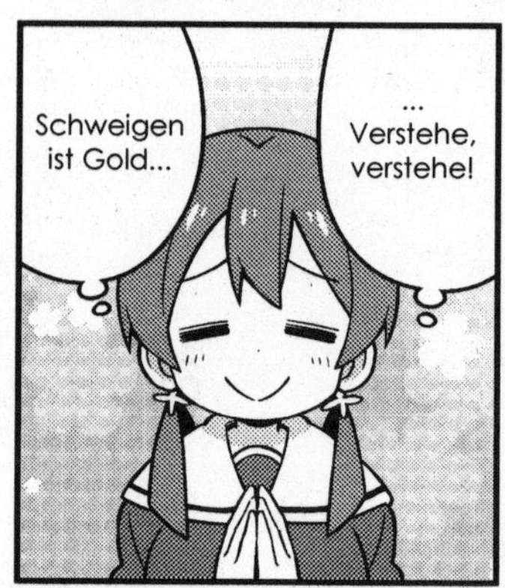
... Verstehe, verstehe!
Schweigen ist Gold...

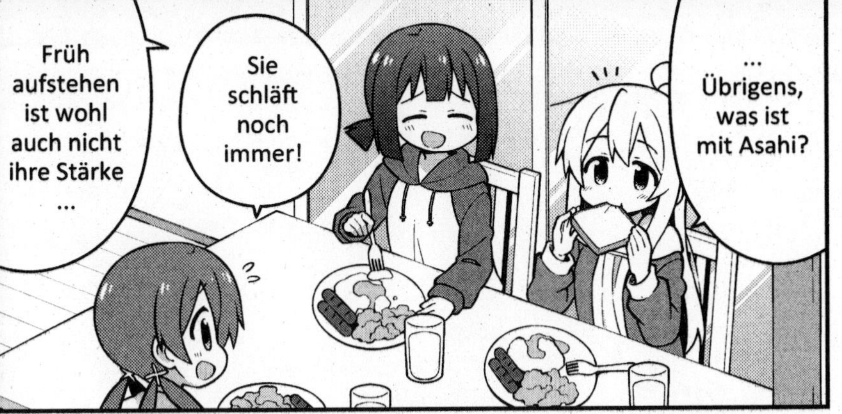

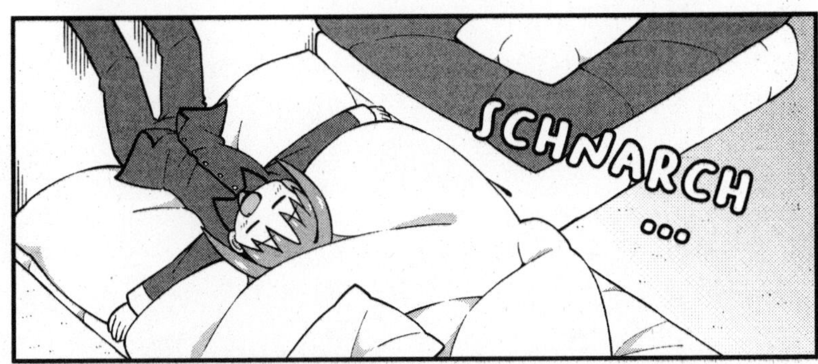

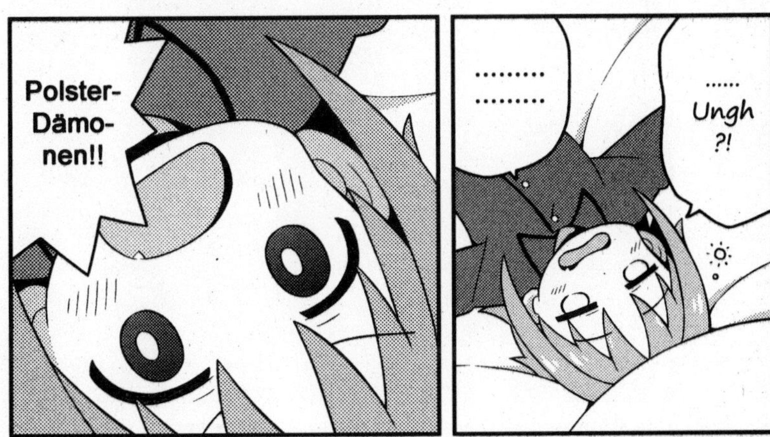

Fortsetzung folgt...

Ab sofort Schwester!

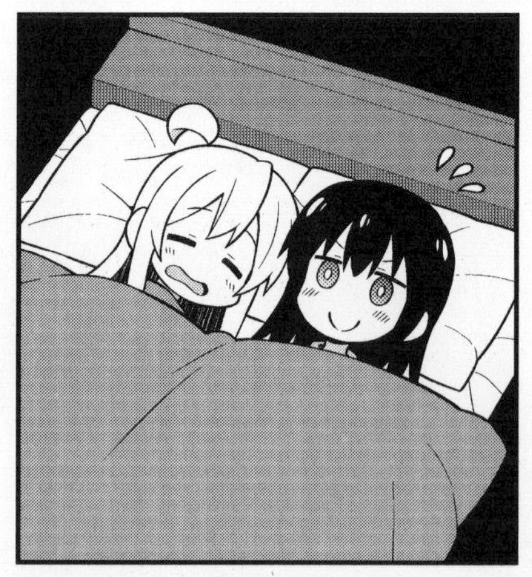

■ Lexikon der Klassenkameraden Nr. 4 ■

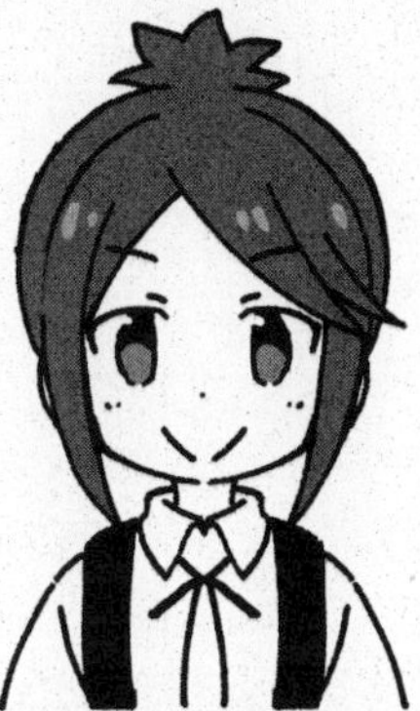

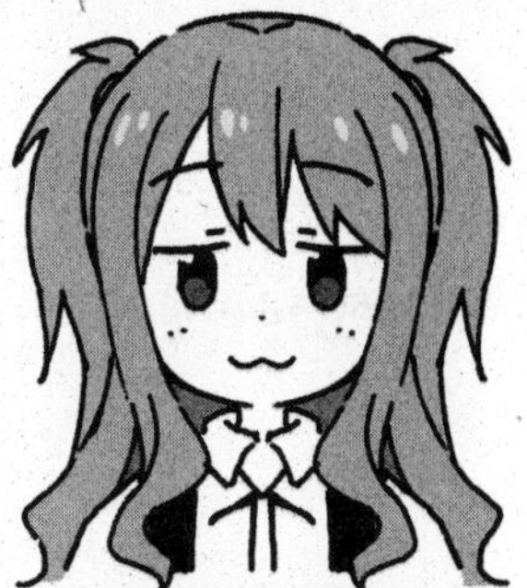

☐ **Mai Yasaka**
Sie besitzt ausgeprägte kommunikative Fähigkeiten und hat einen sehr lebhaften Charakter.

☐ **Miyako Nagase**
Sie wirkt meist etwas träge und handelt oft spontan nach Lust und Laune.

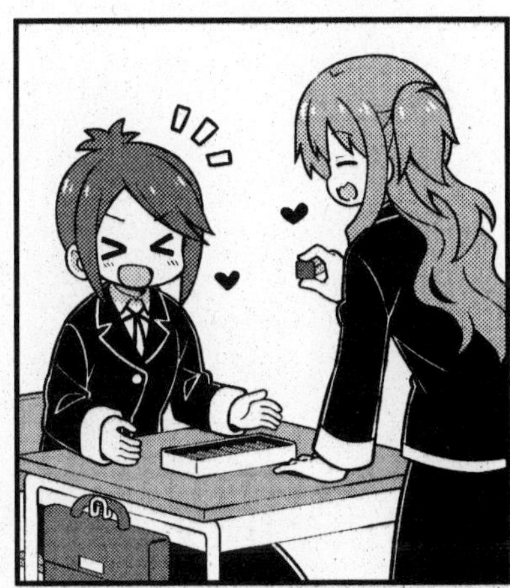

Ein unzertrennliches Team, das immer zu zweit unterwegs ist ➡

Ab sofort Schwester!

★Special Sketch★

Mahiros Wochentagsroutine

Aufstehen

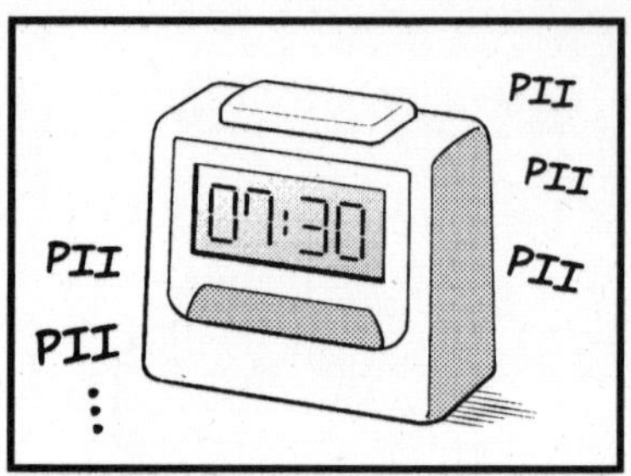

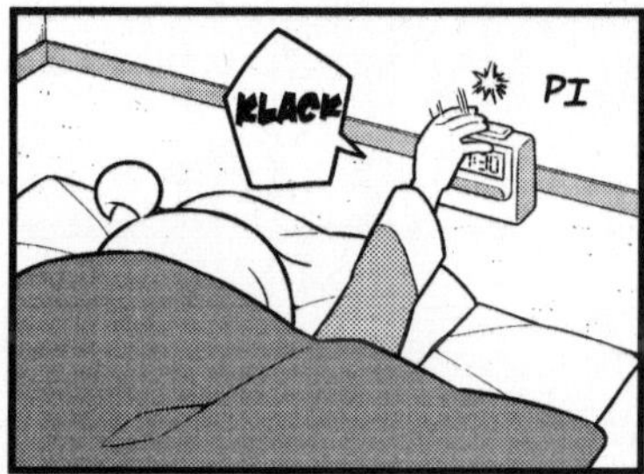

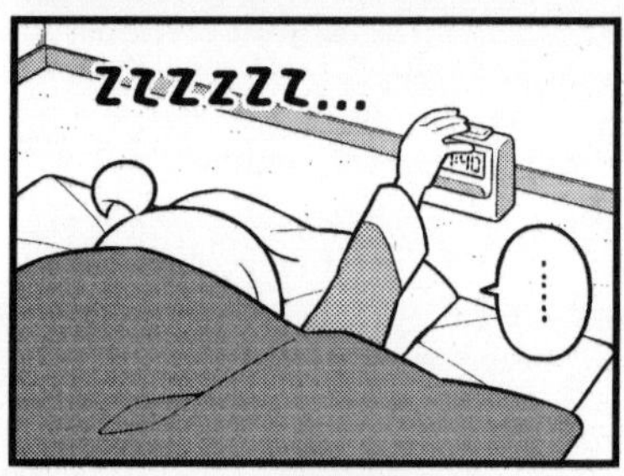

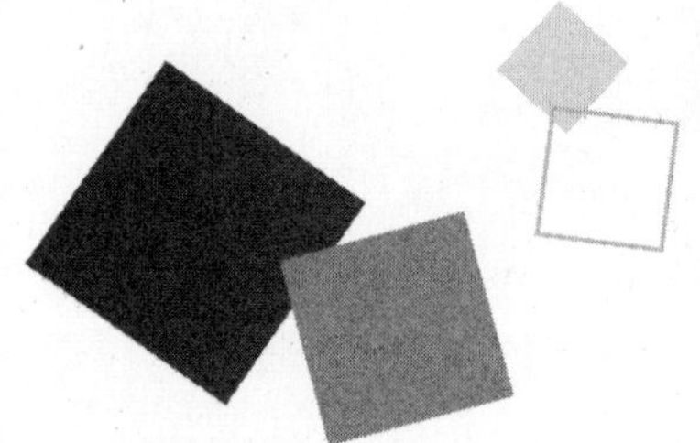

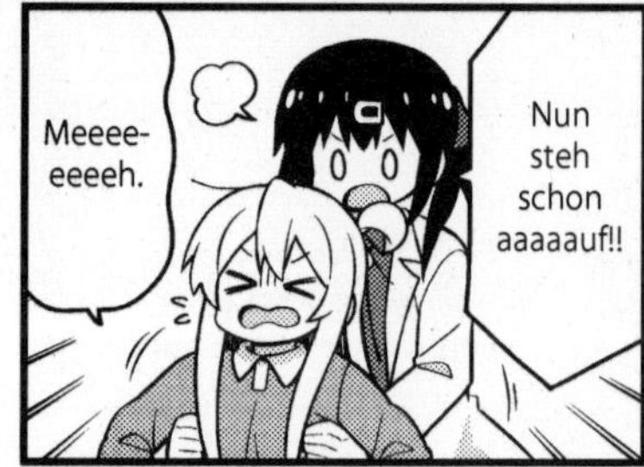

- Kap. 29 -

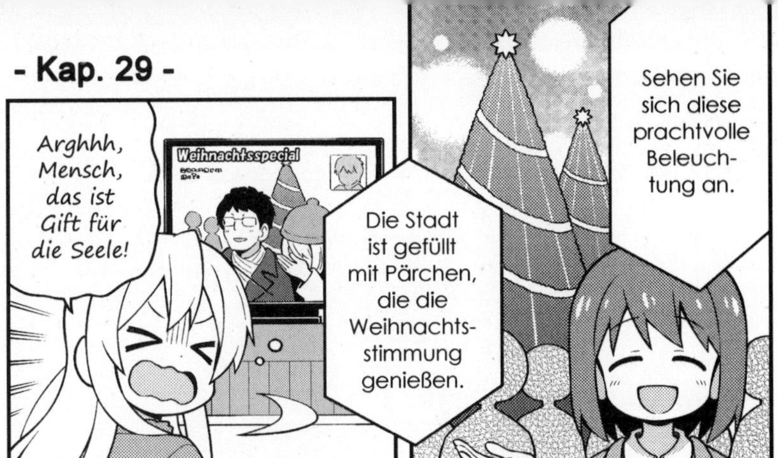
Sehen Sie sich diese prachtvolle Beleuchtung an.
Die Stadt ist gefüllt mit Pärchen, die die Weihnachtsstimmung genießen.
Weihnachtsspecial
Arghhh, Mensch, das ist Gift für die Seele!

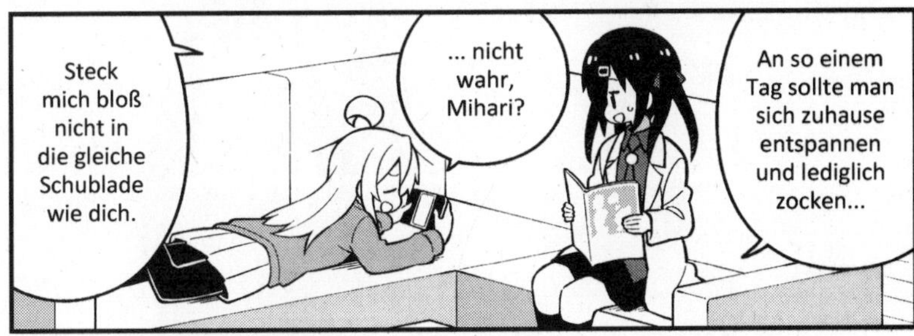
An so einem Tag sollte man sich zuhause entspannen und lediglich zocken...
... nicht wahr, Mihari?
Steck mich bloß nicht in die gleiche Schublade wie dich.

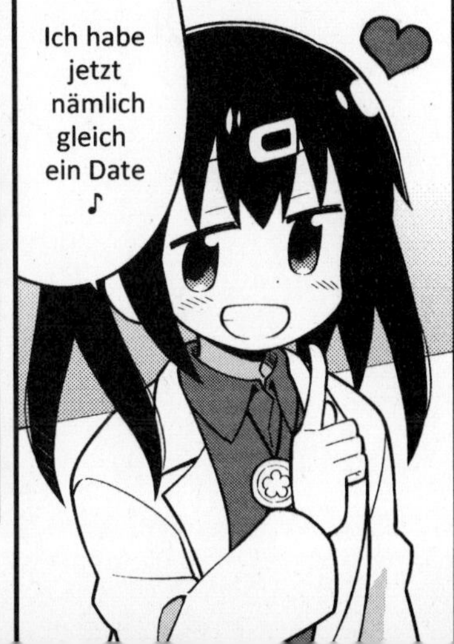
Ich habe jetzt nämlich gleich ein Date ♪

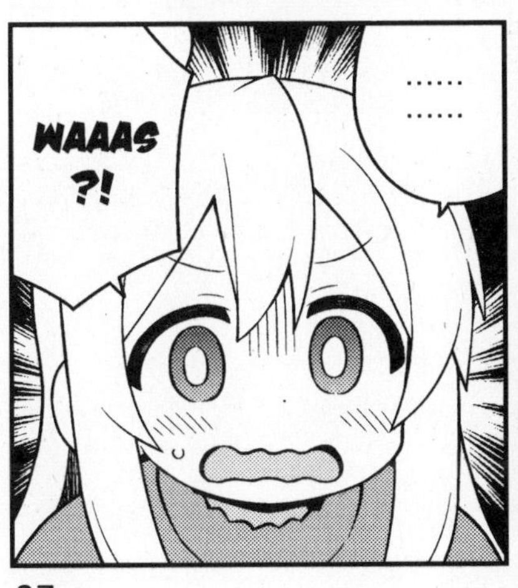
......
......
WAAAS ?!

Kap. 29 :
Mahiro und das Doppeldate

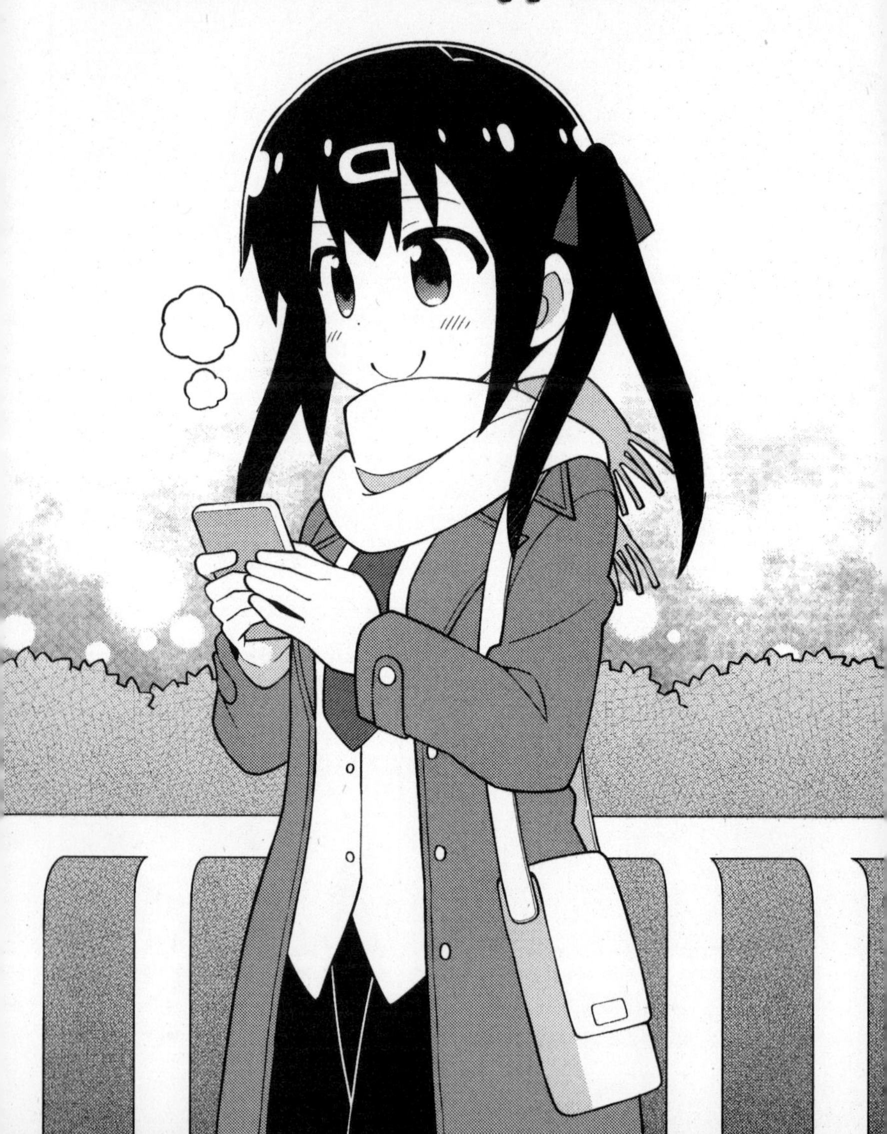

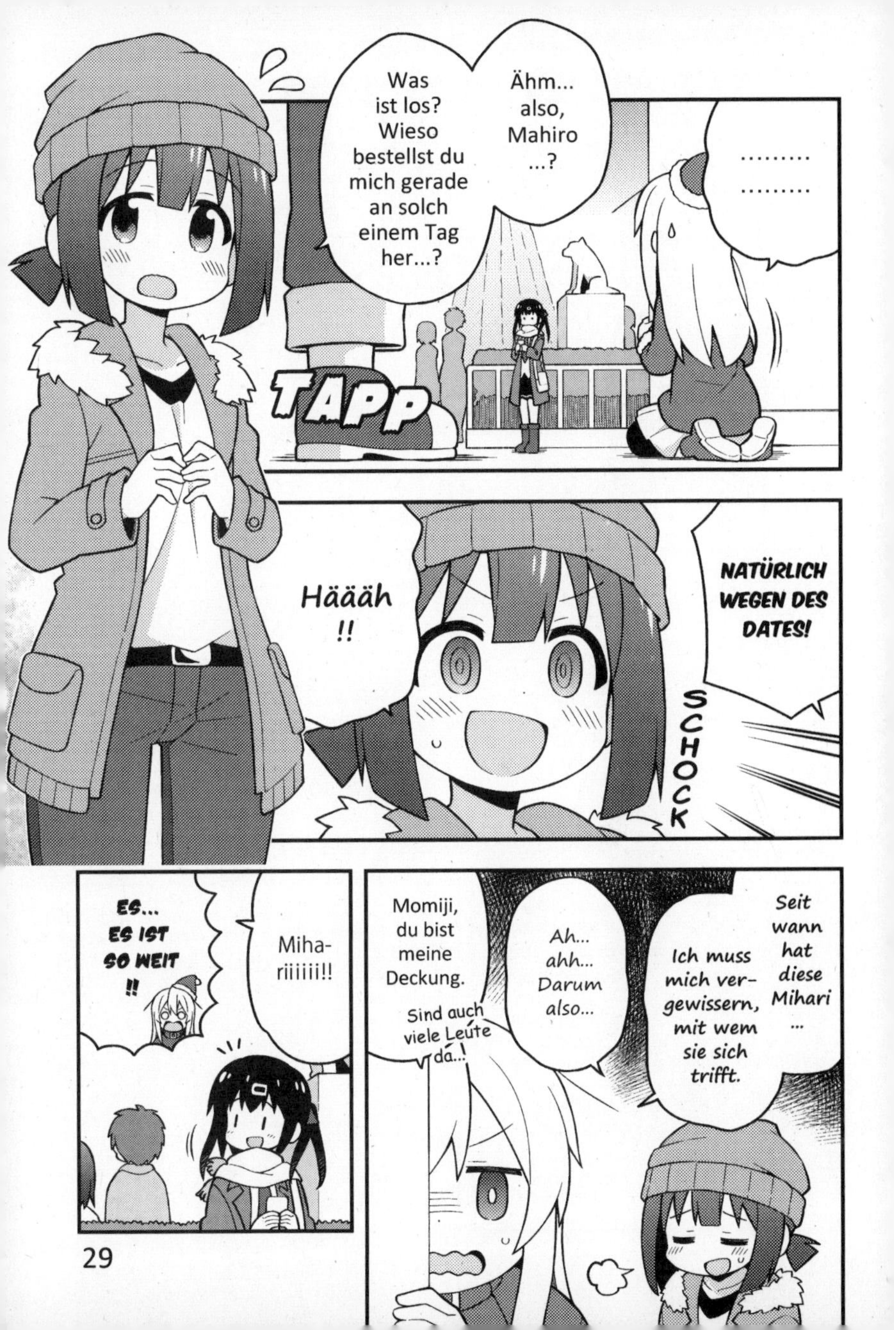

………
………

Ähm... also, Mahiro ...?

Was ist los? Wieso bestellst du mich gerade an solch einem Tag her...?

TAPP

NATÜRLICH WEGEN DES DATES!

SCHOCK

Häääh !!

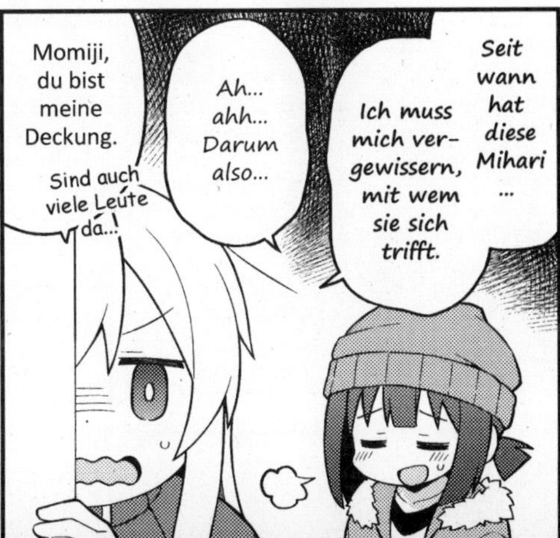

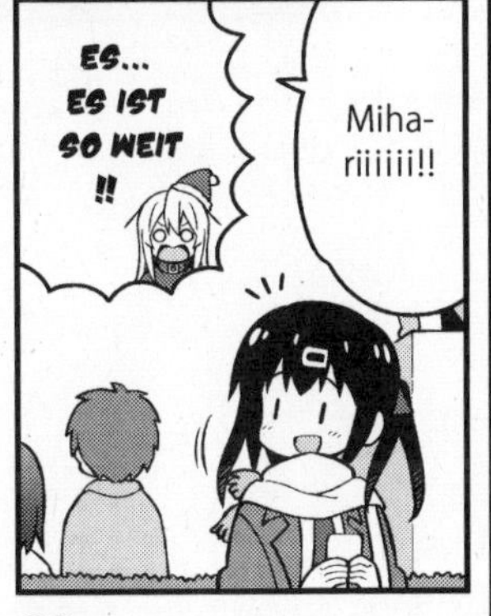

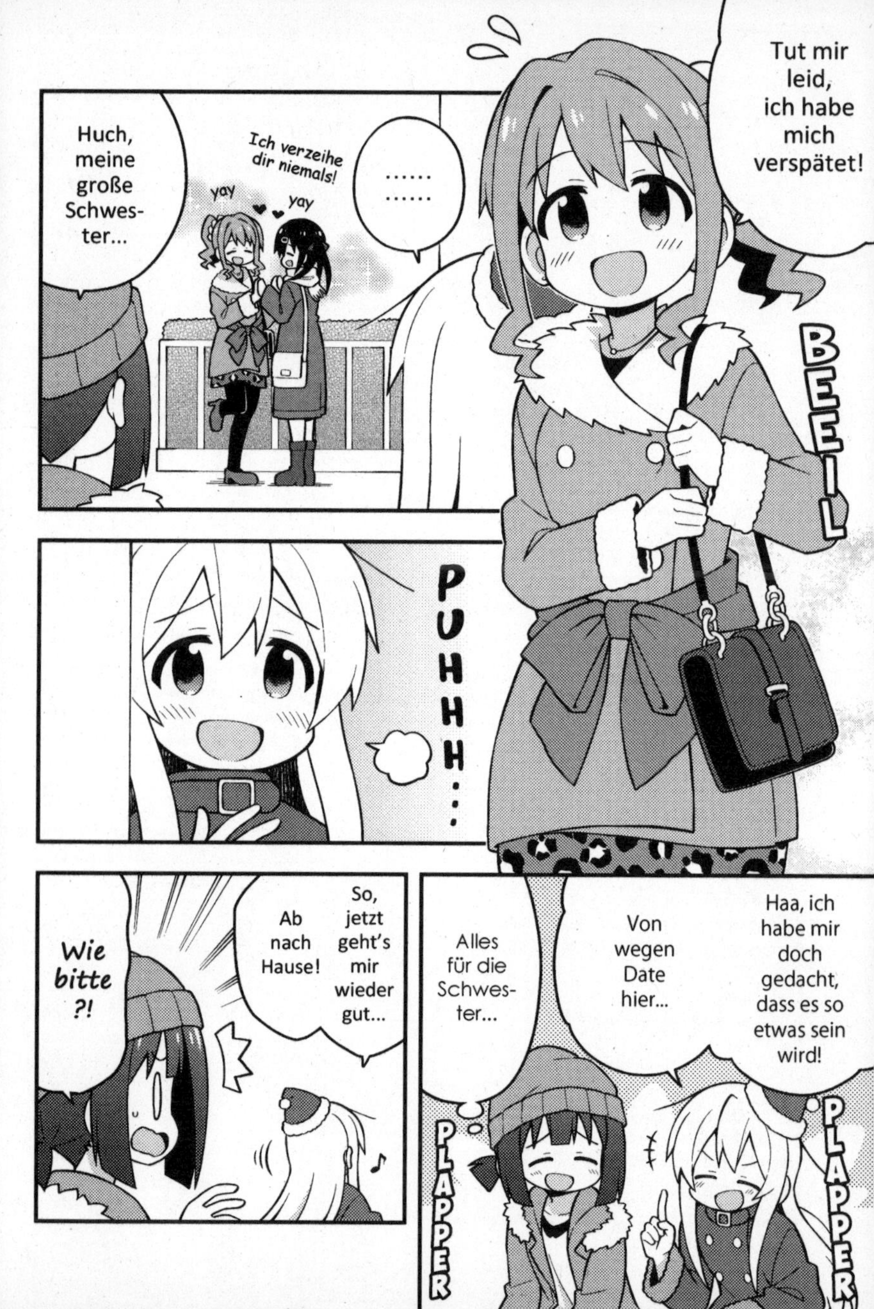
Tut mir leid, ich habe mich verspätet!
BEEEIL
Huch, meine große Schwester...
Ich verzeihe dir niemals!
yay
yay
......
......
PUHHH...
Haa, ich habe mir doch gedacht, dass es so etwas sein wird!
Von wegen Date hier...
Alles für die Schwester...
PLAPPER
PLAPPER
So, jetzt geht's mir wieder gut...
Ab nach Hause!
Wie bitte ?!

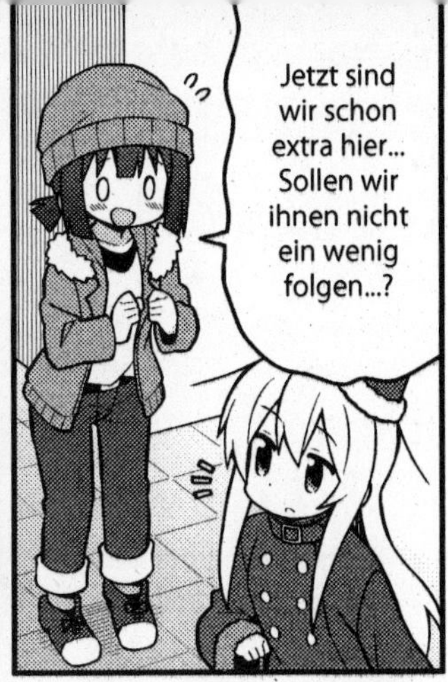
Jetzt sind wir schon extra hier... Sollen wir ihnen nicht ein wenig folgen...?

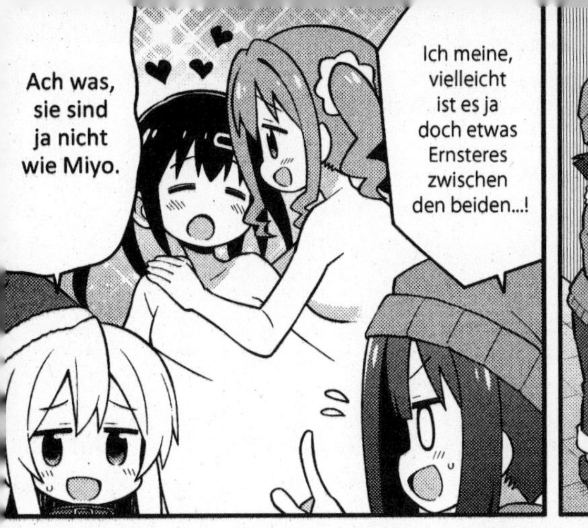
Ich meine, vielleicht ist es ja doch etwas Ernsteres zwischen den beiden...!
Ach was, sie sind ja nicht wie Miyo.

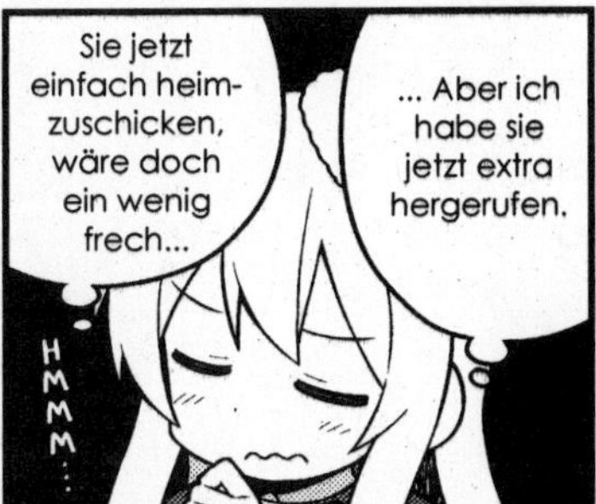
... Aber ich habe sie jetzt extra hergerufen.
Sie jetzt einfach heimzuschicken, wäre doch ein wenig frech...
HMMM...

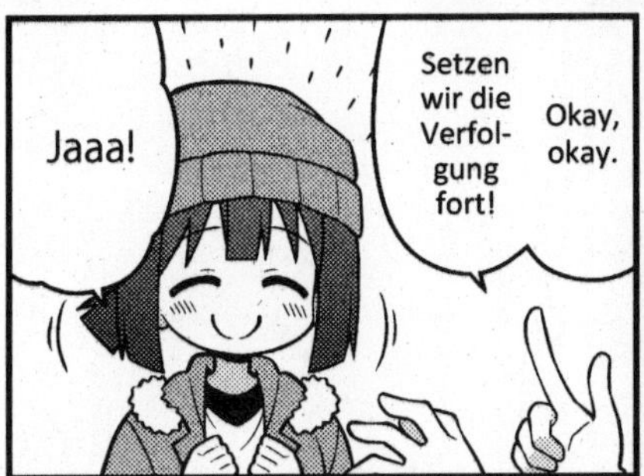
Okay, okay.
Setzen wir die Verfolgung fort!
Jaaa!

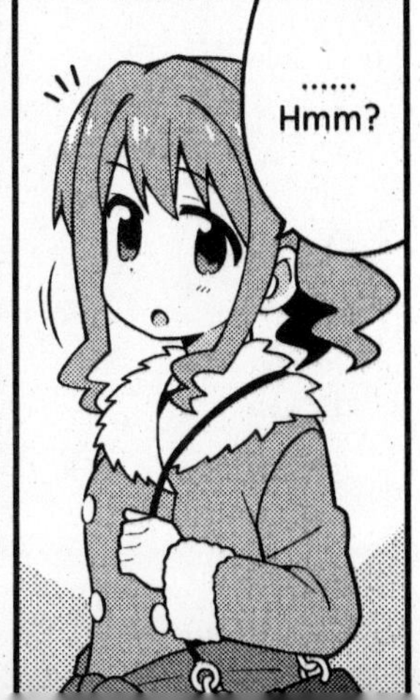
...... Hmm?

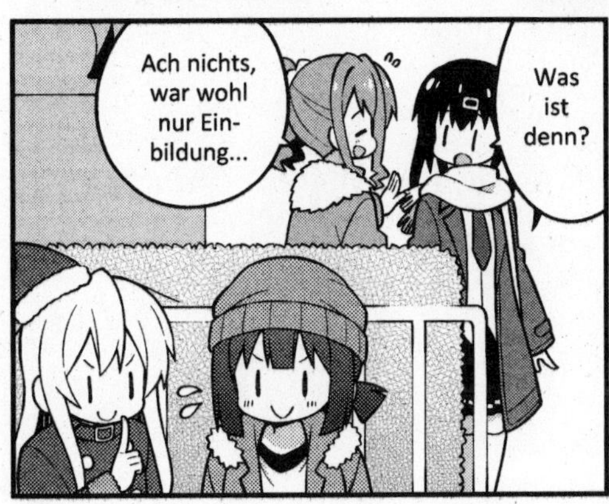
Was ist denn?
Ach nichts, war wohl nur Einbildung...

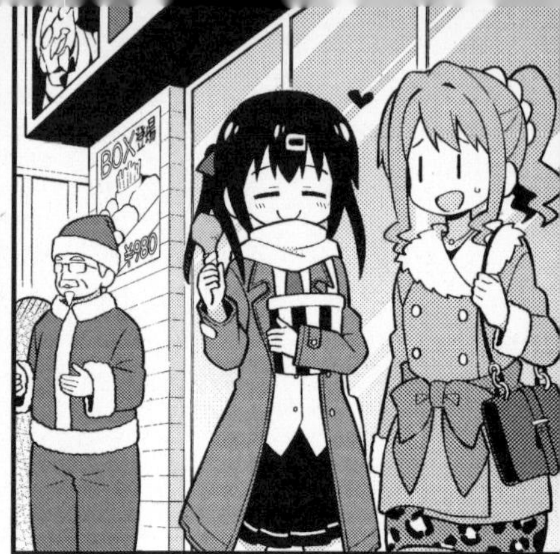
BOX
¥980

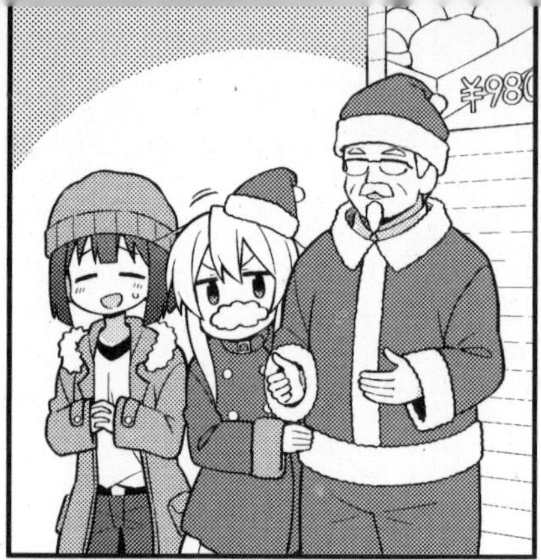
¥980

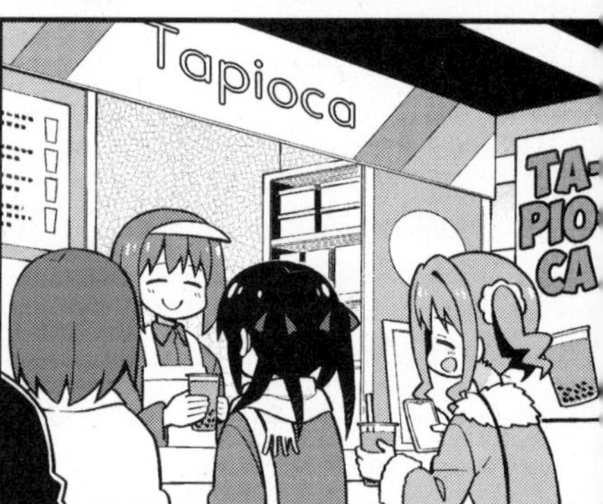
Tapioca
TA-PIO-CA

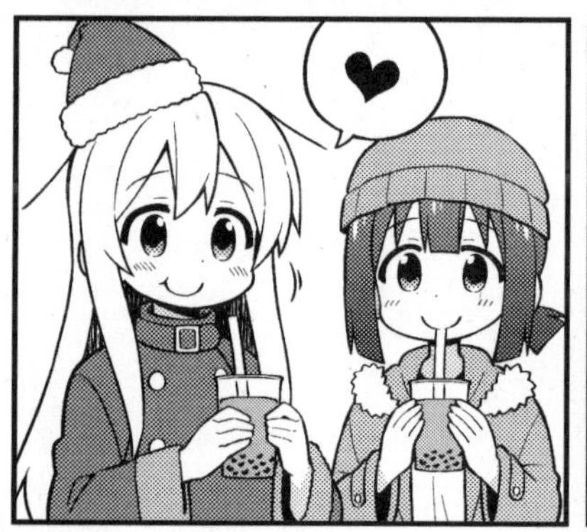

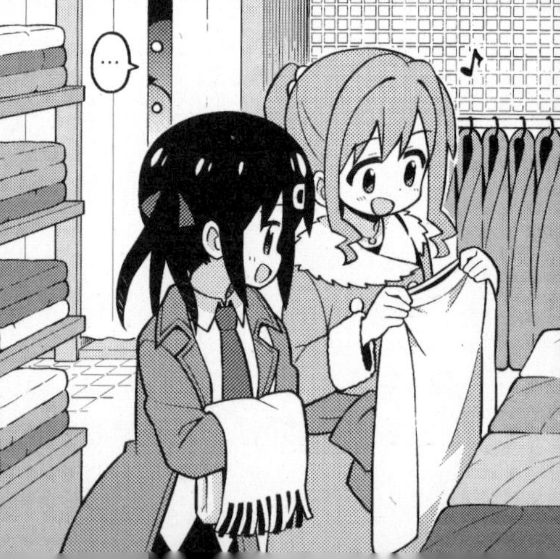
...

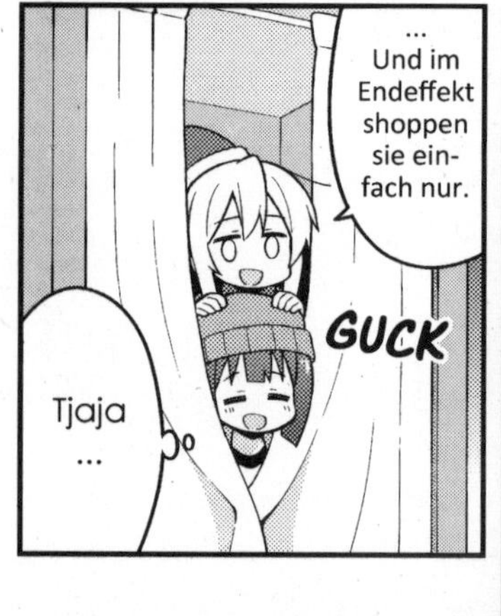
... Und im Endeffekt shoppen sie ein-fach nur.
GUCK
Tjaja ...

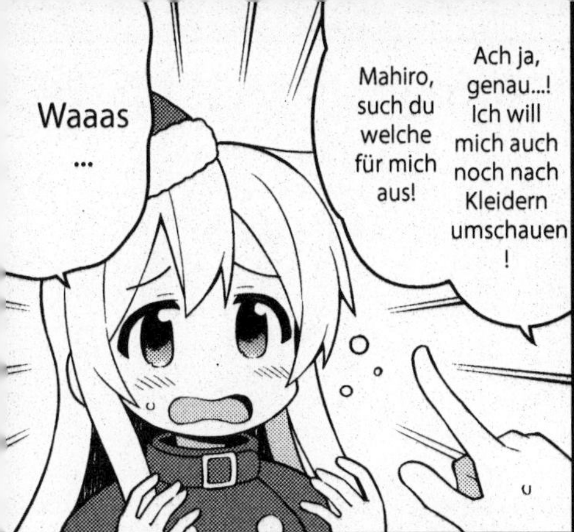
Ach ja, genau...! Ich will mich auch noch nach Kleidern umschauen!
Mahiro, such du welche für mich aus!
Waaas ...
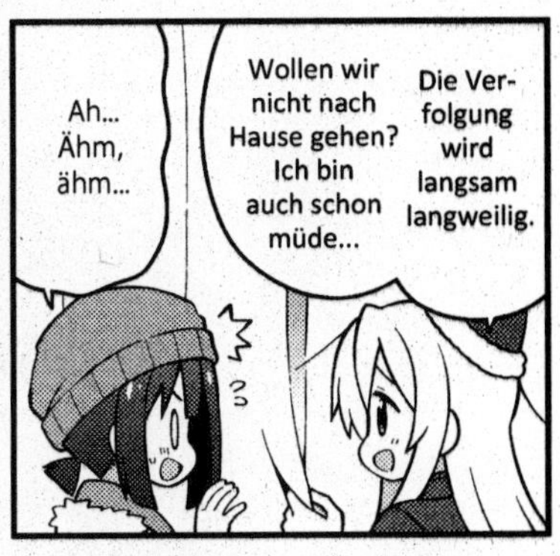
Die Verfolgung wird langsam langweilig.
Wollen wir nicht nach Hause gehen? Ich bin auch schon müde...
Ah... Ähm, ähm...
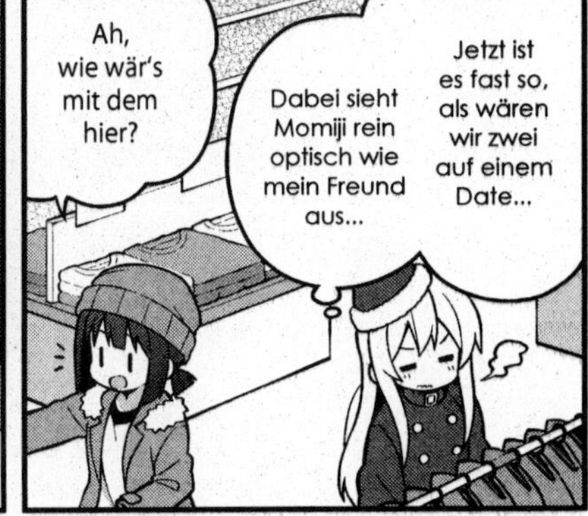
Jetzt ist es fast so, als wären wir zwei auf einem Date...
Dabei sieht Momiji rein optisch wie mein Freund aus...
Ah, wie wär's mit dem hier?
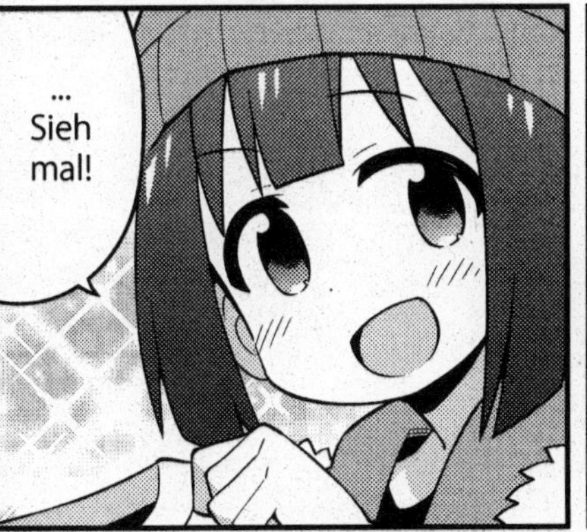
... Sieh mal!
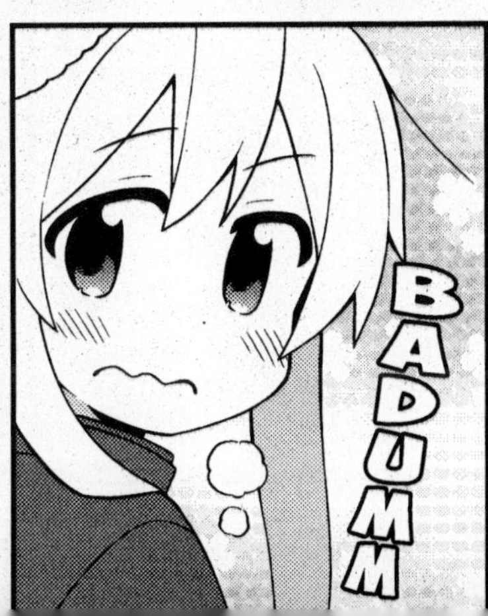
BADUMM
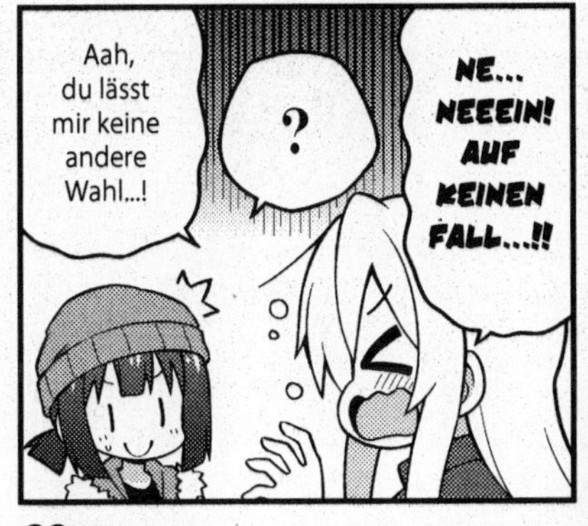
NE... NEEEIN! AUF KEINEN FALL...!!
?
Aah, du lässt mir keine andere Wahl...!

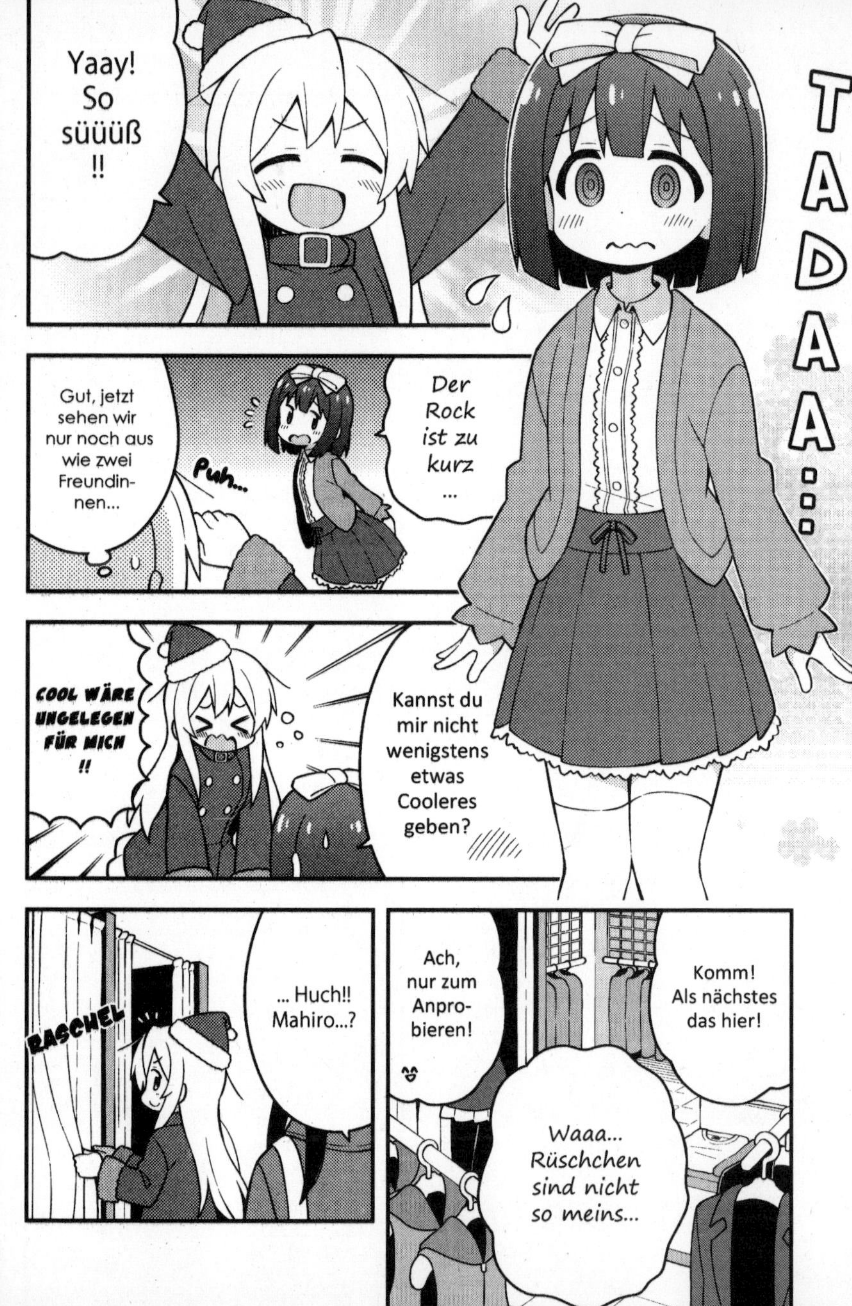
TADAAA...
Yaay! So süüüß !!
Der Rock ist zu kurz ...
Puh...
Gut, jetzt sehen wir nur noch aus wie zwei Freundinnen...
Kannst du mir nicht wenigstens etwas Cooleres geben?
Cool wäre ungelegen für mich !!
Komm! Als nächstes das hier!
Ach, nur zum Anprobieren!
Waaa... Rüschchen sind nicht so meins...
... Huch!! Mahiro...?
RASCHEL

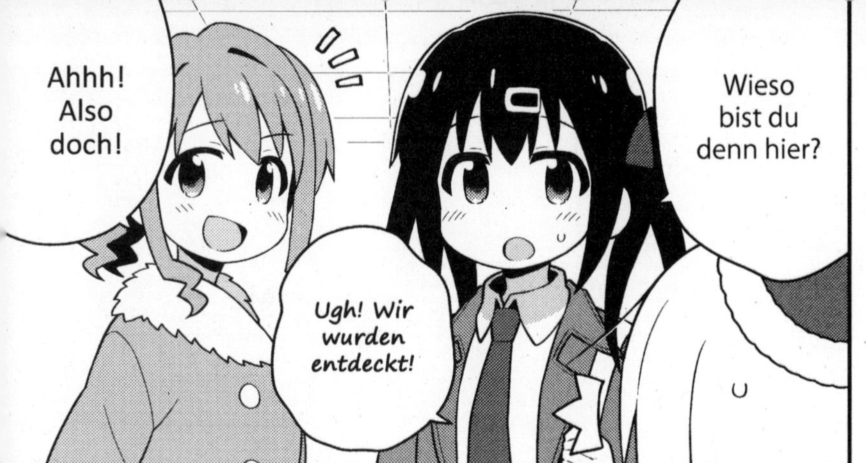

Wieso bist du denn hier?
Ahhh! Also doch!
Ugh! Wir wurden entdeckt!

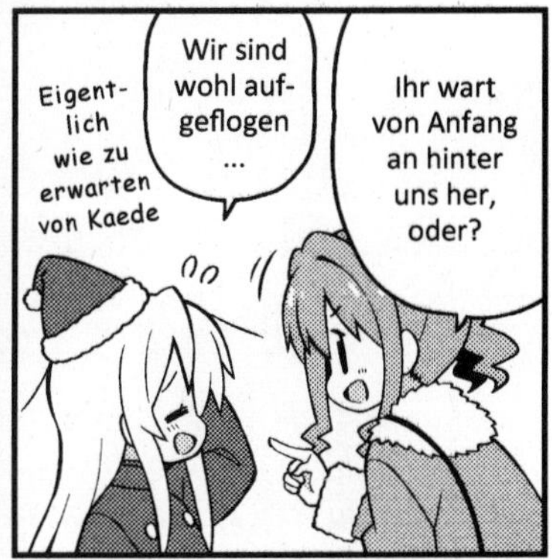

Ihr wart von Anfang an hinter uns her, oder?
Wir sind wohl auf-geflogen ...
Eigent-lich wie zu erwarten von Kaede

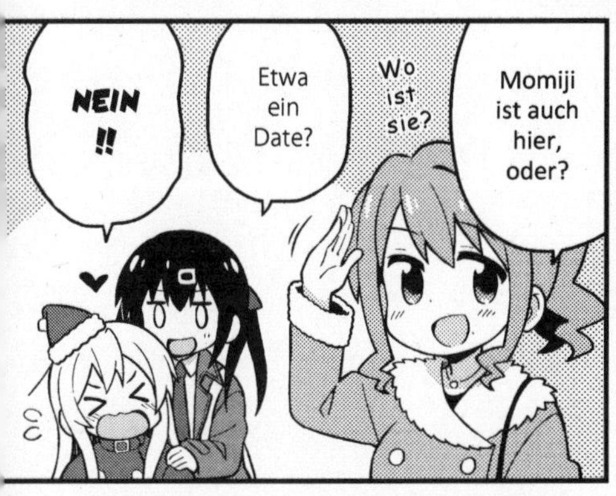

Momiji ist auch hier, oder?
Wo ist sie?
Etwa ein Date?
NEIN !!

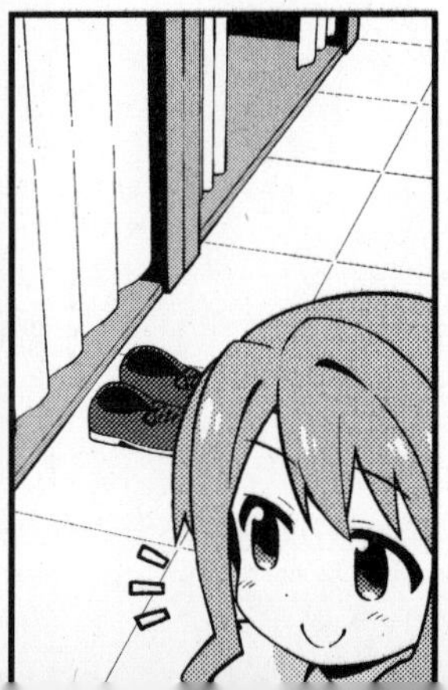

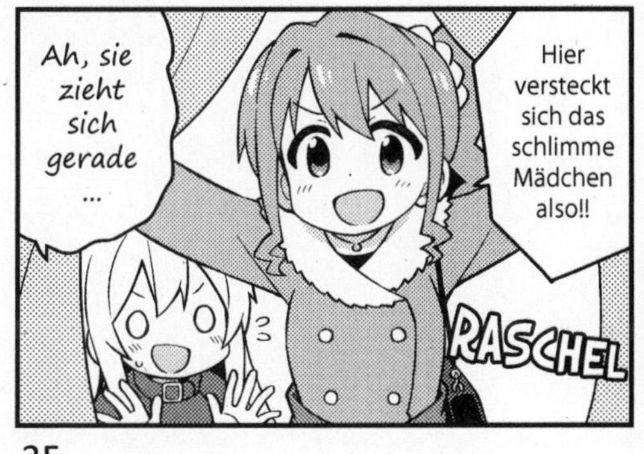

Hier versteckt sich das schlimme Mädchen also!!
Ah, sie zieht sich gerade ...
RASCHEL

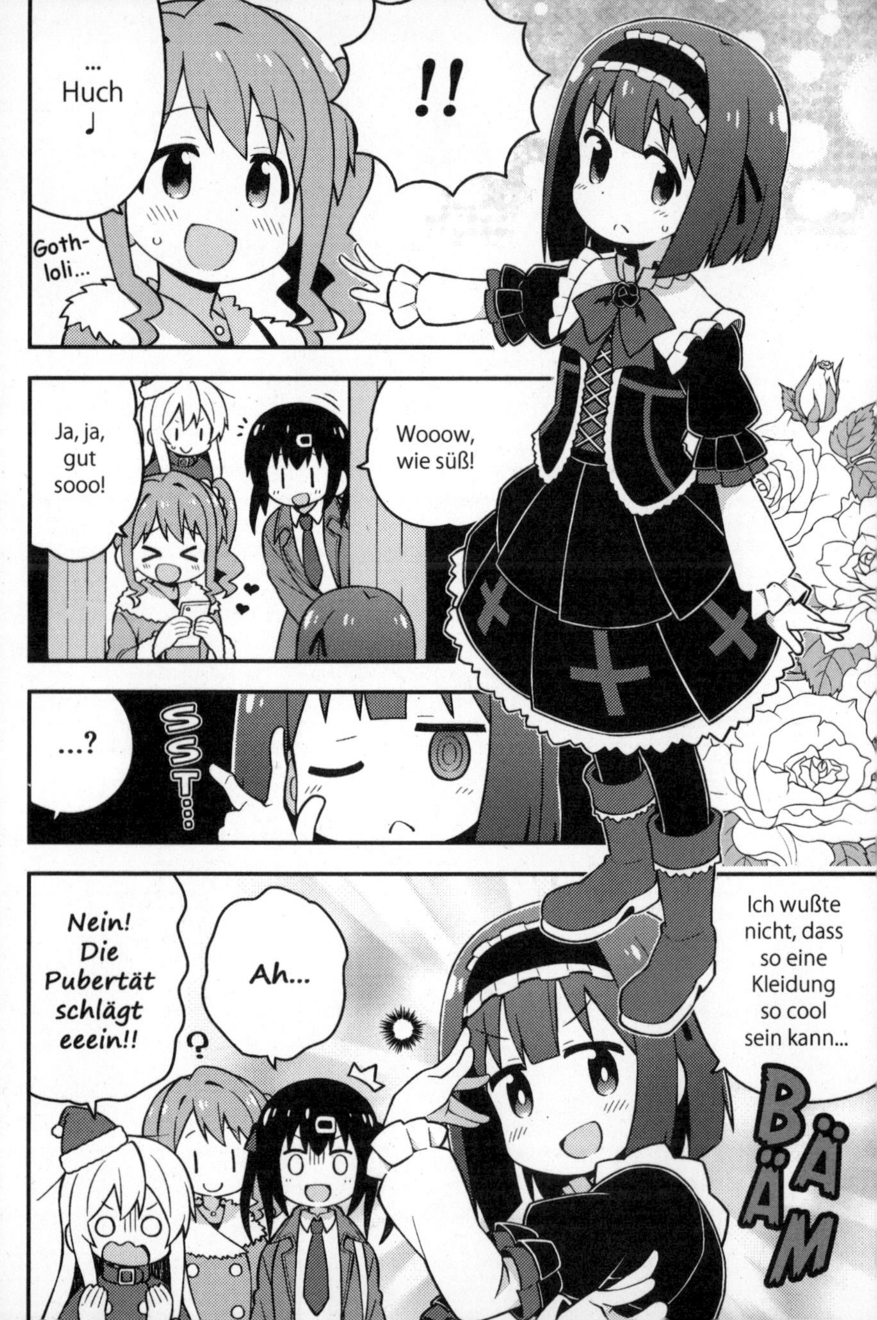
!!
...
Huch
♩
Goth-
loli...
Wooow,
wie süß!
Ja, ja,
gut
sooo!
...?
SST...
Ich wußte
nicht, dass
so eine
Kleidung
so cool
sein kann...
BÄÄM
Ah...
Nein!
Die
Pubertät
schlägt
eeein!!

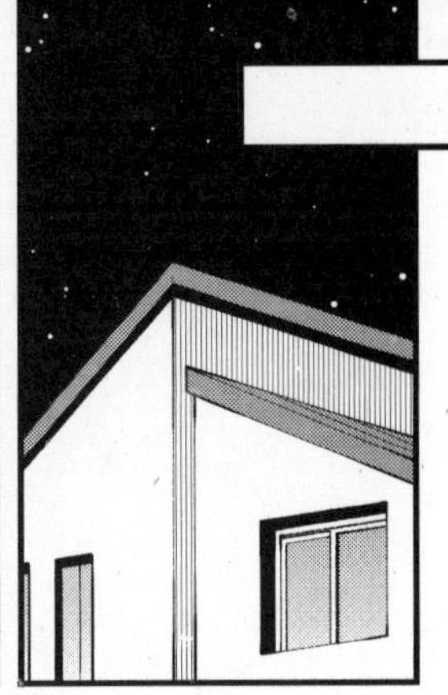

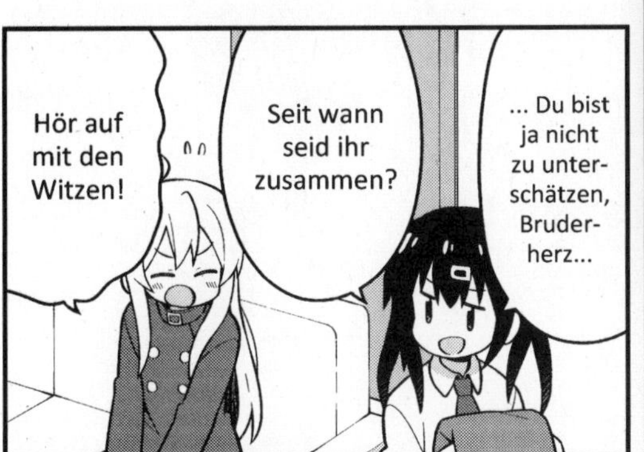

... Du bist ja nicht zu unterschätzen, Bruderherz...
Seit wann seid ihr zusammen?
Hör auf mit den Witzen!

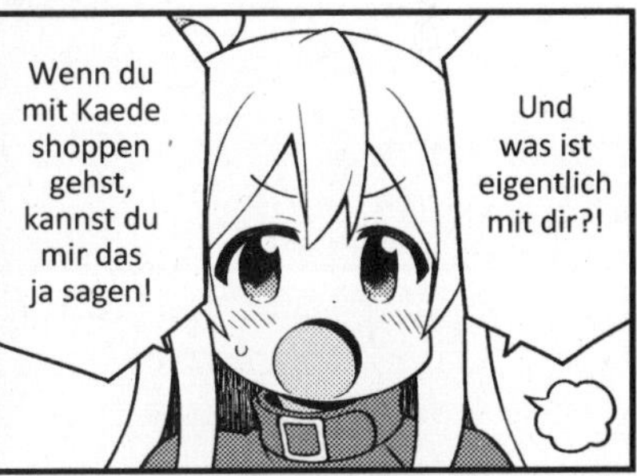

Und was ist eigentlich mit dir?!
Wenn du mit Kaede shoppen gehst, kannst du mir das ja sagen!

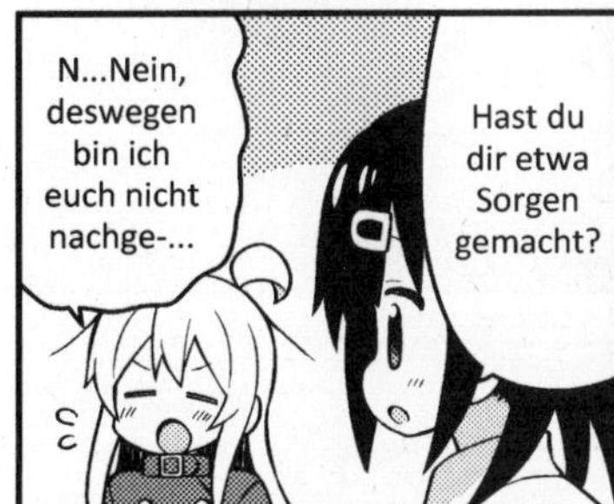

Hast du dir etwa Sorgen gemacht?
N...Nein, deswegen bin ich euch nicht nachge-...

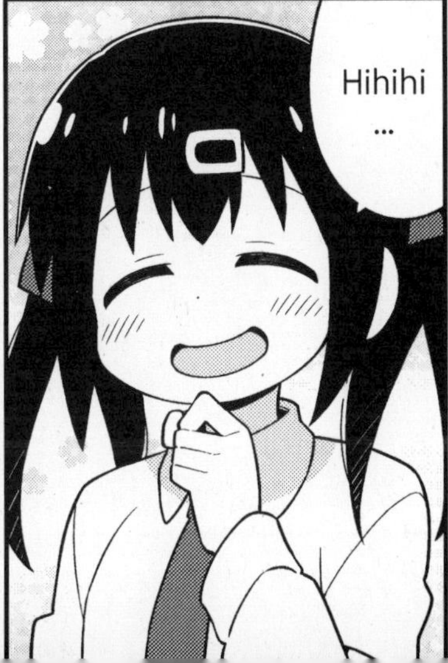

Hihihi ...

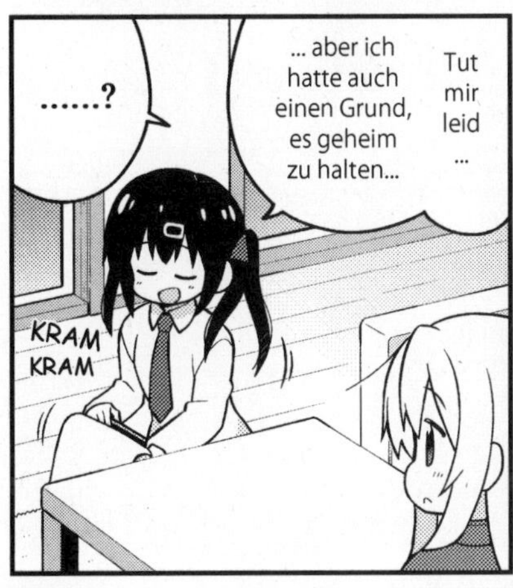

Tut mir leid ...
... aber ich hatte auch einen Grund, es geheim zu halten...
......?
KRAM KRAM

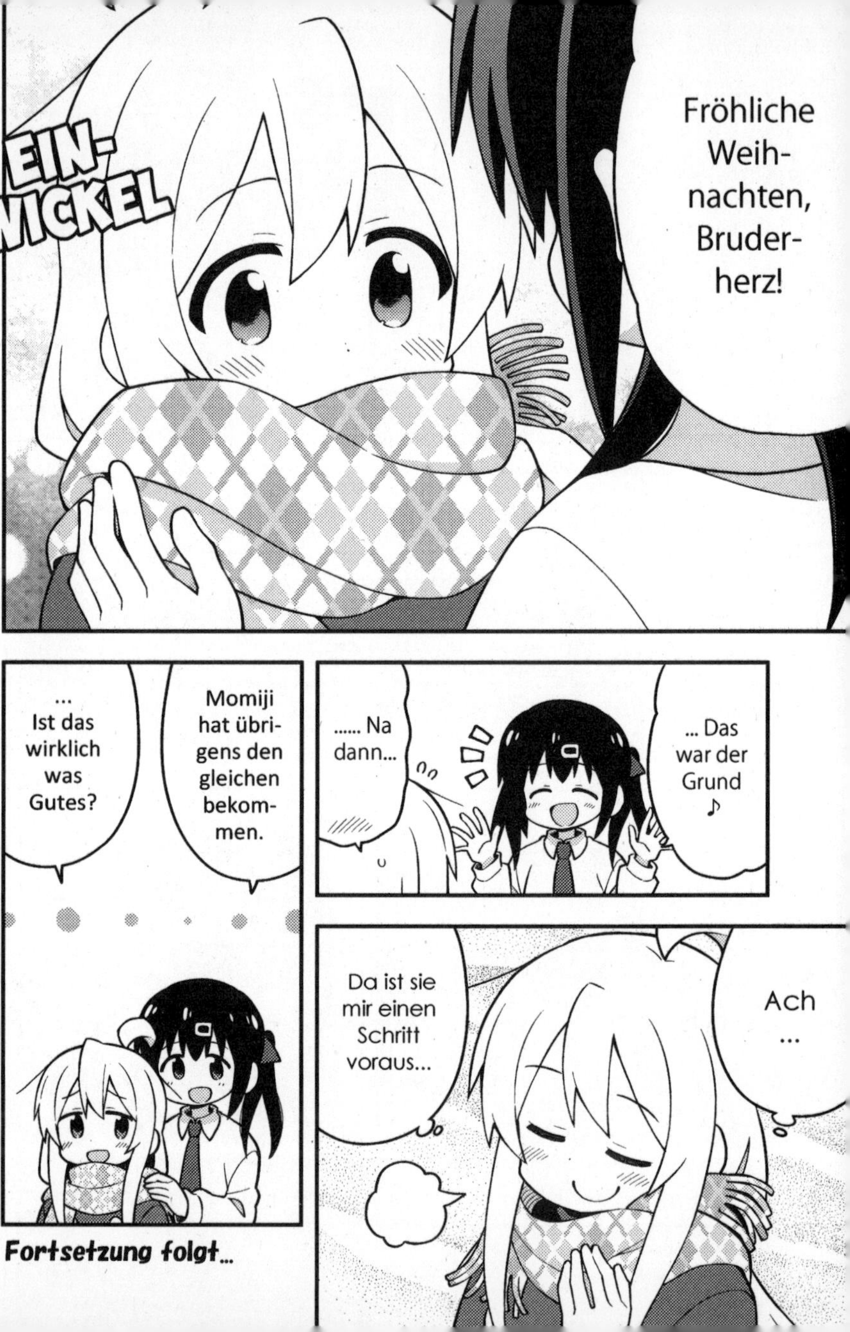

EIN-WICKEL

Fröhliche Weihnachten, Bruderherz!

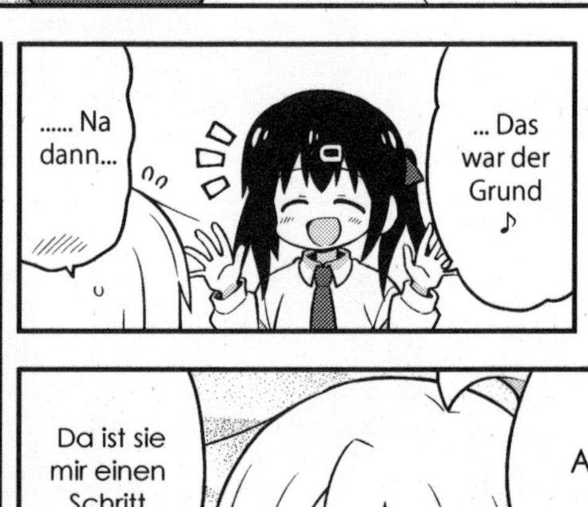

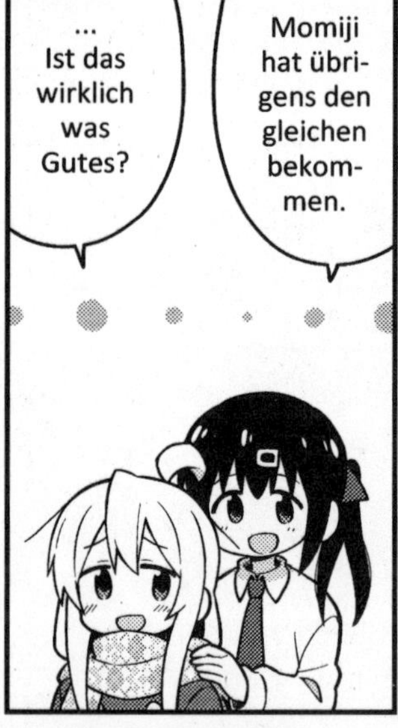

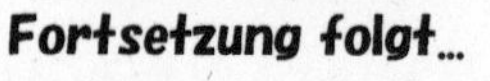

Ab sofort Schwester!

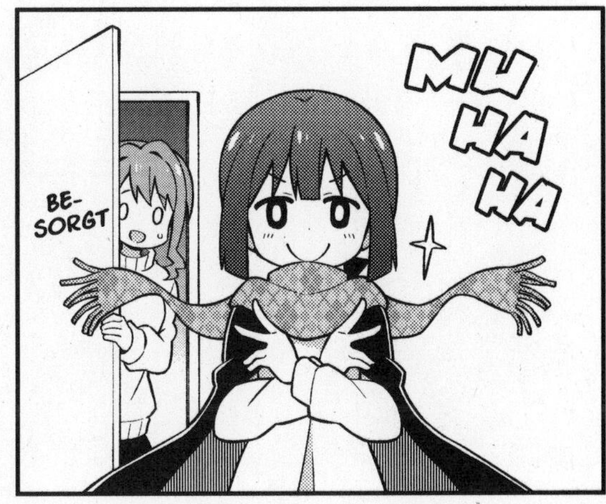

Ab sofort Schwester!

★Special Sketch★

Mahiros Wochentagsroutine

2 Morgentliches Fertigmachen

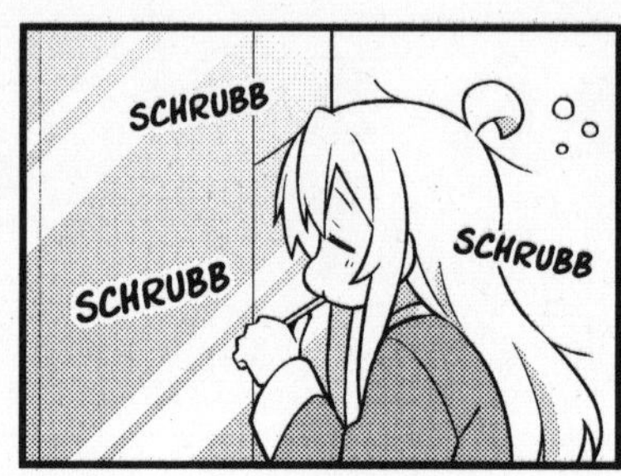

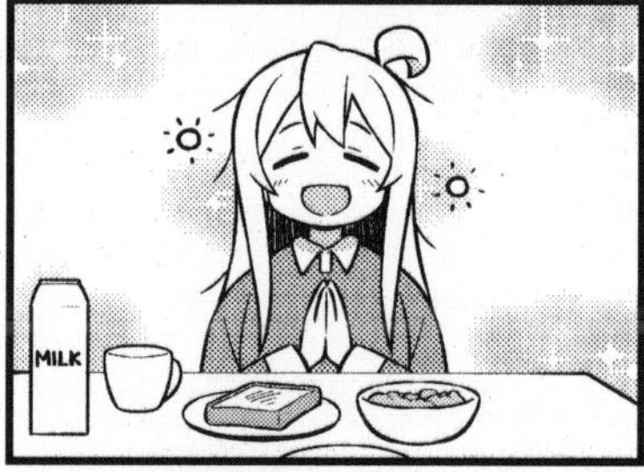

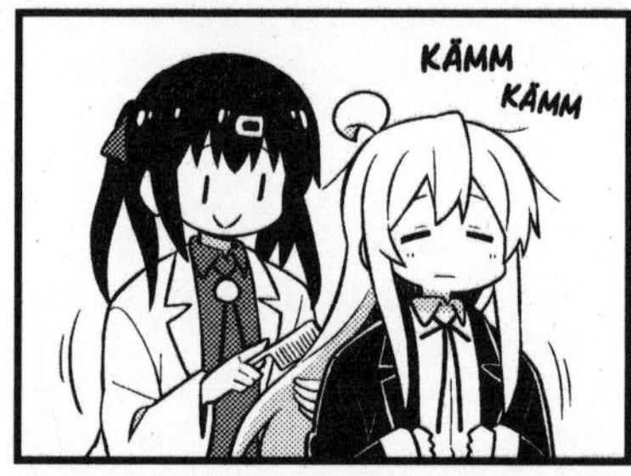

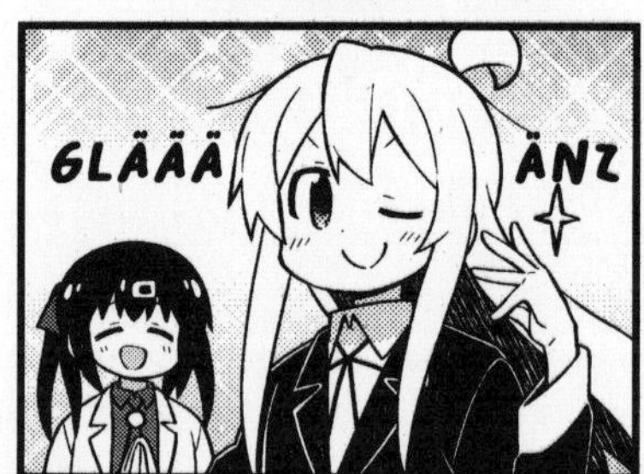

- Kap. 30 -

*In Japan werden zu Silvester jederorts die Tempelglocken geläutet.

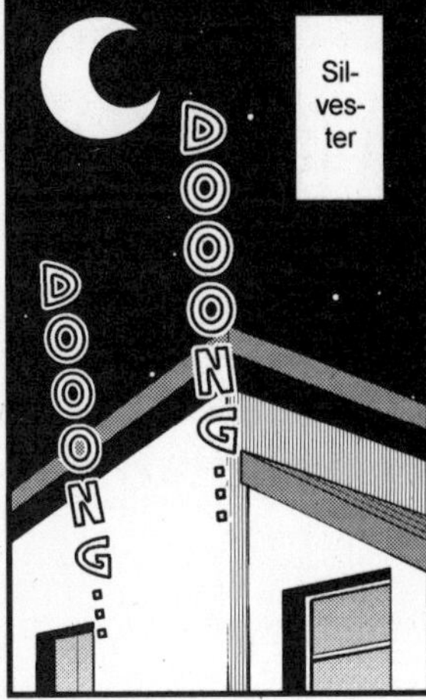

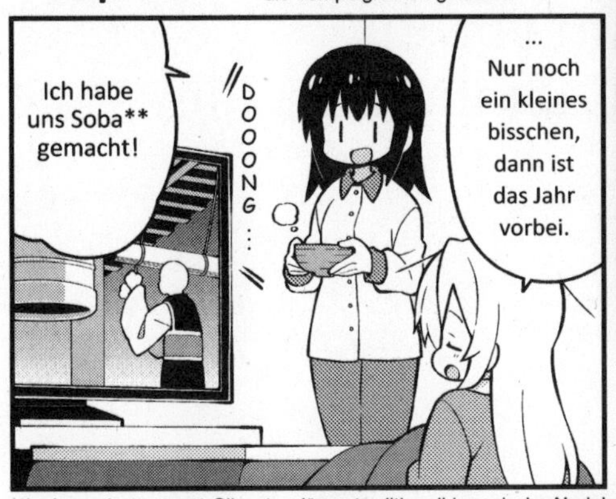

**In Japan isst man zu Silvester dünne traditionell-japanische Nudeln aus Buchweizen.

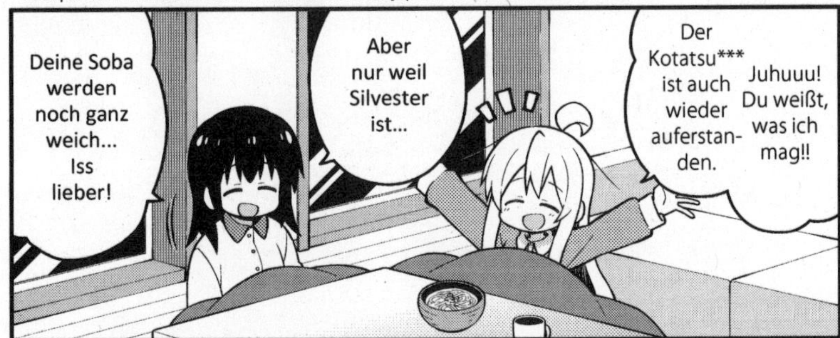

***Kotatsu ist ein Esstisch, der mit einer Decke und einer Heizung ausgestattet ist.

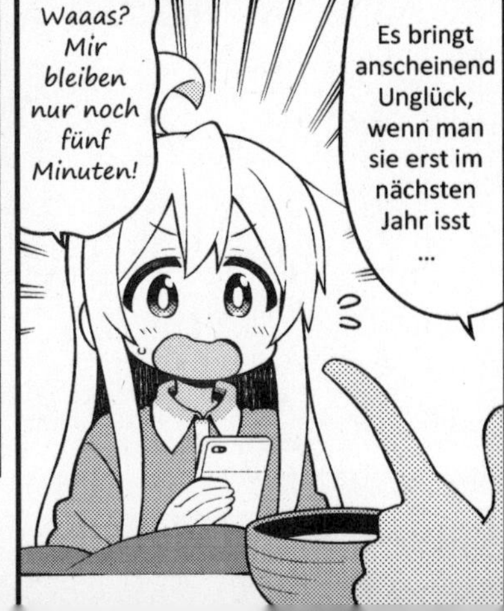

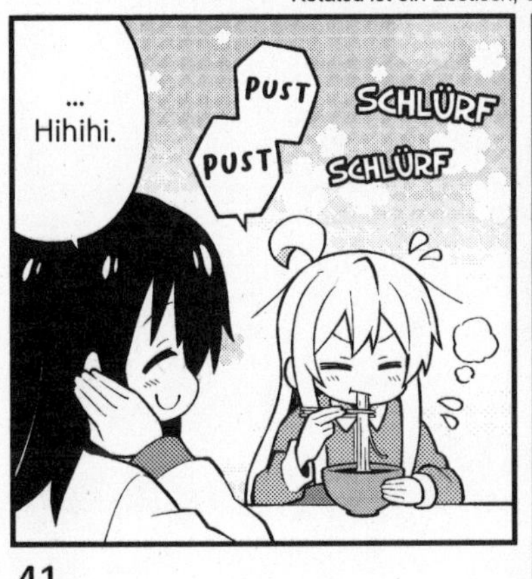

Kapitel 30 : Mahiro und das vergangene und das neue Jahr

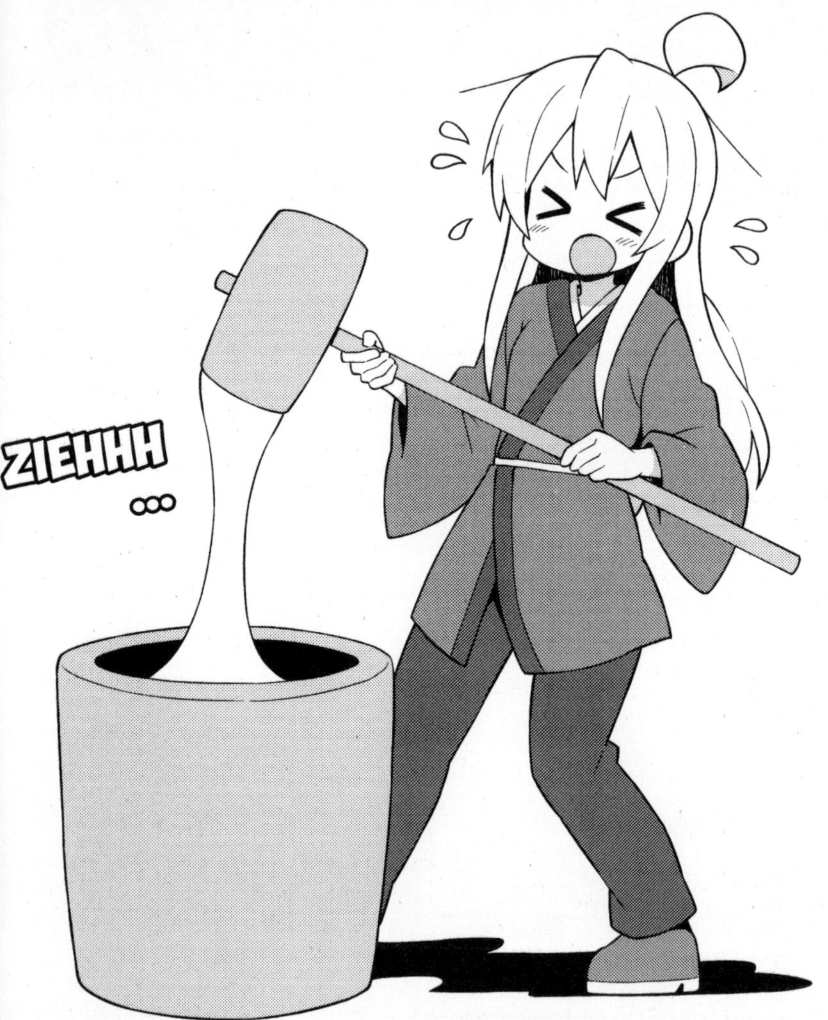

*Traditionelles Klopfen von Reiskuchenteig

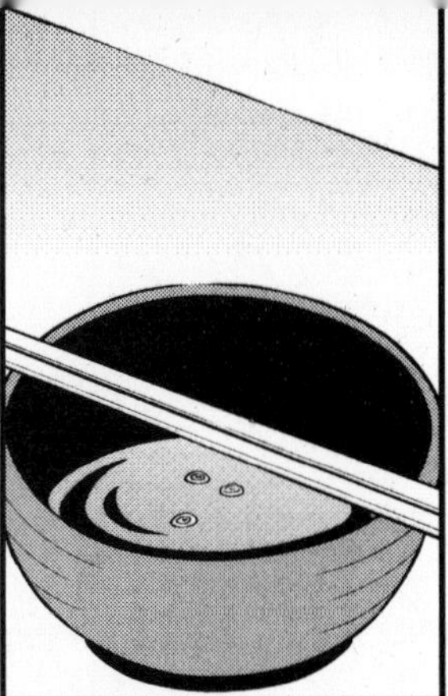

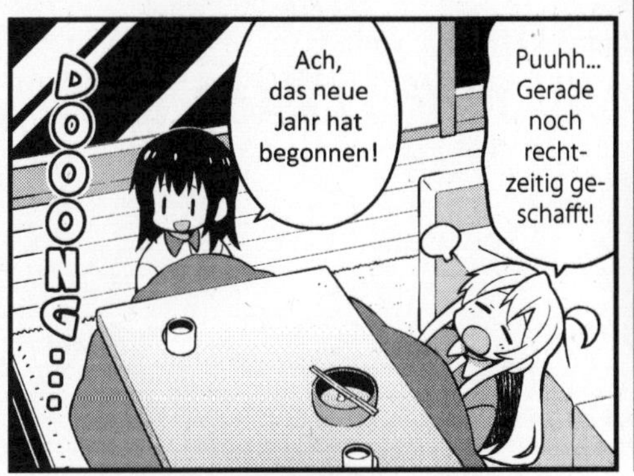

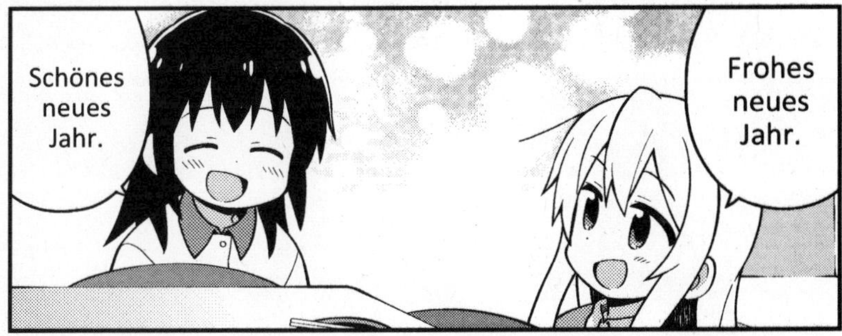

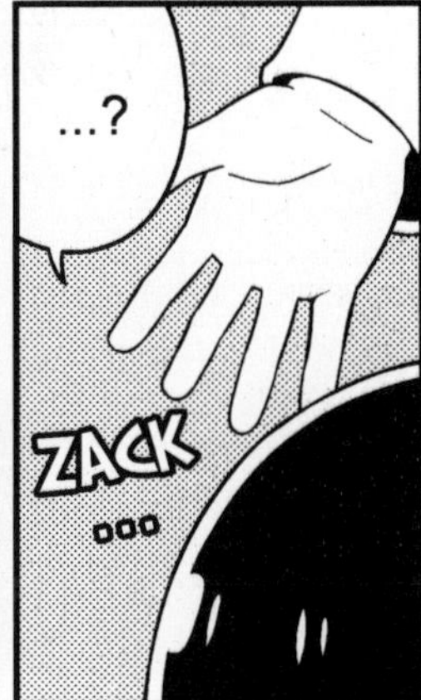

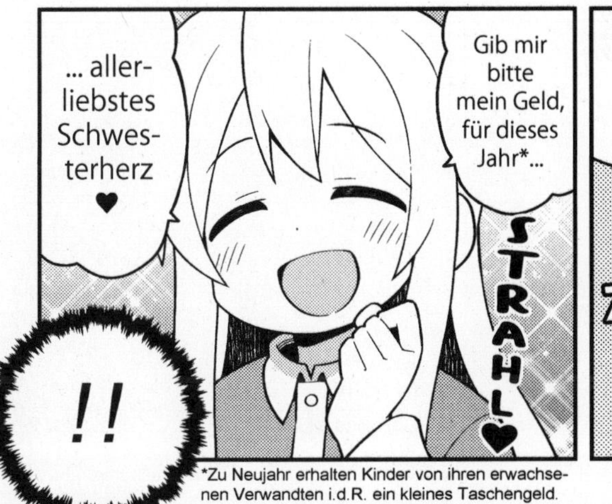

*Zu Neujahr erhalten Kinder von ihren erwachsenen Verwandten i.d.R. ein kleines Taschengeld.

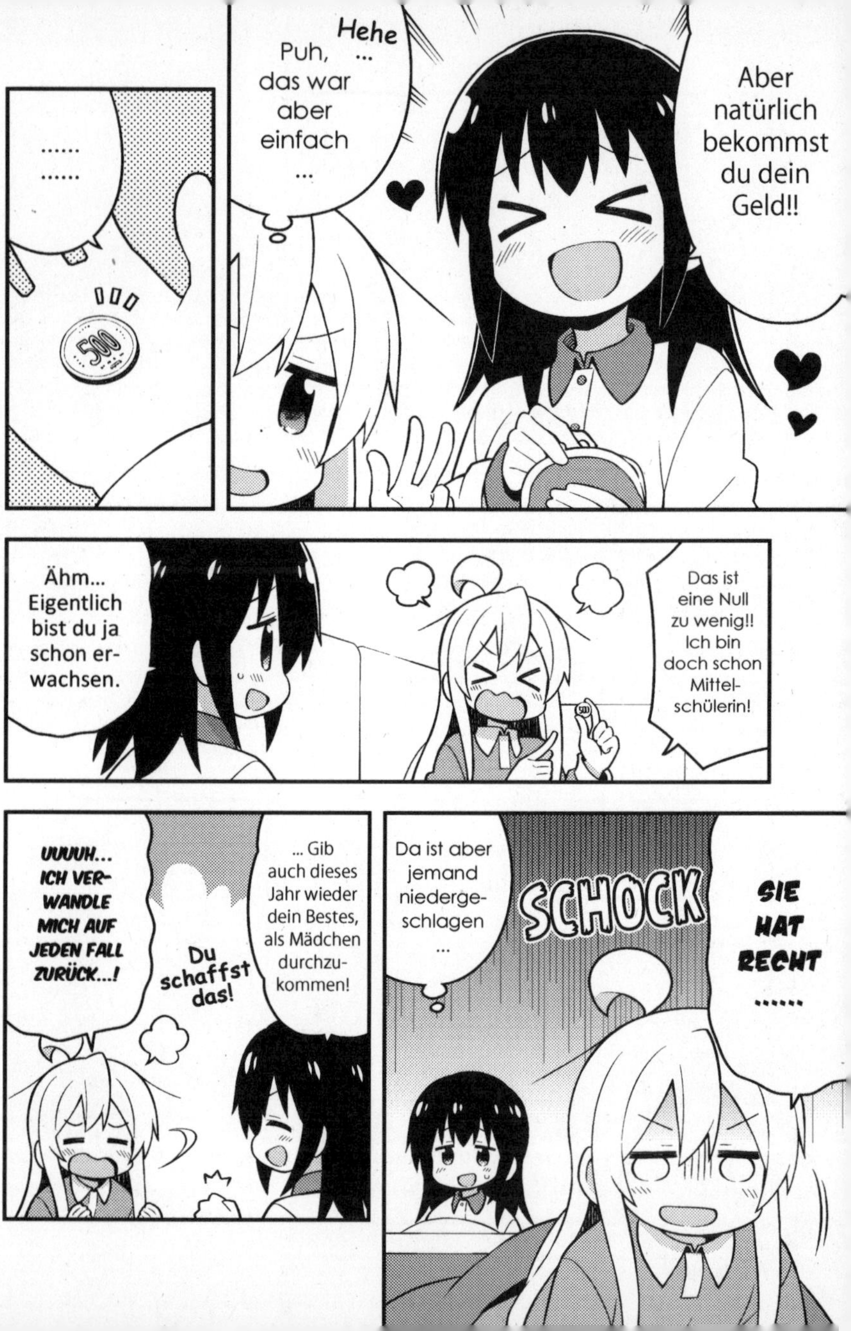

Aber natürlich bekommst du dein Geld!!

Hehe ...

Puh, das war aber einfach ...

......
......

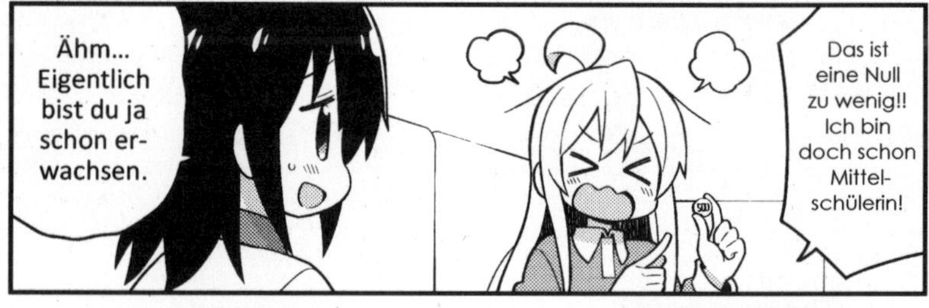

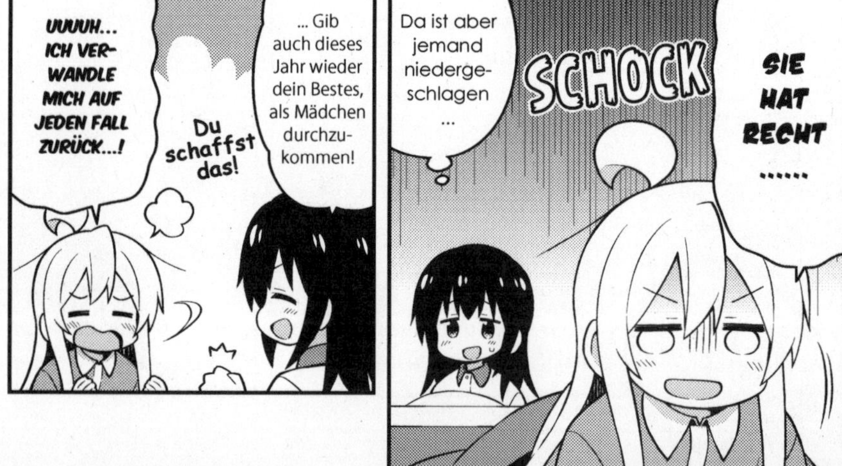

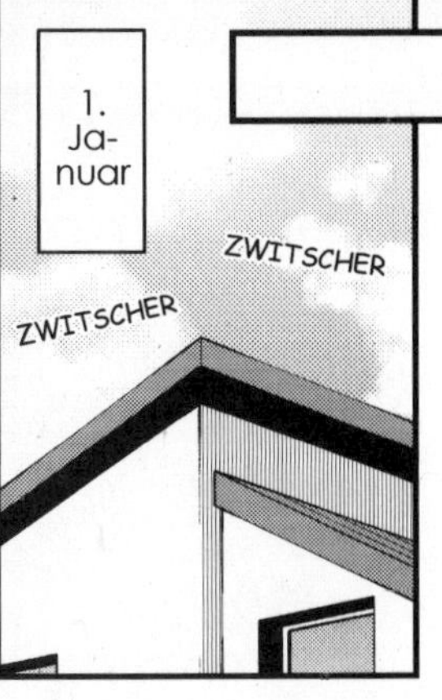
1. Ja-nuar
ZWITSCHER
ZWITSCHER

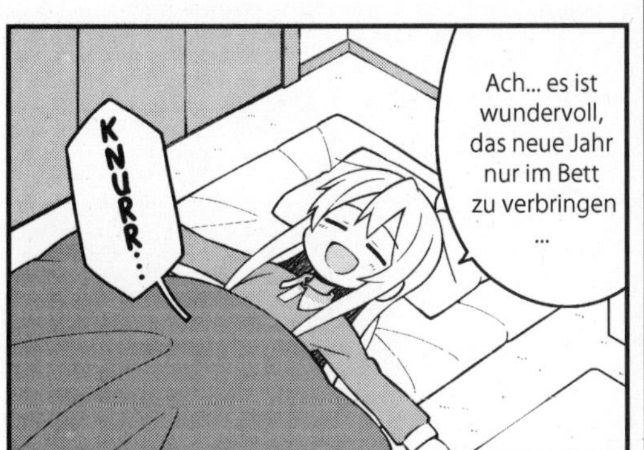
Ach... es ist wundervoll, das neue Jahr nur im Bett zu verbringen ...
KNURR...

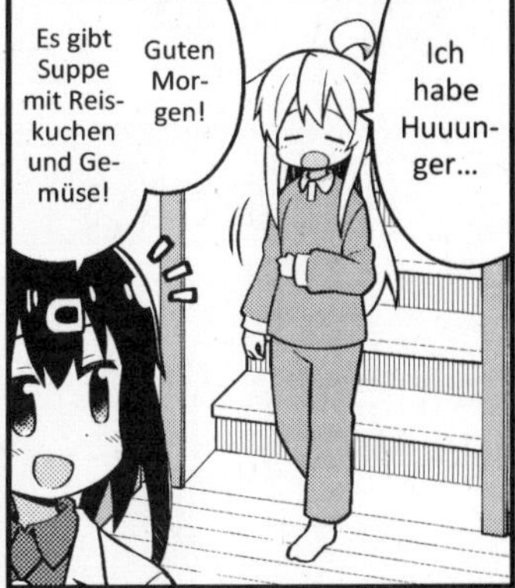
Ich habe Huuun-ger...
Guten Mor-gen!
Es gibt Suppe mit Reis-kuchen und Ge-müse!

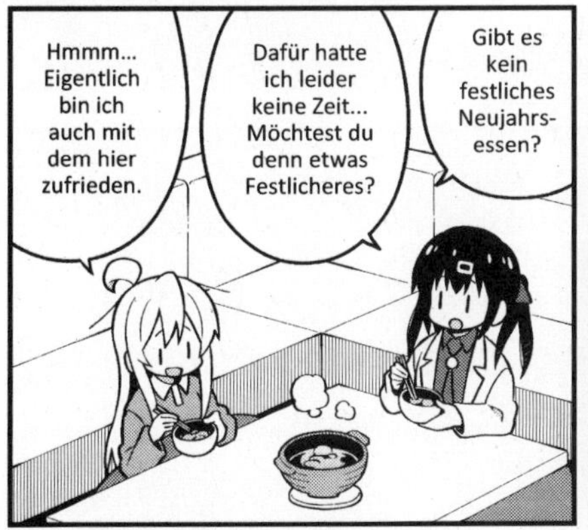
Gibt es kein festliches Neujahrs-essen?
Dafür hatte ich leider keine Zeit... Möchtest du denn etwas Festlicheres?
Hmmm... Eigentlich bin ich auch mit dem hier zufrieden.

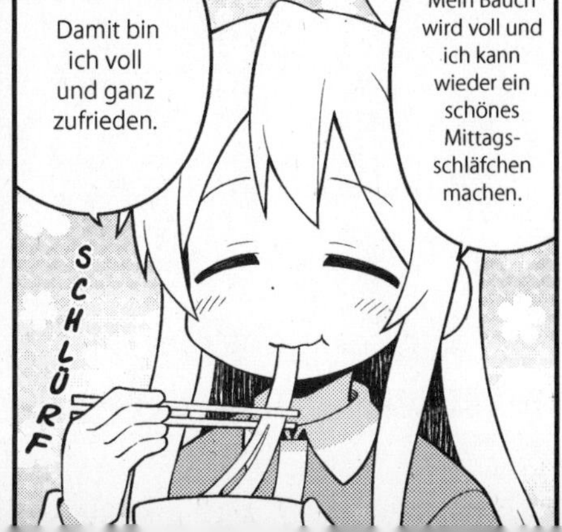
Mein Bauch wird voll und ich kann wieder ein schönes Mittags-schläfchen machen.
Damit bin ich voll und ganz zufrieden.
SCHLÜRF

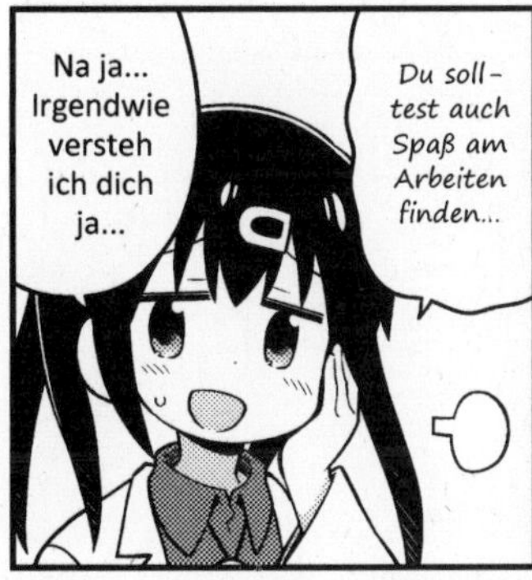
Du soll-test auch Spaß am Arbeiten finden...
Na ja... Irgendwie versteh ich dich ja...

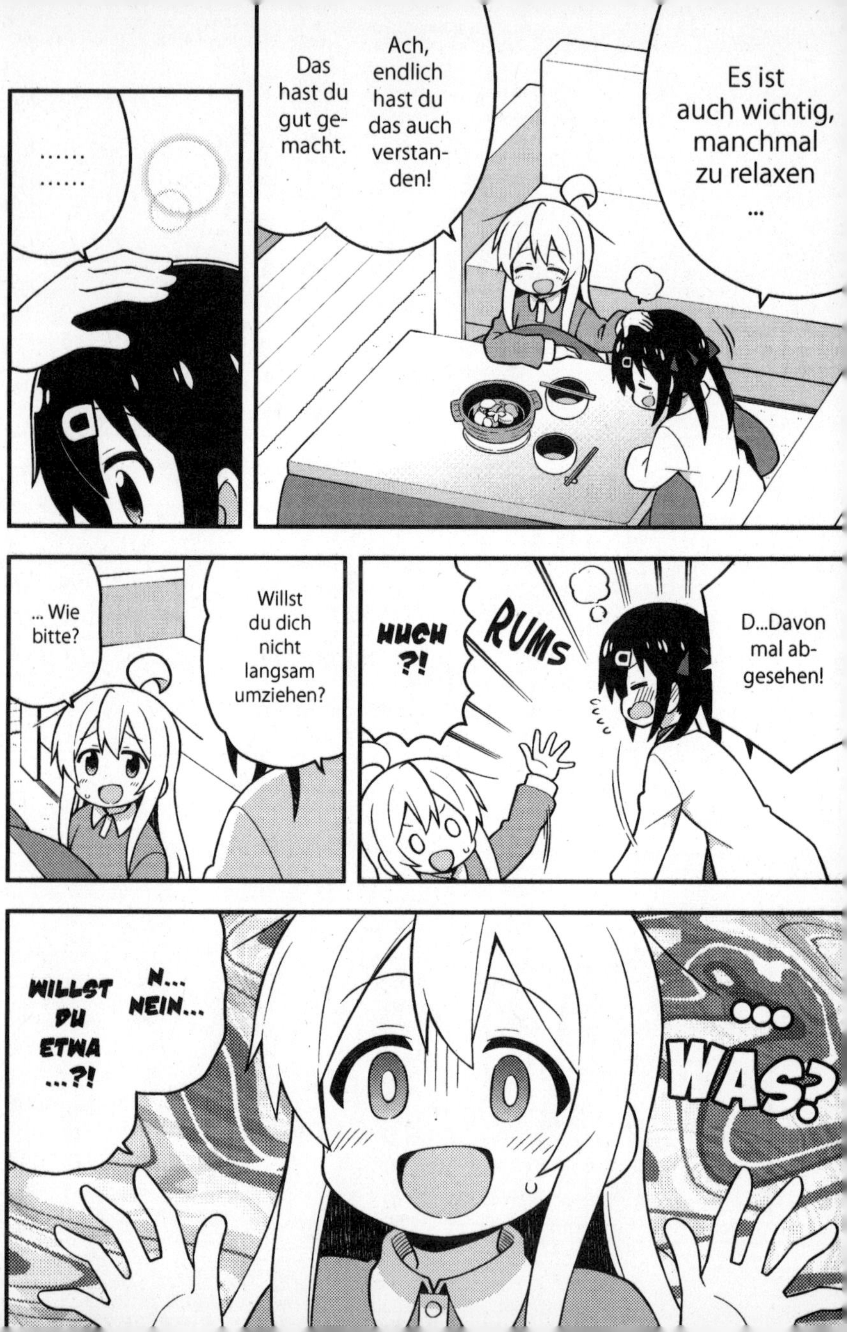

Es ist auch wichtig, manchmal zu relaxen ...
Ach, endlich hast du das auch verstanden!
Das hast du gut gemacht.
…… ……

D...Davon mal abgesehen!
RUMS
HUCH ?!
Willst du dich nicht langsam umziehen?
... Wie bitte?

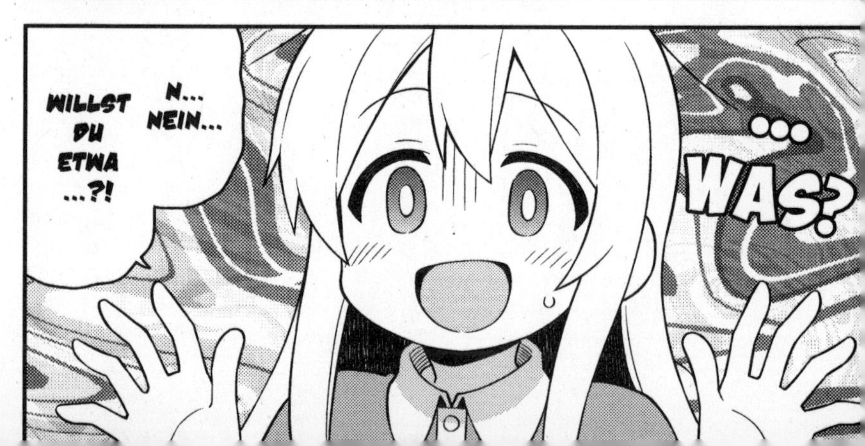

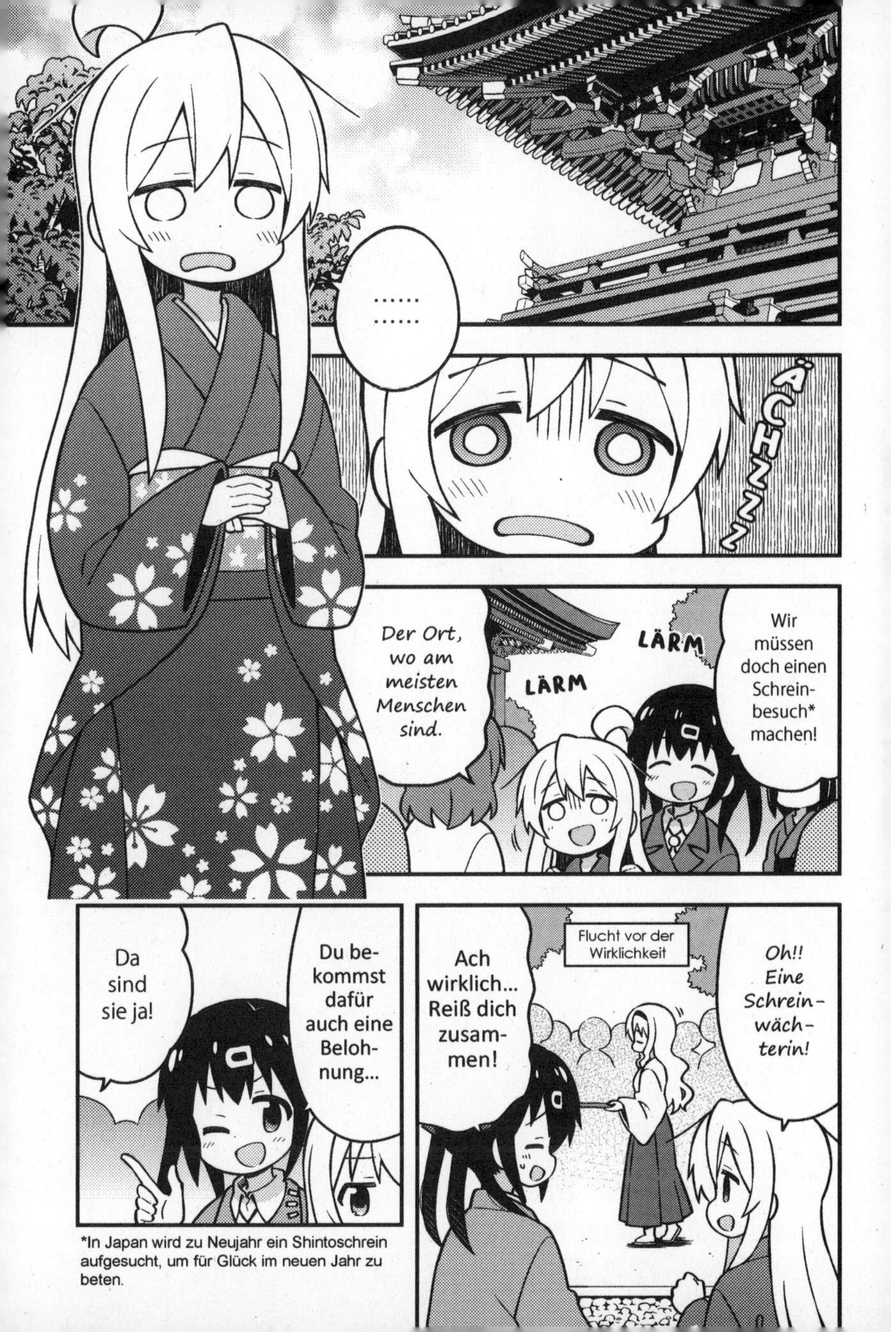

……
……

ÄCHZZZZ

Wir müssen doch einen Schrein-besuch* machen!

LÄRM

LÄRM

Der Ort, wo am meisten Menschen sind.

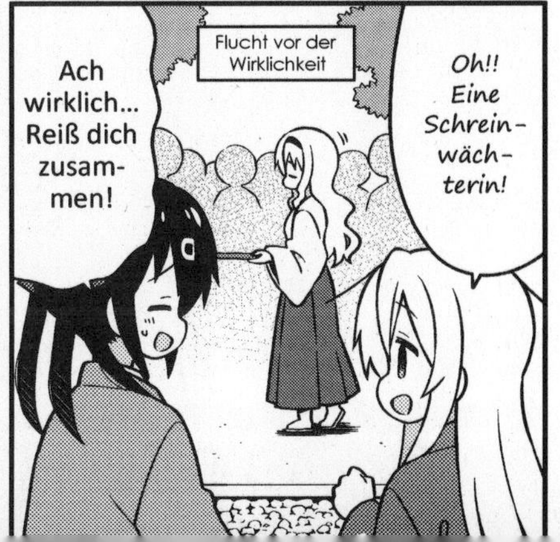

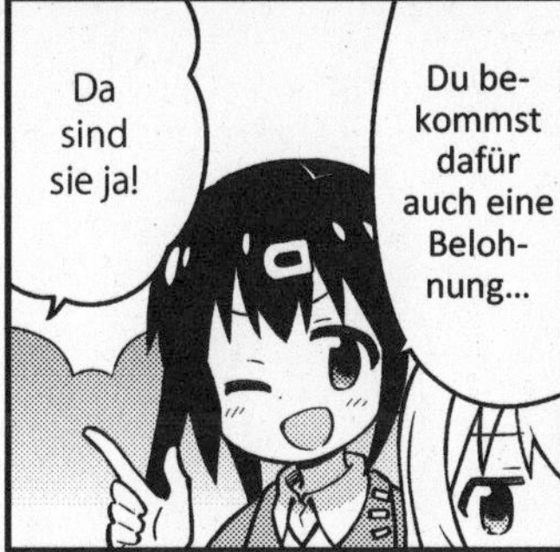

*In Japan wird zu Neujahr ein Shintoschrein aufgesucht, um für Glück im neuen Jahr zu beten.

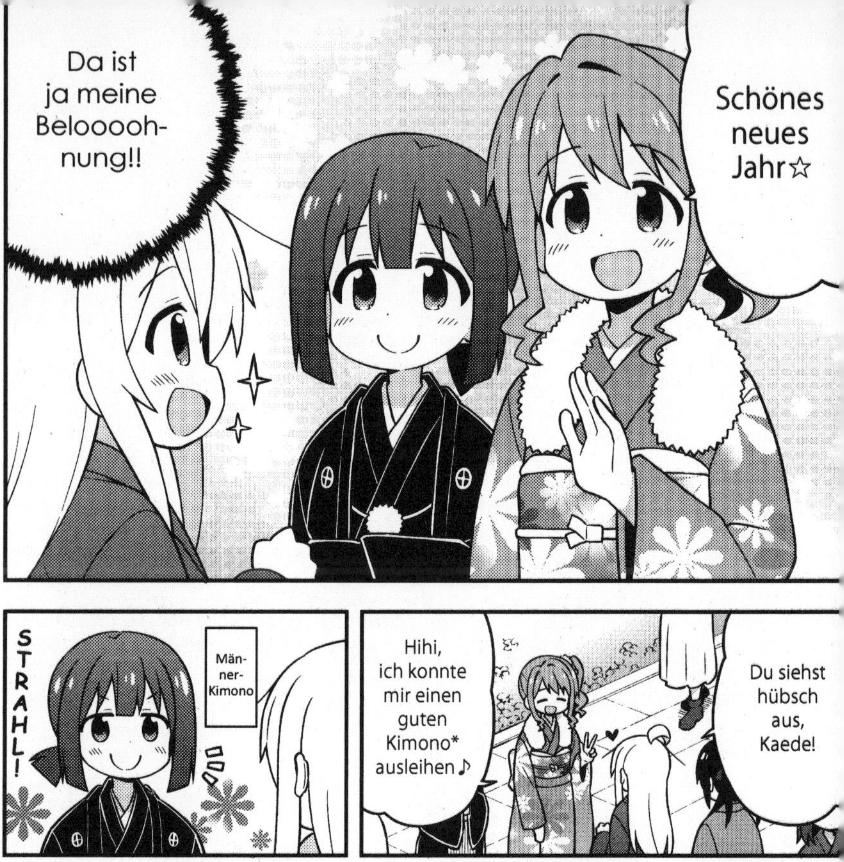

Schönes neues Jahr☆

Da ist ja meine Belooooh-nung!!

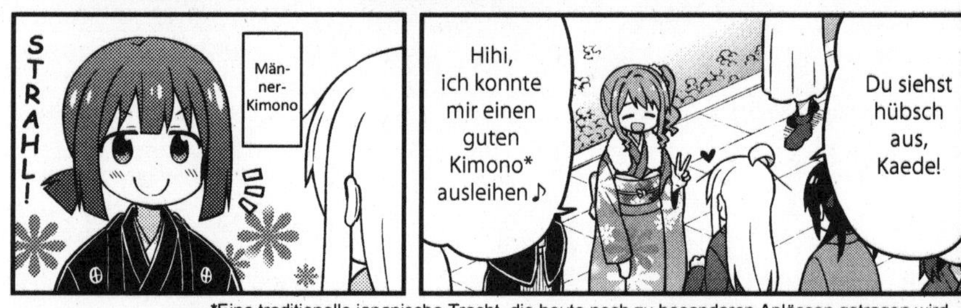

*Eine traditionelle japanische Tracht, die heute noch zu besonderen Anlässen getragen wird.

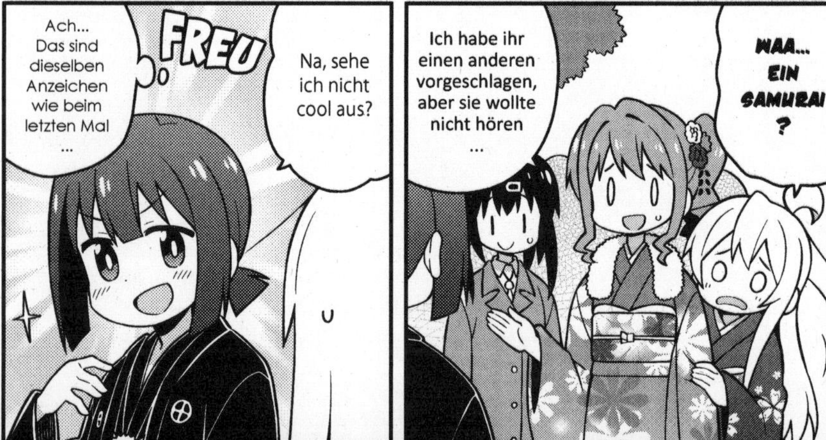

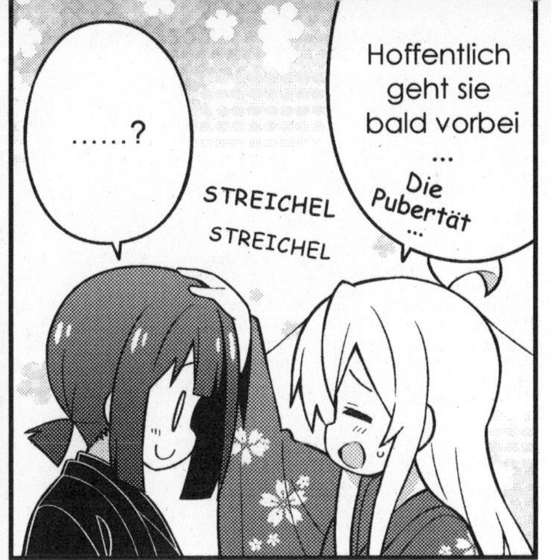

Hoffentlich geht sie bald vorbei ...
Die Pubertät ...
STREICHEL
STREICHEL
......?

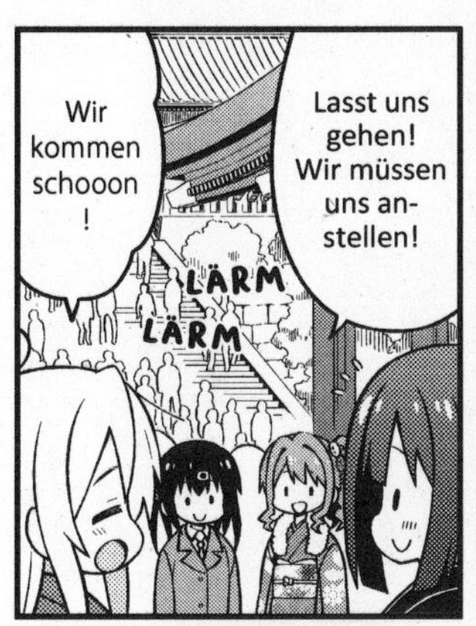

Lasst uns gehen! Wir müssen uns an-stellen!
Wir kommen schooon !
LÄRM
LÄRM

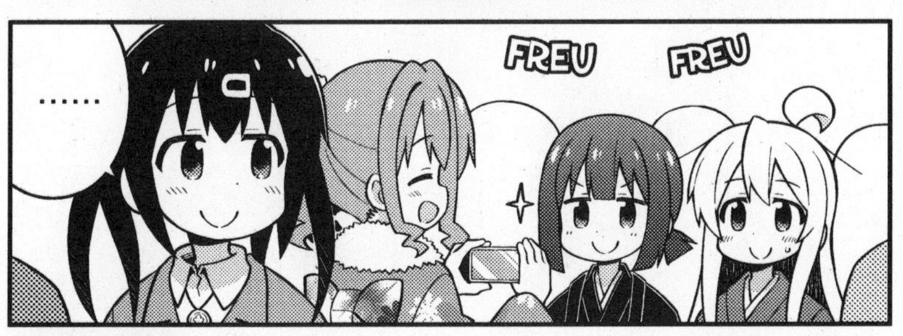

FREU
FREU
......

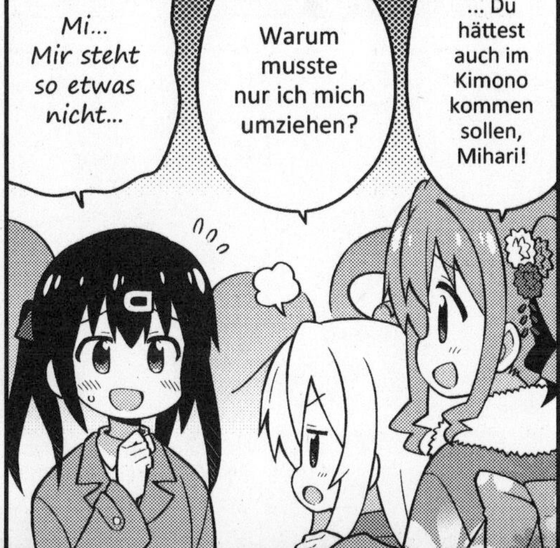

... Du hättest auch im Kimono kommen sollen, Mihari!
Warum musste nur ich mich umziehen?
Mi... Mir steht so etwas nicht...

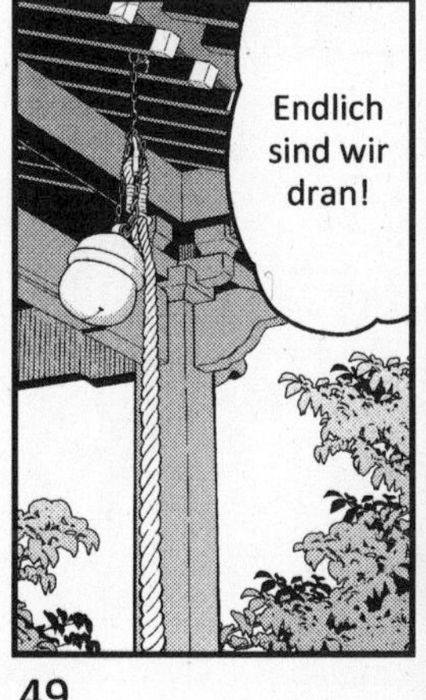

Endlich sind wir dran!

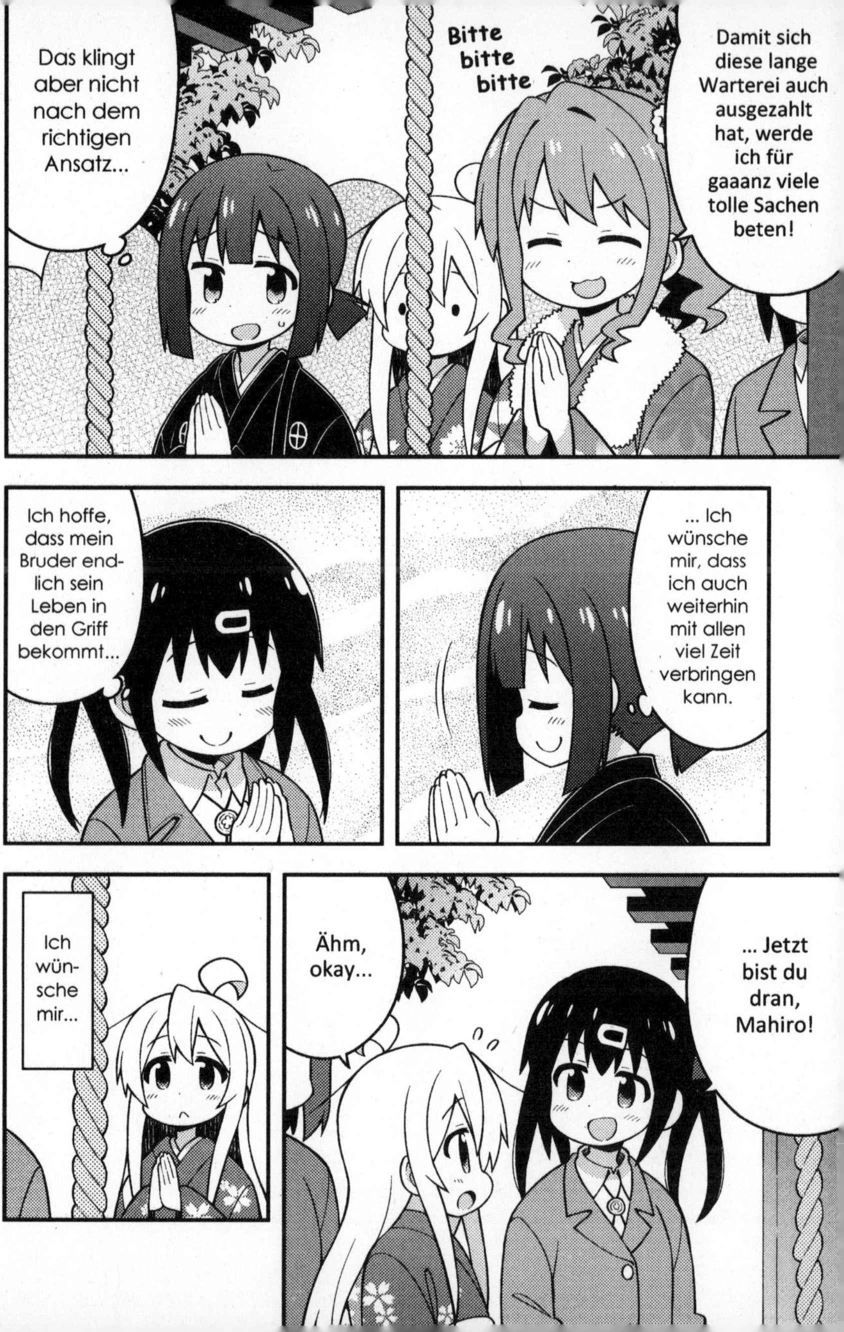

Damit sich diese lange Warterei auch ausgezahlt hat, werde ich für gaaanz viele tolle Sachen beten!
Bitte bitte bitte
Das klingt aber nicht nach dem richtigen Ansatz...

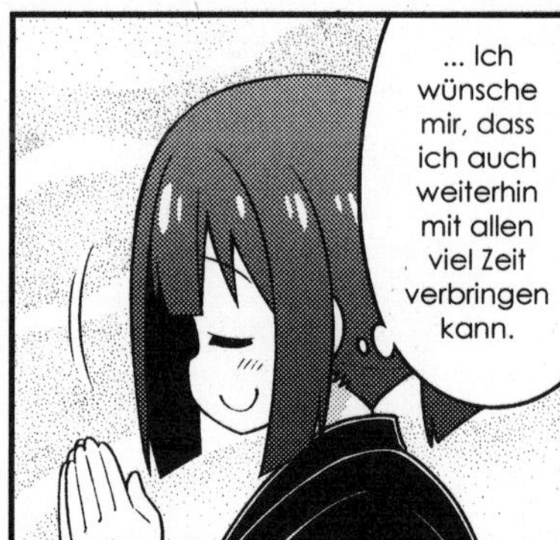

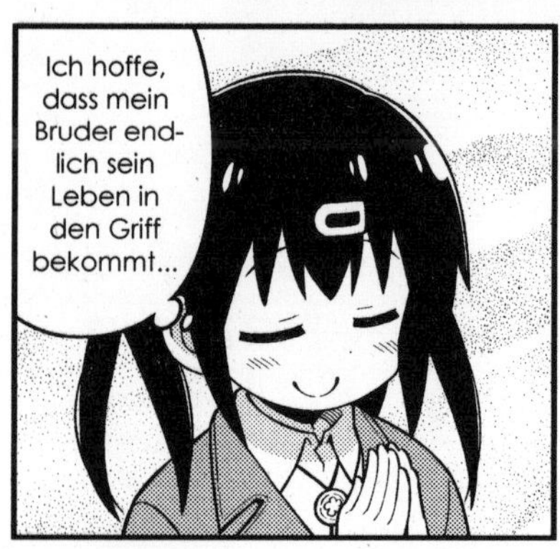

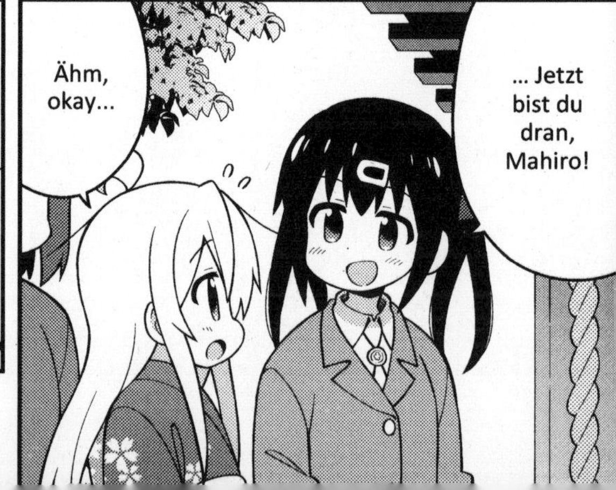

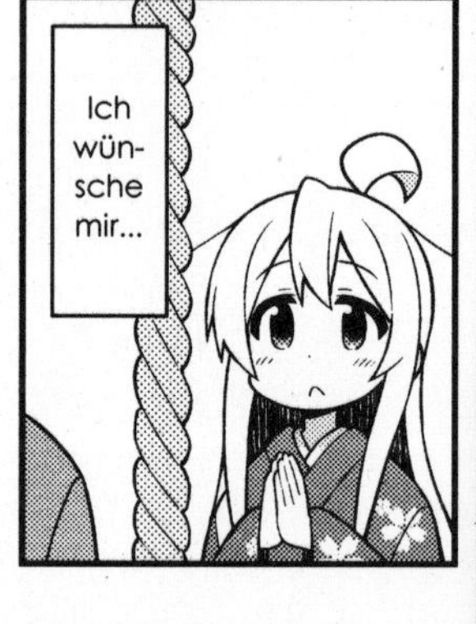

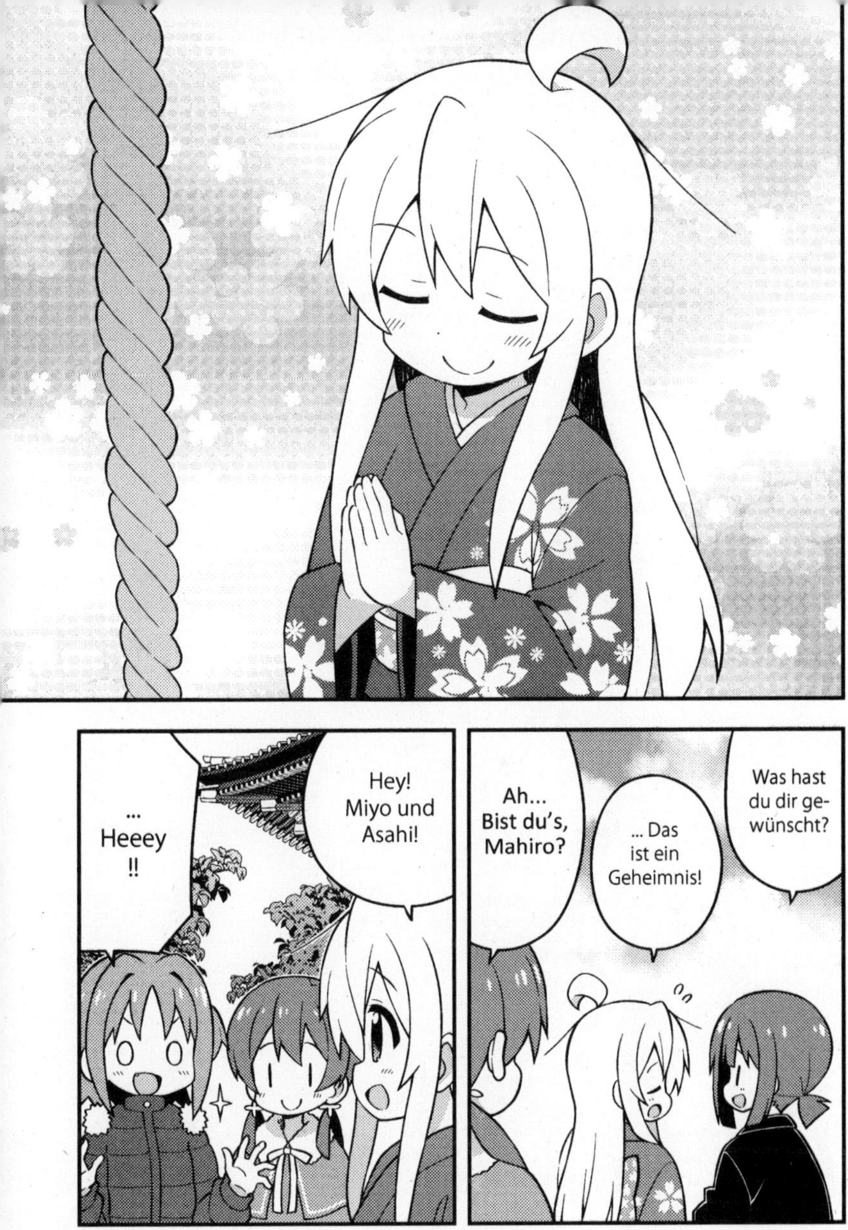

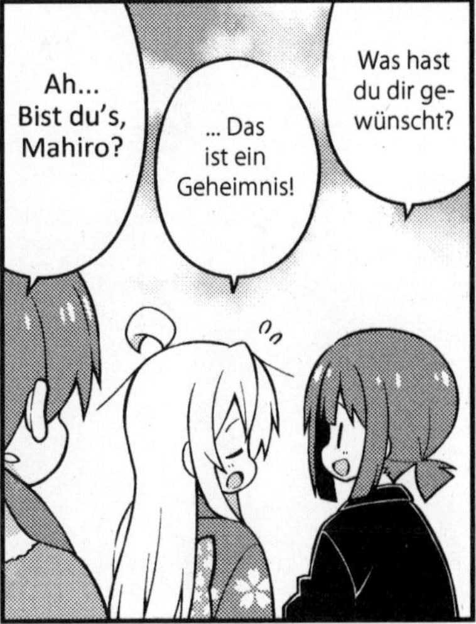
Was hast du dir gewünscht?
... Das ist ein Geheimnis!
Ah... Bist du’s, Mahiro?

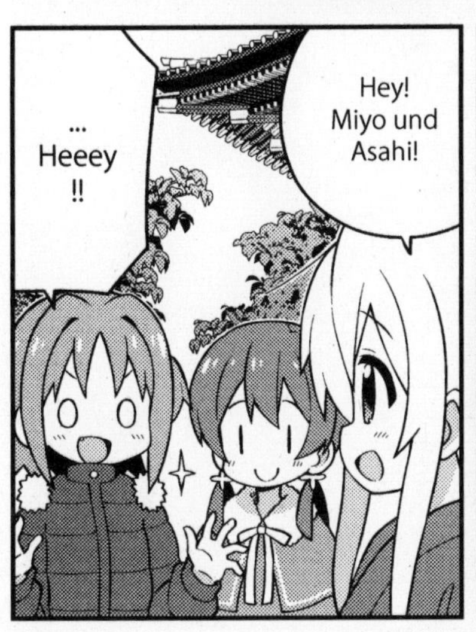
Hey! Miyo und Asahi!
... Heeey !!

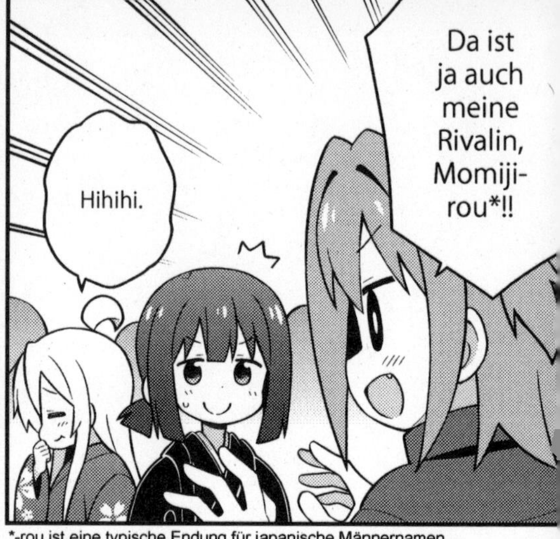

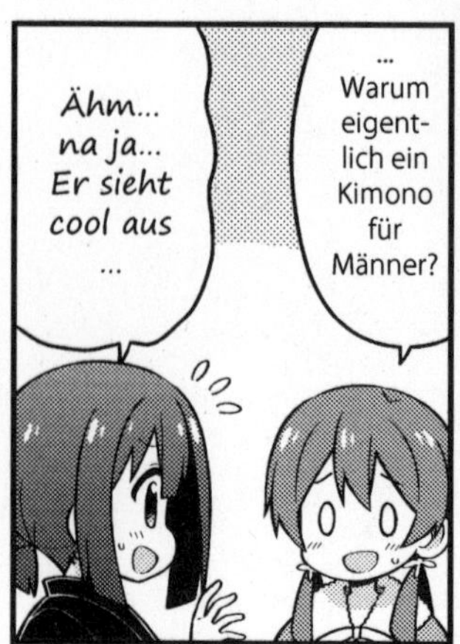

*-rou ist eine typische Endung für japanische Männernamen.

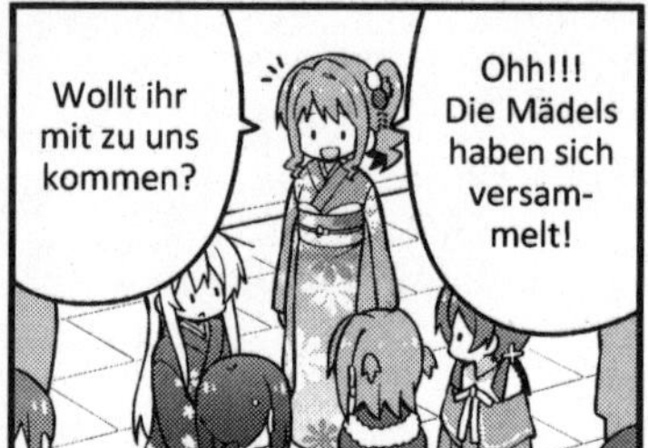

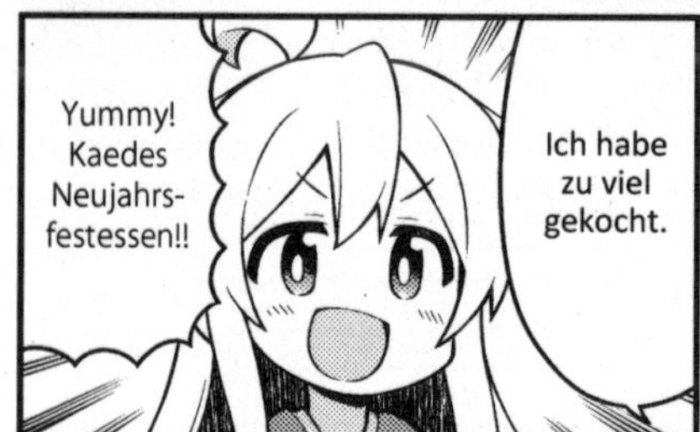

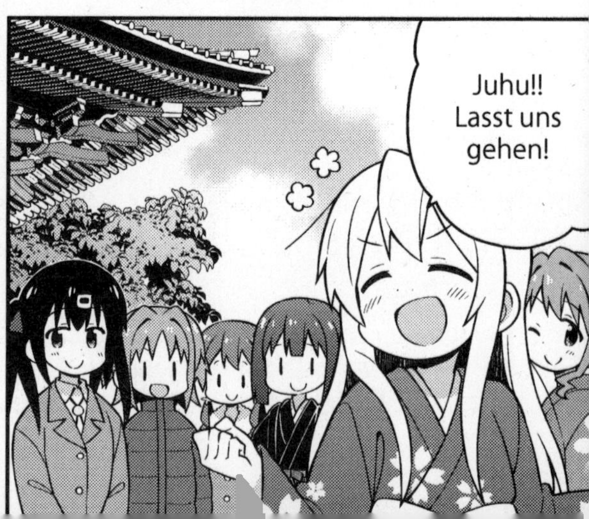

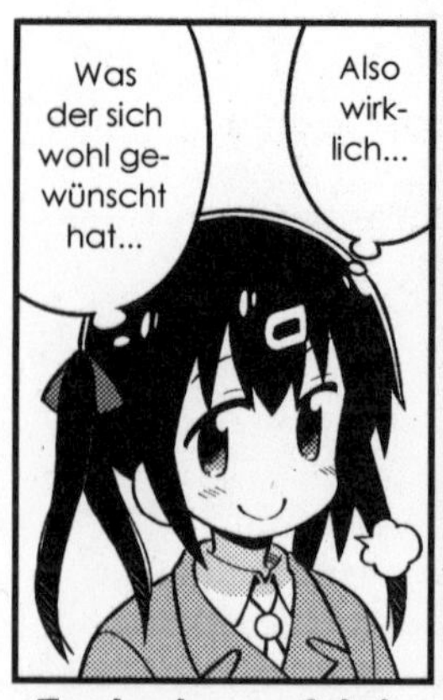

Fortsetzung folgt...

Ab sofort Schwester!

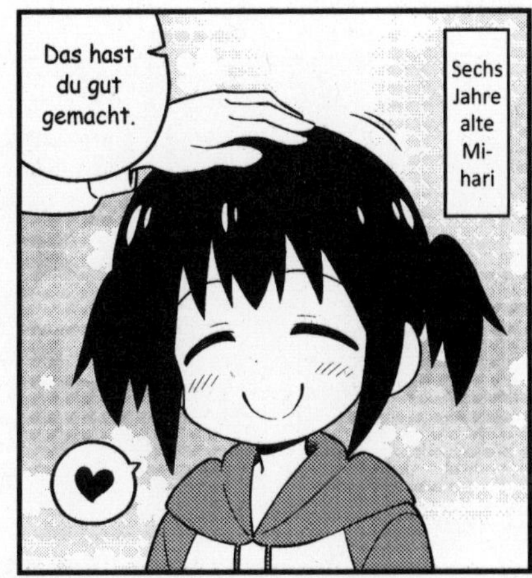

Kapitel 30.5: Mahiro und der heiße Kuss

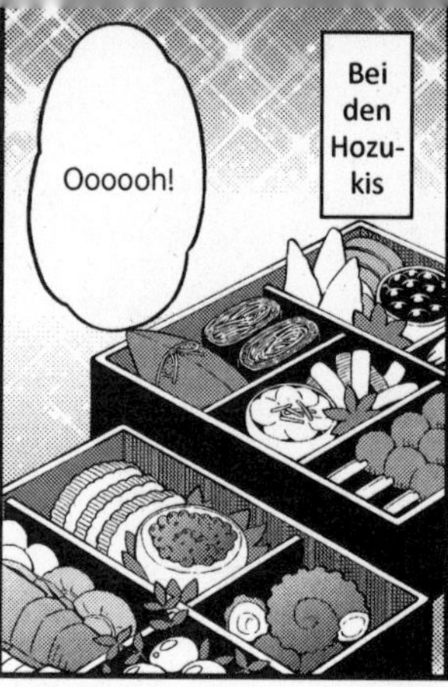

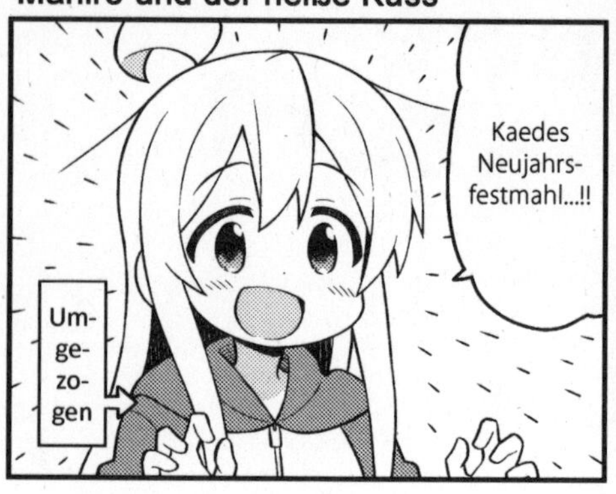

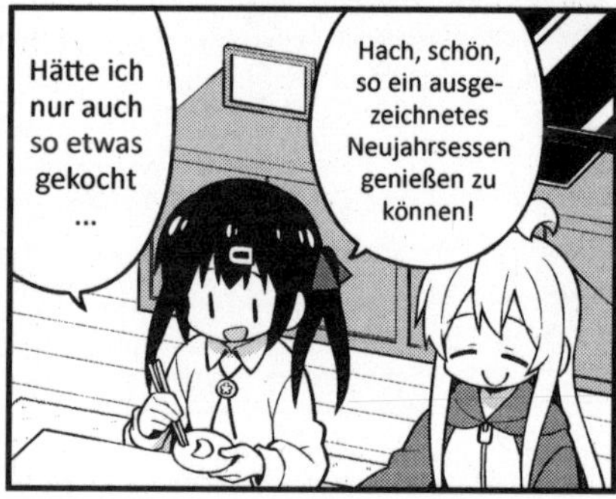

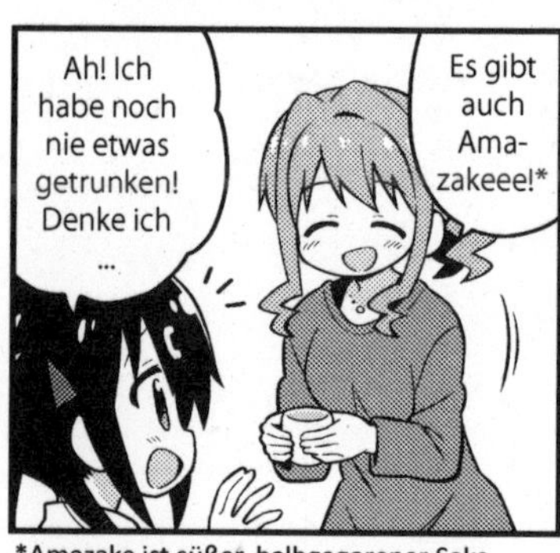

*Amazake ist süßer, halbgegorener Sake.

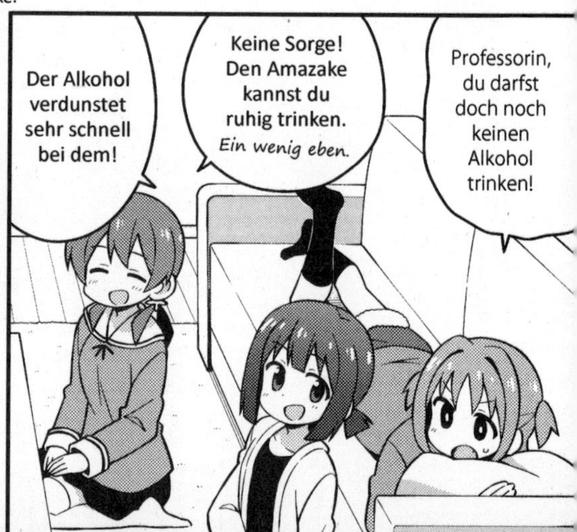

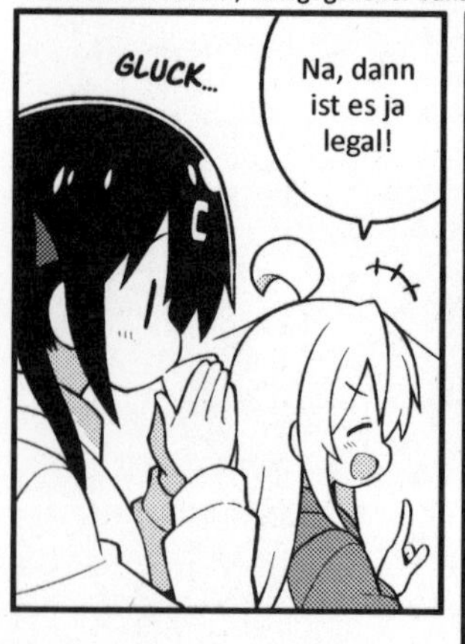

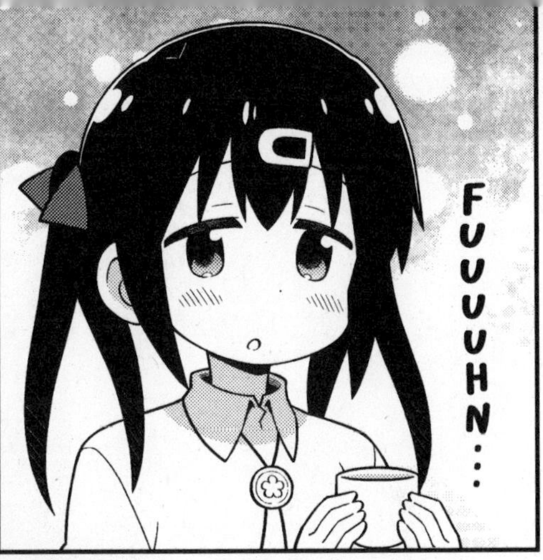
FUUUUHN...

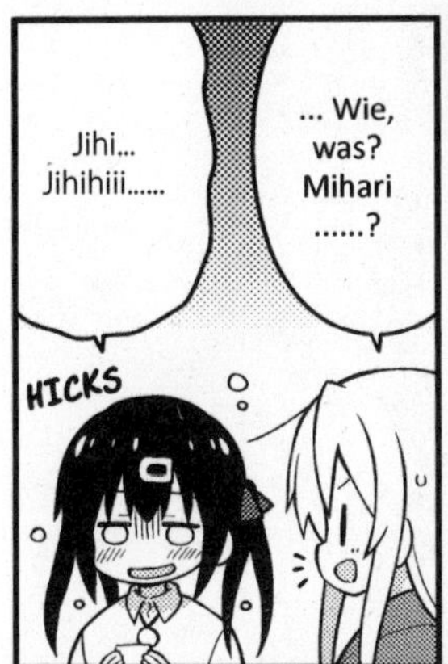
... Wie, was? Mihari ......?
Jihi... Jihihiii......
HICKS

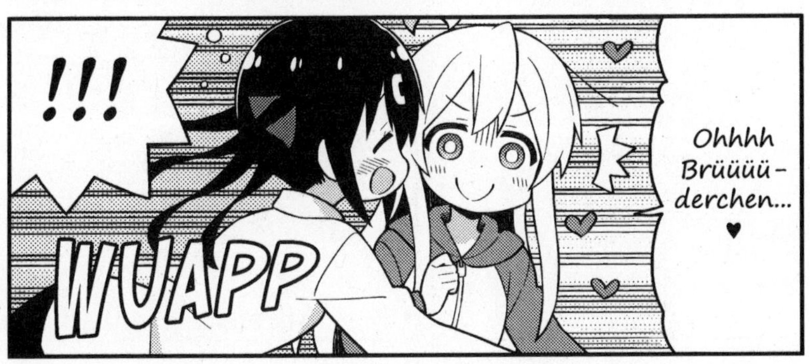
Ohhhh Brüüüü-derchen...
!!!
WUAPP

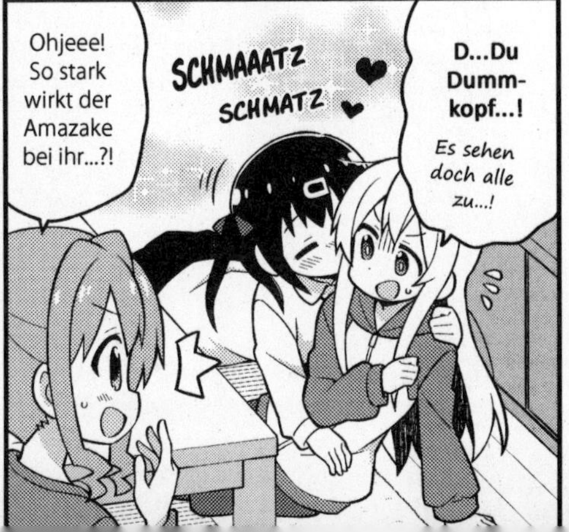
D...Du Dumm-kopf...!
Es sehen doch alle zu...!
SCHMAAATZ
SCHMATZ
Ohjeee! So stark wirkt der Amazake bei ihr...?!

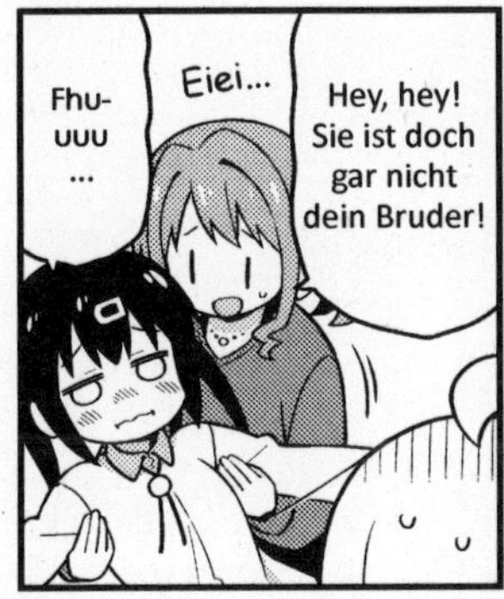
Hey, hey! Sie ist doch gar nicht dein Bruder!
Eiei...
Fhu-uuu ...

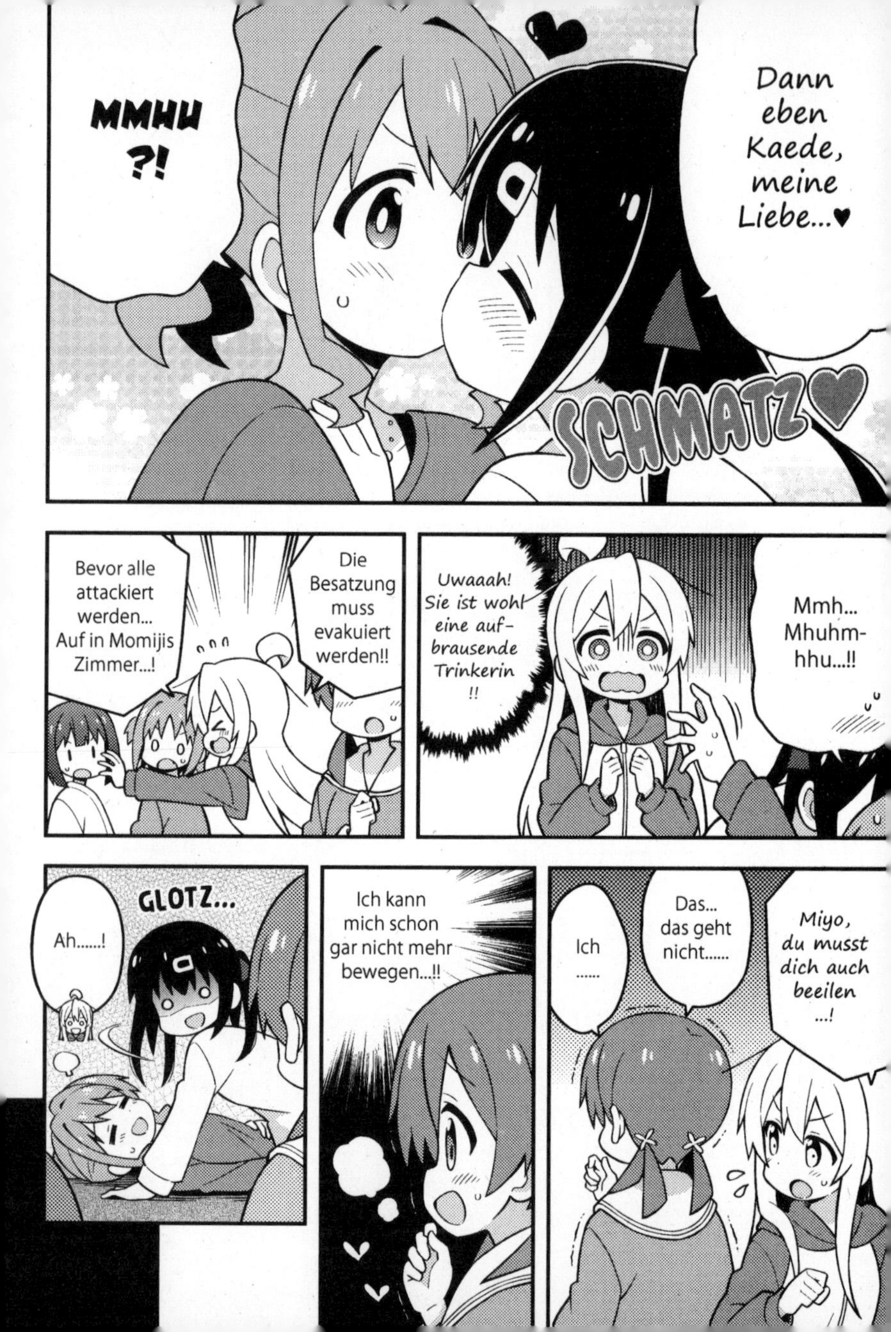

Dann eben Kaede, meine Liebe...♥
SCHMATZ♥
MMHU ?!

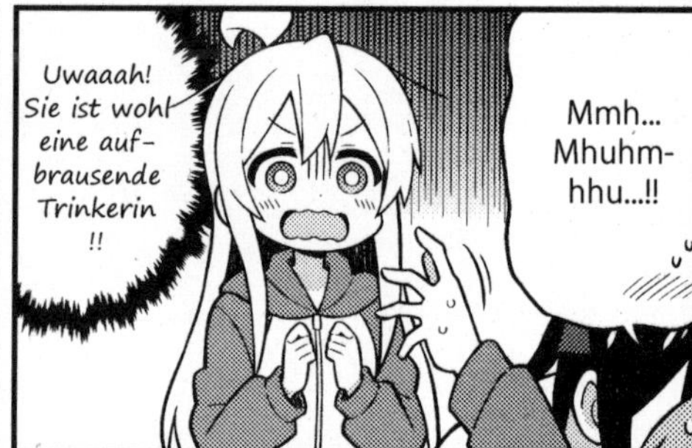

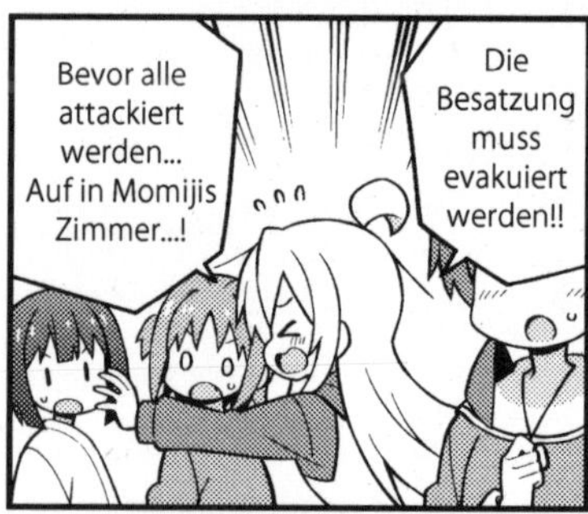

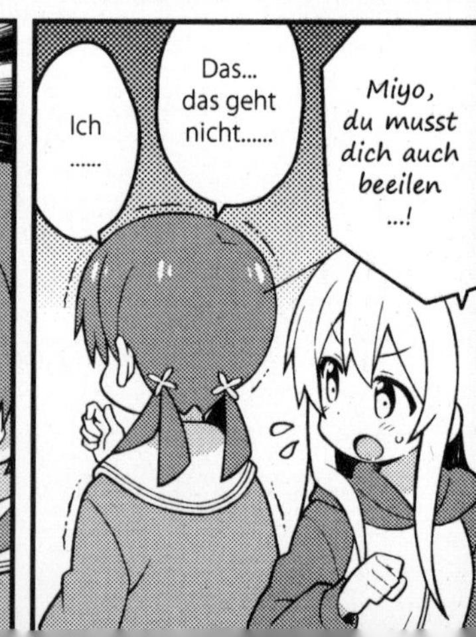

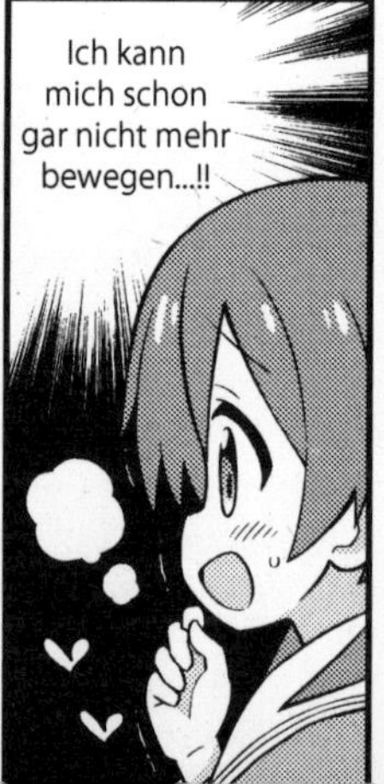

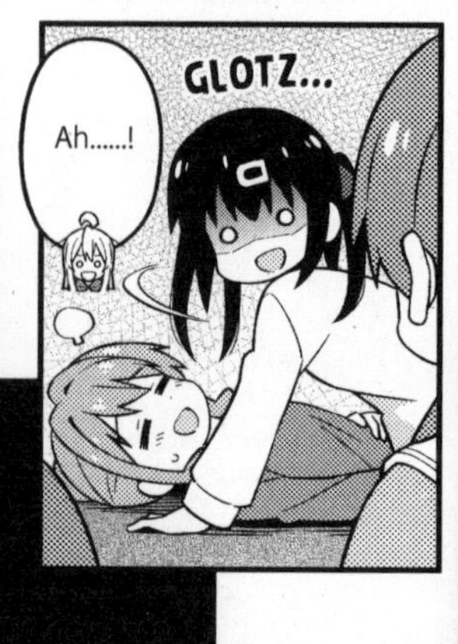

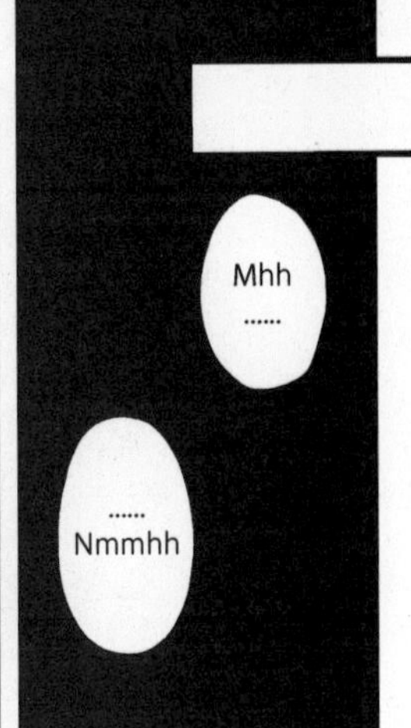

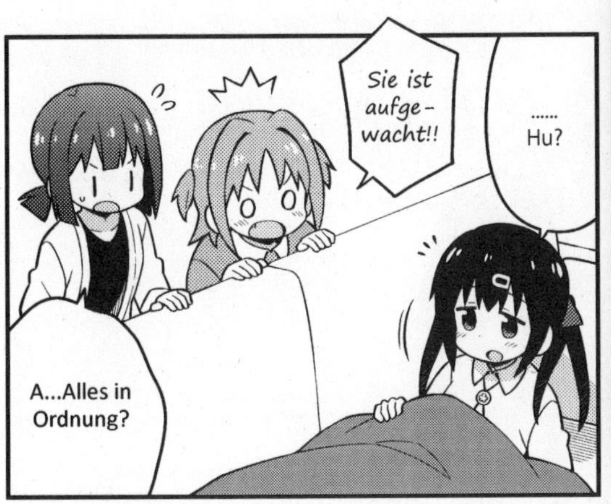

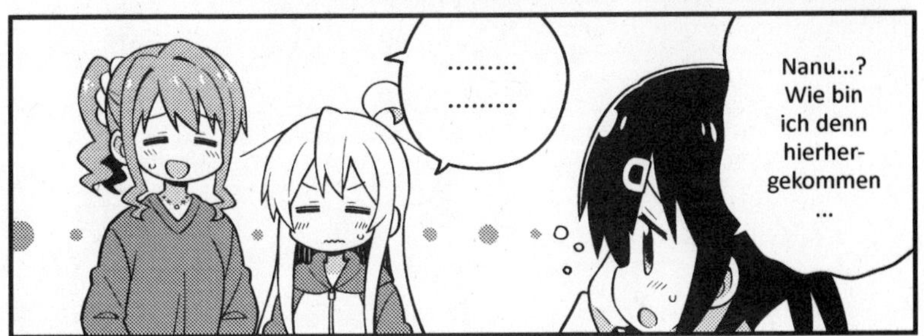

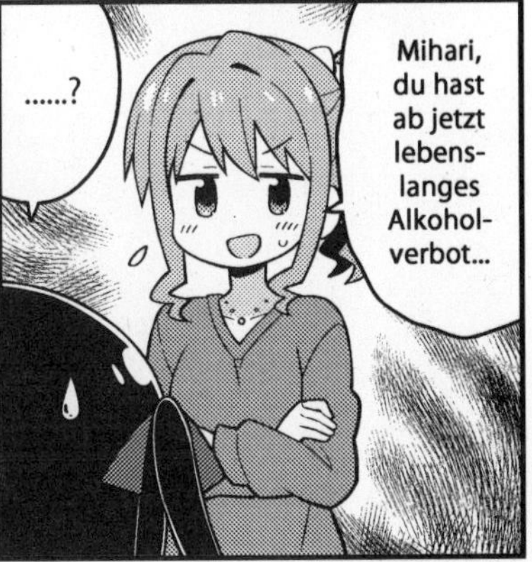

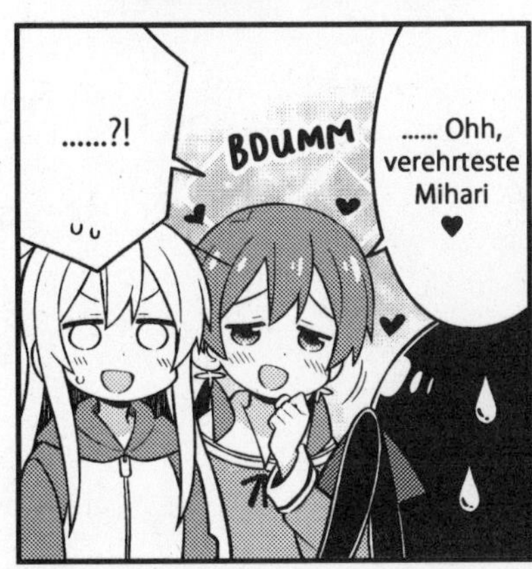

Fortsetzung folgt...

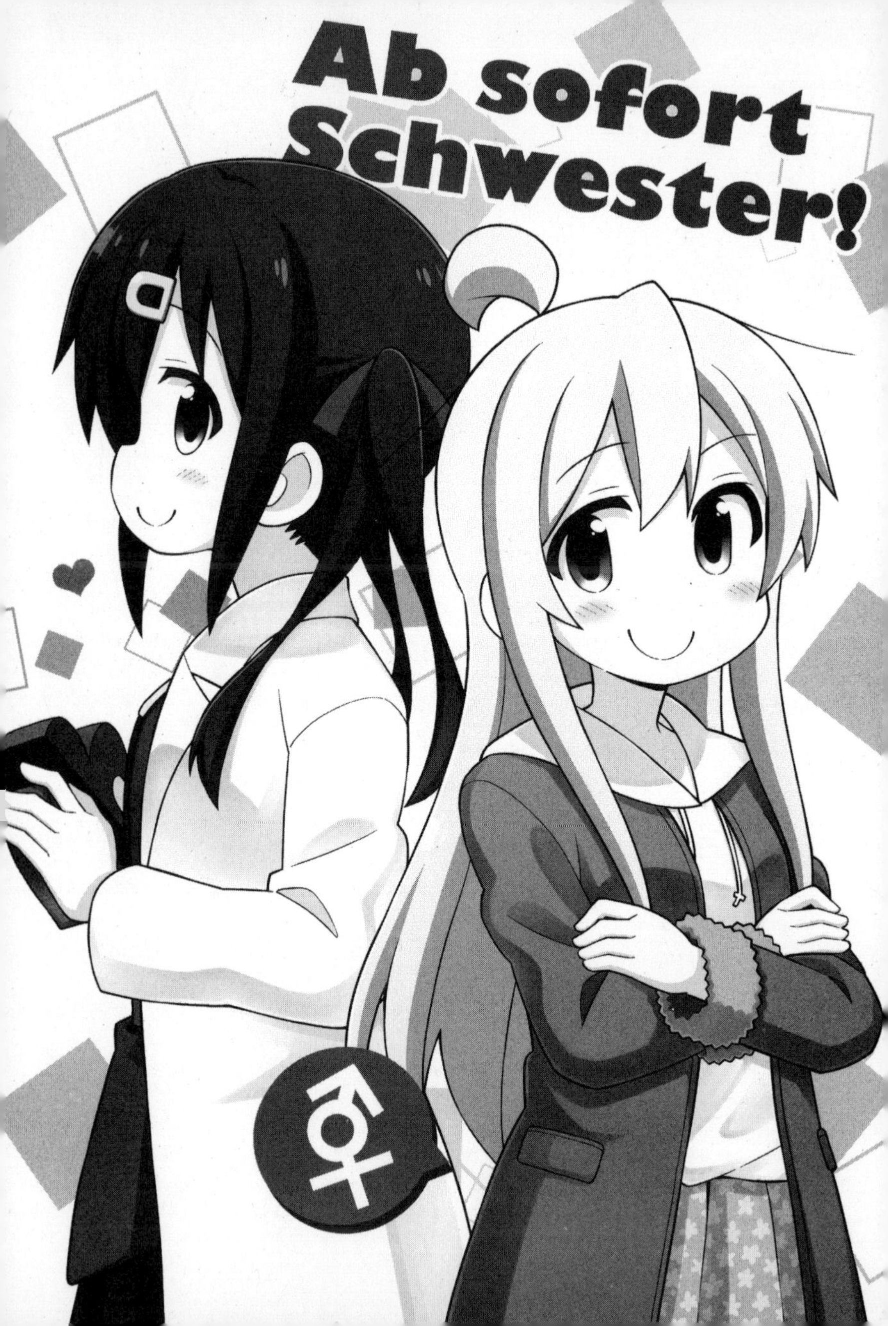
Ab sofort Schwester!

- Kap. 31 -

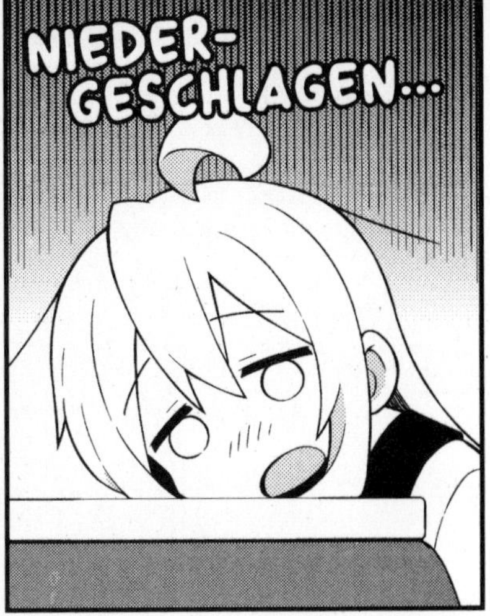
NIEDER-
GESCHLAGEN...

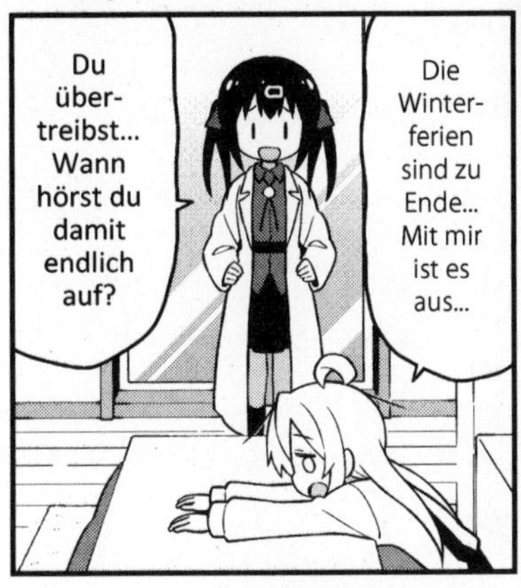
Die Winter-ferien sind zu Ende... Mit mir ist es aus...
Du über-treibst... Wann hörst du damit endlich auf?

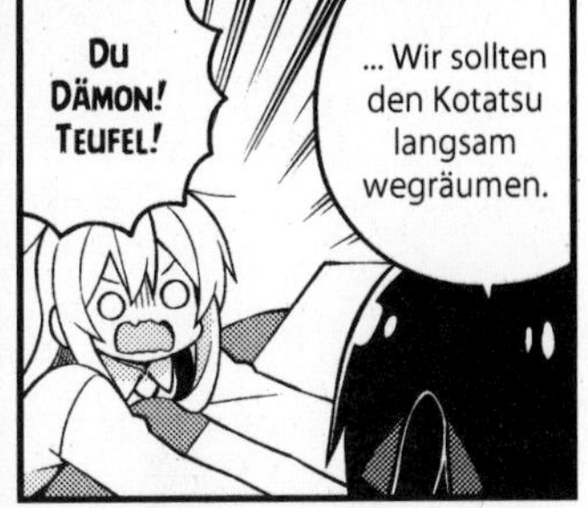
... Wir sollten den Kotatsu langsam wegräumen.
DU DÄMON! TEUFEL!

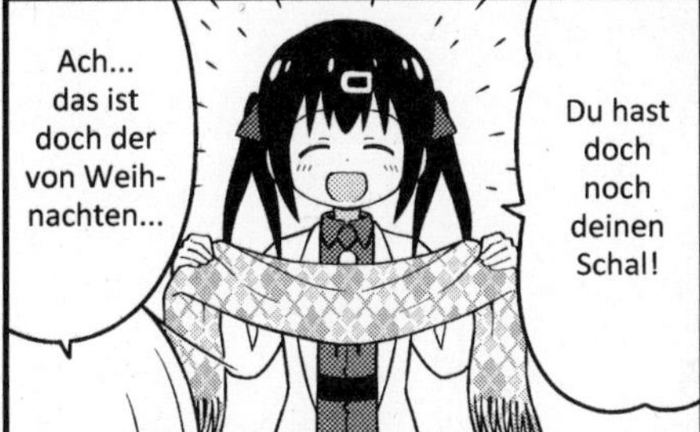
Du hast doch noch deinen Schal!
Ach... das ist doch der von Weih-nachten...

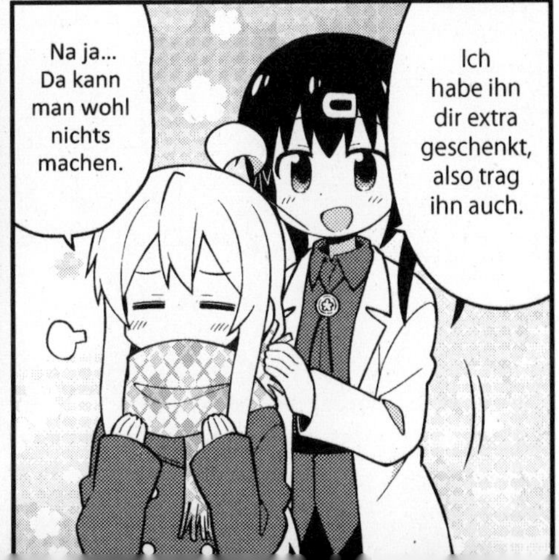
Ich habe ihn dir extra geschenkt, also trag ihn auch.
Na ja... Da kann man wohl nichts machen.

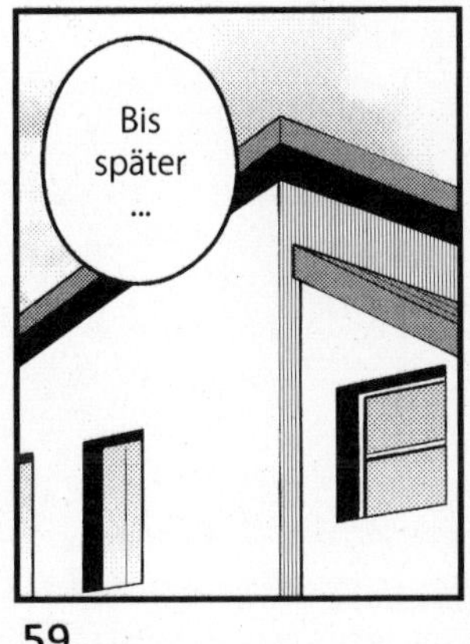
Bis später ...

Kapitel 31 : Mahiro und die Faszination für nackte Beinen

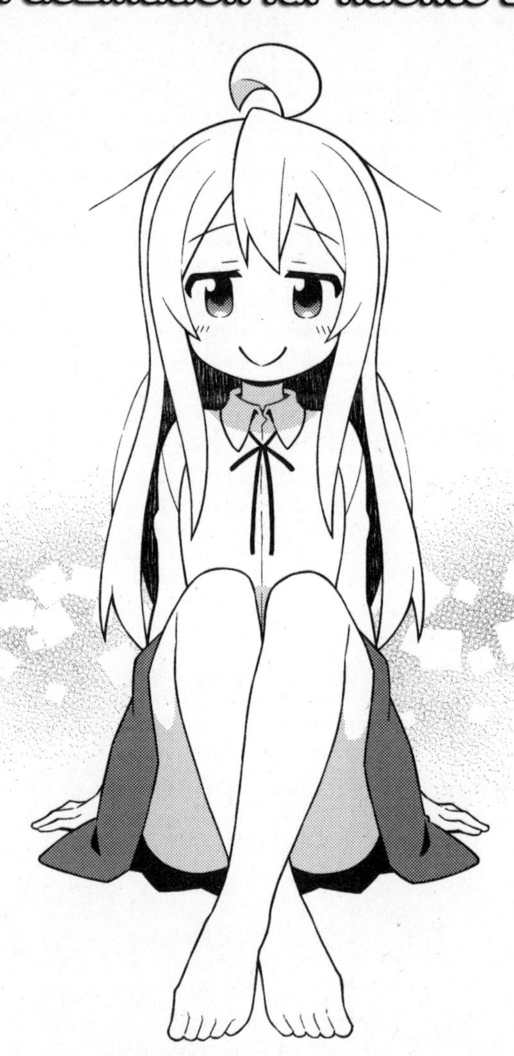

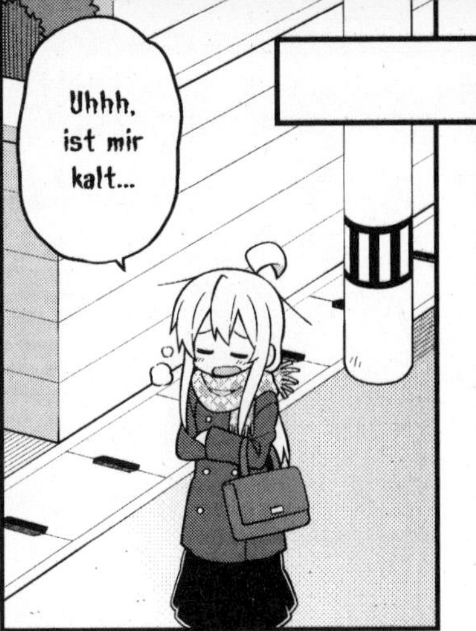
Uhhh,
ist mir
kalt...

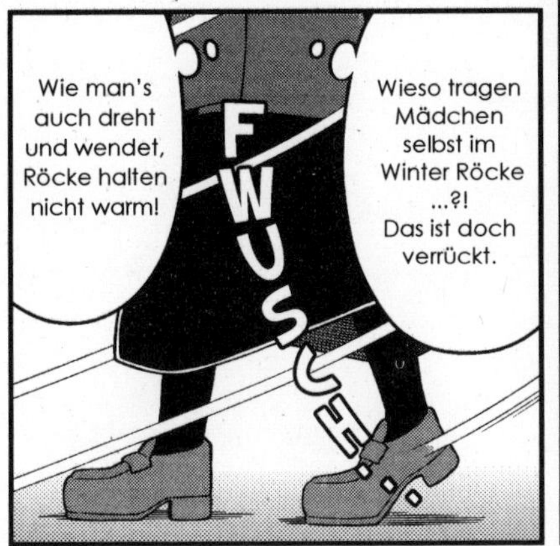
Wieso tragen
Mädchen
selbst im
Winter Röcke
...?!
Das ist doch
verrückt.
FWUSCH
Wie man's
auch dreht
und wendet,
Röcke halten
nicht warm!

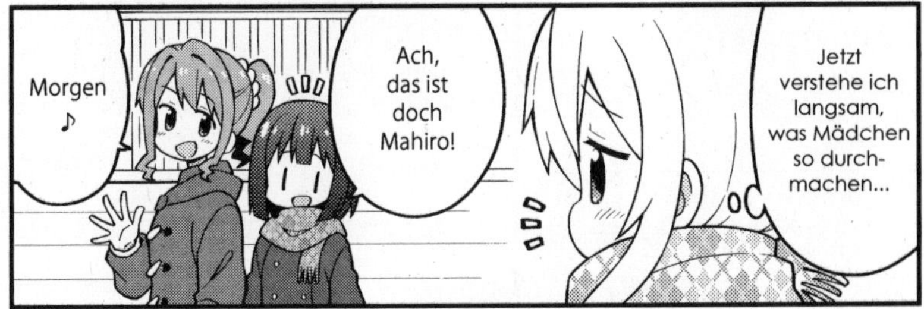
Jetzt
verstehe ich
langsam,
was Mädchen
so durch-
machen...
Ach,
das ist
doch
Mahiro!
Morgen
♪

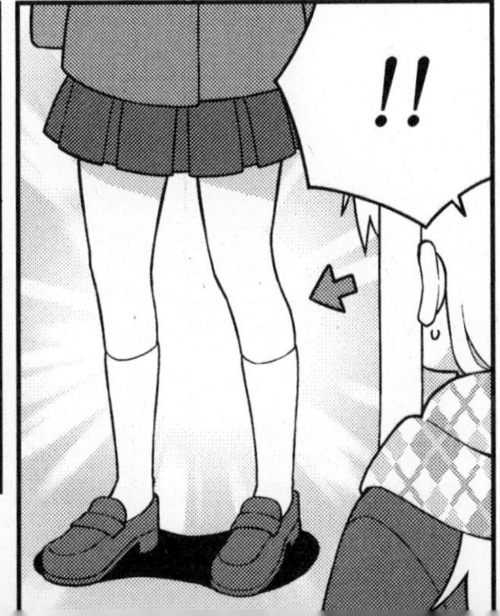
!!

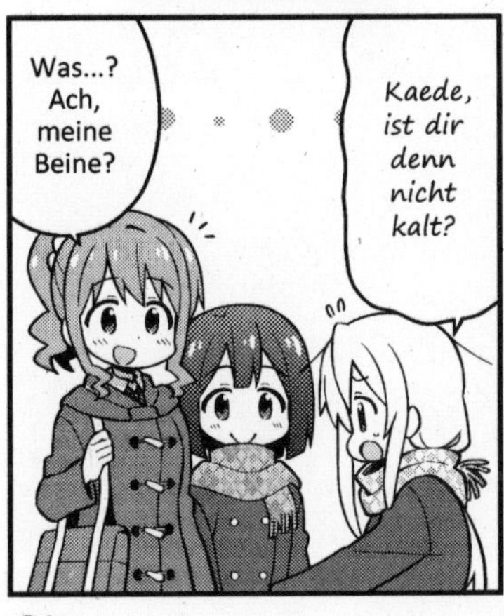
Kaede,
ist dir
denn
nicht
kalt?
Was...?
Ach,
meine
Beine?

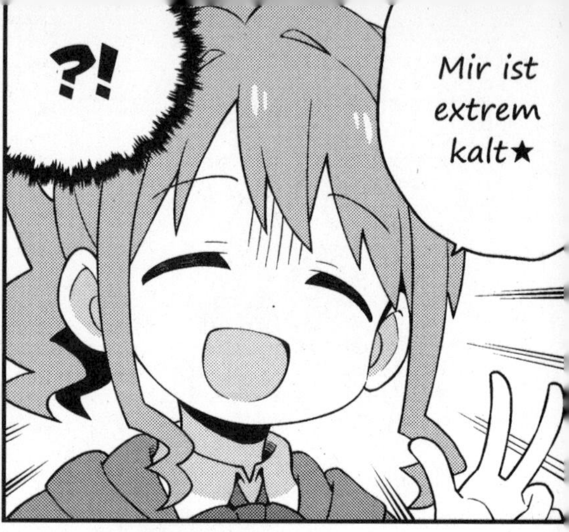
Mir ist extrem kalt★
?!

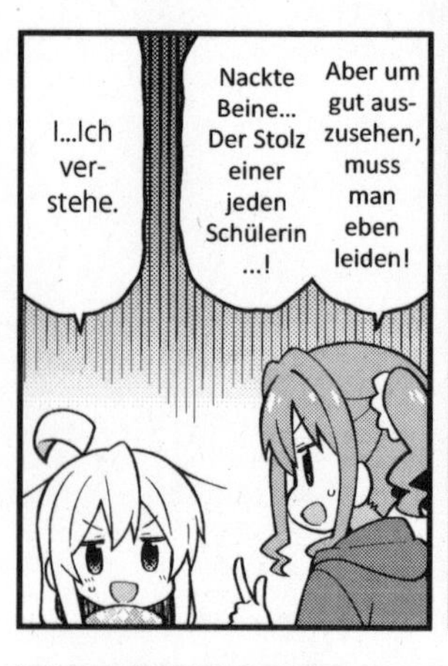
Aber um gut auszusehen, muss man eben leiden!
Nackte Beine... Der Stolz einer jeden Schülerin ...!
I...Ich verstehe.

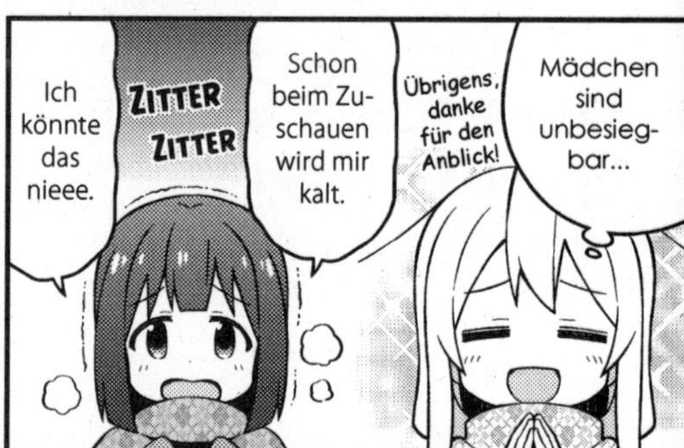
Mädchen sind unbesiegbar...
Übrigens, danke für den Anblick!
Schon beim Zuschauen wird mir kalt.
ZITTER
ZITTER
Ich könnte das nieee.

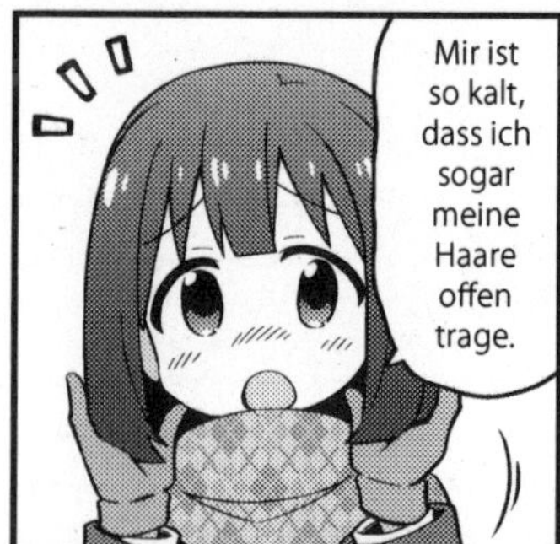
Mir ist so kalt, dass ich sogar meine Haare offen trage.

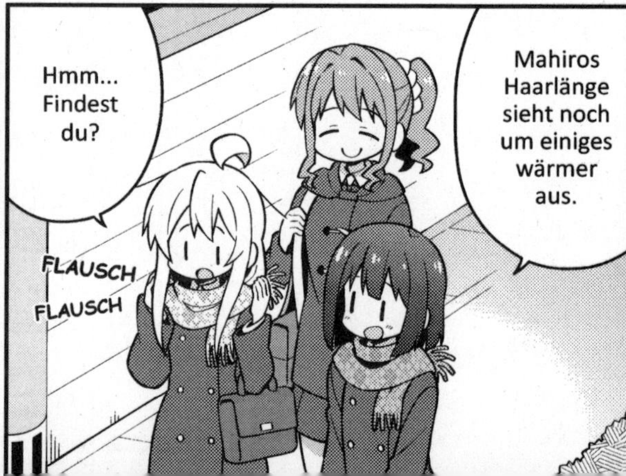
Mahiros Haarlänge sieht noch um einiges wärmer aus.
Hmm... Findest du?
FLAUSCH
FLAUSCH

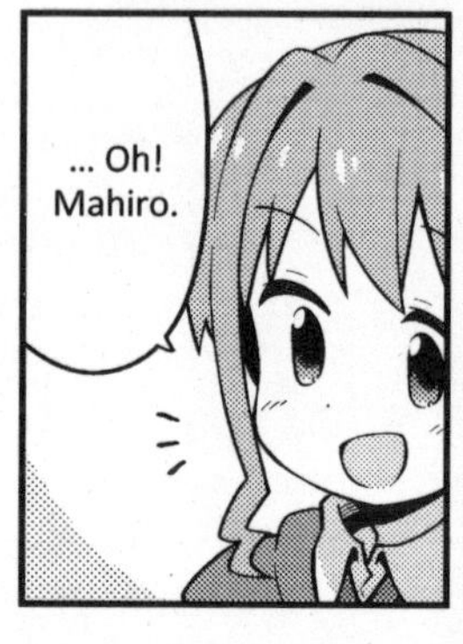
... Oh! Mahiro.

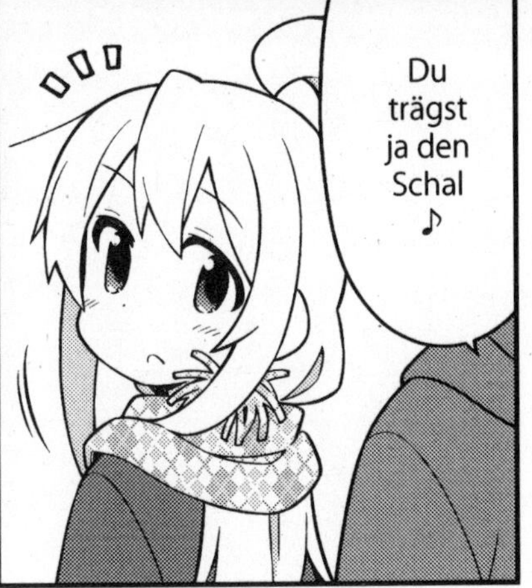
Du trägst ja den Schal ♪

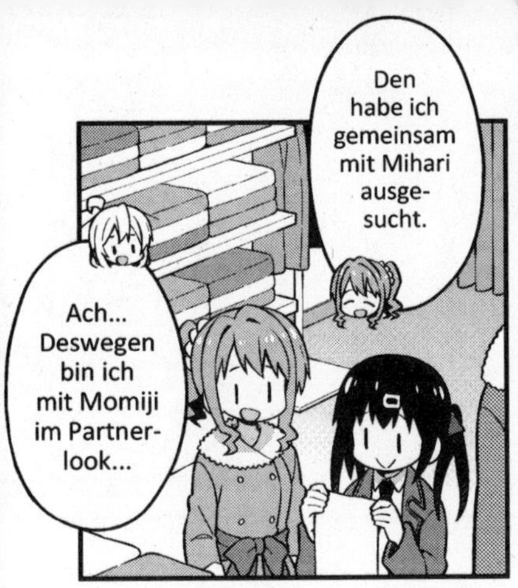
Den habe ich gemeinsam mit Mihari ausgesucht.
Ach... Deswegen bin ich mit Momiji im Partnerlook...

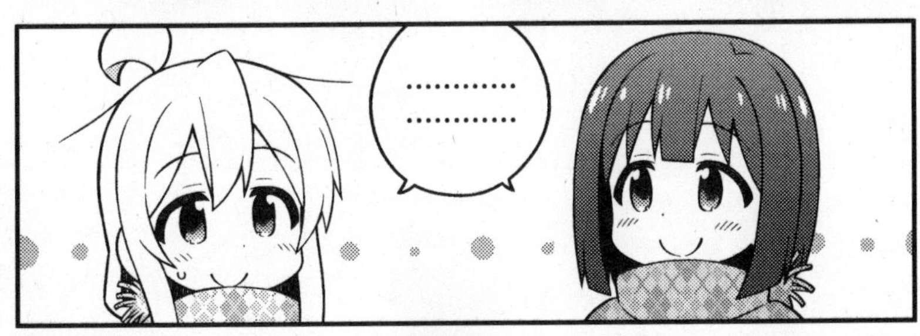
…………
…………

... Das macht mich ein wenig verlegen.
Ihr seid schließlich gute Freundinnen★
Ha-ha-ha...
KNUDDEL♥

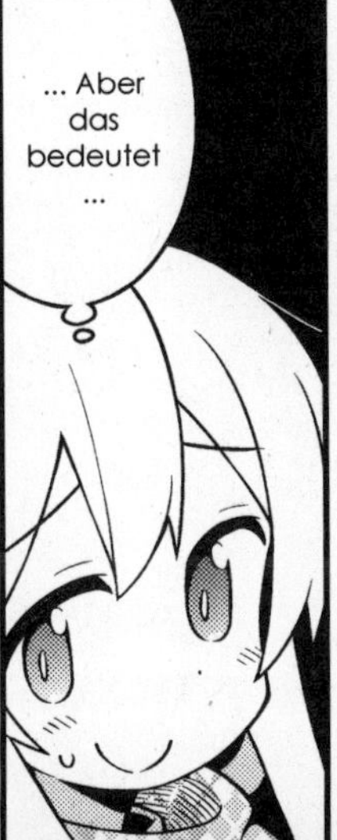
... Aber das bedeutet ...

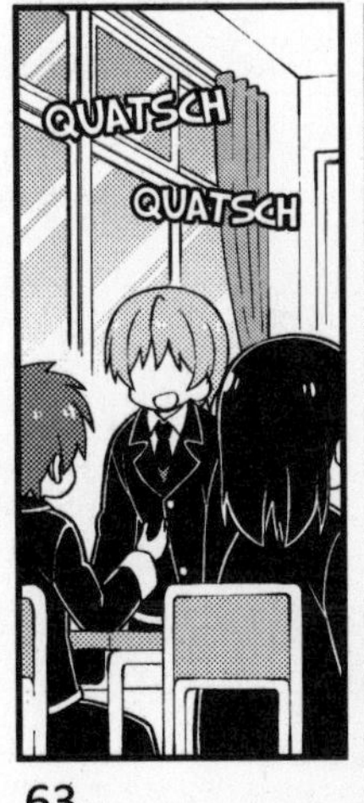
QUATSCH
QUATSCH

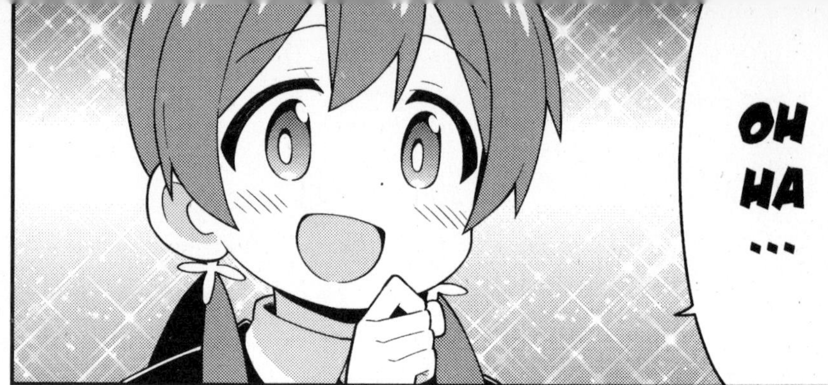
OH HA ...

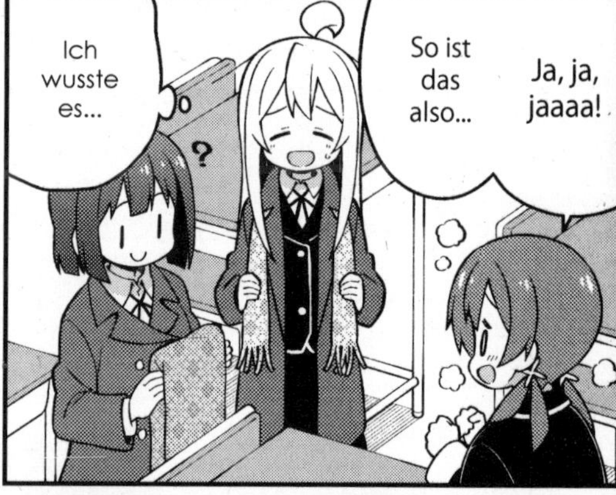
Ja, ja, jaaaa!
So ist das also...
Ich wusste es...
?

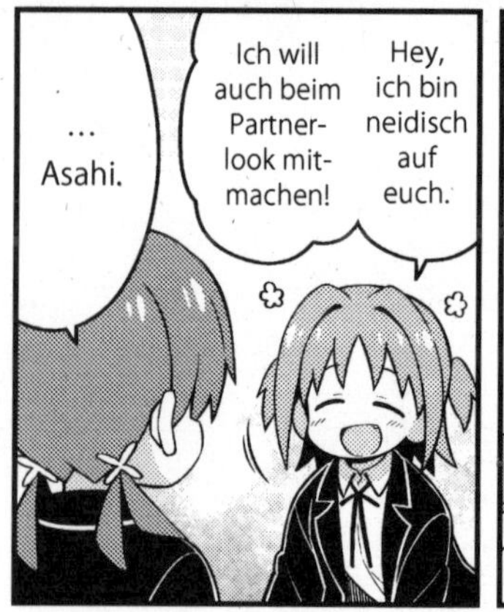
Hey, ich bin neidisch auf euch.
Ich will auch beim Partner-look mitmachen!
... Asahi.

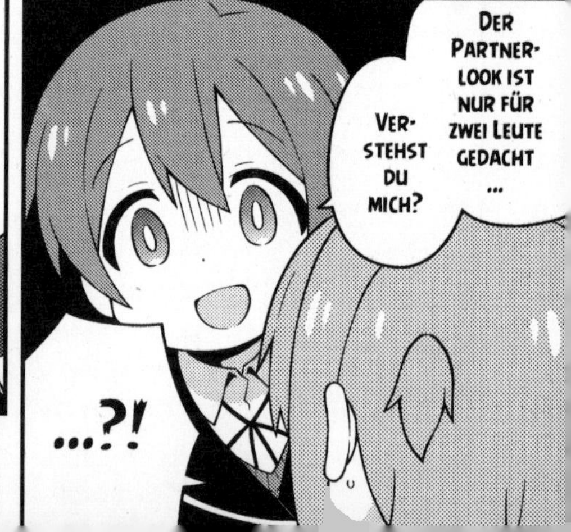
Der Partner-look ist nur für zwei Leute gedacht ...
Ver-stehst du mich?
...?!

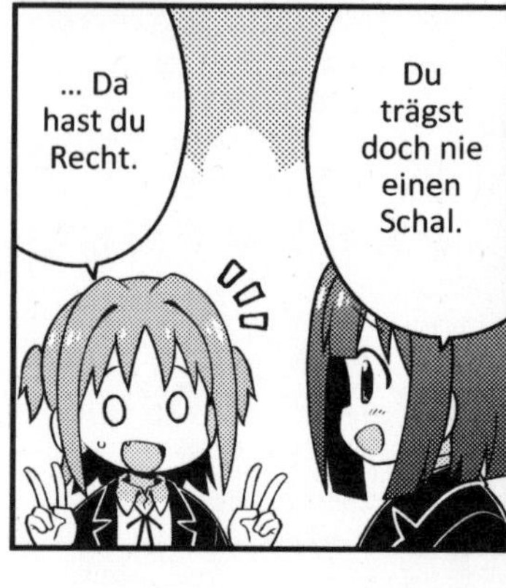
Du trägst doch nie einen Schal.
... Da hast du Recht.

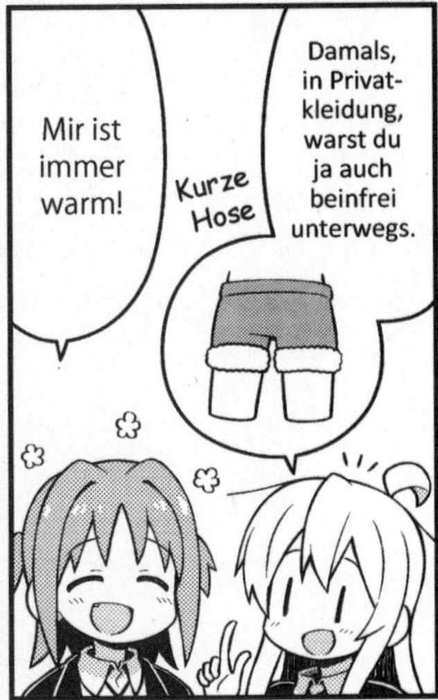
Damals, in Privatkleidung, warst du ja auch beinfrei unterwegs.
Kurze Hose
Mir ist immer warm!

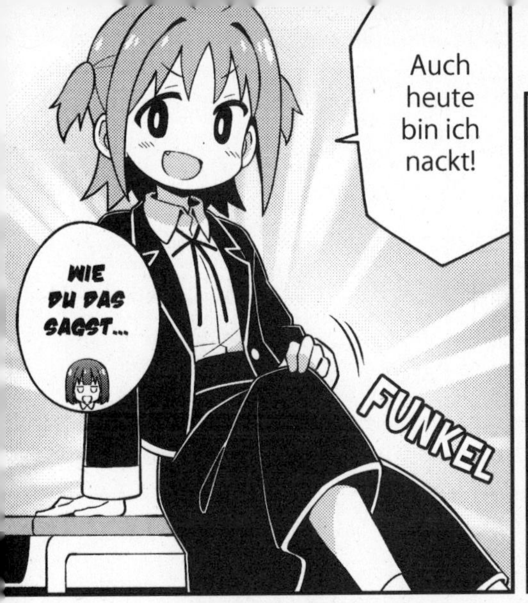
Auch heute bin ich nackt!
FUNKEL
WIE DU DAS SAGST...

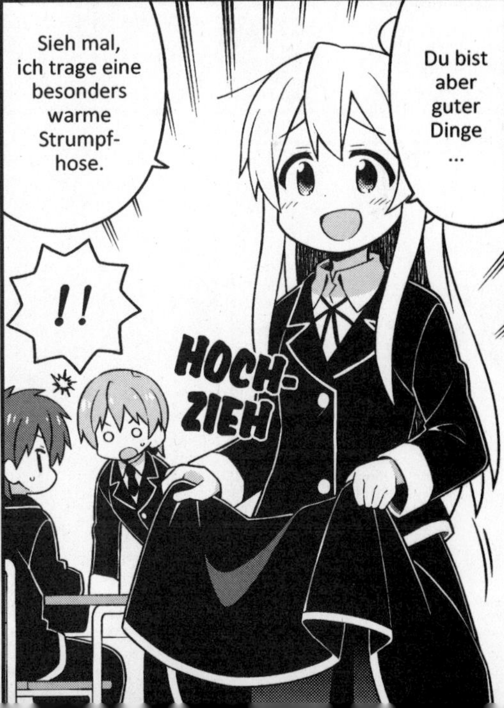
Du bist aber guter Dinge ...
Sieh mal, ich trage eine besonders warme Strumpfhose.
HOCH-ZIEH
!!

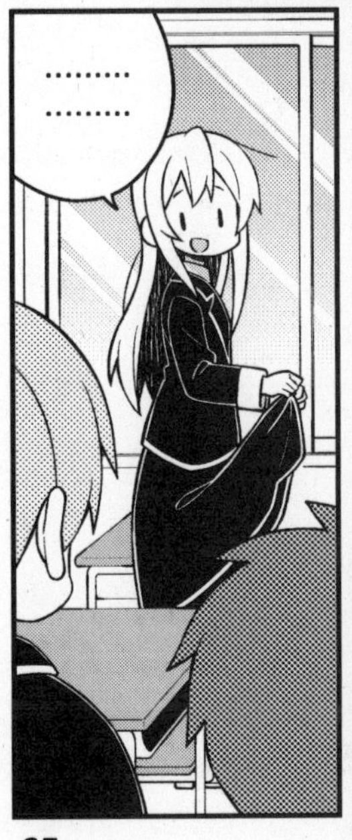
....
....

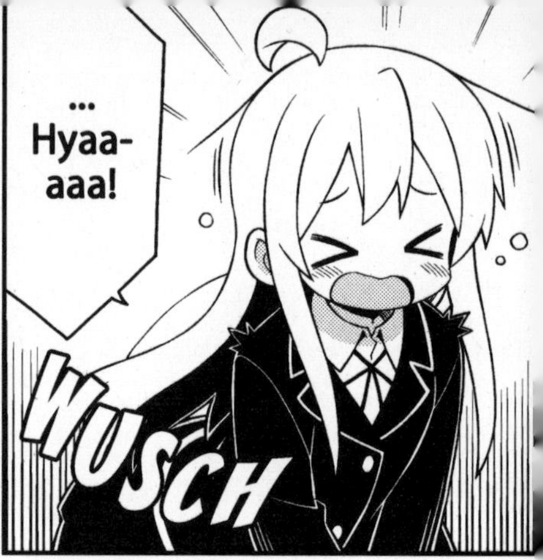
... Hyaa-aaa!
WUSCH

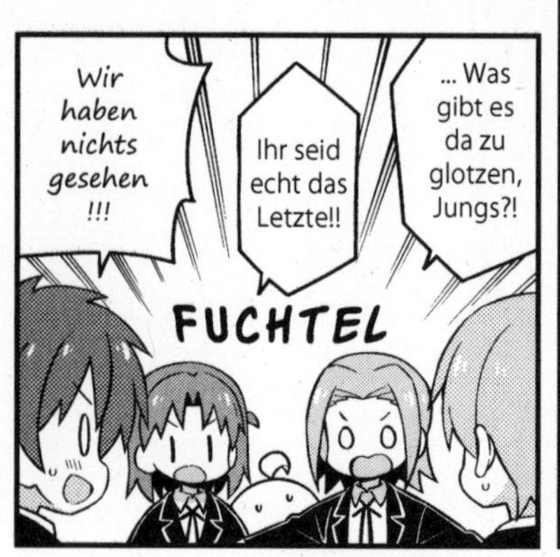
... Was gibt es da zu glotzen, Jungs?!
Ihr seid echt das Letzte!!
Wir haben nichts gesehen !!!
FUCHTEL

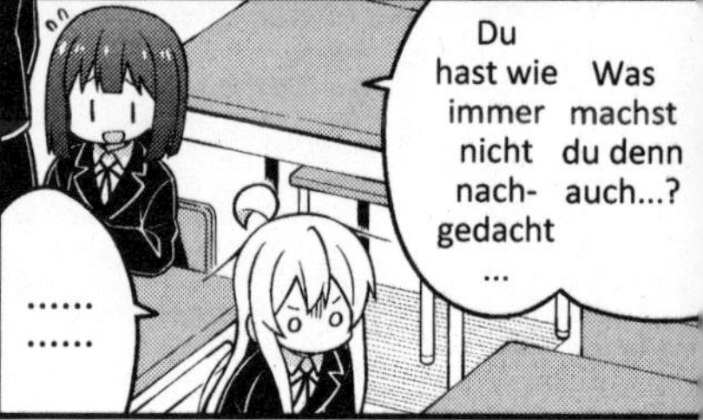
Was machst du denn auch...?
Du hast wie immer nicht nach-gedacht ...
......
......

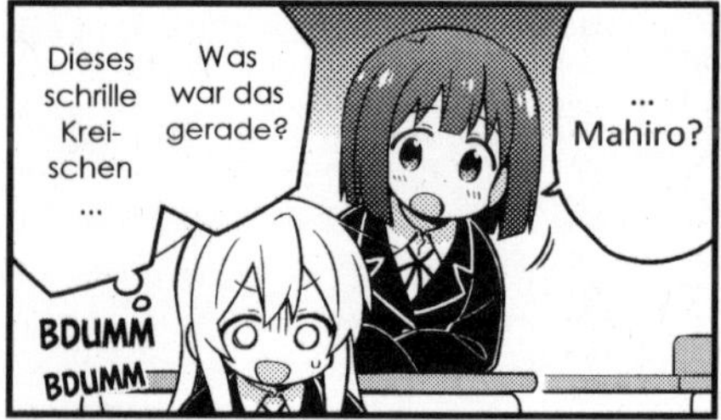
... Mahiro?
Was war das gerade?
Dieses schrille Krei-schen ...
BDUMM
BDUMM

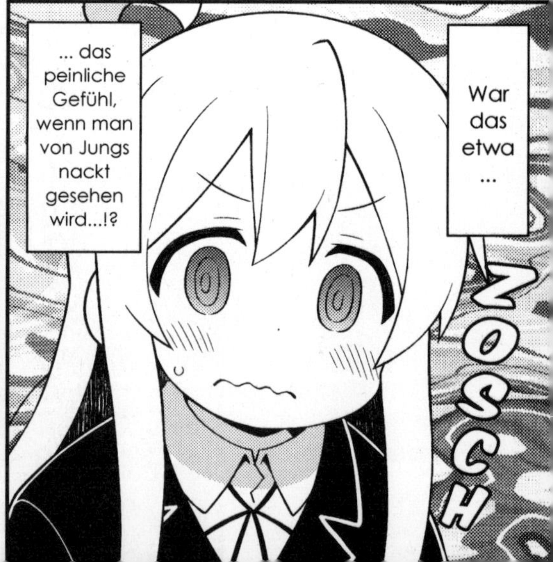
War das etwa ...
... das peinliche Gefühl, wenn man von Jungs nackt gesehen wird...!?
ZOSCH

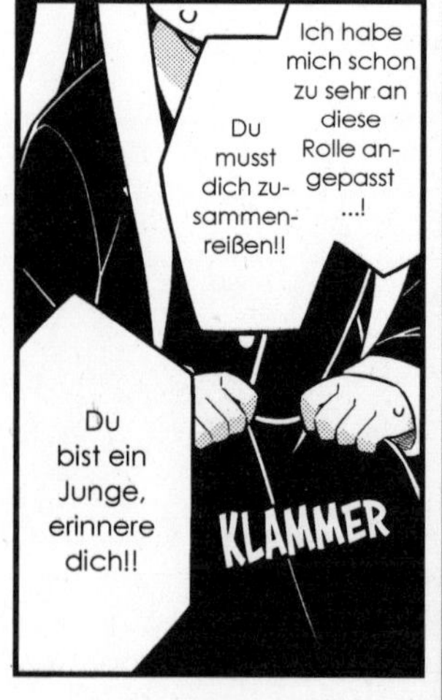
Ich habe mich schon zu sehr an diese Rolle an-gepasst ...!
Du musst dich zu-sammen-reißen!!
Du bist ein Junge, erinnere dich!!
KLAMMER

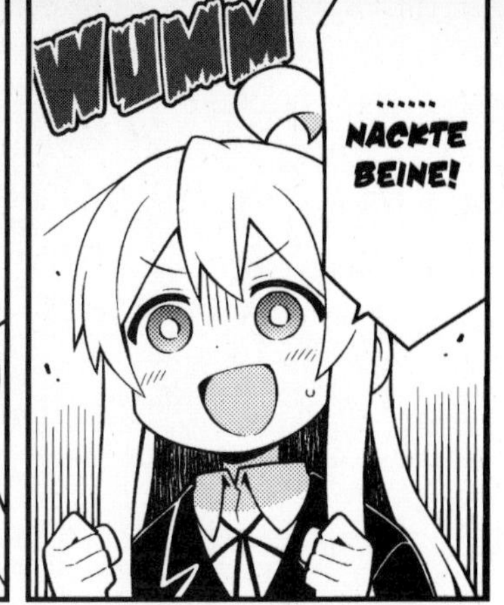
WUMM
...... NACKTE BEINE!

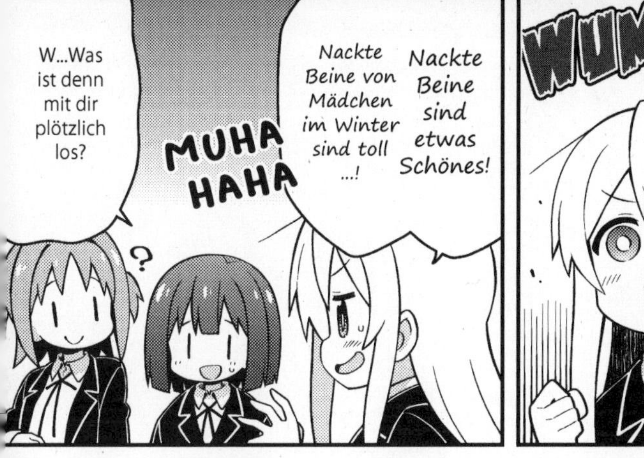
Nackte Beine sind etwas Schönes!
Nackte Beine von Mädchen im Winter sind toll ...!
MUHA HAHA
W...Was ist denn mit dir plötzlich los?
?

Nackte Beine sind überhaupt nicht gut !!
?!

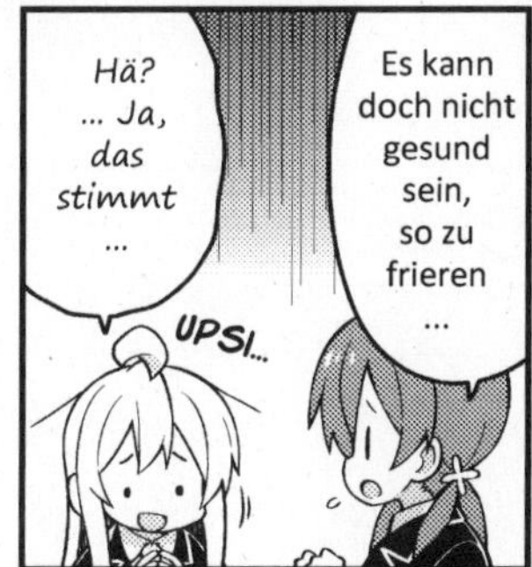
Es kann doch nicht gesund sein, so zu frieren ...
Hä? ... Ja, das stimmt ...
UPSI...

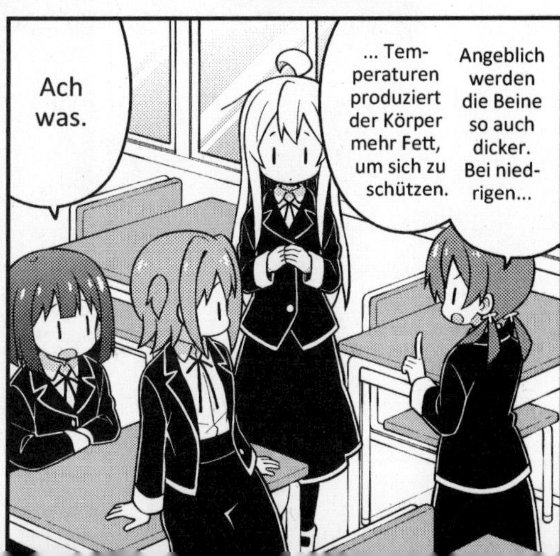
Angeblich werden die Beine so auch dicker. Bei niedrigen...
... Temperaturen produziert der Körper mehr Fett, um sich zu schützen.
Ach was.

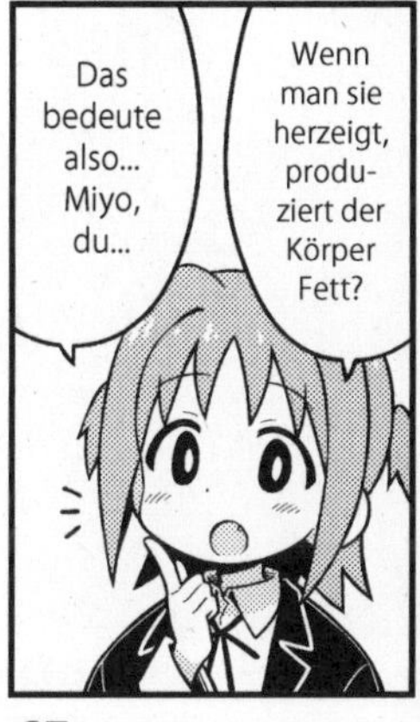
Wenn man sie herzeigt, produziert der Körper Fett?
Das bedeute also... Miyo, du...

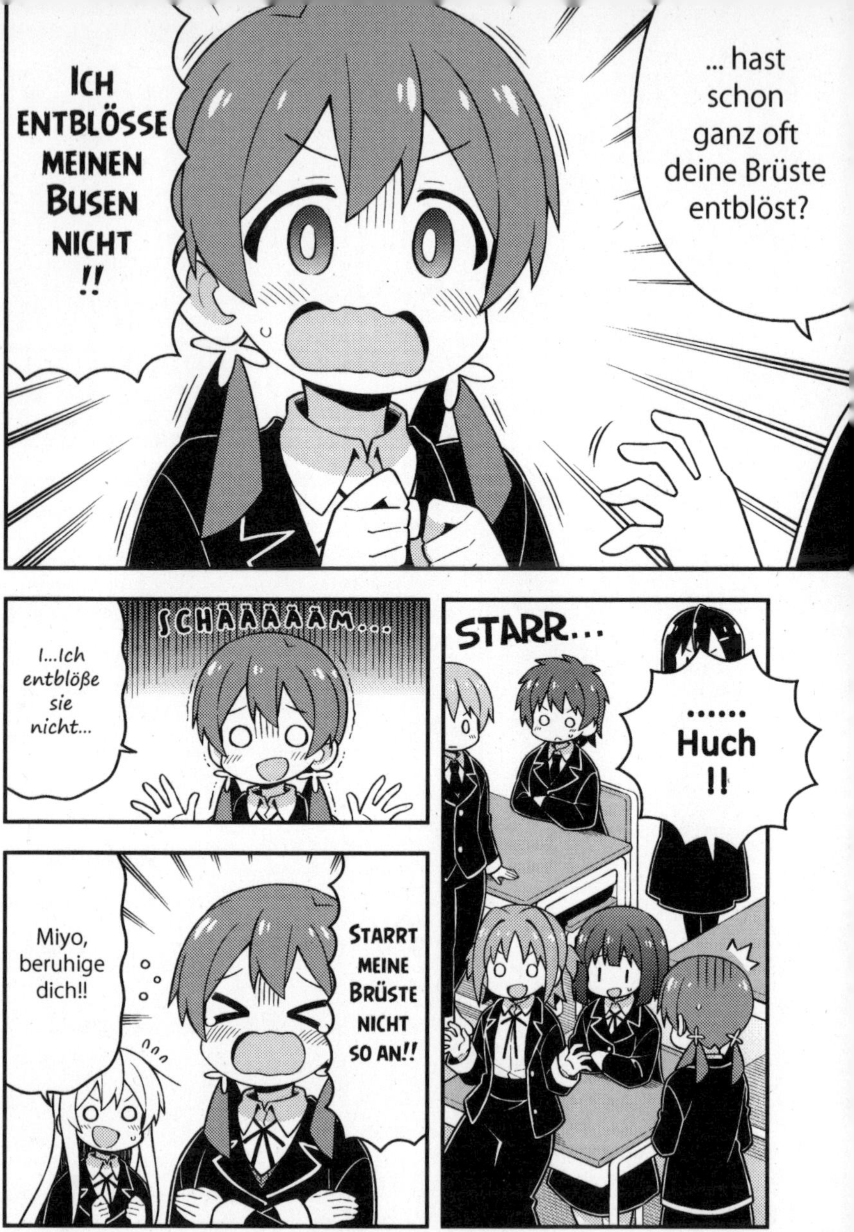

... hast schon ganz oft deine Brüste entblöst?

ICH ENTBLÖSSE MEINEN BUSEN NICHT!!

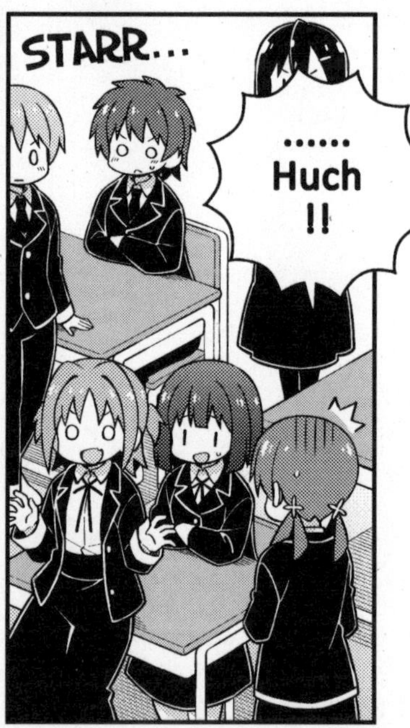

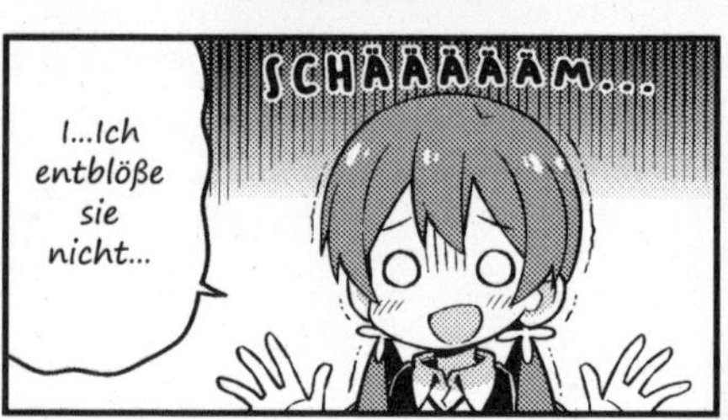

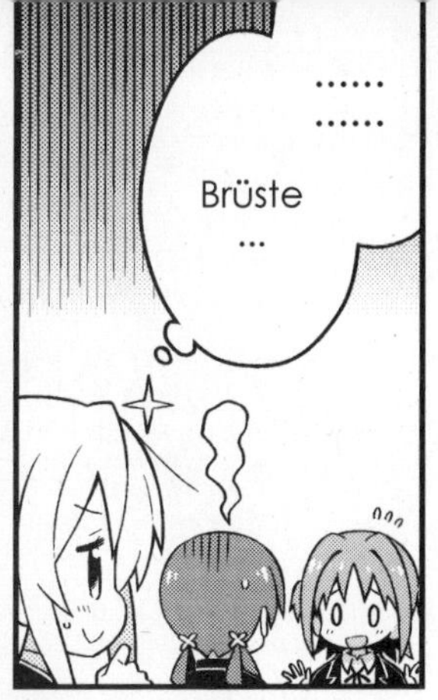

......
......
Brüste
...

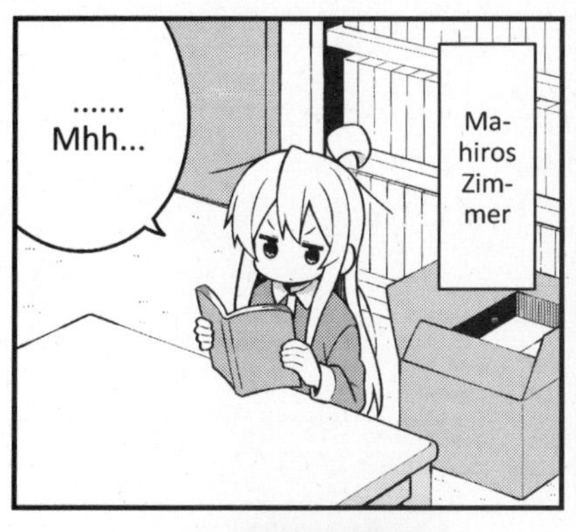

Mahiros Zimmer
......
Mhh...

War schon lange her, dass ich ein Pornoheft durchgeblättert habe...
Brüste sind echt etwas Schönes ...
PUH
Dank dem Busen-Thema ist meine Identitätskrise gelöst!!

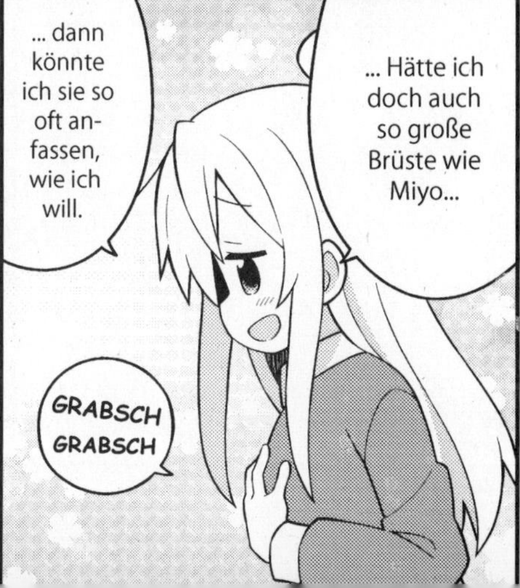

... Hätte ich doch auch so große Brüste wie Miyo...
... dann könnte ich sie so oft anfassen, wie ich will.
GRABSCH GRABSCH

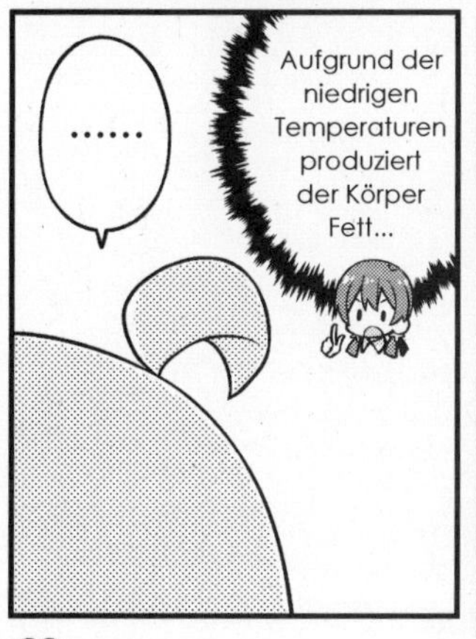

Aufgrund der niedrigen Temperaturen produziert der Körper Fett...
......

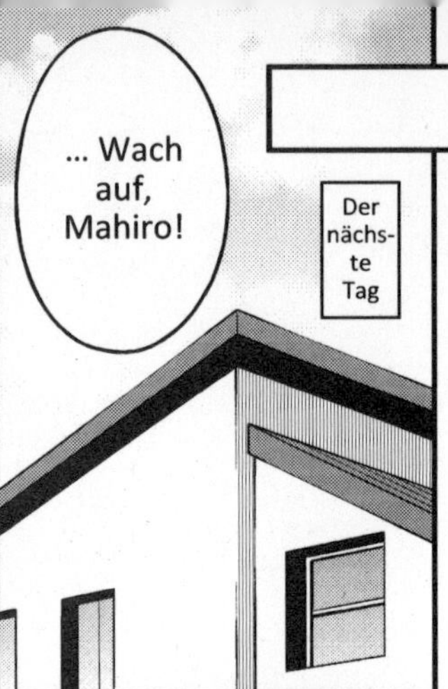

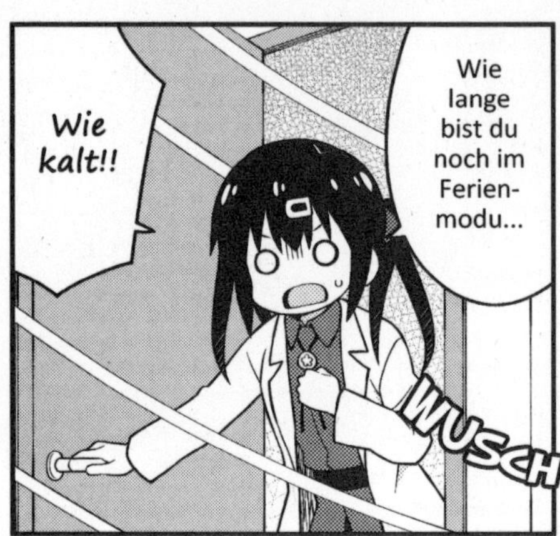

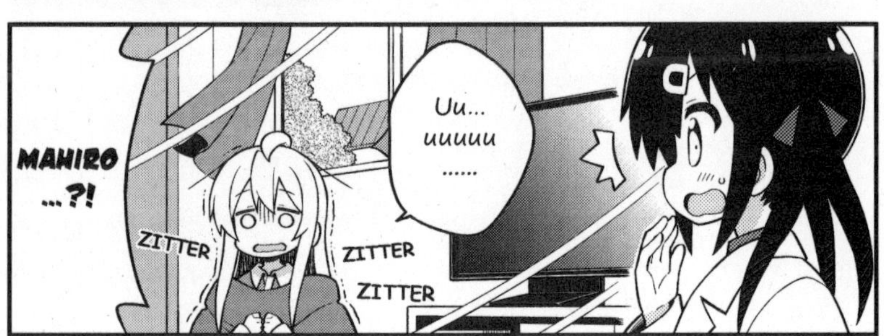

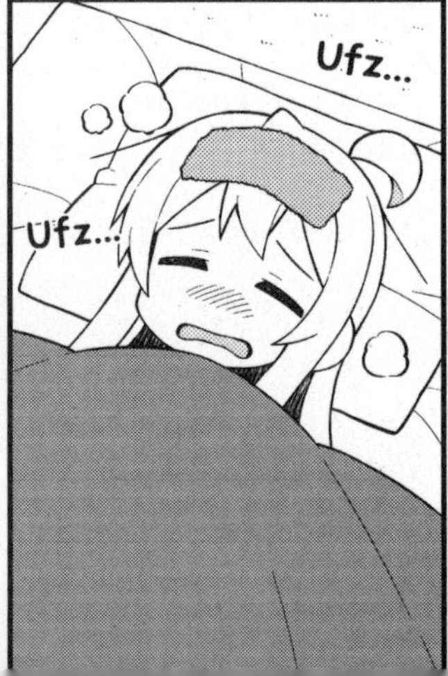

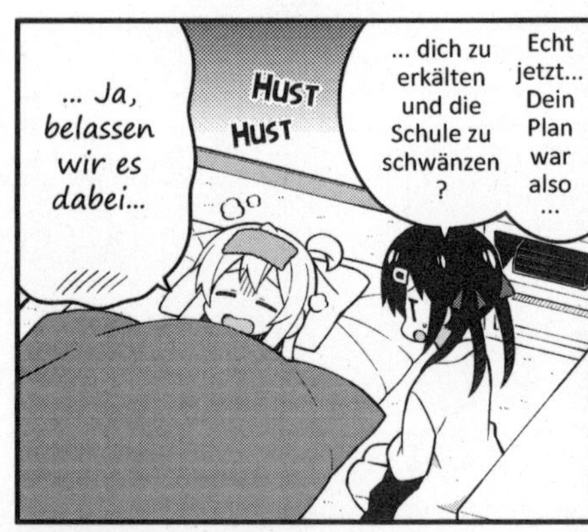

Fortsetzung folgt...

Ab sofort Schwester!

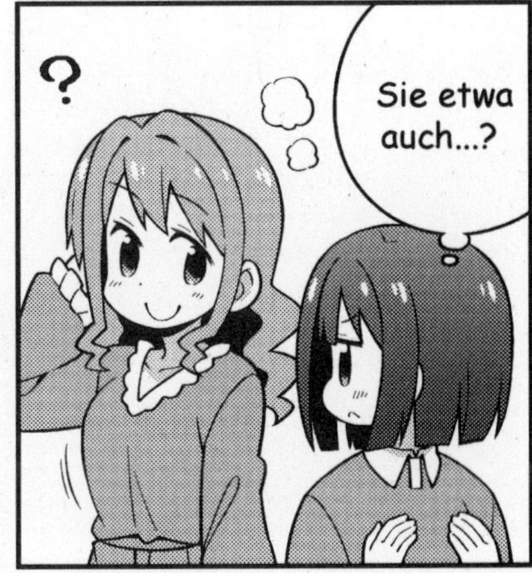

Ab sofort Schwester!

★Special Sketch★

Mahiros Wochentagsroutine

3 Der Schulweg

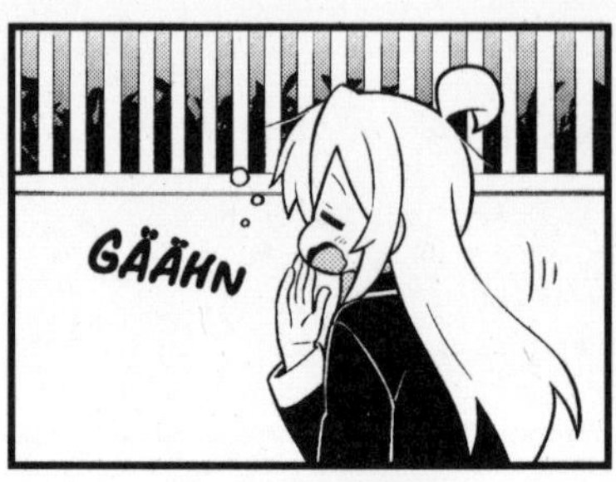

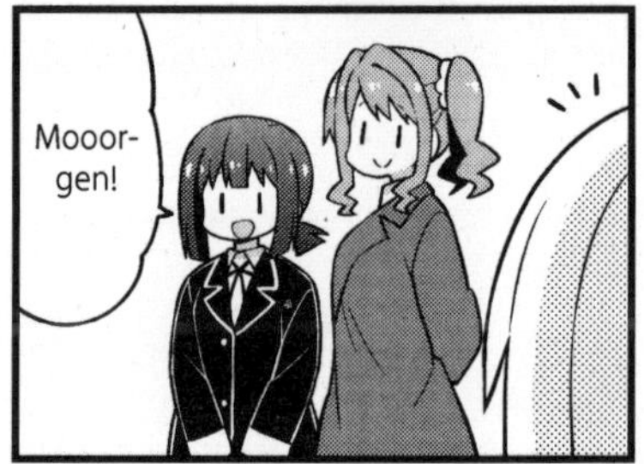

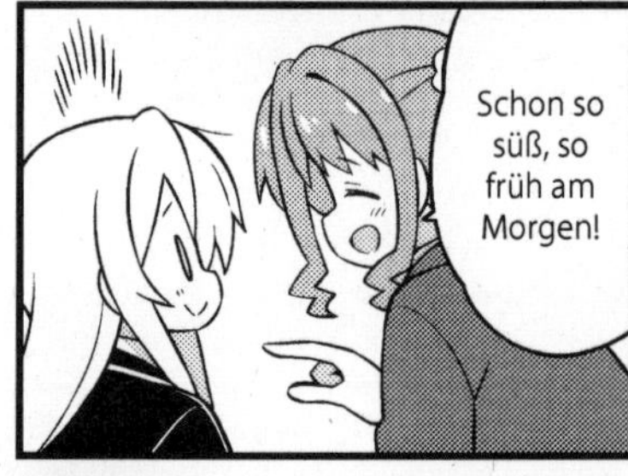

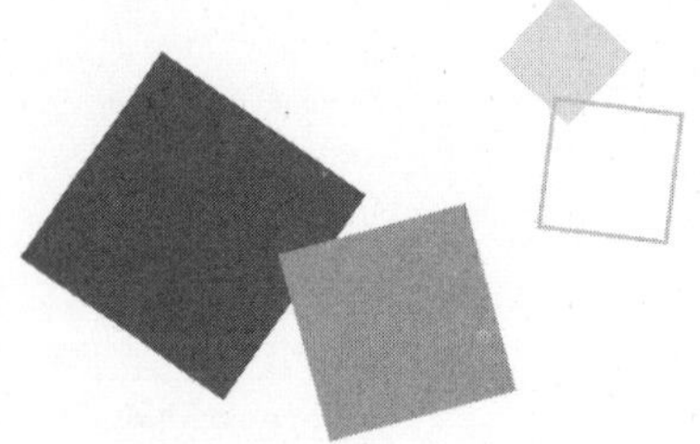

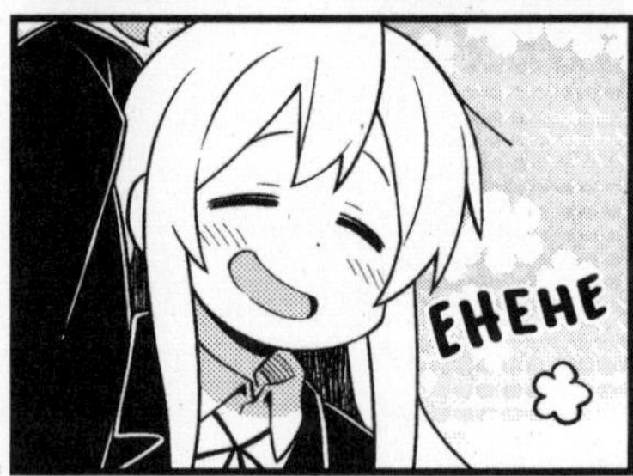

- Kap. 32 -

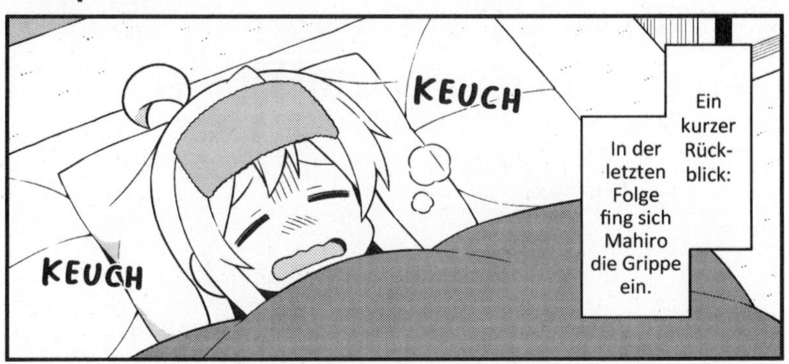
Ein kurzer Rückblick:
In der letzten Folge fing sich Mahiro die Grippe ein.
KEUCH
KEUCH

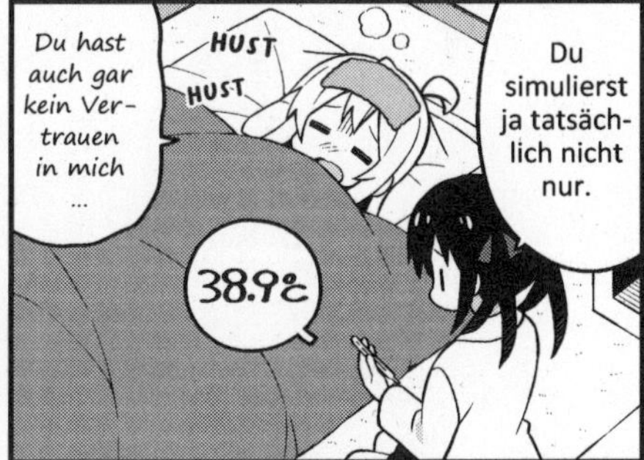
Du simulierst ja tatsächlich nicht nur.
HUST
HUST
38.9°C
Du hast auch gar kein Vertrauen in mich ...

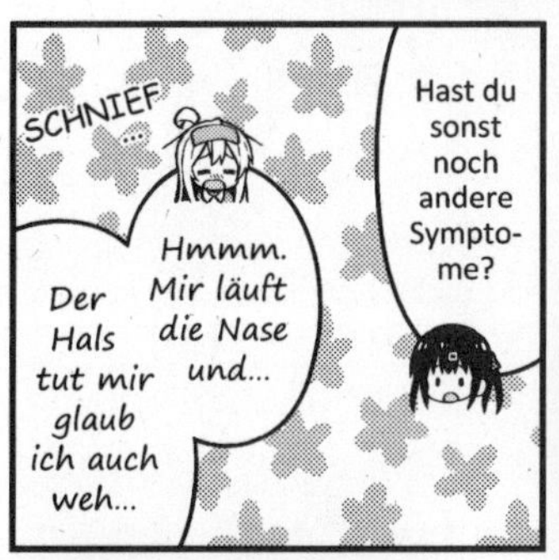
Hast du sonst noch andere Symptome?
SCHNIEF ...
Hmmm. Mir läuft die Nase und...
Der Hals tut mir glaub ich auch weh...

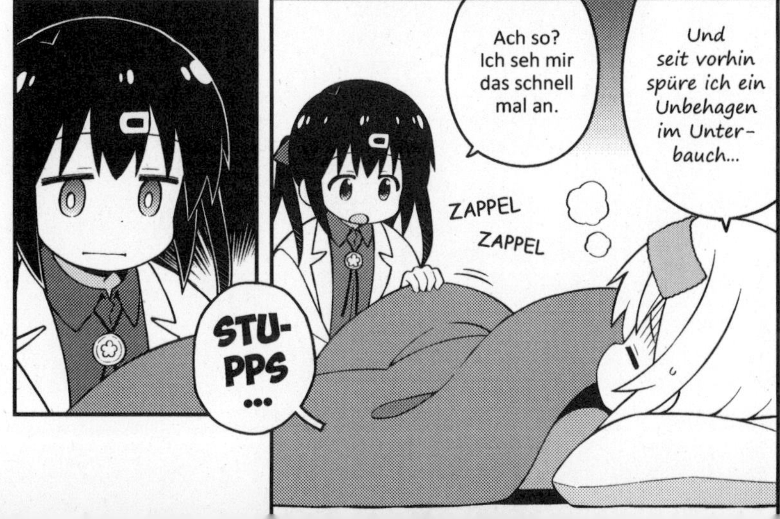
Und seit vorhin spüre ich ein Unbehagen im Unterbauch...
Ach so? Ich seh mir das schnell mal an.
ZAPPEL
ZAPPEL
STU-PPS ...

Kapitel 32 : Mahiro und der unerwartete Besuch

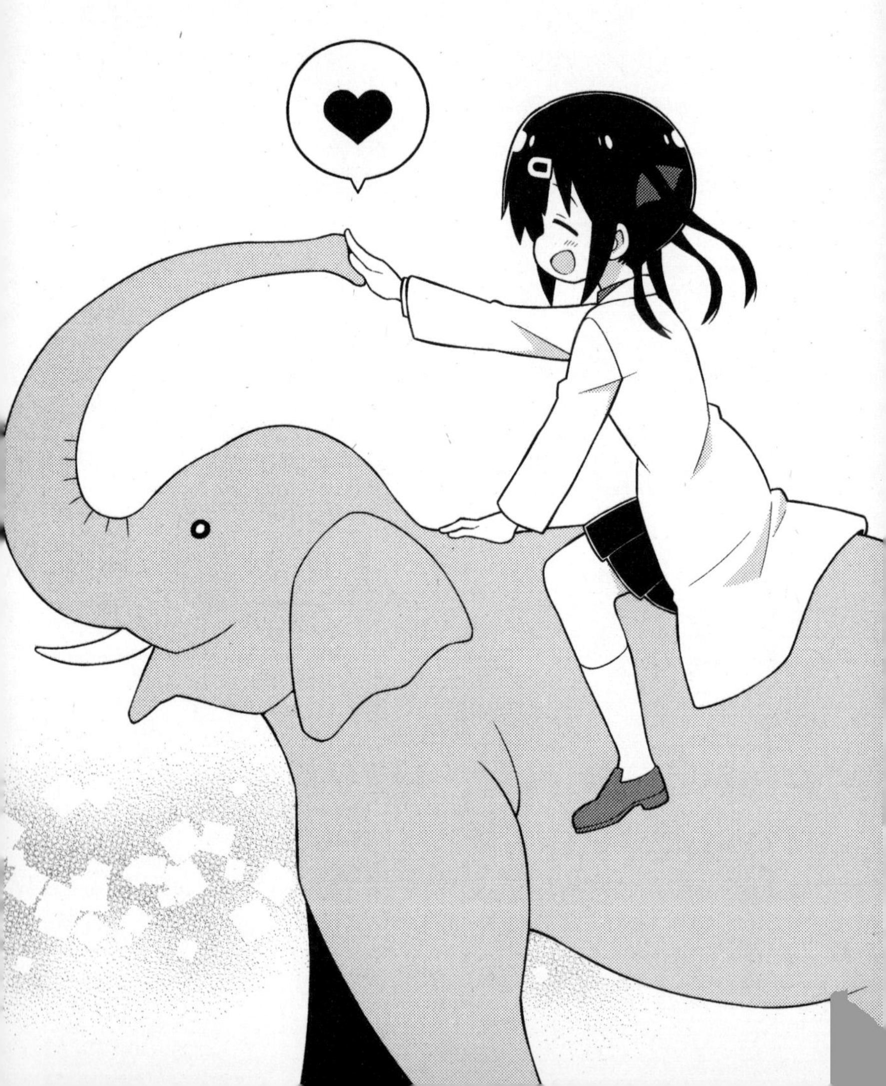

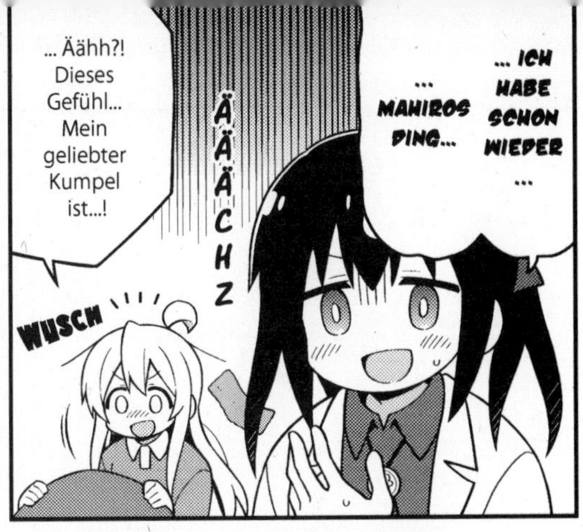
... ICH HABE SCHON WIEDER ...
... MAHIROS DING...
ÄÄÄCHZ
... Äähh?! Dieses Gefühl... Mein geliebter Kumpel ist...!
WUSCH

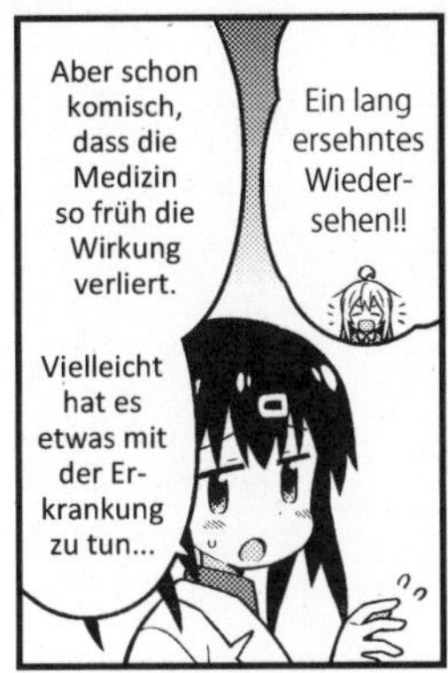
Ein lang ersehntes Wiedersehen!!
Aber schon komisch, dass die Medizin so früh die Wirkung verliert.
Vielleicht hat es etwas mit der Erkrankung zu tun...

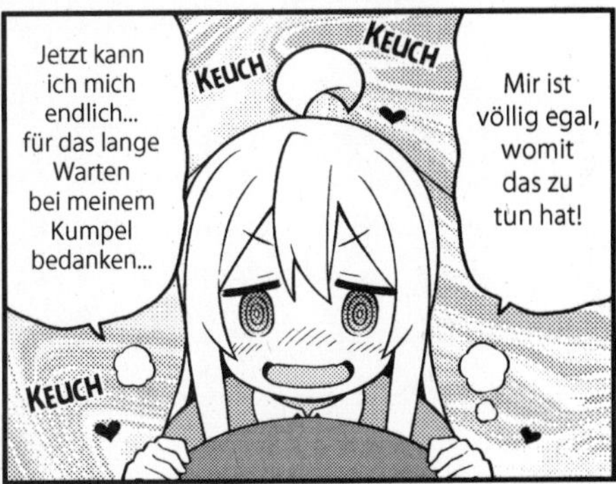
Mir ist völlig egal, womit das zu tun hat!
KEUCH
KEUCH
Jetzt kann ich mich endlich... für das lange Warten bei meinem Kumpel bedanken...
KEUCH

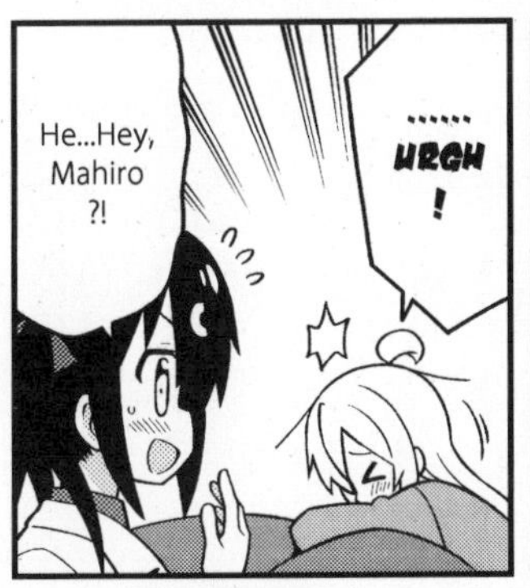
...... URGH !
He...Hey, Mahiro ?!

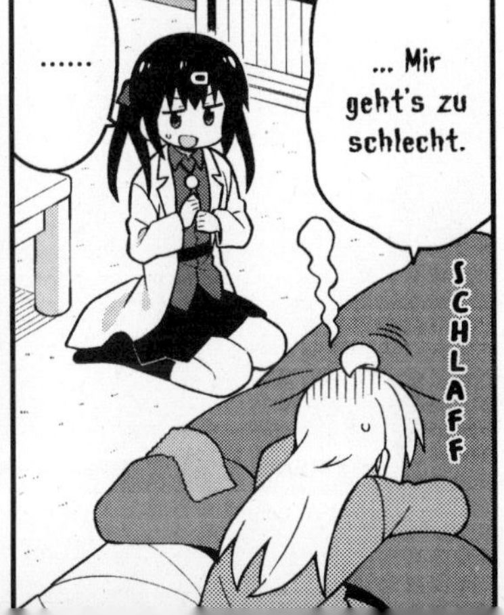
... Mir geht's zu schlecht.
......
SCHLAFF

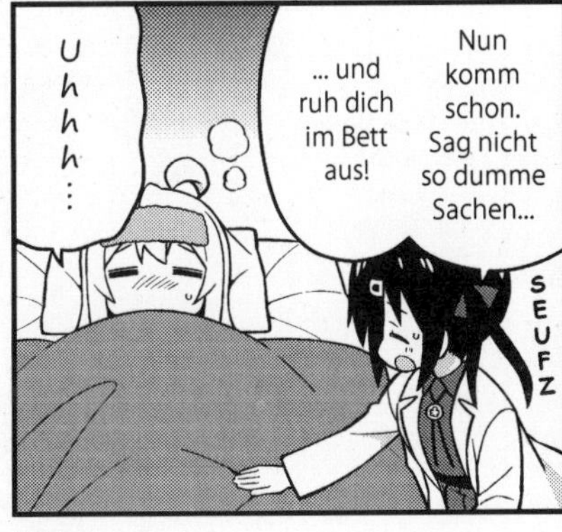
Nun komm schon. Sag nicht so dumme Sachen...
... und ruh dich im Bett aus!
Uhhh...
SEUFZ

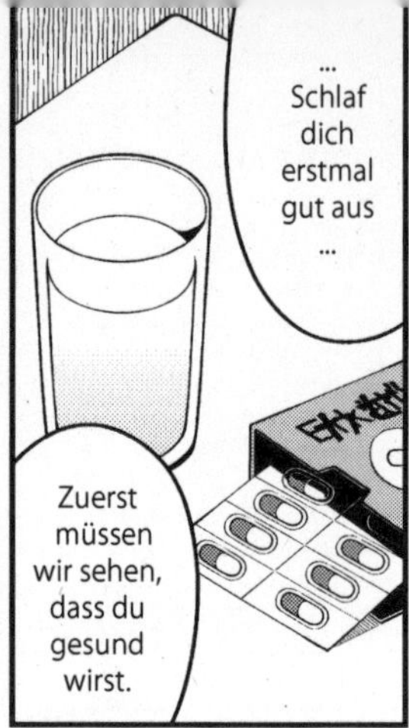
... Schlaf dich erstmal gut aus ...
Zuerst müssen wir sehen, dass du gesund wirst.

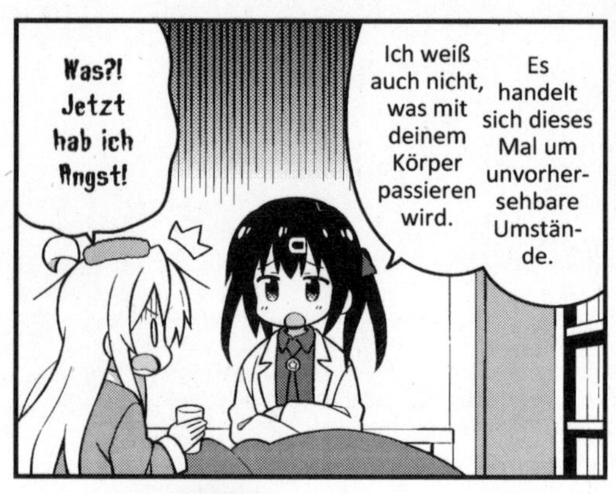
Es handelt sich dieses Mal um unvorhersehbare Umstände.
Ich weiß auch nicht, was mit deinem Körper passieren wird.
Was?! Jetzt hab ich Angst!

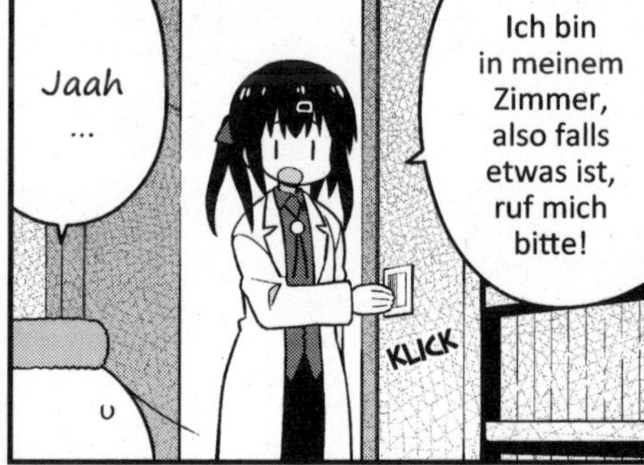
Ich bin in meinem Zimmer, also falls etwas ist, ruf mich bitte!
KLICK
Jaah ...

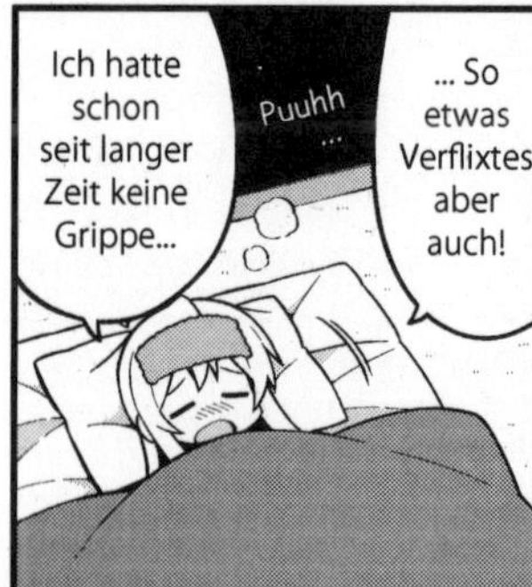
... So etwas Verflixtes aber auch!
Puuhh ...
Ich hatte schon seit langer Zeit keine Grippe...

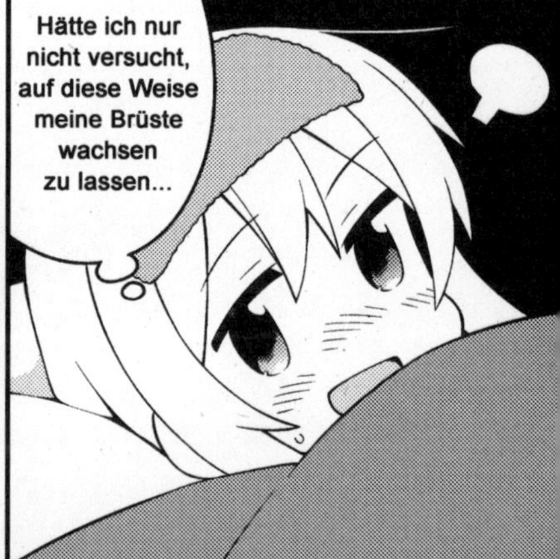
Hätte ich nur nicht versucht, auf diese Weise meine Brüste wachsen zu lassen...

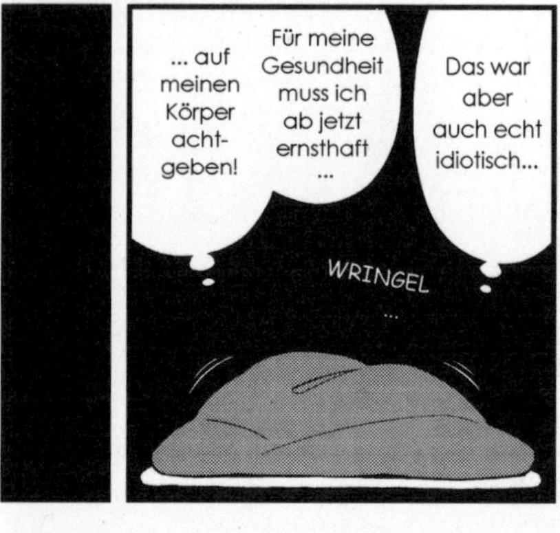
Das war aber auch echt idiotisch...
Für meine Gesundheit muss ich ab jetzt ernsthaft ...
... auf meinen Körper achtgeben!
WRINGEL ...

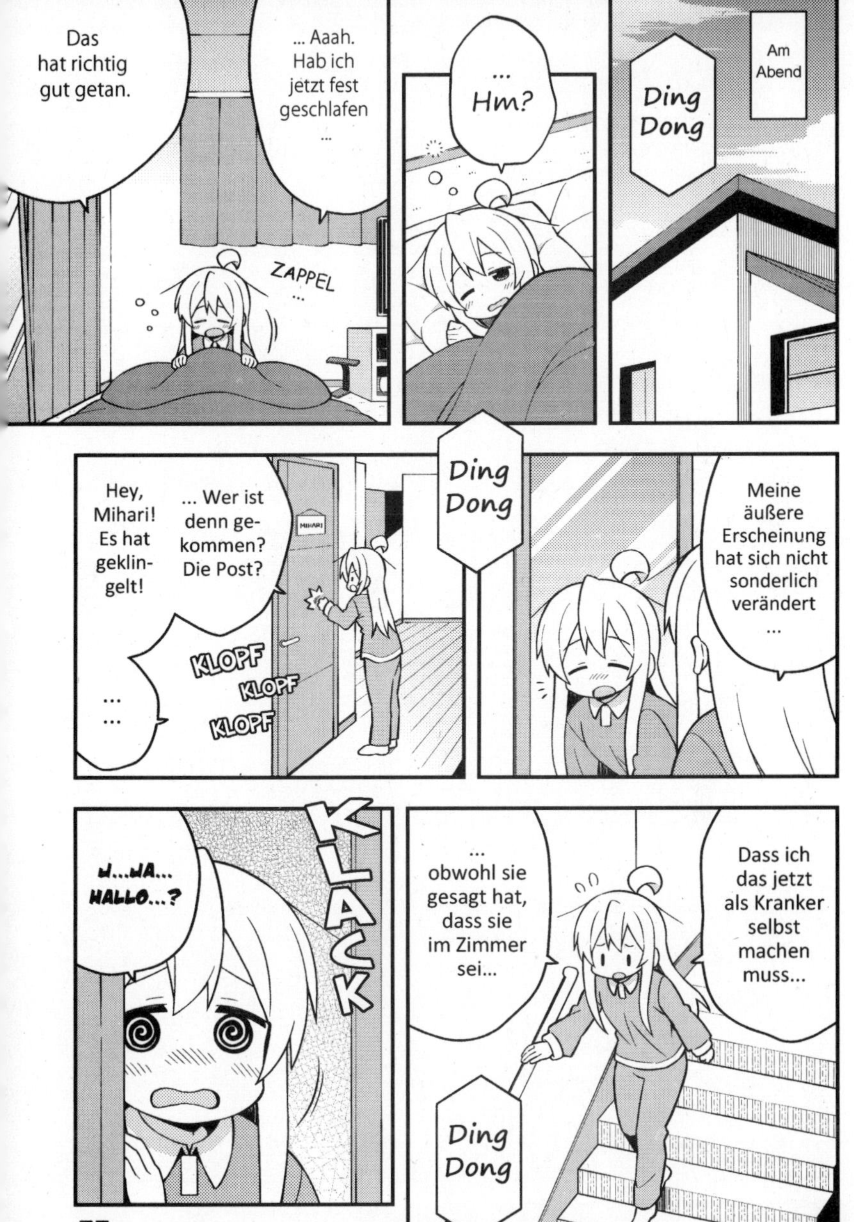
Am Abend
Ding Dong
... Hm?
... Aaah. Hab ich jetzt fest geschlafen ...
Das hat richtig gut getan.
ZAPPEL ...
Meine äußere Erscheinung hat sich nicht sonderlich verändert ...
Ding Dong
... Wer ist denn gekommen? Die Post?
MIHARI
Hey, Mihari! Es hat geklingelt!
KLOPF
KLOPF
KLOPF
... ...
Dass ich das jetzt als Kranker selbst machen muss...
... obwohl sie gesagt hat, dass sie im Zimmer sei...
Ding Dong
KLACK
H...HA... HALLO...?

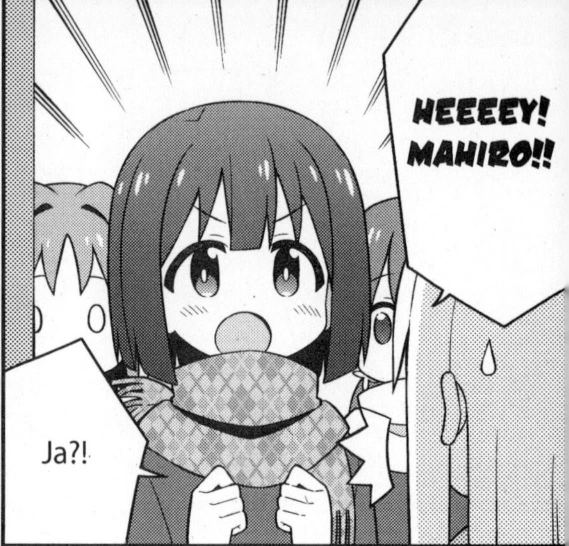
HEEEEY! MAHIRO!!
Ja?!

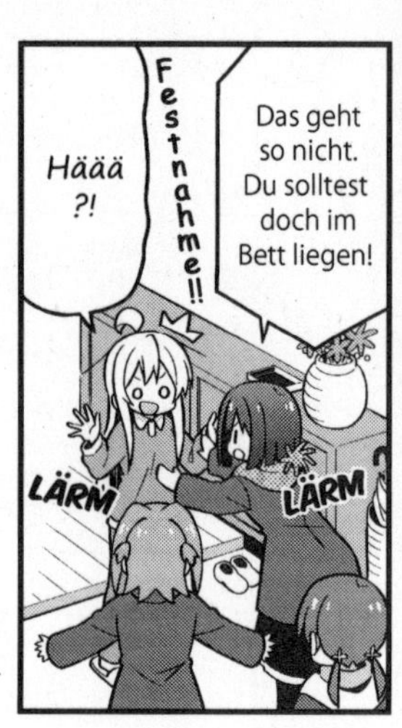
Das geht so nicht. Du solltest doch im Bett liegen!
Festnahme!!
Häää ?!
LÄRM
LÄRM

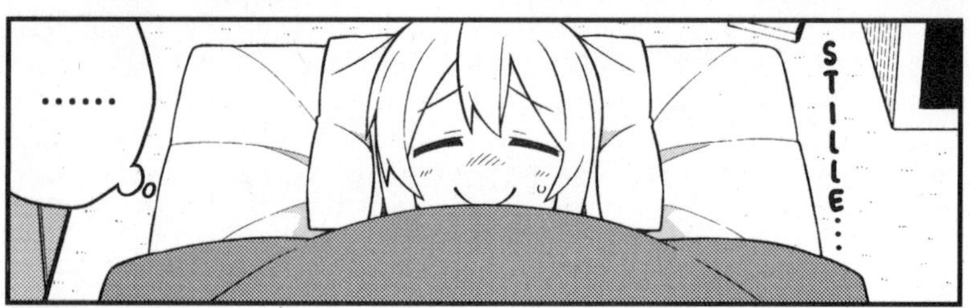
STILLE...
......

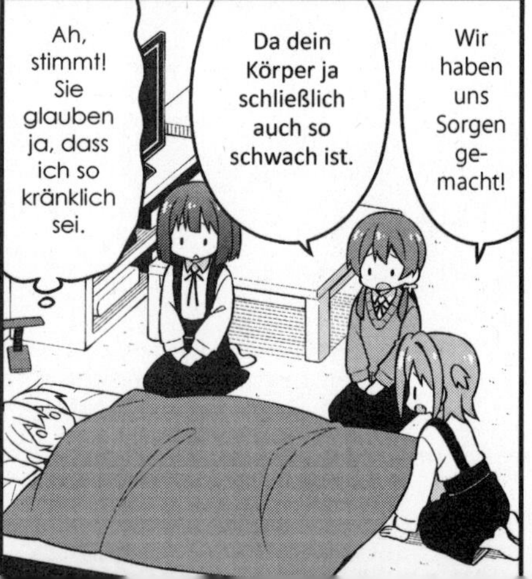
Wir haben uns Sorgen gemacht!
Da dein Körper ja schließlich auch so schwach ist.
Ah, stimmt! Sie glauben ja, dass ich so kränklich sei.

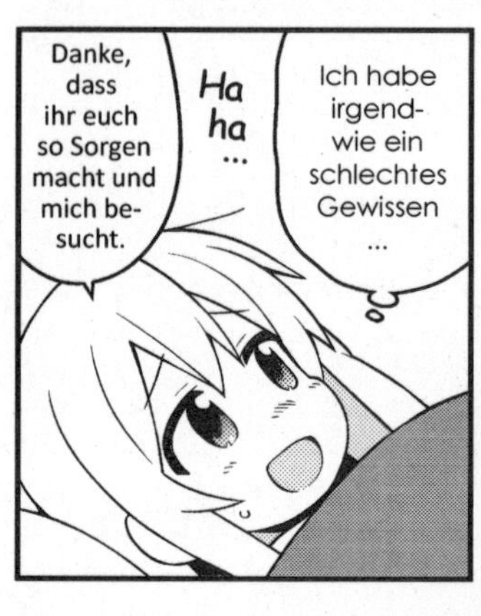
Ich habe irgendwie ein schlechtes Gewissen ...
Haha ...
Danke, dass ihr euch so Sorgen macht und mich besucht.

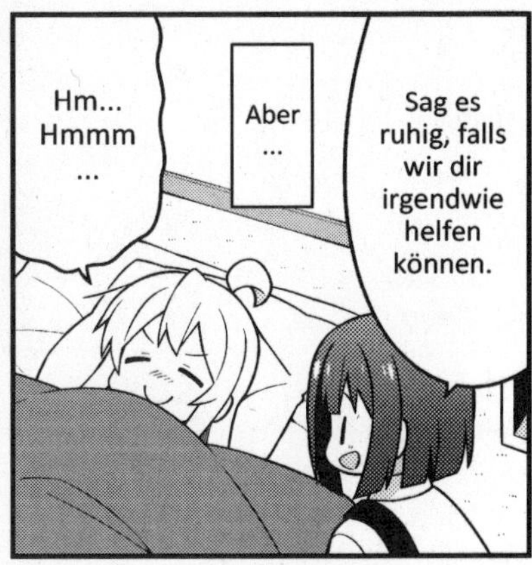
Sag es ruhig, falls wir dir irgendwie helfen können.
Aber ...
Hm... Hmmm ...

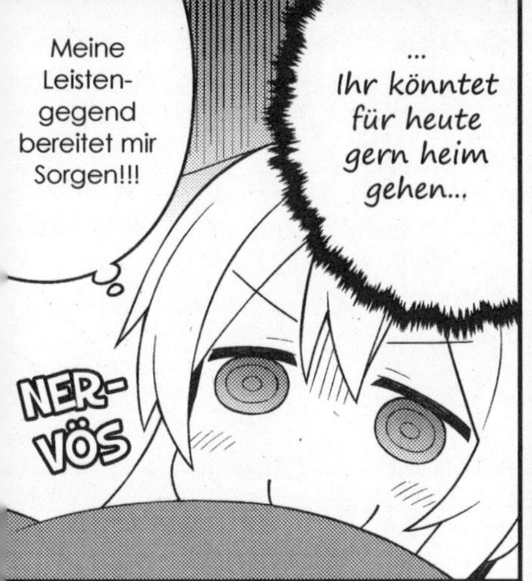
... Ihr könntet für heute gern heim gehen...
Meine Leistengegend bereitet mir Sorgen!!!
NER-VÖS

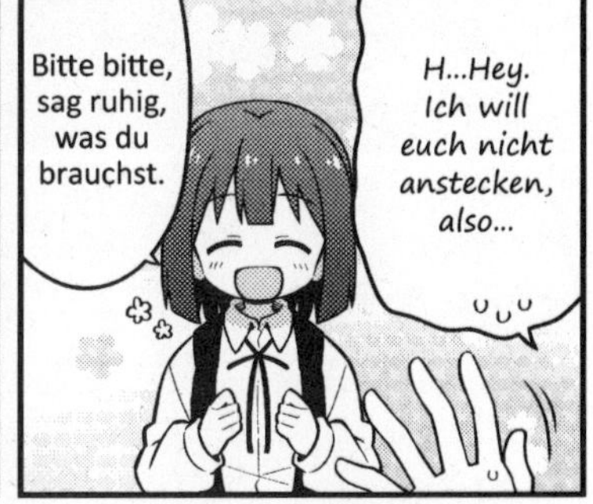
H...Hey. Ich will euch nicht anstecken, also...
Bitte bitte, sag ruhig, was du brauchst.

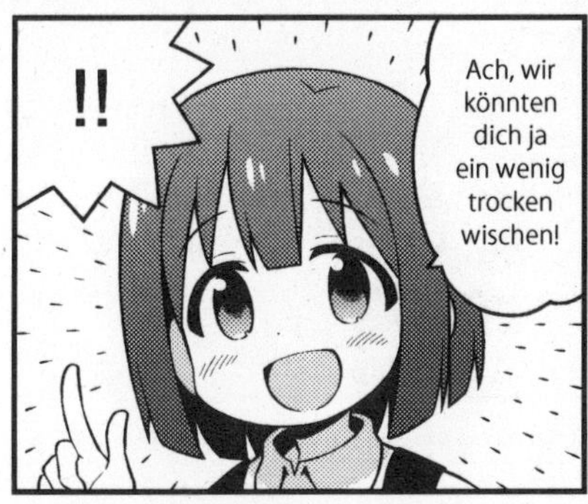
Ach, wir könnten dich ja ein wenig trocken wischen!
!!

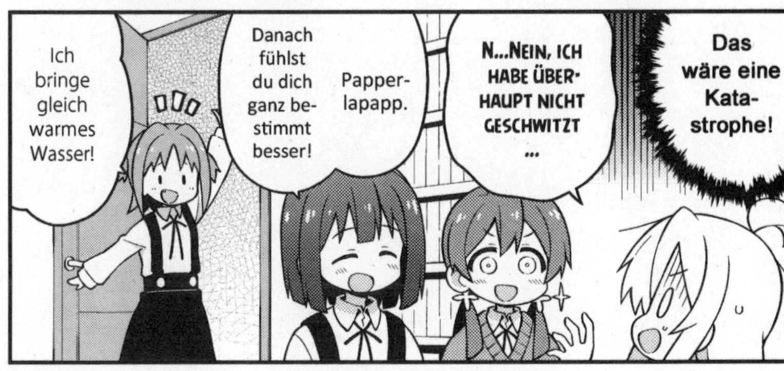
Das wäre eine Katastrophe!
N...NEIN, ICH HABE ÜBERHAUPT NICHT GESCHWITZT ...
Papperlapapp.
Danach fühlst du dich ganz bestimmt besser!
Ich bringe gleich warmes Wasser!

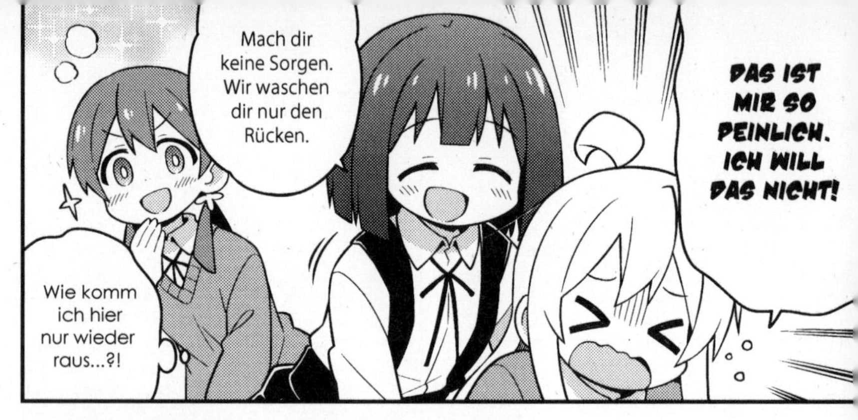

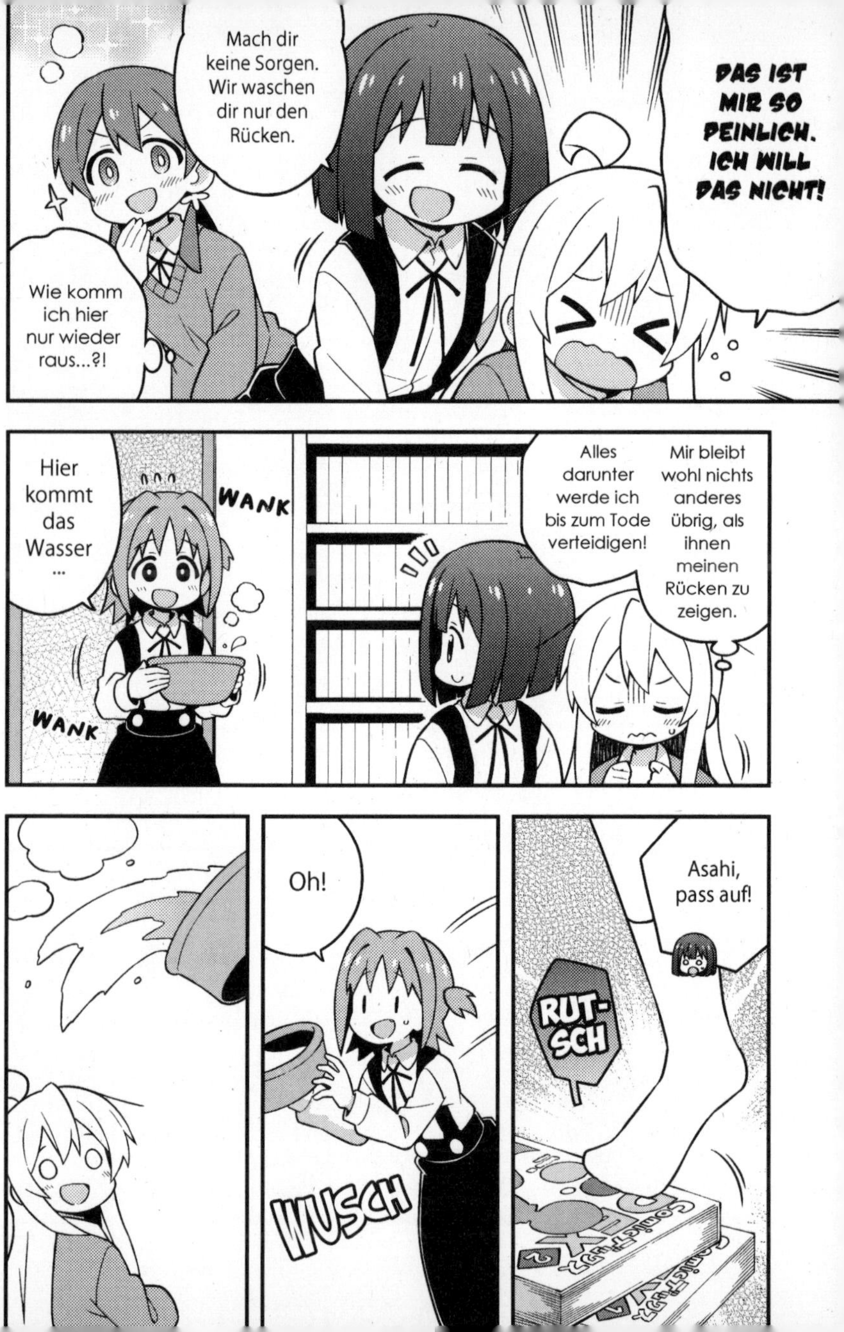

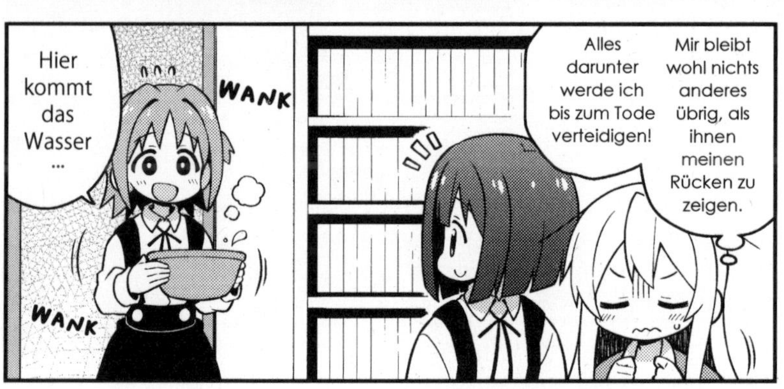

Asahi, pass auf!

RUT-SCH

Oh!

WUSCH

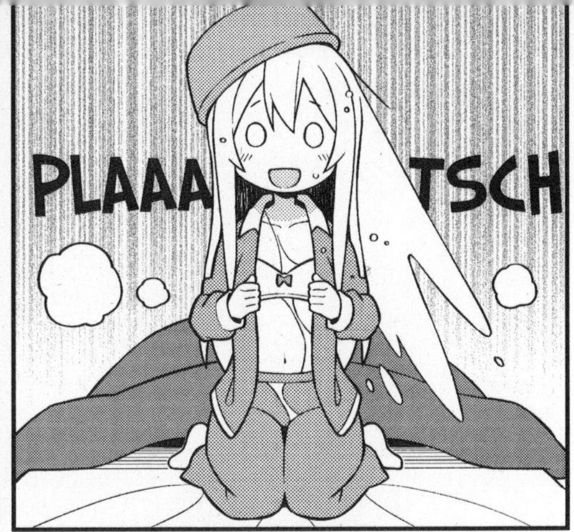
PLAAATSCH

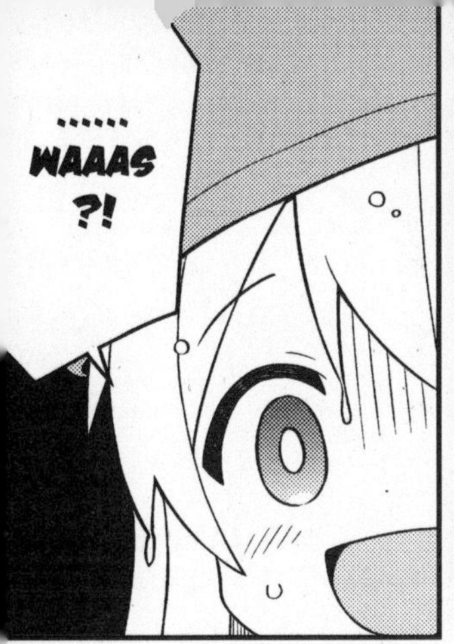
……
WAAAS
?!

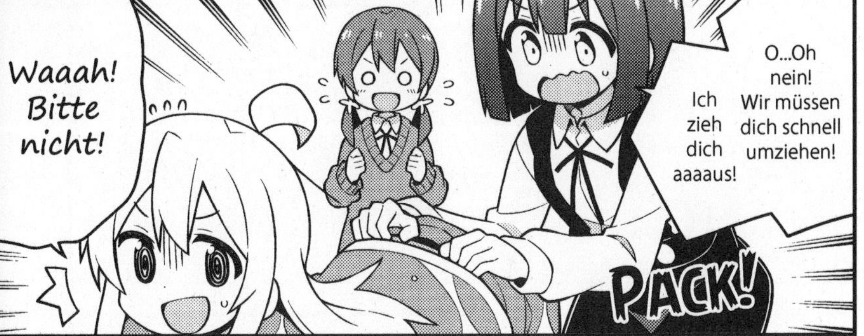
O...Oh
nein!
Wir müssen
dich schnell
umziehen!
Ich
zieh
dich
aaaaus!
PACK!
Waaah!
Bitte
nicht!

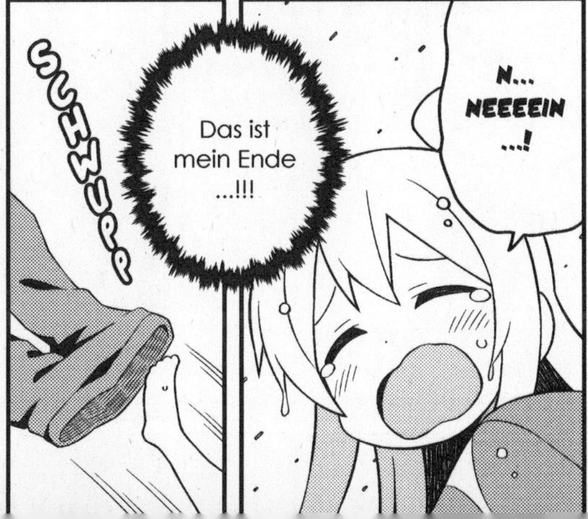
N...
NEEEEIN
...!
Das ist
mein Ende
...!!!
SCHWUPP

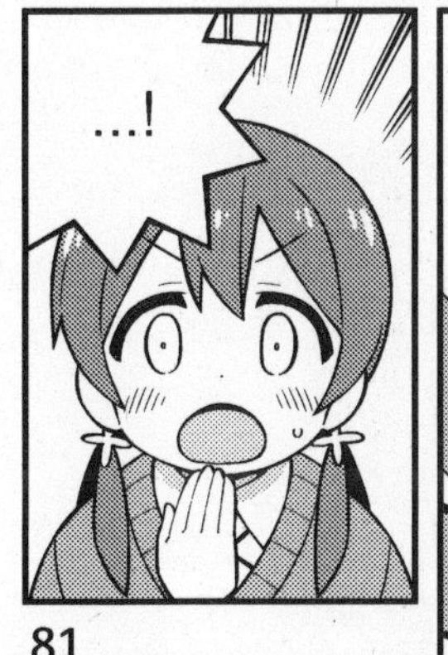
...!

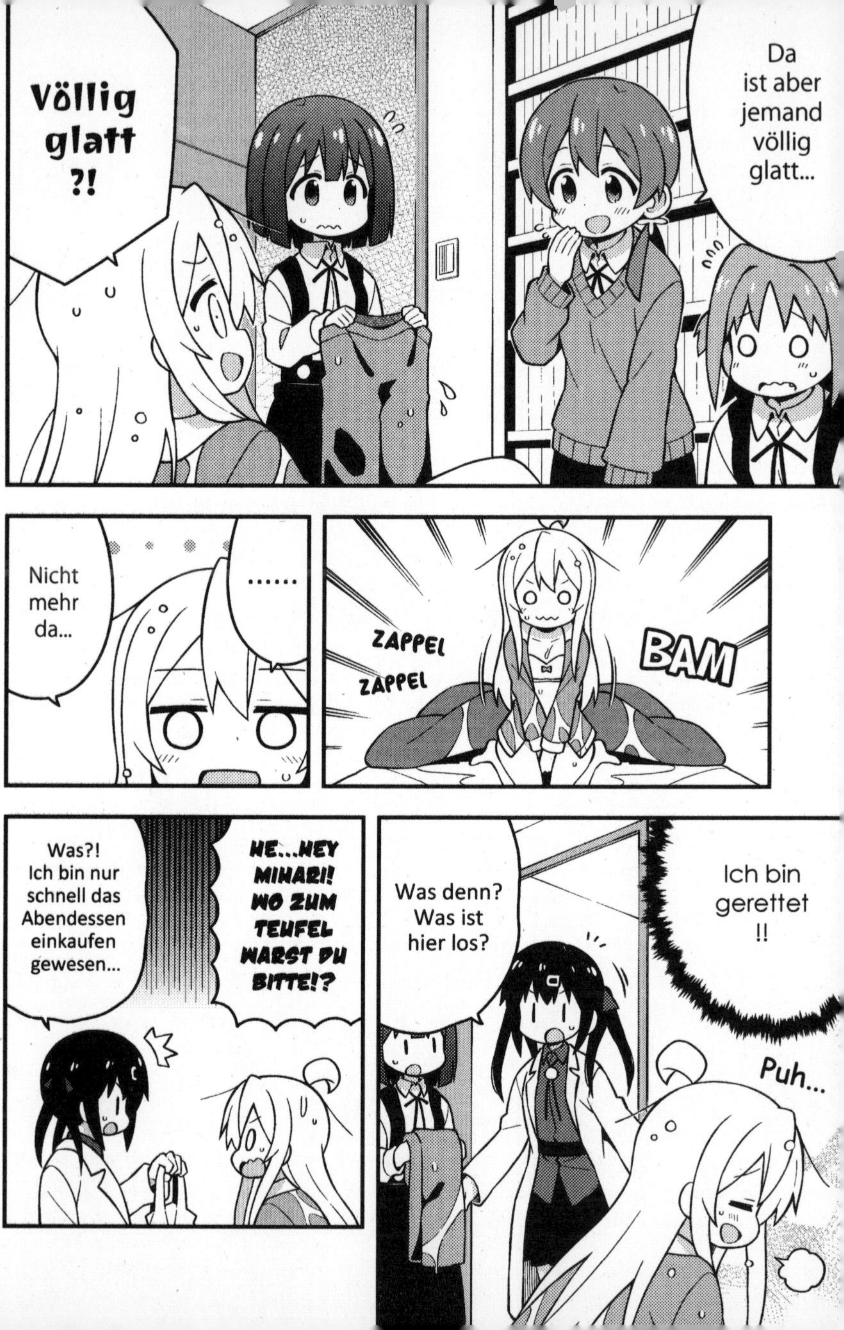

Da ist aber jemand völlig glatt...

Völlig glatt ?!

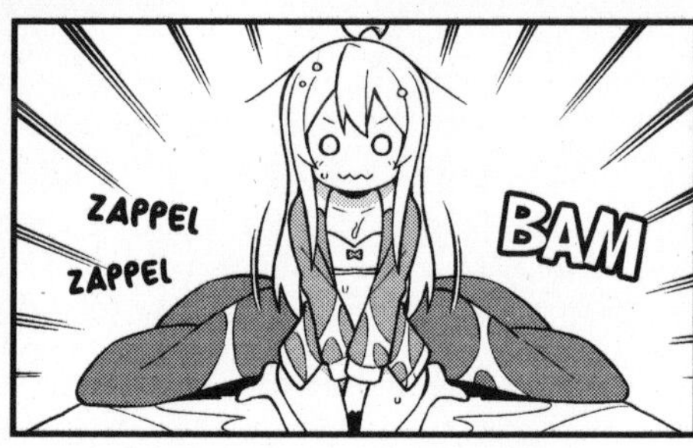

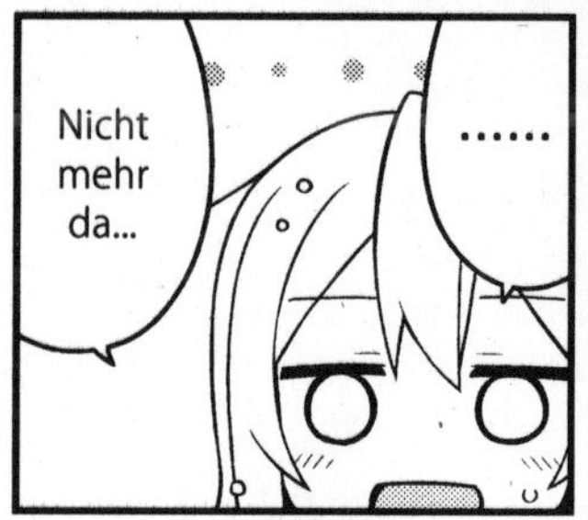

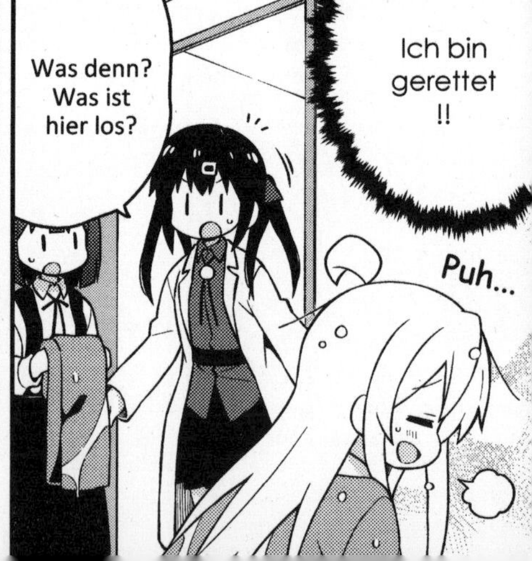

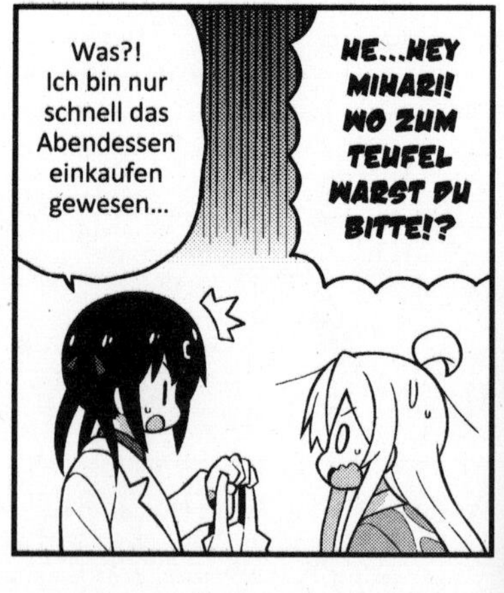

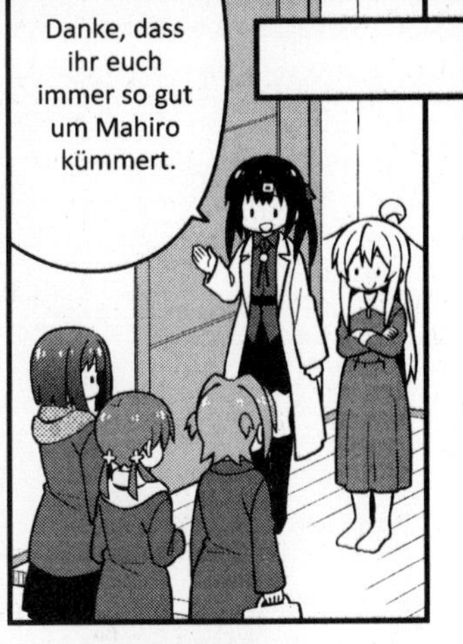
Danke, dass ihr euch immer so gut um Mahiro kümmert.

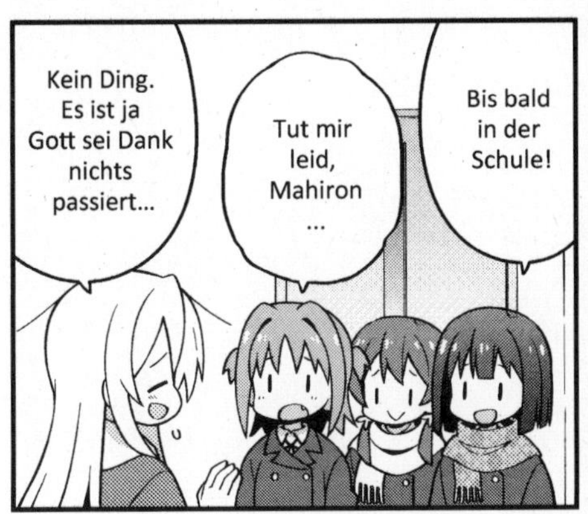
Bis bald in der Schule!
Tut mir leid, Mahiron ...
Kein Ding. Es ist ja Gott sei Dank nichts passiert...

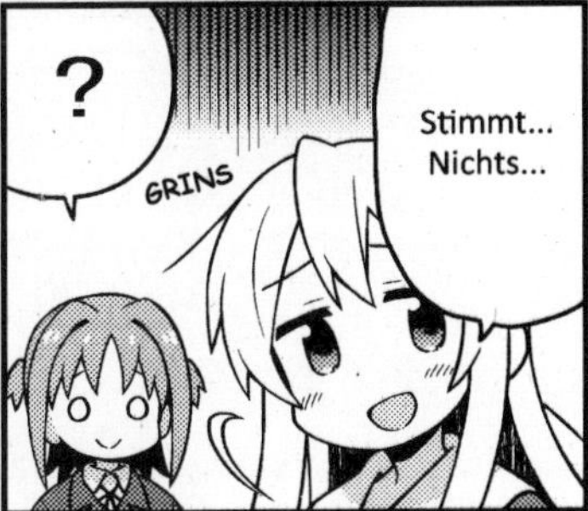
Stimmt... Nichts...
GRINS
?

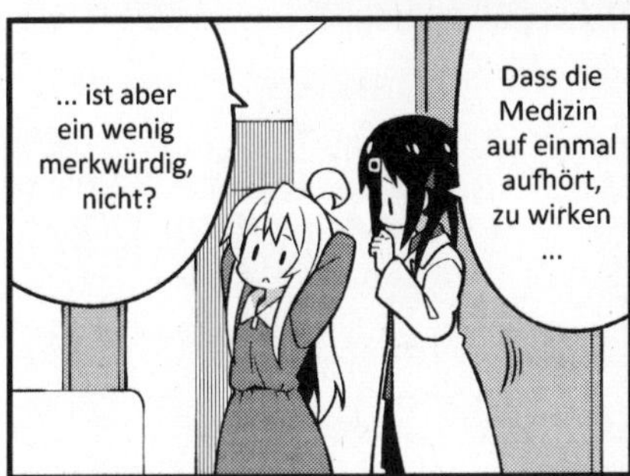
Dass die Medizin auf einmal aufhört, zu wirken ...
... ist aber ein wenig merkwürdig, nicht?

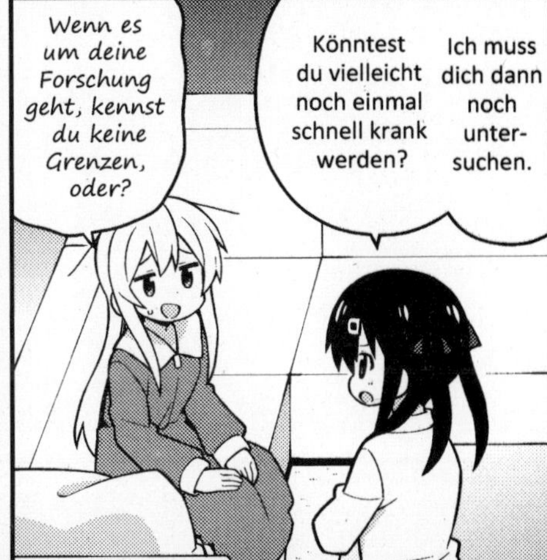
Ich muss dich dann noch unter-suchen.
Könntest du vielleicht noch einmal schnell krank werden?
Wenn es um deine Forschung geht, kennst du keine Grenzen, oder?

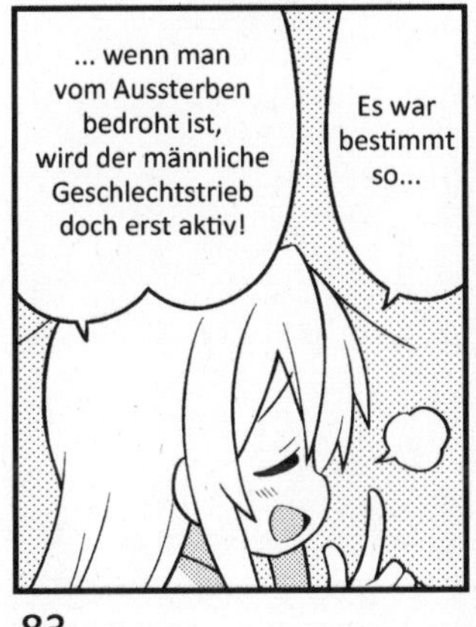
Es war bestimmt so...
... wenn man vom Aussterben bedroht ist, wird der männliche Geschlechtstrieb doch erst aktiv!

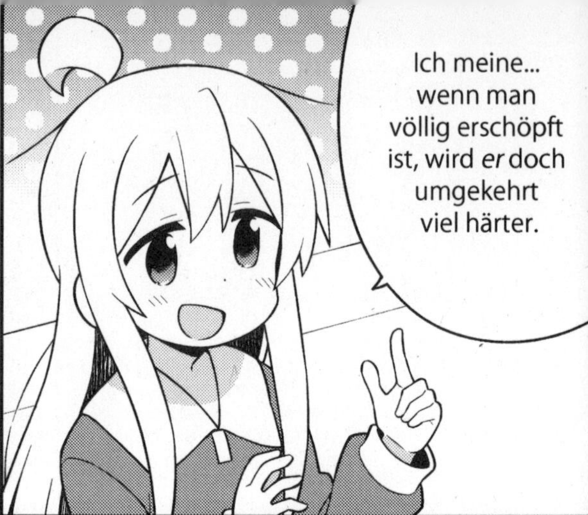

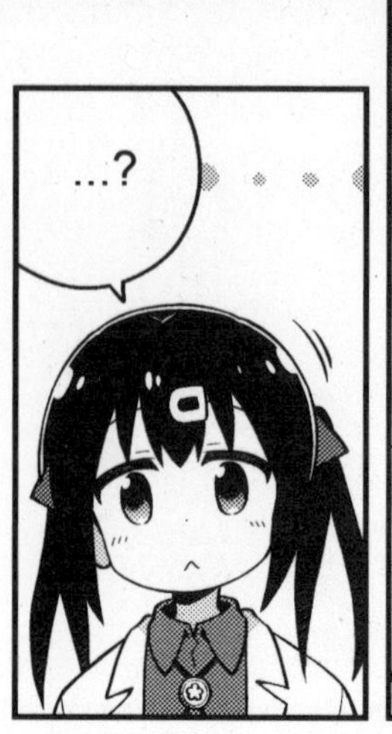

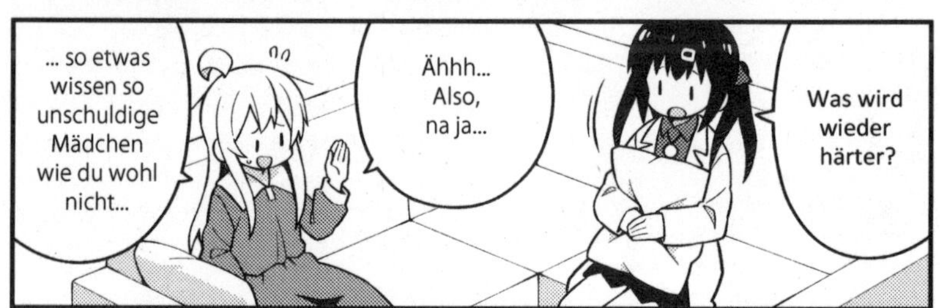

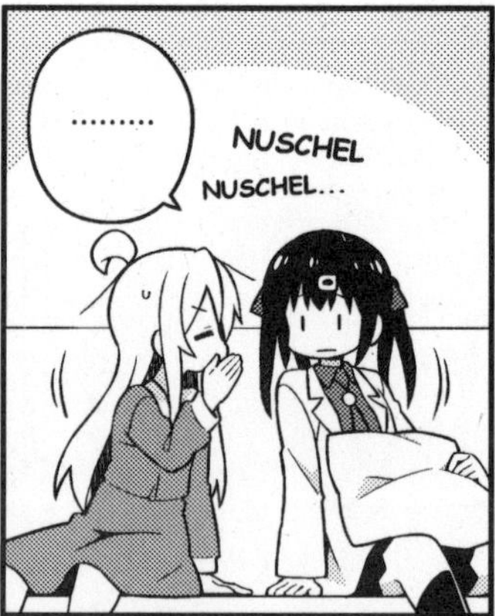

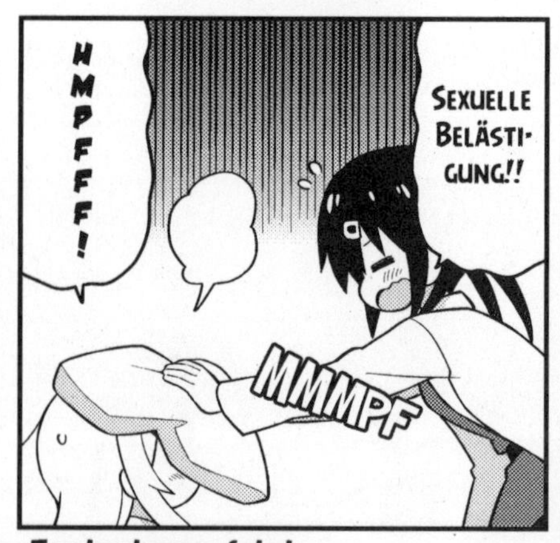

Fortsetzung folgt...

Ab sofort Schwester!

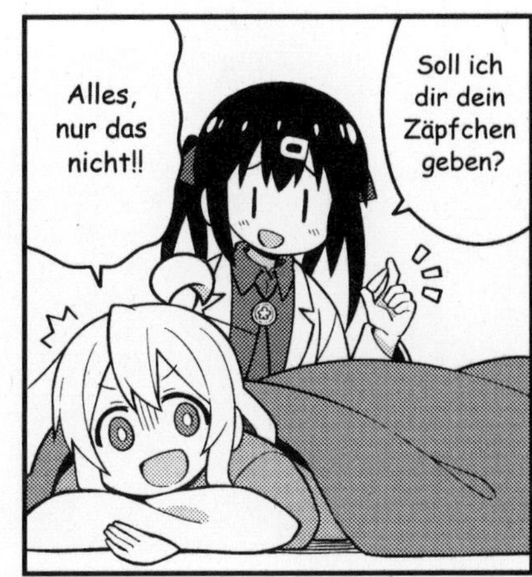

Ab sofort Schwester!

★Special Sketch★

Mahiros Wochentagsroutine

4 In der Schule

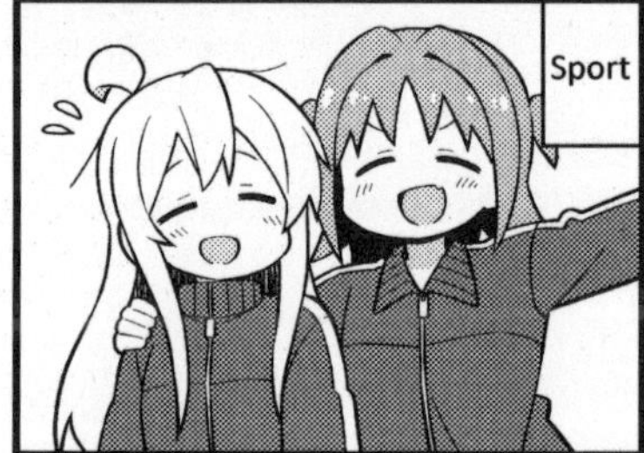

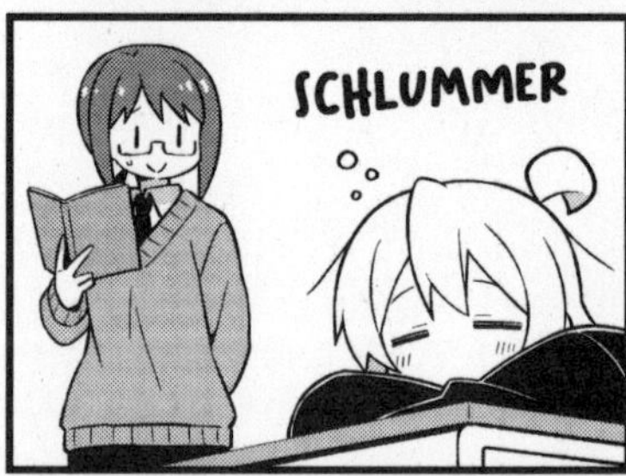

- Kap. 33 -

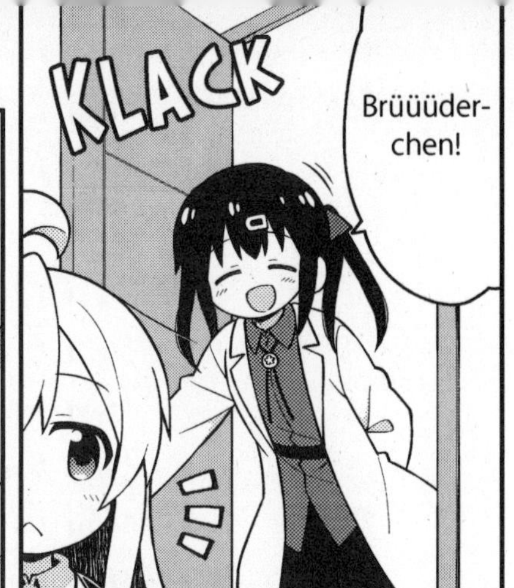

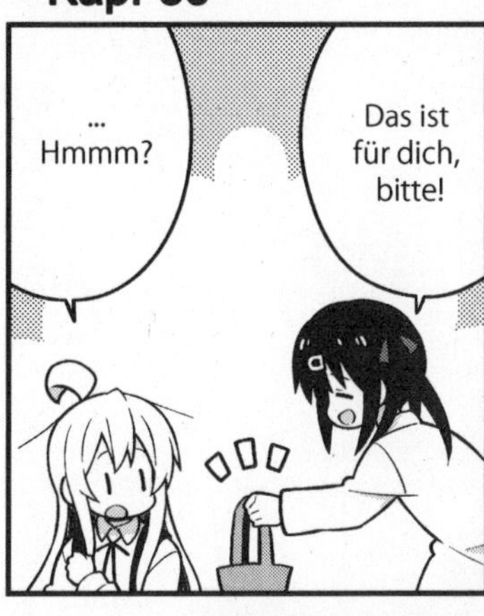

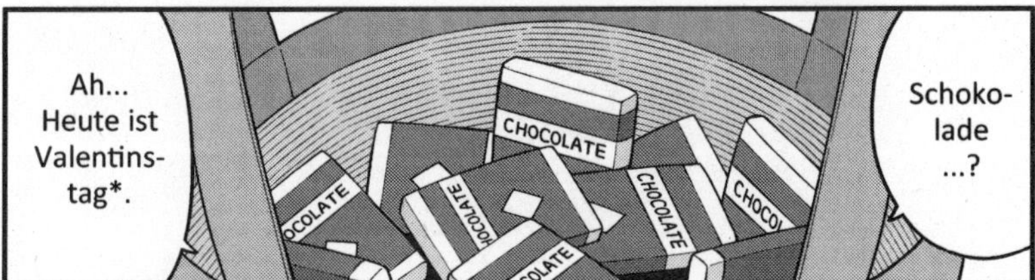

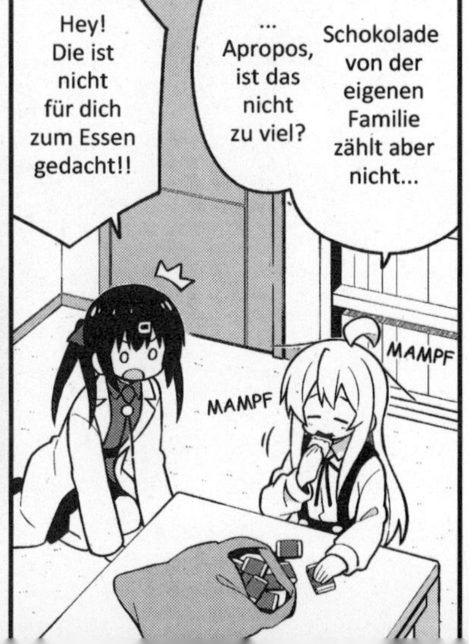

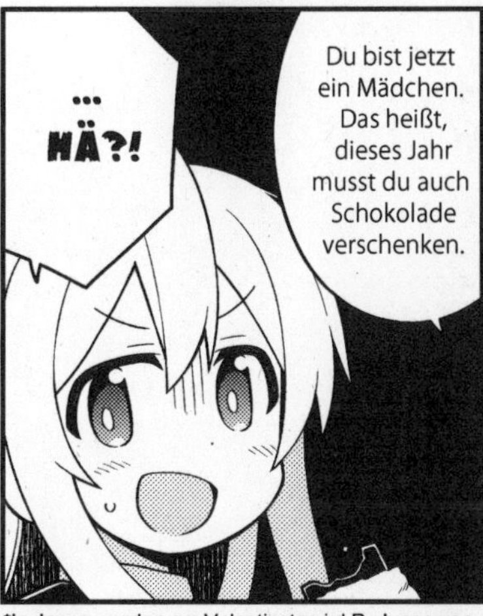

*In Japan werden am Valentinstag i.d.R. Jungs von Mädchen mit Schokolade beschenkt. Mädchen beschenken sich aber auch oft gegenseitig.

Kapitel 33 : Mahiro und der Valentinstag

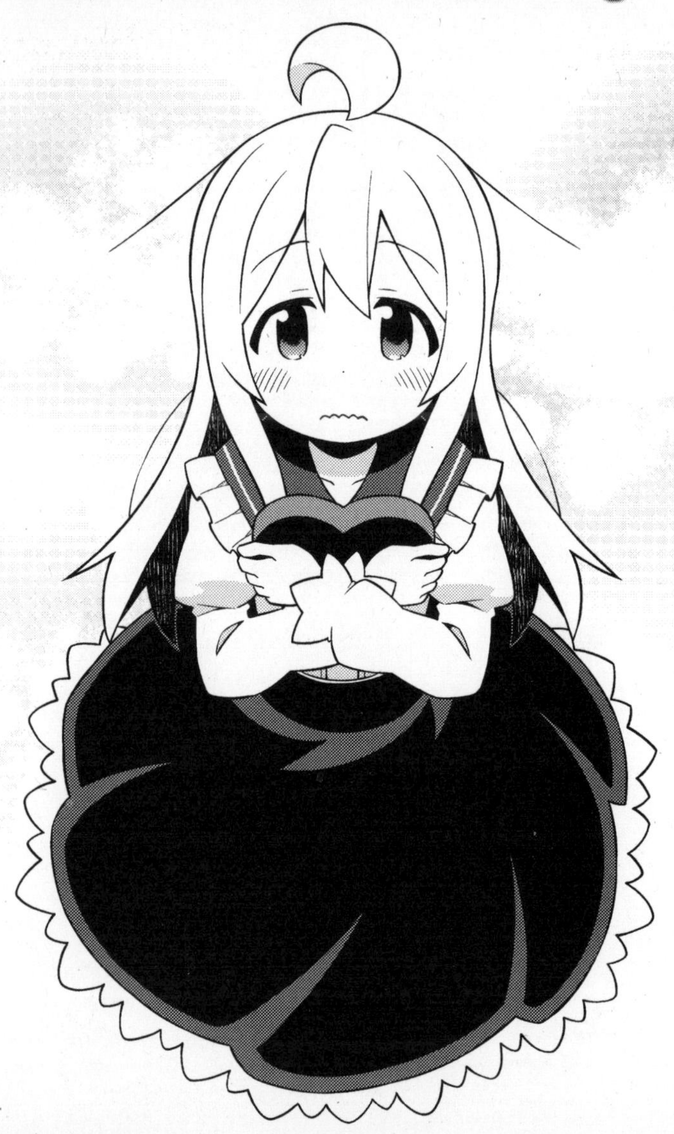

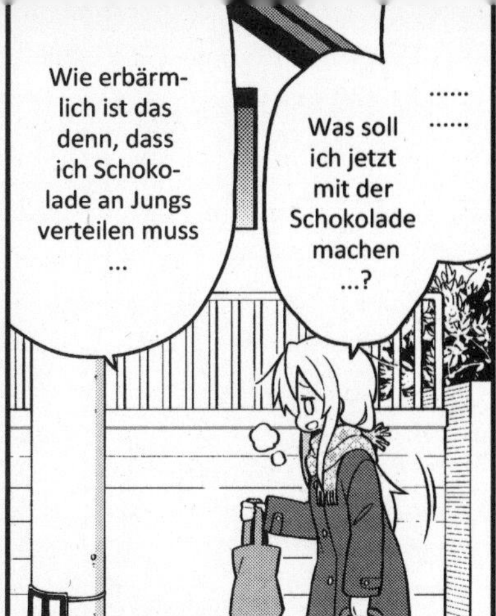
……
……
Was soll ich jetzt mit der Schokolade machen …?
Wie erbärmlich ist das denn, dass ich Schokolade an Jungs verteilen muss …

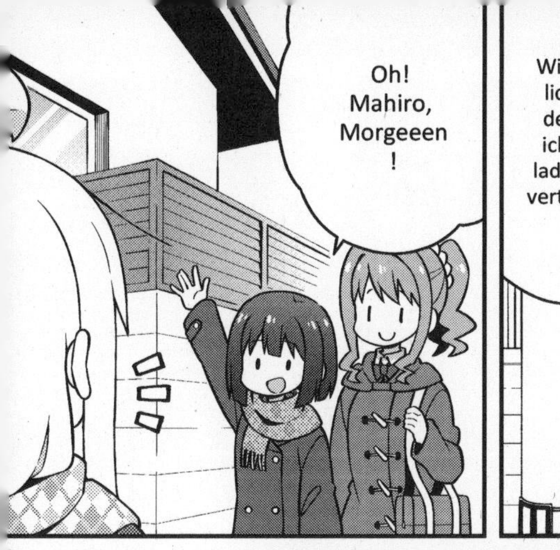
Oh! Mahiro, Morgeeen !

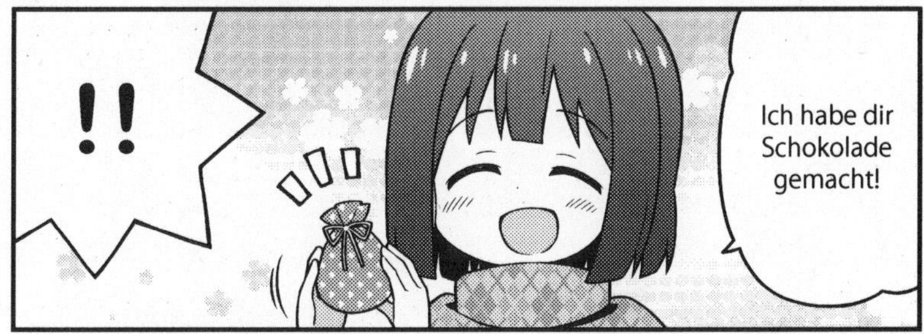
Ich habe dir Schokolade gemacht!
!!

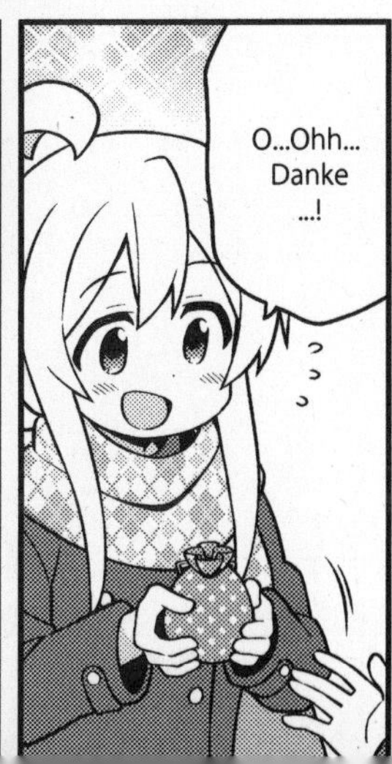
O…Ohh… Danke …!

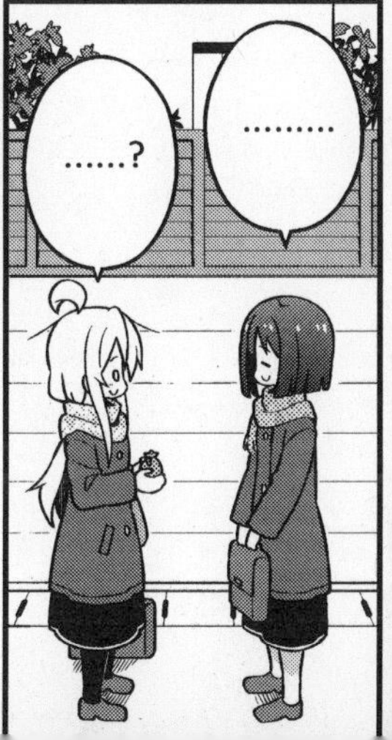
………
……?

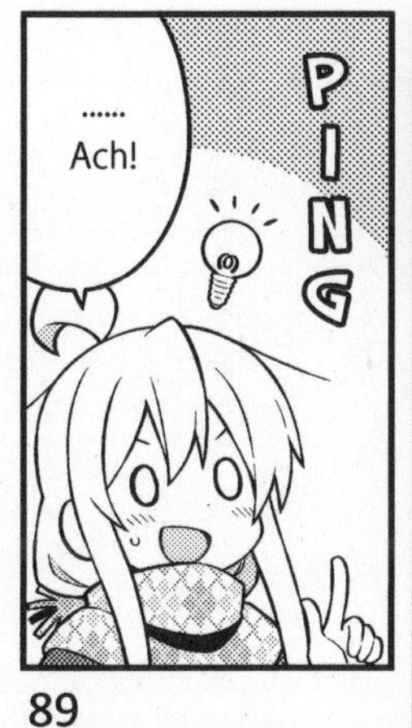
PING
……
Ach!

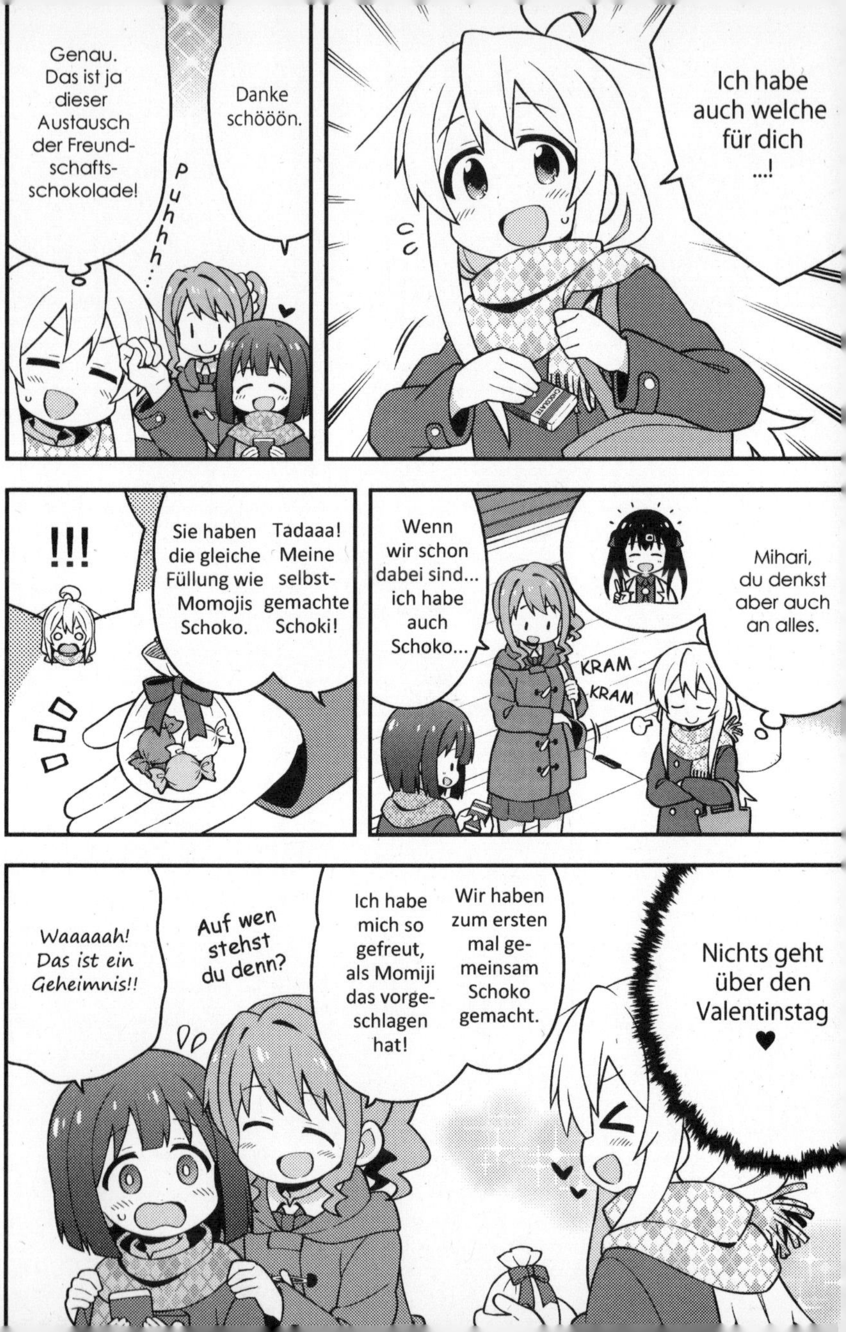

Ich habe auch welche für dich ...!

Danke schöööön.

Genau. Das ist ja dieser Austausch der Freundschafts-schokolade!

Puhhh...

Mihari, du denkst aber auch an alles.

Wenn wir schon dabei sind... ich habe auch Schoko...

KRAM KRAM

Tadaaa! Meine selbst-gemachte Schoki!

Sie haben die gleiche Füllung wie Momojis Schoko.

!!!

Nichts geht über den Valentinstag ♥

Wir haben zum ersten mal ge-meinsam Schoko gemacht.

Ich habe mich so gefreut, als Momiji das vorge-schlagen hat!

Auf wen stehst du denn?

Waaaaah! Das ist ein Geheimnis!!

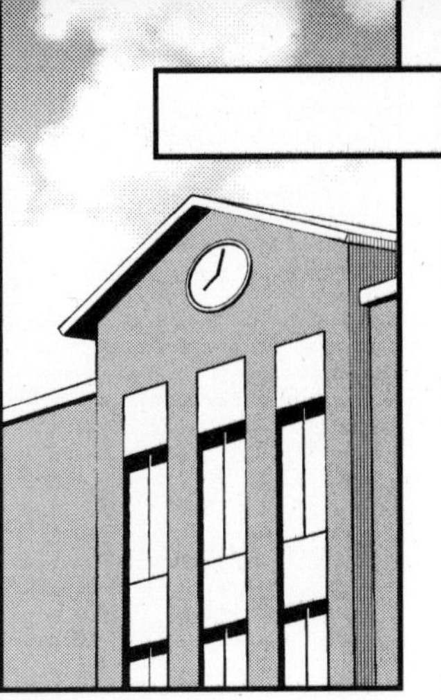

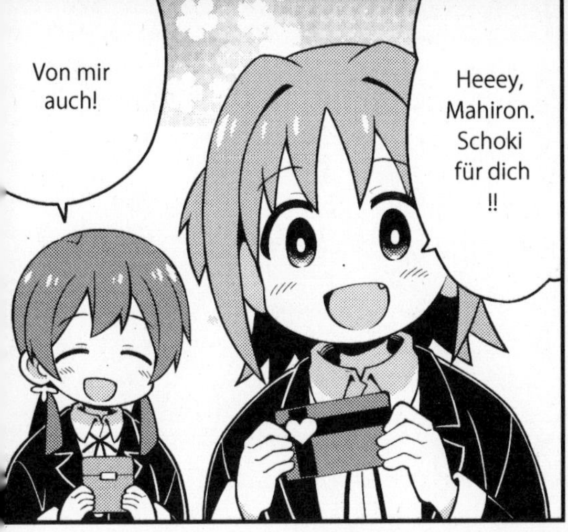

Heeey, Mahiron. Schoki für dich !!
Von mir auch!

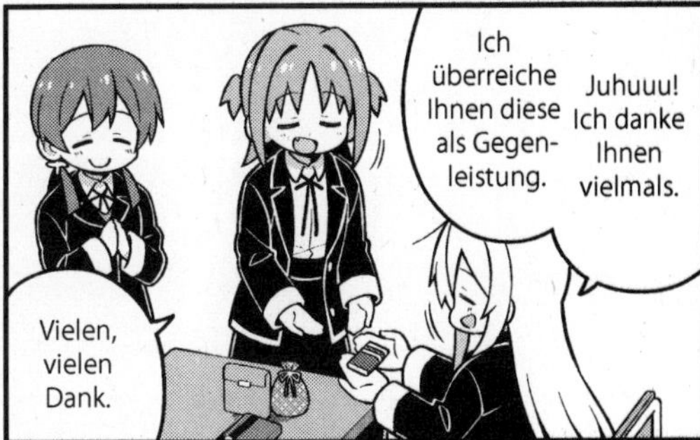

Juhuuu! Ich danke Ihnen vielmals.
Ich überreiche Ihnen diese als Gegen-leistung.
Vielen, vielen Dank.

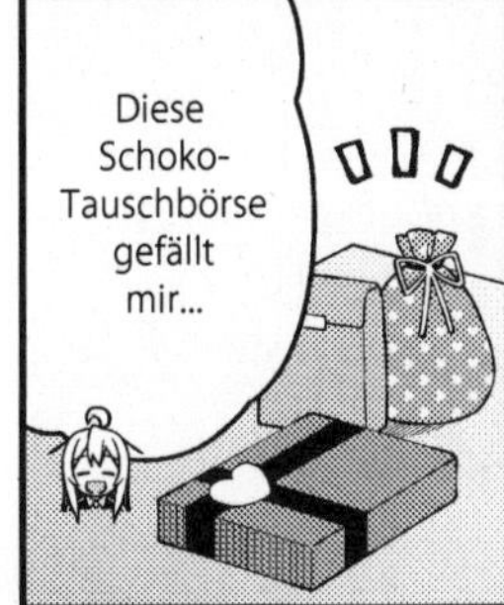

Diese Schoko-Tauschbörse gefällt mir...

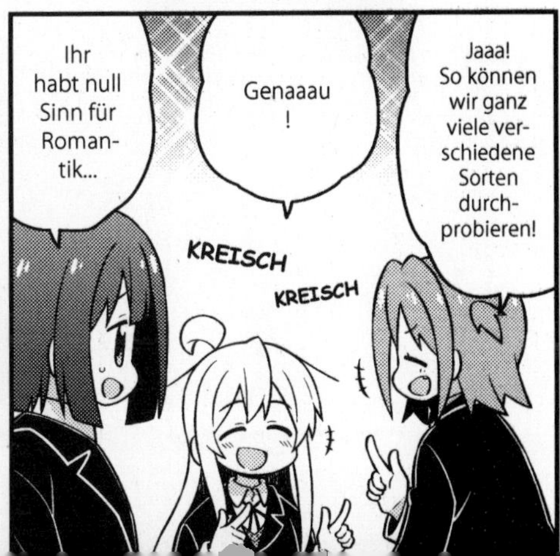

Jaaa! So können wir ganz viele ver-schiedene Sorten durch-probieren!
Genaaau !
Ihr habt null Sinn für Roman-tik...
KREISCH
KREISCH

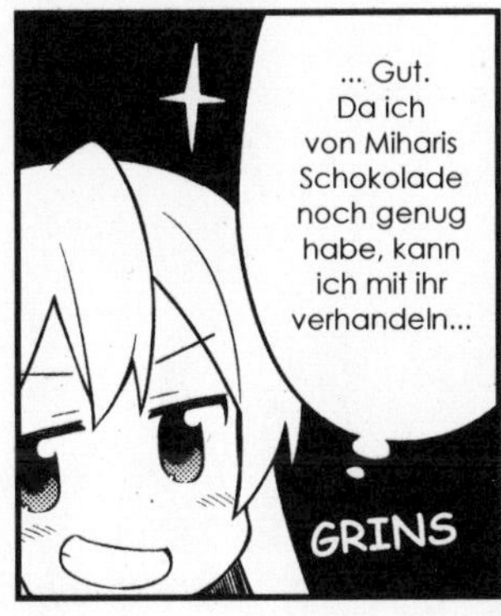

... Gut. Da ich von Miharis Schokolade noch genug habe, kann ich mit ihr verhandeln...
GRINS

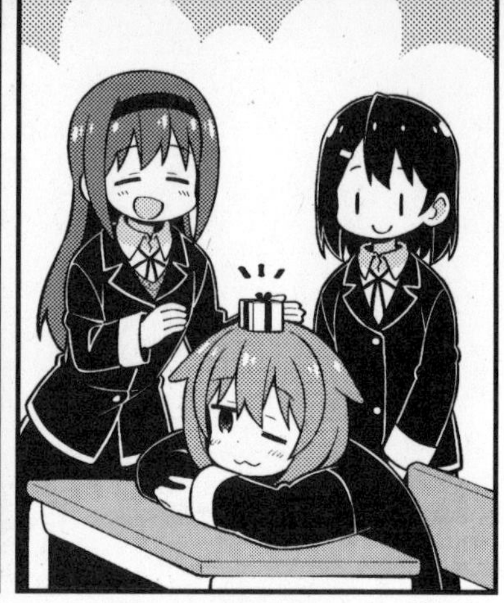

Hier! Das ist für dich!
HUSCH HUSCH
HUSCH
HUSCH
Bitte schön! Bitte schön!

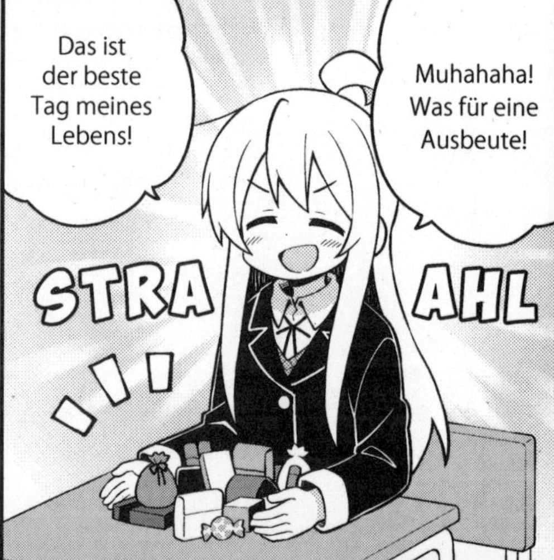
Muhahaha! Was für eine Ausbeute!
Das ist der beste Tag meines Lebens!
STRA AHL

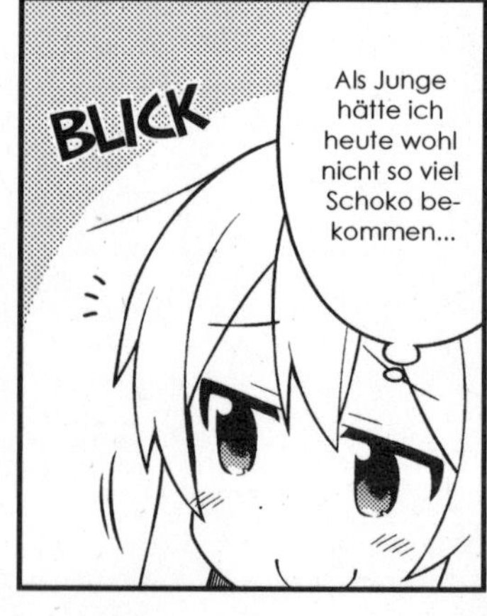
Als Junge hätte ich heute wohl nicht so viel Schoko be-kommen...
BLICK

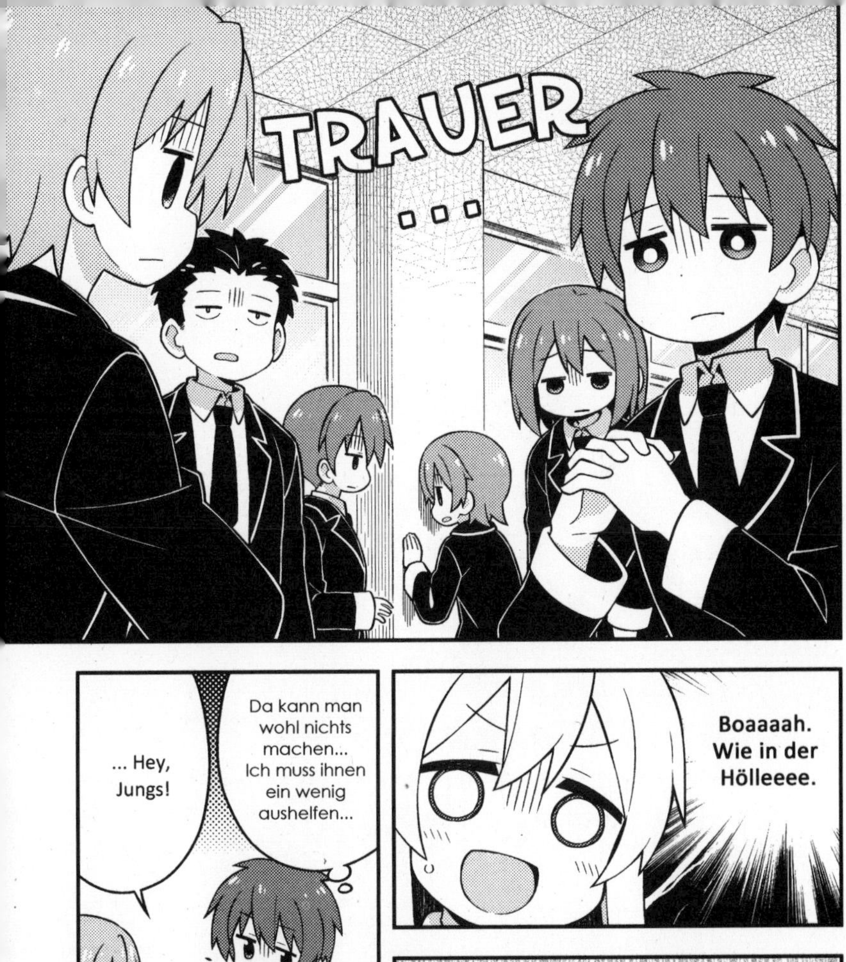

TRAUER

...

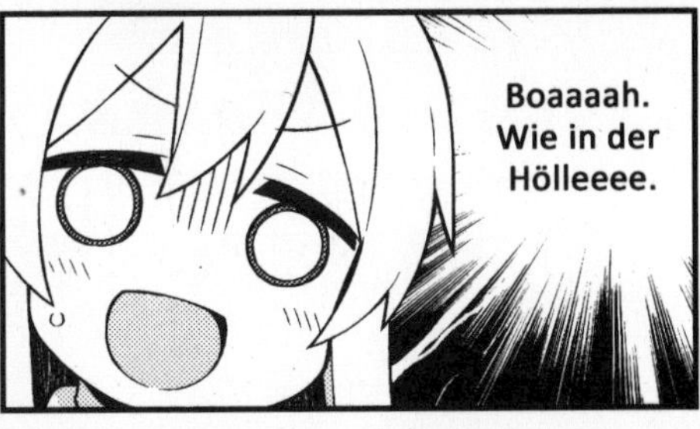
Boaaaah. Wie in der Hölleeee.

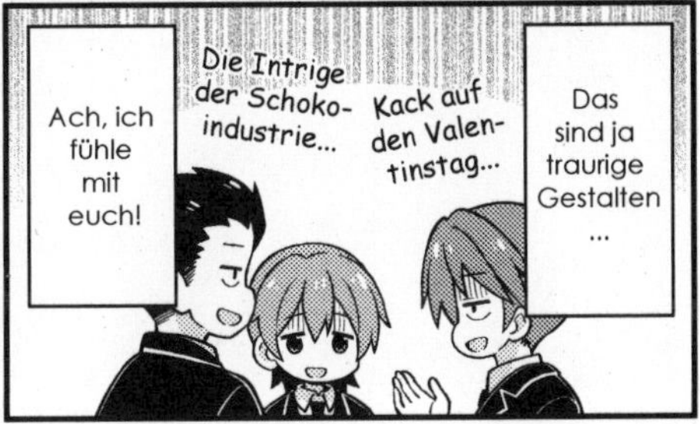
Das sind ja traurige Gestalten ...
Kack auf den Valentinstag...
Die Intrige der Schokoindustrie...
Ach, ich fühle mit euch!

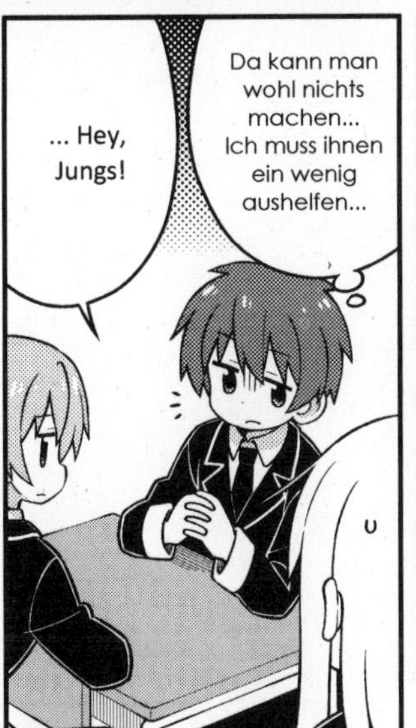
Da kann man wohl nichts machen... Ich muss ihnen ein wenig aushelfen...
... Hey, Jungs!

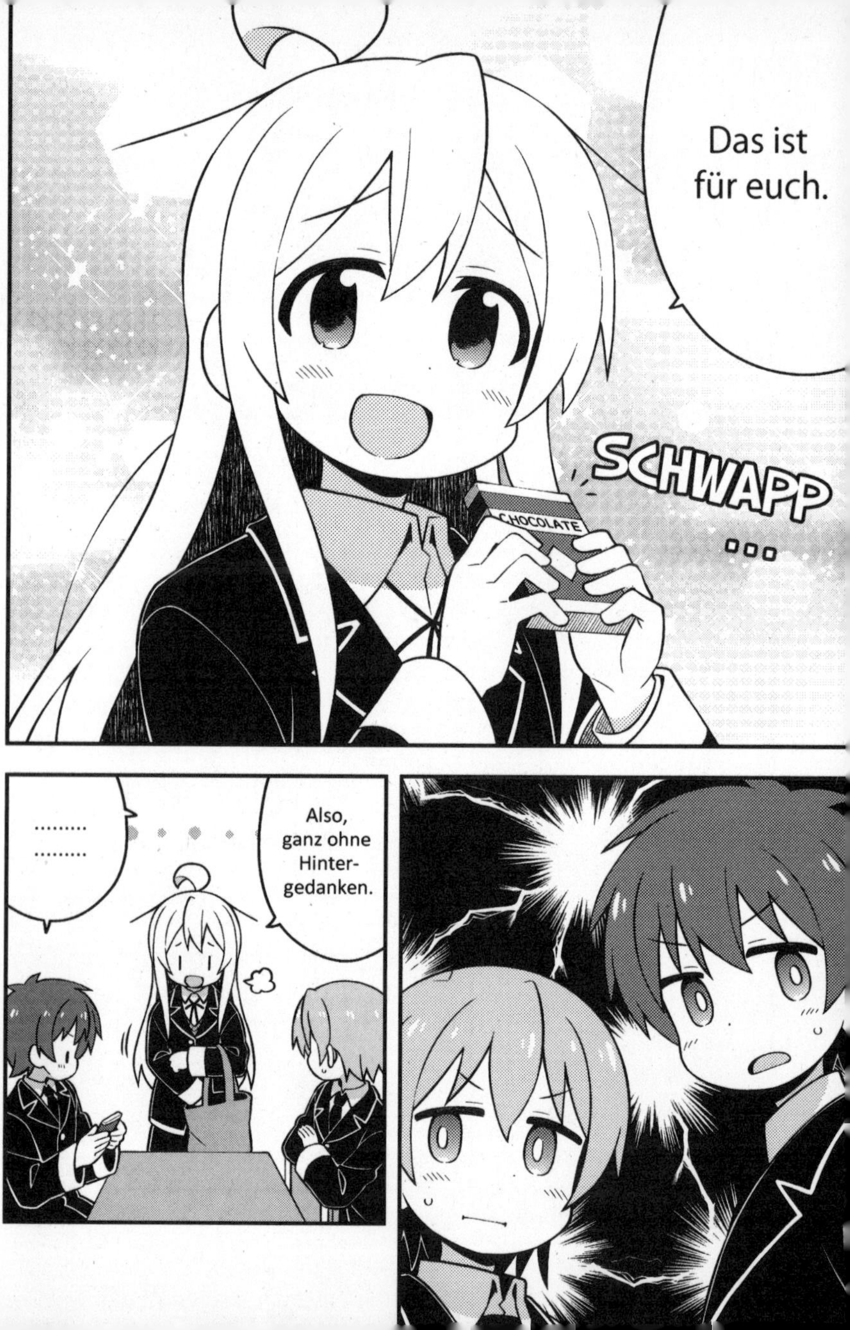

Das ist für euch.

SCHWAPP ...

CHOCOLATE

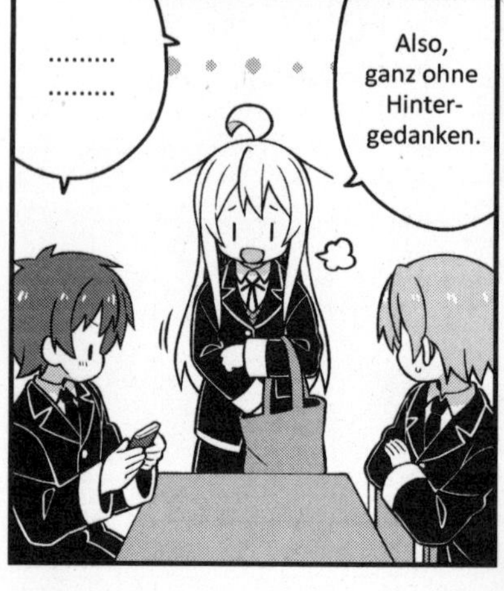

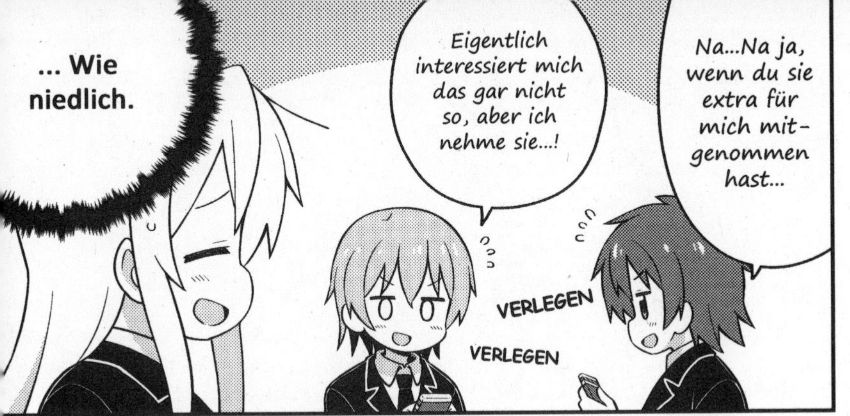
Na...Na ja, wenn du sie extra für mich mit-genommen hast...
Eigentlich interessiert mich das gar nicht so, aber ich nehme sie...!
VERLEGEN
VERLEGEN
... Wie niedlich.

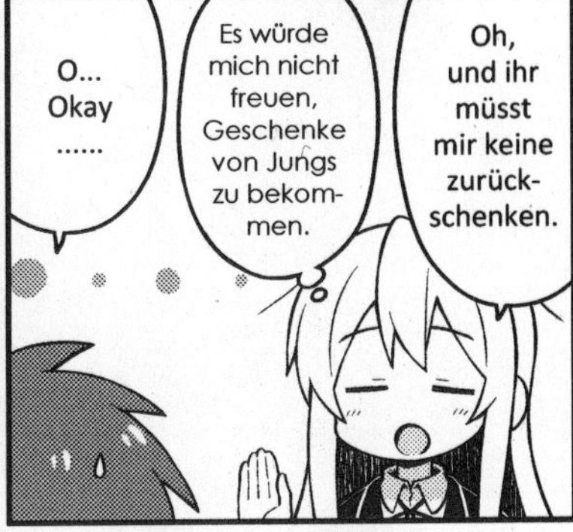
Oh, und ihr müsst mir keine zurück-schenken.
Es würde mich nicht freuen, Geschenke von Jungs zu bekom-men.
O... Okay ......

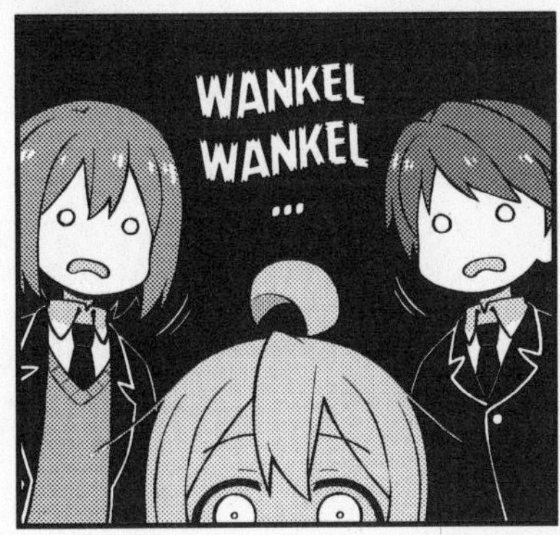
WANKEL WANKEL
...

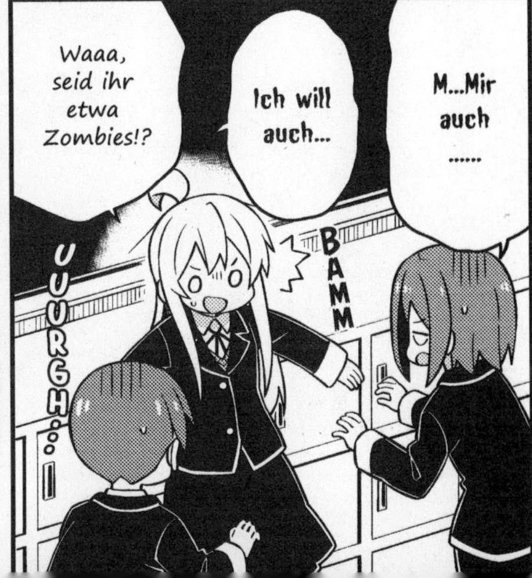
M...Mir auch ......
Ich will auch...
Waaa, seid ihr etwa Zombies!?
BAMM
UUURGH...

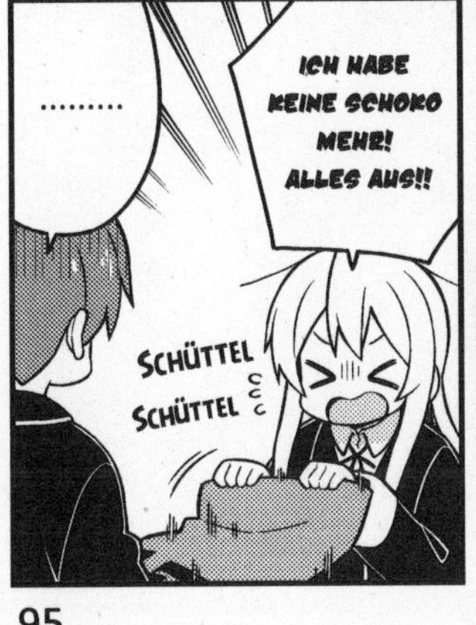
ICH HABE KEINE SCHOKO MEHR! ALLES AUS!!
....
SCHÜTTEL SCHÜTTEL

!!
STARR

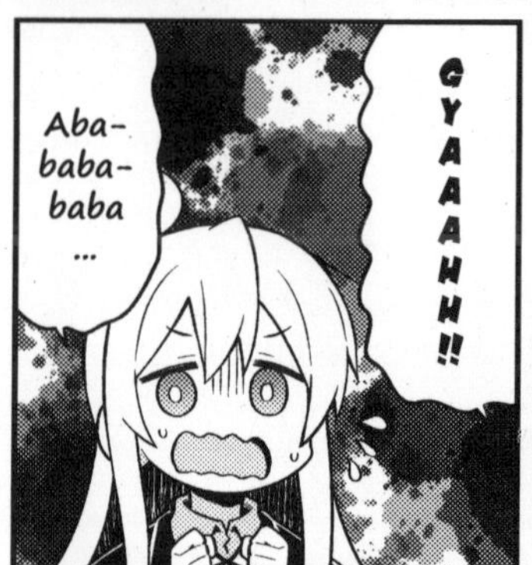
Aba-
baba-
baba
...
GYAAAAHH!!

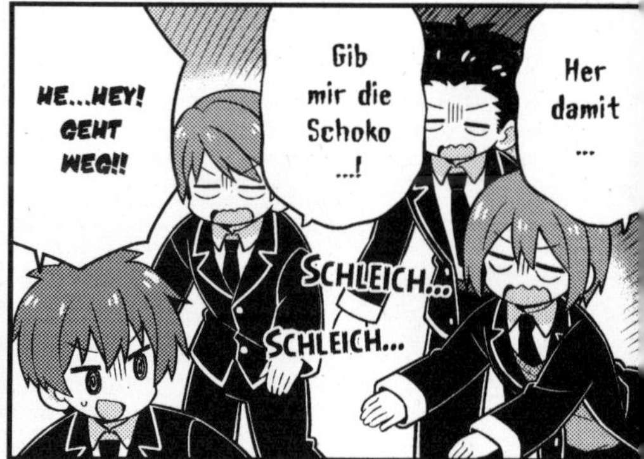
HE...HEY! GEHT WEG!!
Gib mir die Schoko ...!
Her damit ...
SCHLEICH...
SCHLEICH...

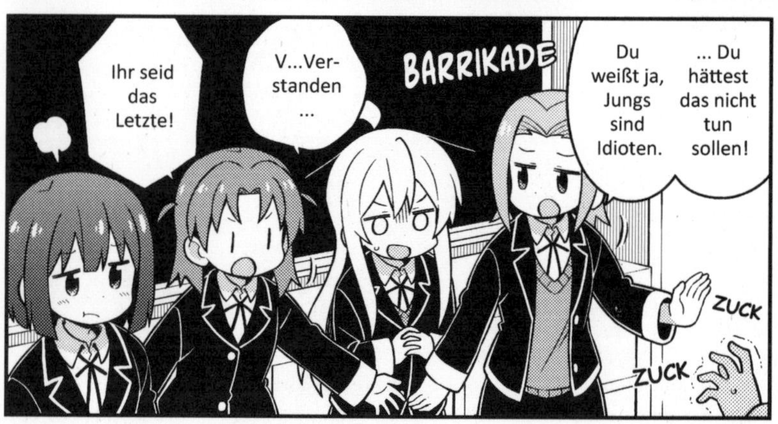
Ihr seid das Letzte!
V...Verstanden ...
BARRIKADE
Du weißt ja, Jungs sind Idioten.
... Du hättest das nicht tun sollen!
ZUCK
ZUCK

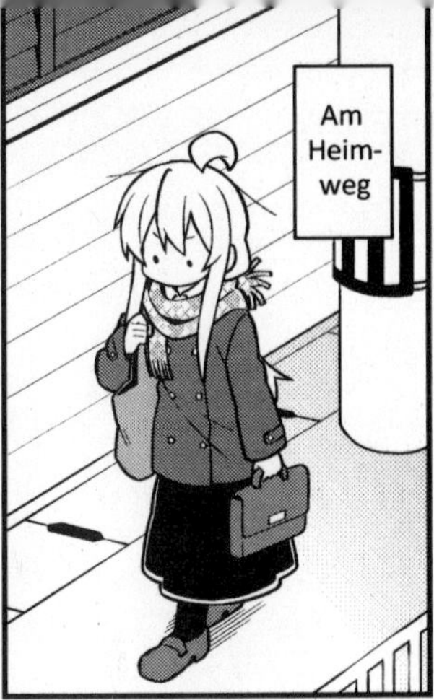
Am Heimweg

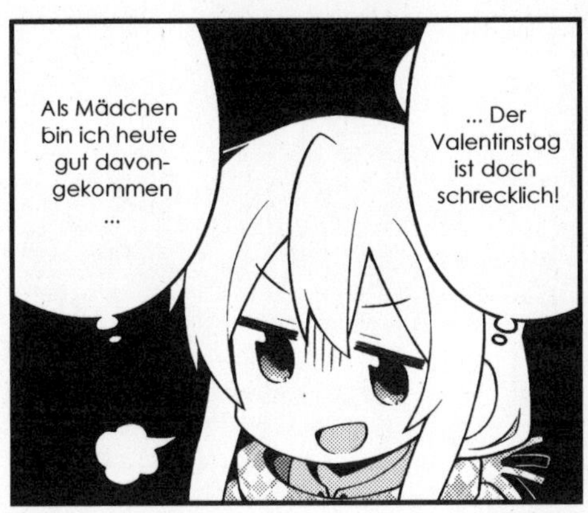
... Der Valentinstag ist doch schrecklich!
Als Mädchen bin ich heute gut davongekommen ...

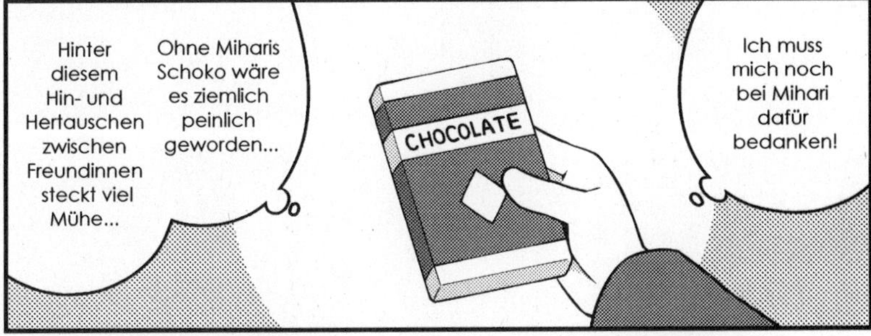
Ich muss mich noch bei Mihari dafür bedanken!
CHOCOLATE
Ohne Miharis Schoko wäre es ziemlich peinlich geworden...
Hinter diesem Hin- und Hertauschen zwischen Freundinnen steckt viel Mühe...

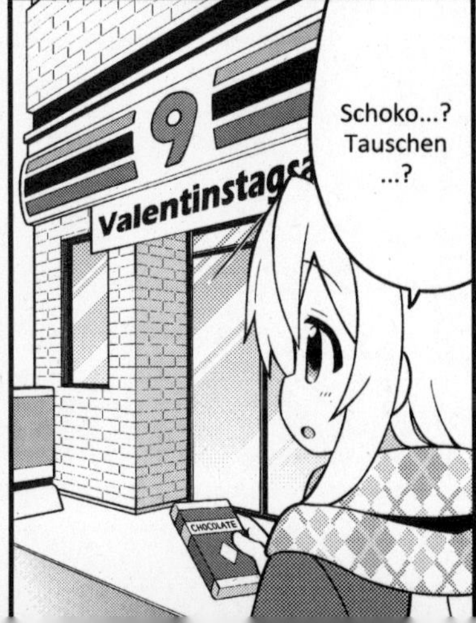
9
Valentinstags
Schoko...? Tauschen ...?
CHOCOLATE

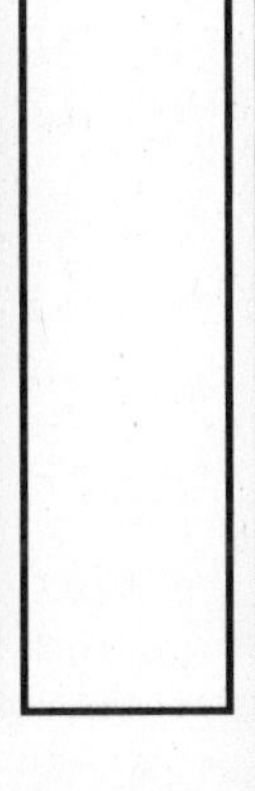

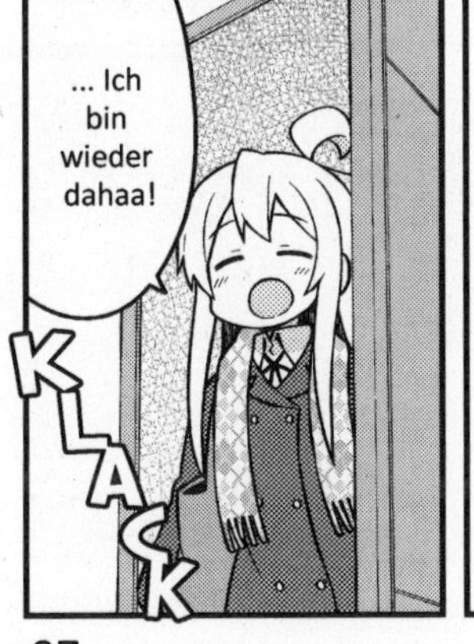
... Ich bin wieder dahaa!
KLACK

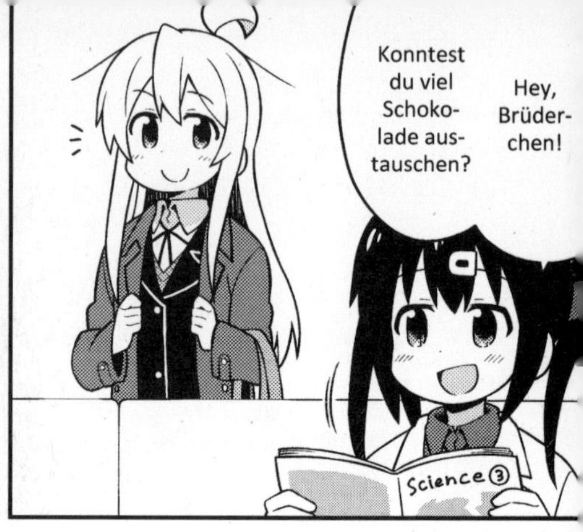

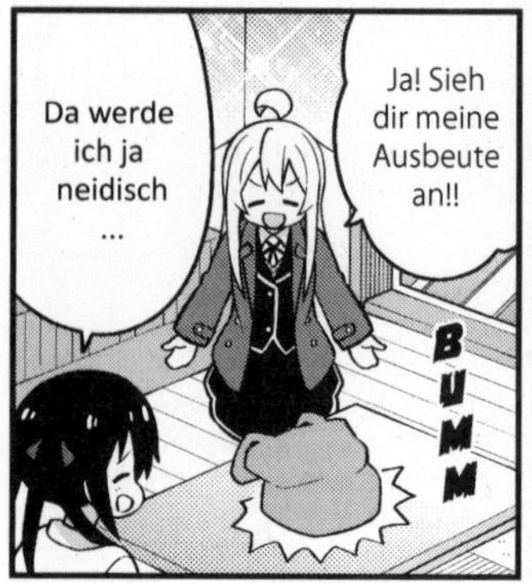

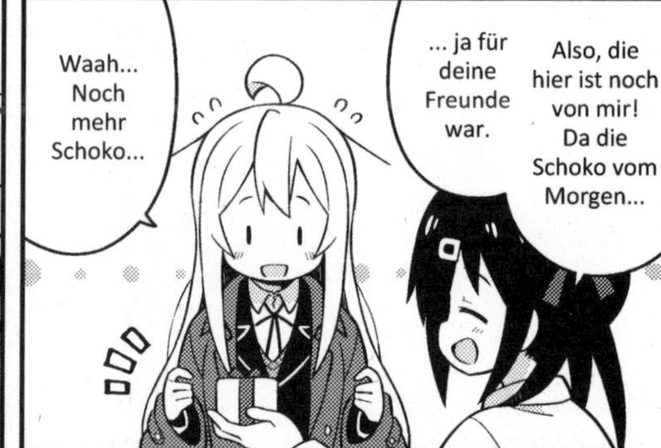

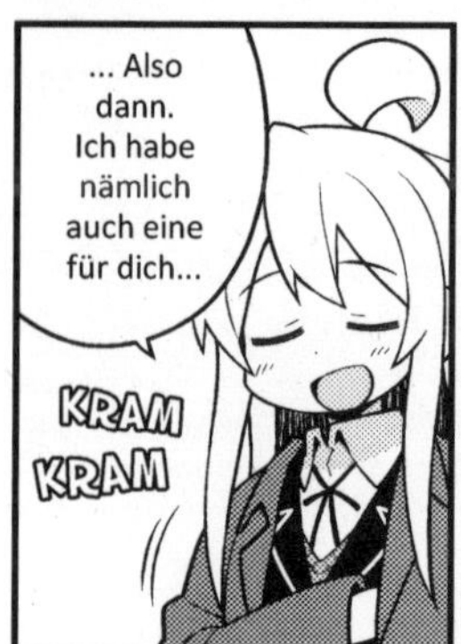

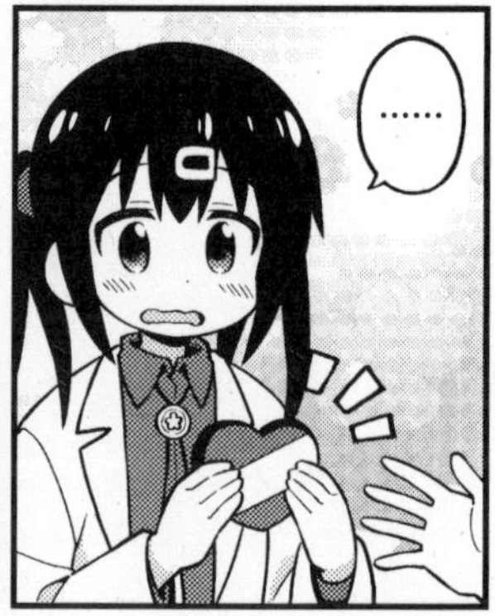

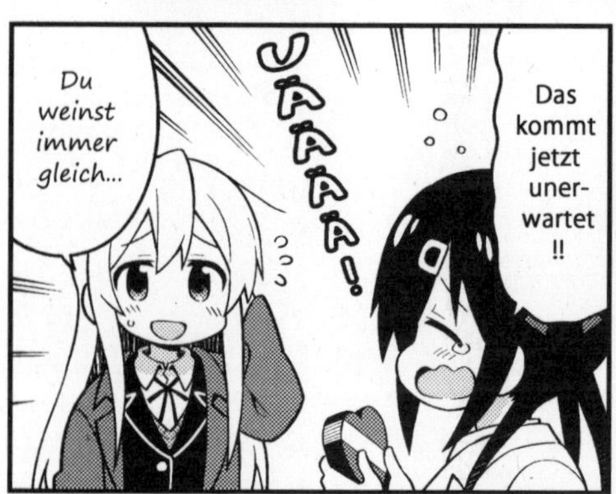

Fortsetzung folgt...

Ab sofort Schwester!

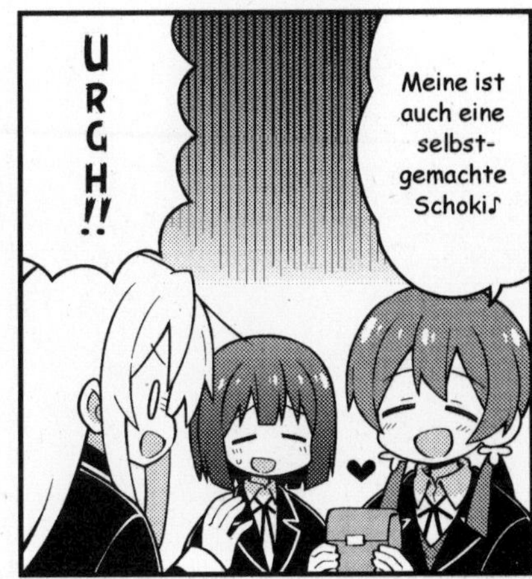

Ab sofort Schwester!

★Special Sketch★

Mahiros Wochentagsroutine

5 Nach der Schule

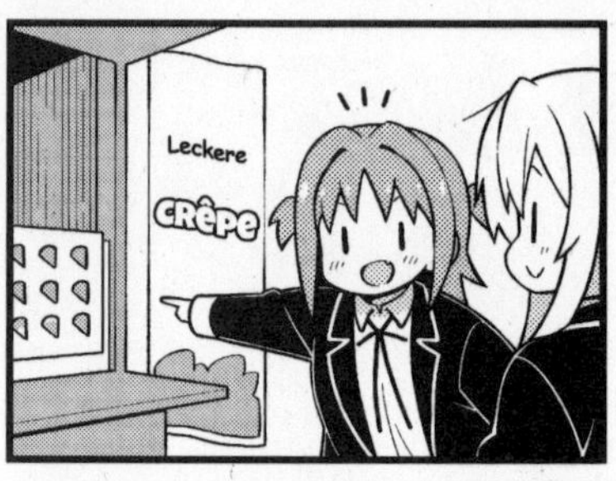

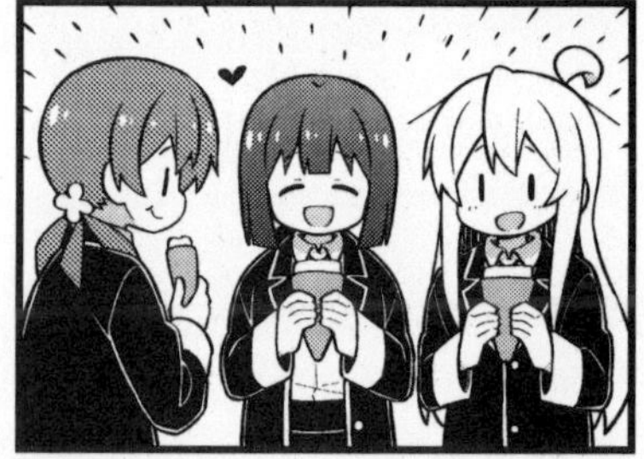

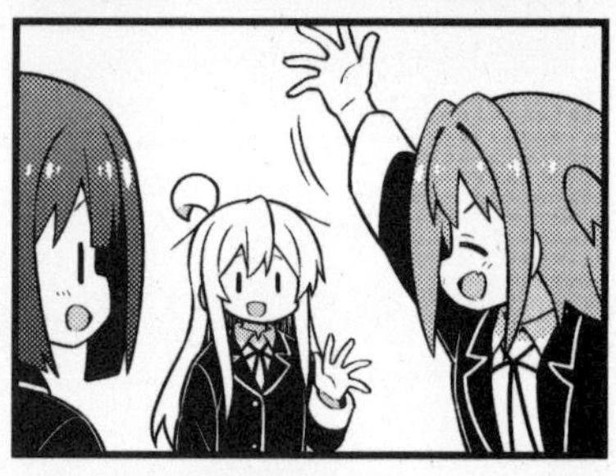

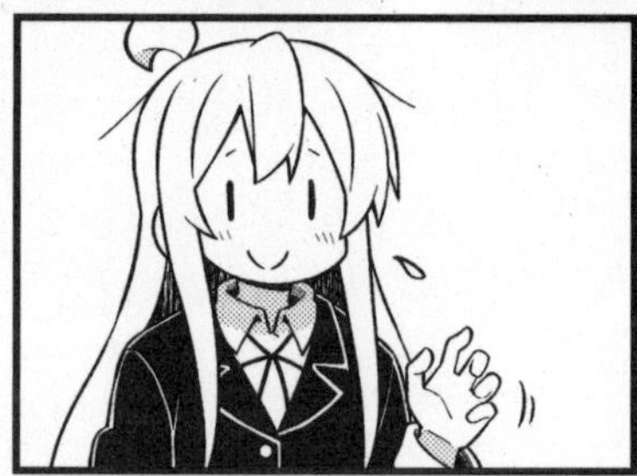

Kapitel 32.5:
Mahiro und das Getränk

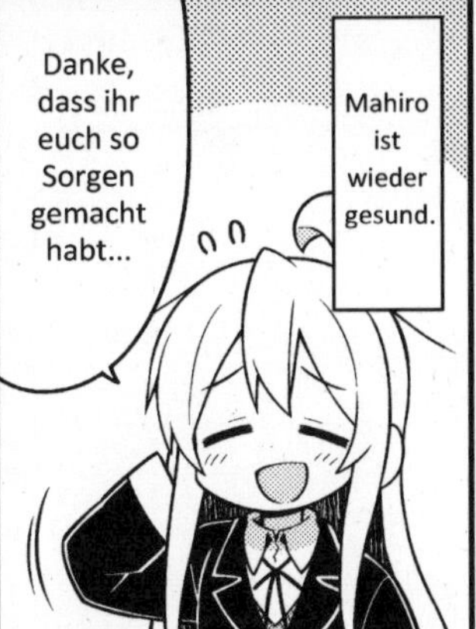

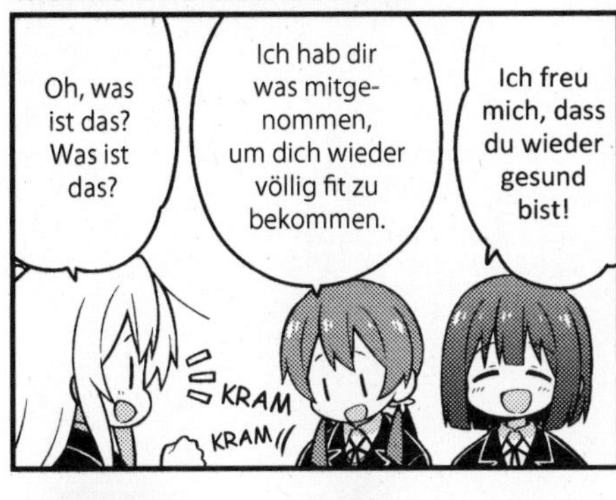

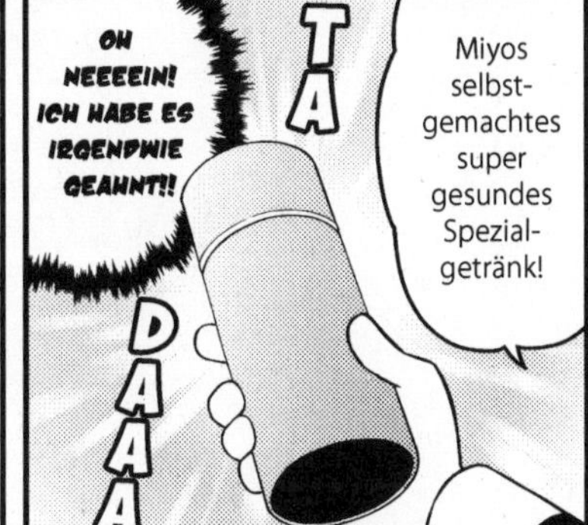

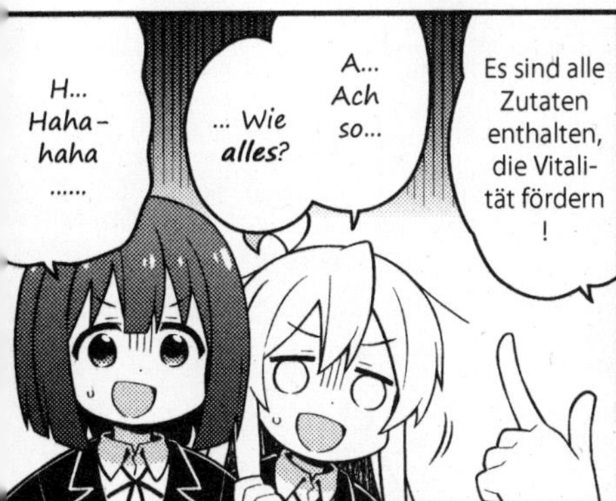

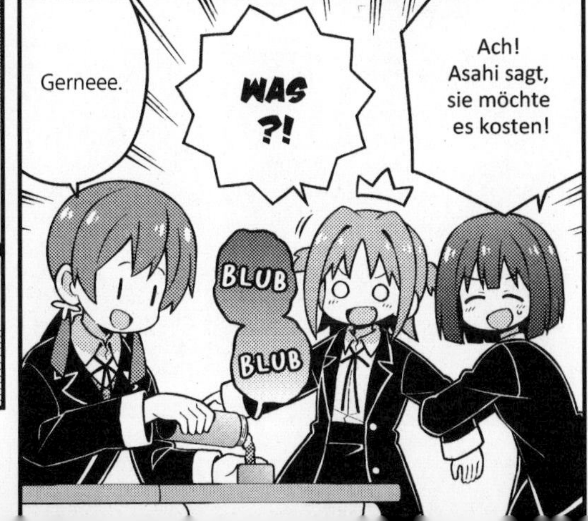

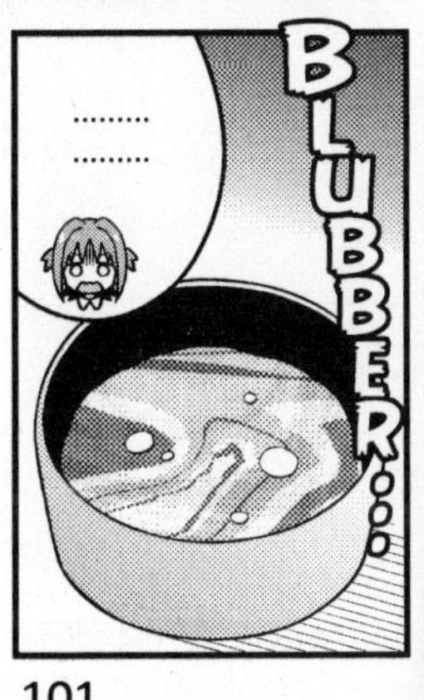

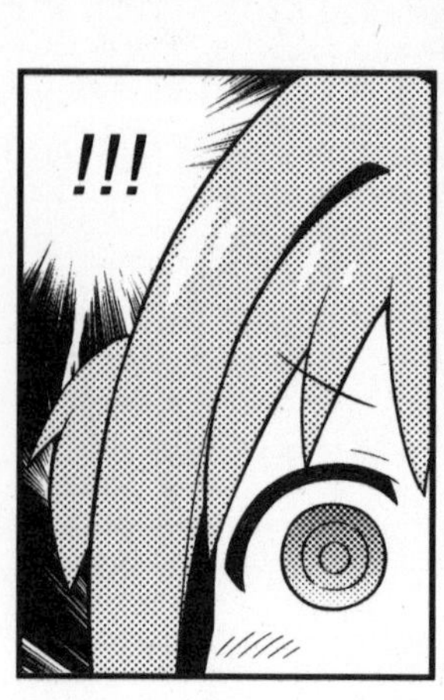
!!!

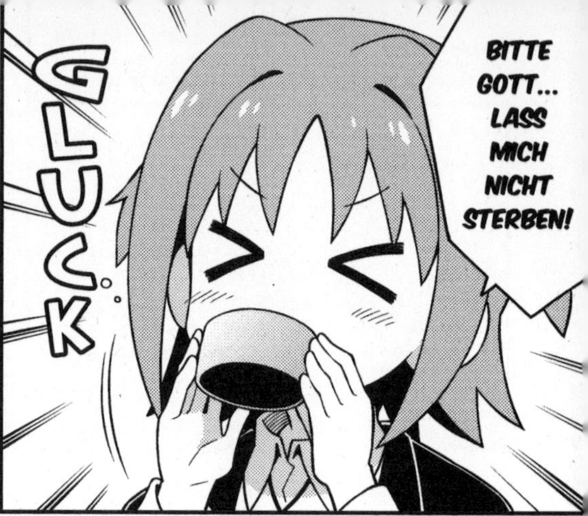
BITTE GOTT... LASS MICH NICHT STERBEN!
GLUCK

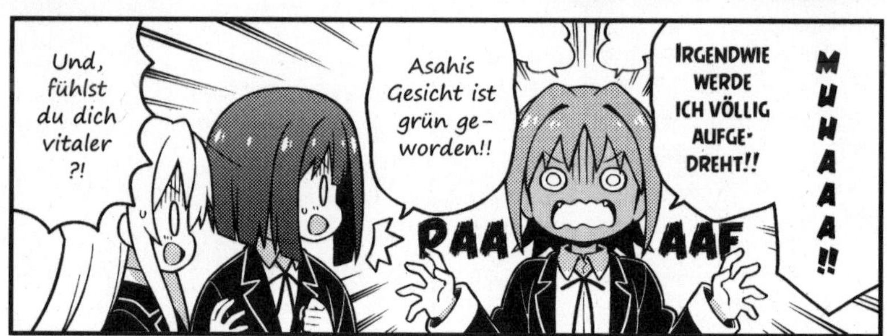
MUHAAAAA!!
IRGENDWIE WERDE ICH VÖLLIG AUFGE-DREHT!!
RAAAAF
Asahis Gesicht ist grün ge-worden!!
Und, fühlst du dich vitaler ?!

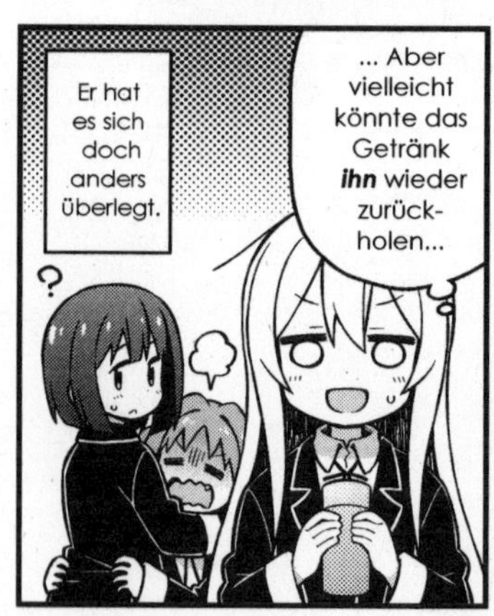
... Aber vielleicht könnte das Getränk ***ihn*** wieder zurück-holen...
Er hat es sich doch anders überlegt.
?

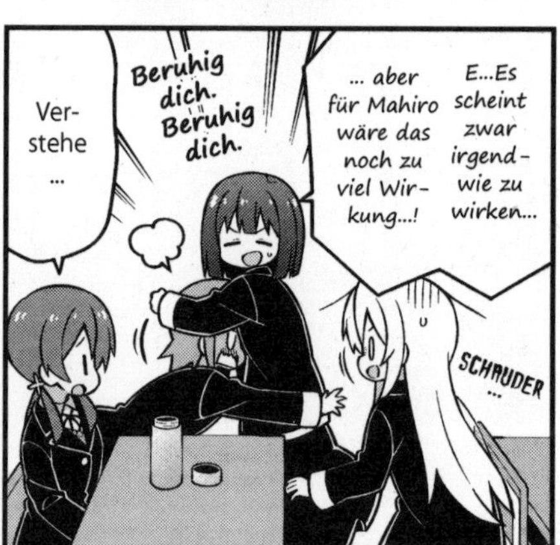
E...Es scheint zwar irgend-wie zu wirken...
... aber für Mahiro wäre das noch zu viel Wir-kung...!
Beruhig dich. Beruhig dich.
Ver-stehe ...
SCHAUDER ...

Kapitel 33.5: Mahiro und das Selbstgemachte

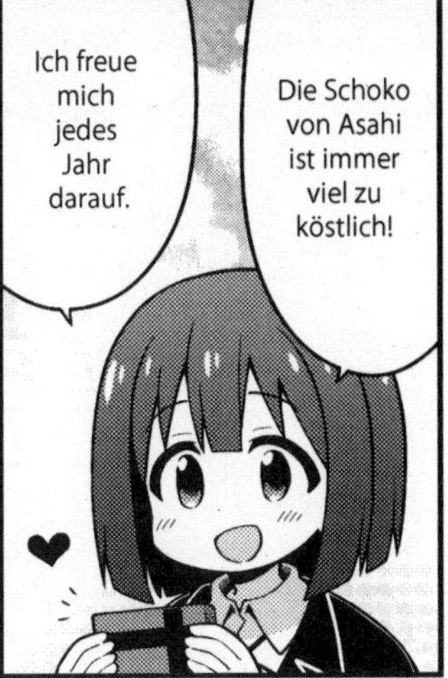

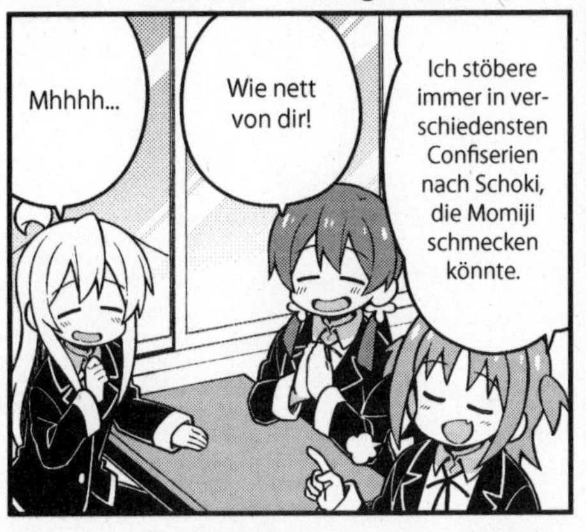

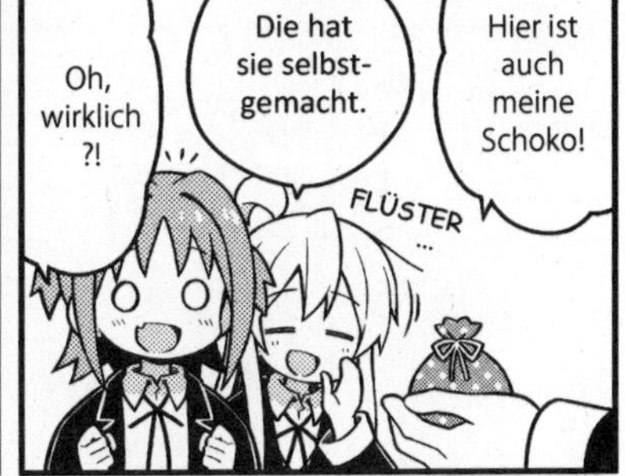

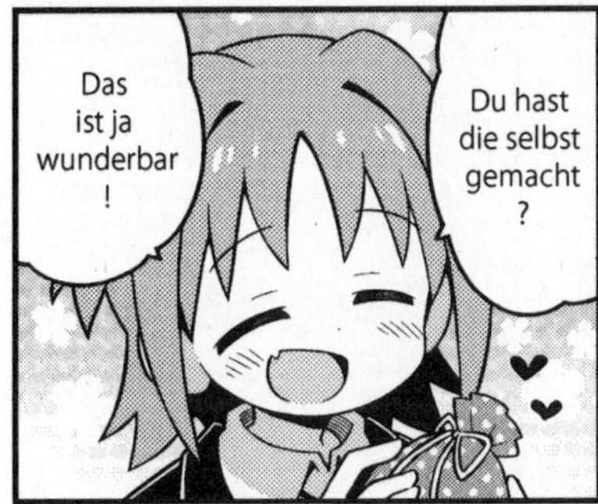

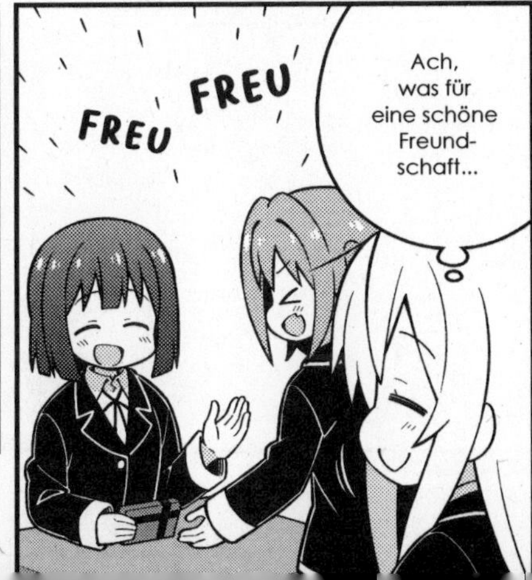

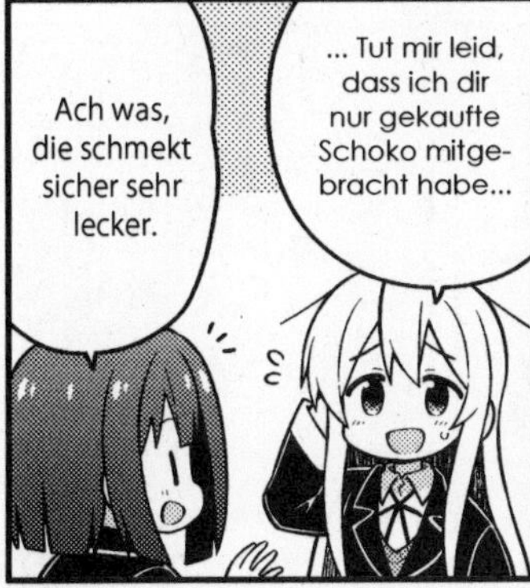

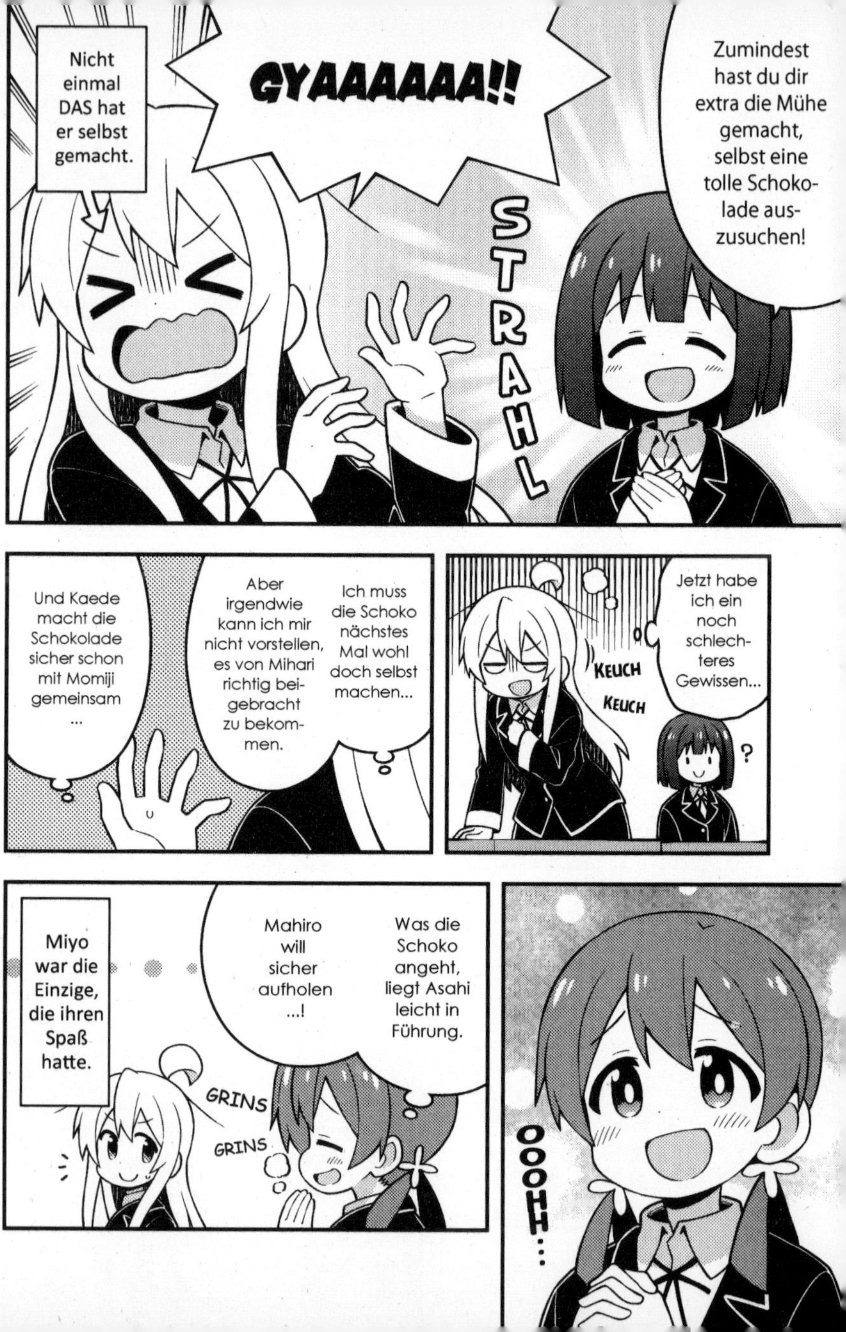

Zumindest hast du dir extra die Mühe gemacht, selbst eine tolle Schokolade auszusuchen!
STRAHL
GYAAAAAA!!
Nicht einmal DAS hat er selbst gemacht.

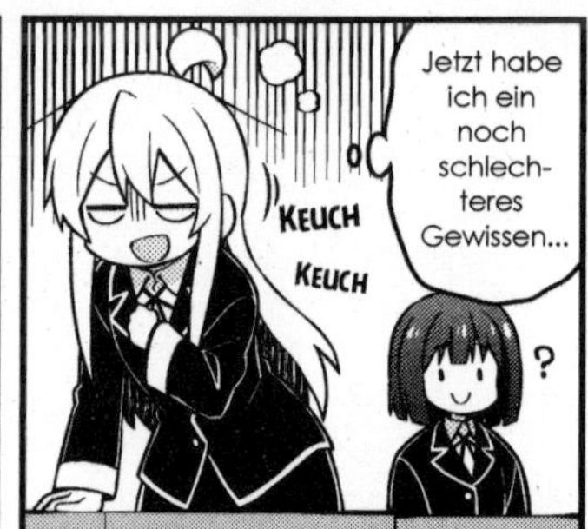

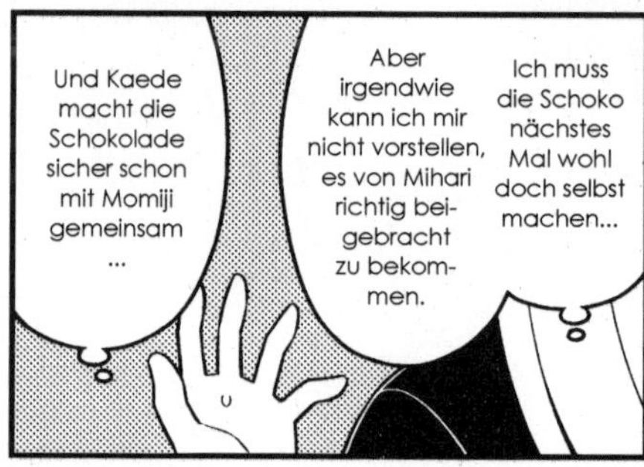

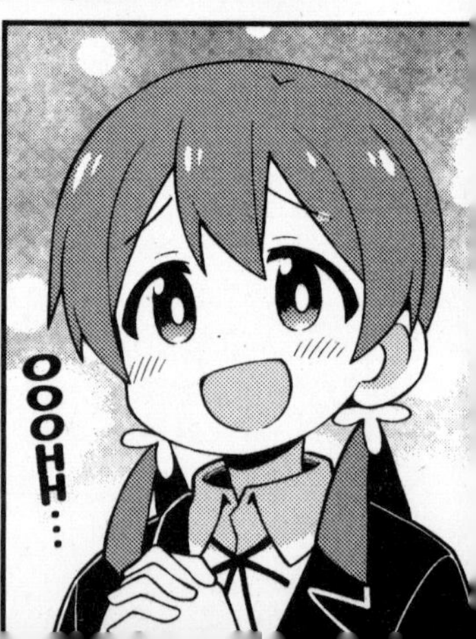

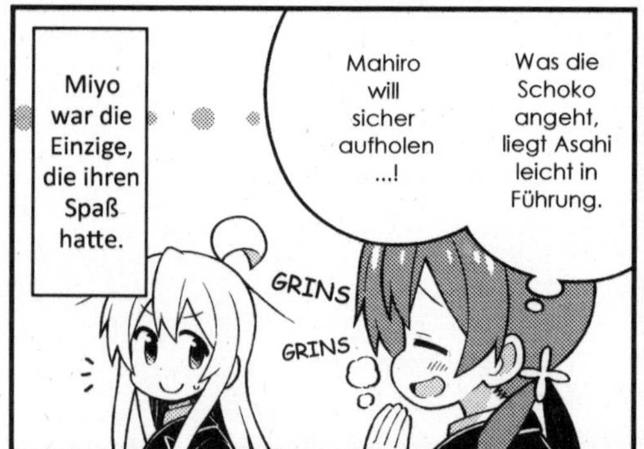

Ab sofort Schwester!

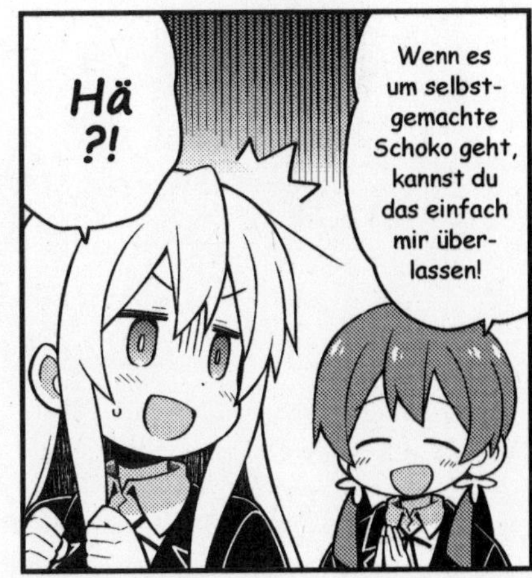

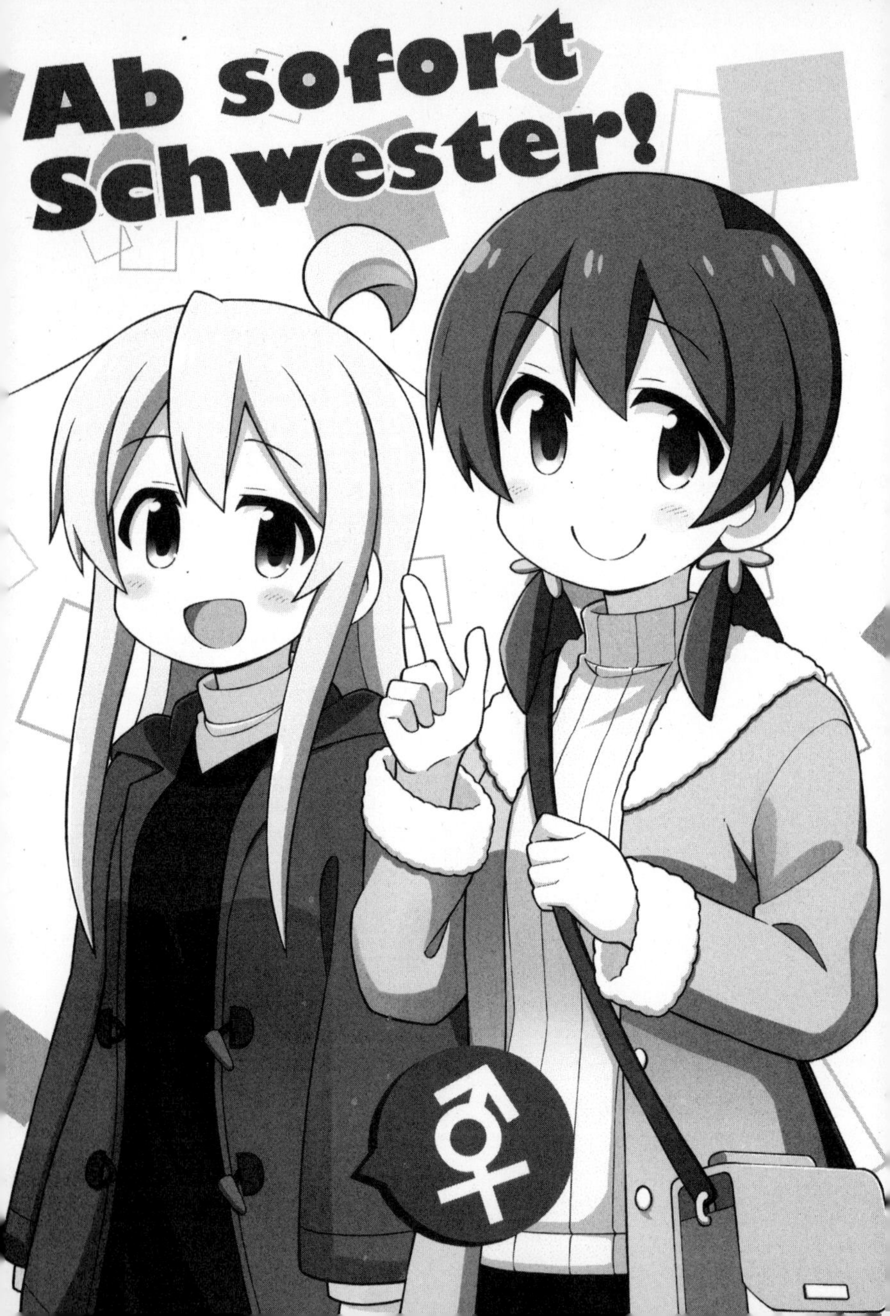
Ab sofort
Schwester!

- Kap. 34 -

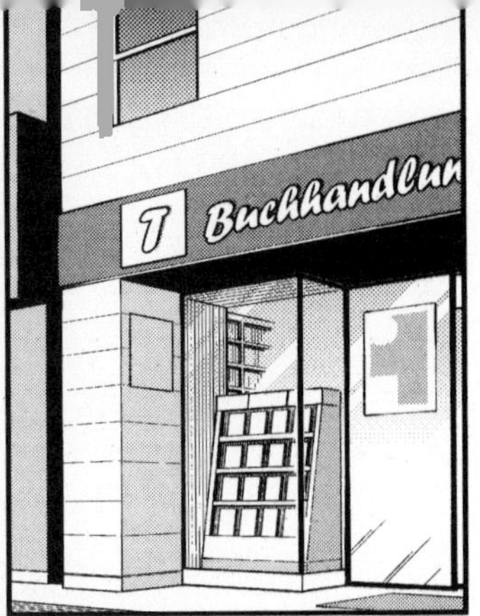

T Buchhandlun

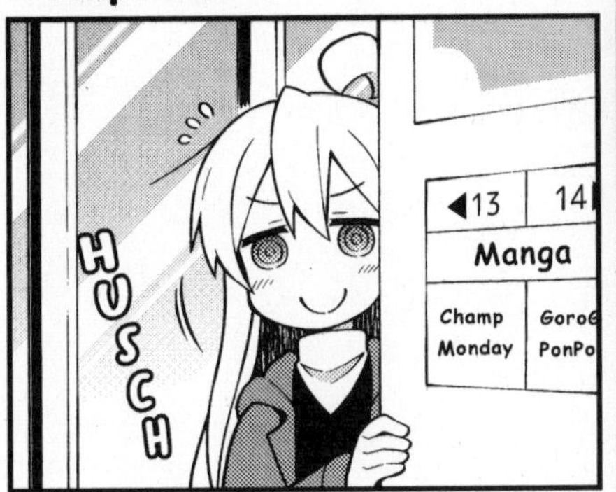

HUSCH
◀13
14
Manga
Champ Monday
GoroG PonPo

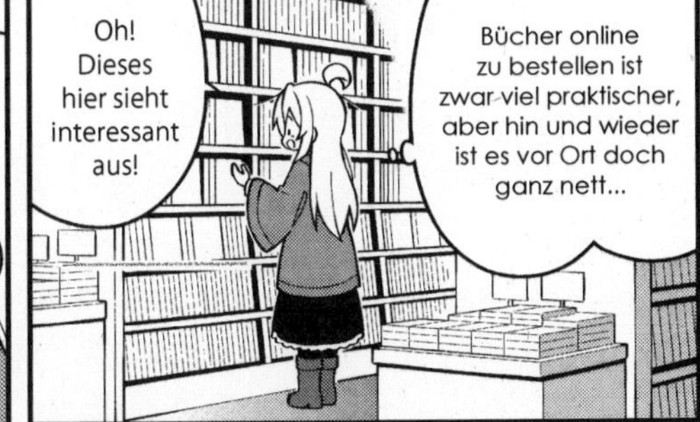

Bücher online zu bestellen ist zwar viel praktischer, aber hin und wieder ist es vor Ort doch ganz nett...
Oh! Dieses hier sieht interessant aus!

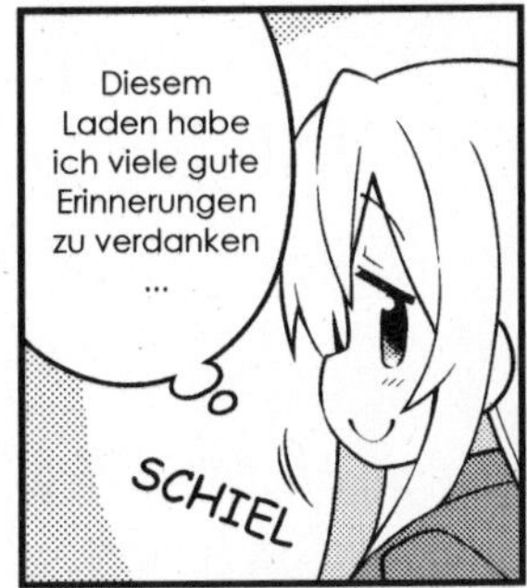

Diesem Laden habe ich viele gute Erinnerungen zu verdanken ...
SCHIEL

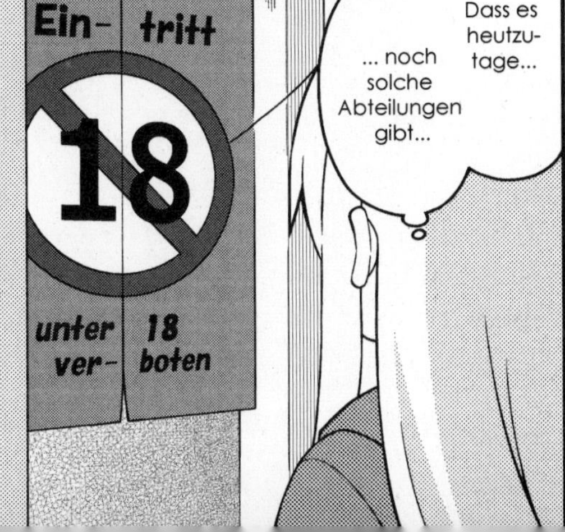

Ein- tritt
18
unter 18 ver- boten
Dass es heutzutage...
... noch solche Abteilungen gibt...

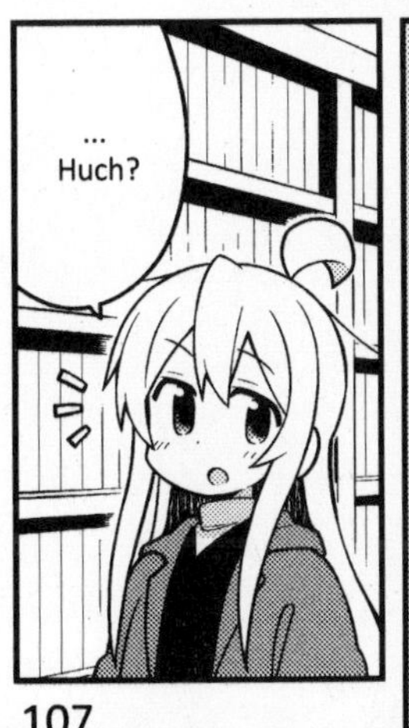

... Huch?

Kapitel 34 : Mahiro und das Tor zum Erwachsensein

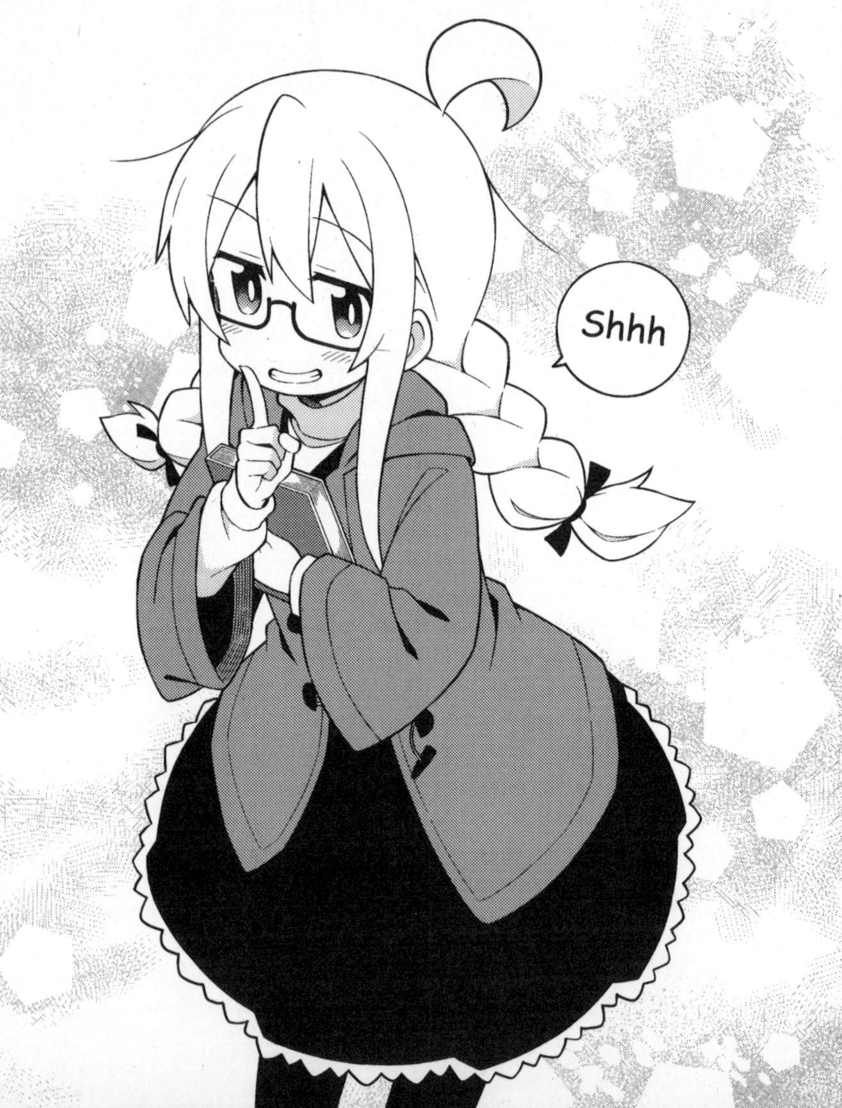

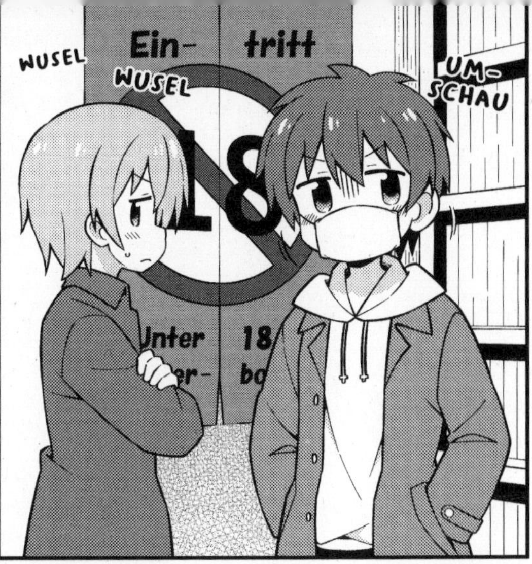
Ein- tritt
Unter 18
UM-SCHAU
WUSEL
WUSEL

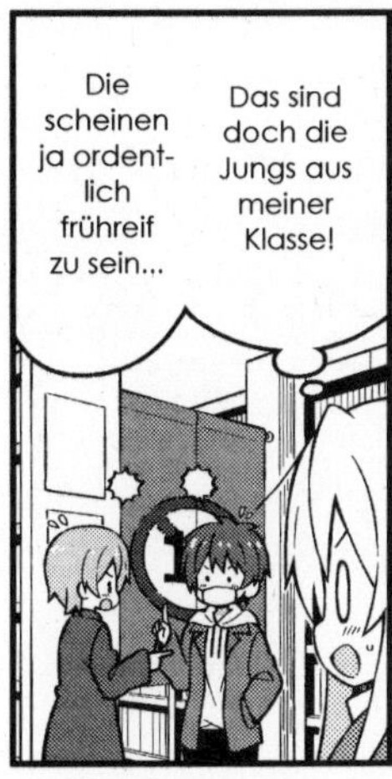
Das sind doch die Jungs aus meiner Klasse!
Die scheinen ja ordentlich frühreif zu sein...

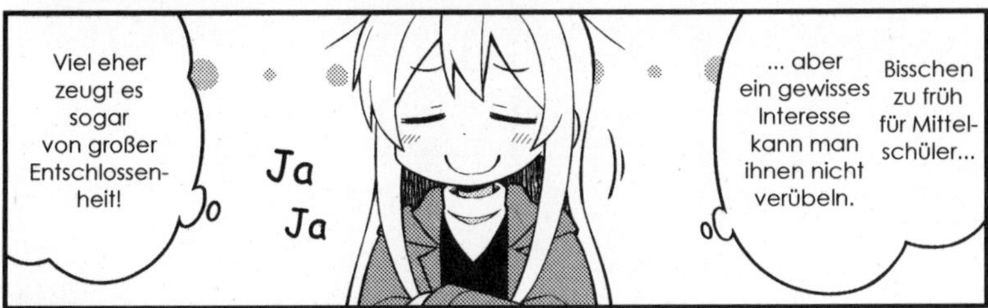
Bisschen zu früh für Mittelschüler...
... aber ein gewisses Interesse kann man ihnen nicht verübeln.
Ja Ja
Viel eher zeugt es sogar von großer Entschlossenheit!

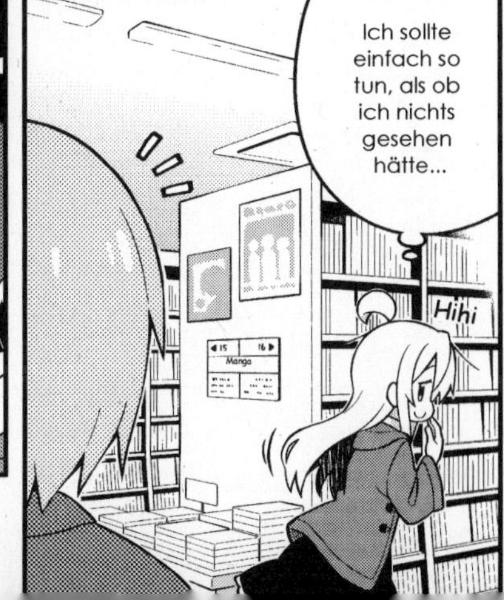
Ich sollte einfach so tun, als ob ich nichts gesehen hätte...
Hihi
Manga

!!!

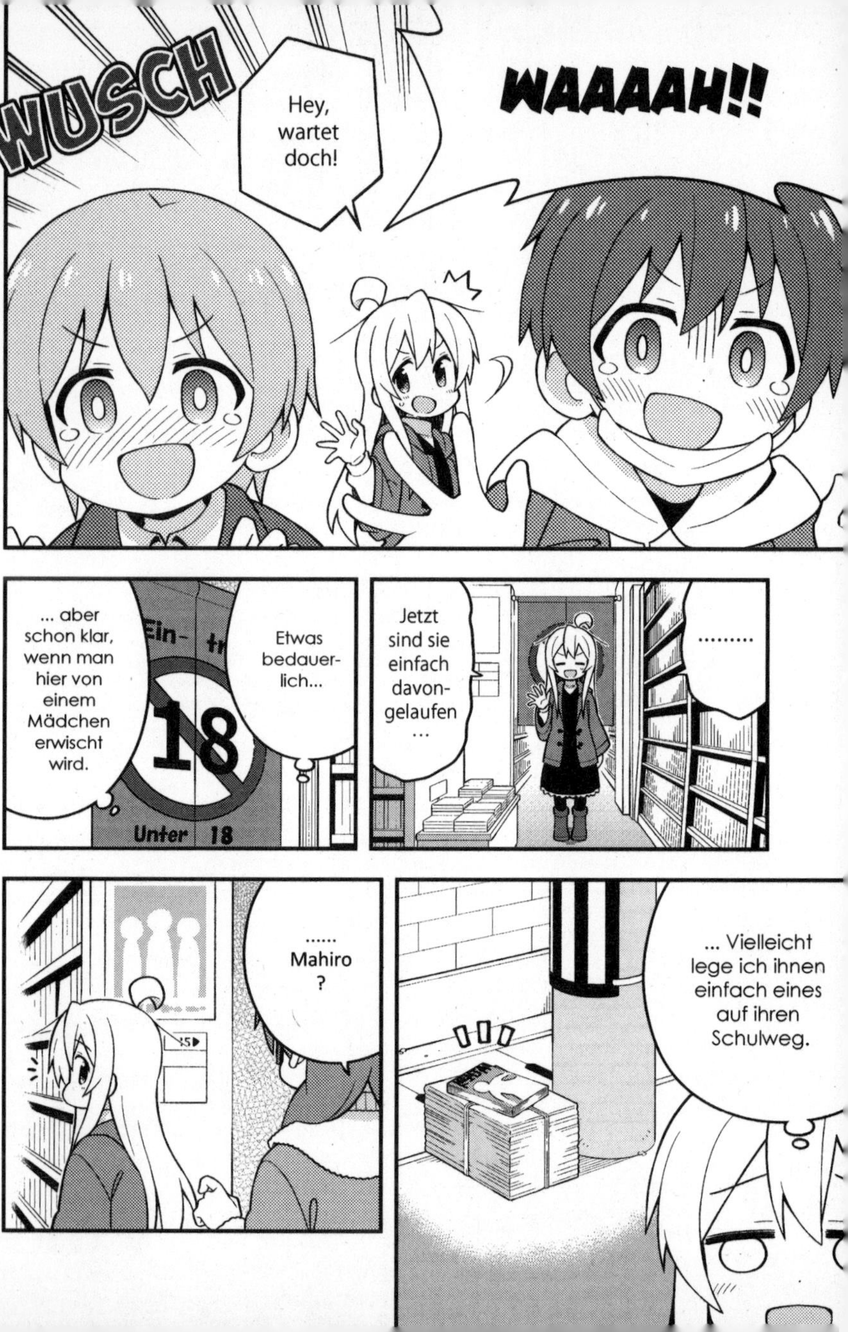

WAAAAH!!

Hey, wartet doch!

WUSCH

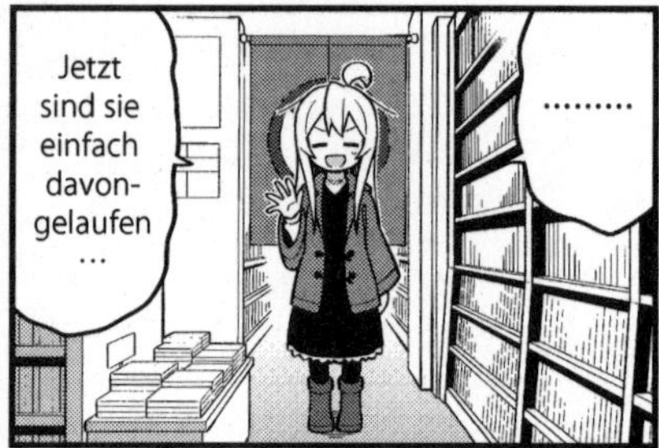

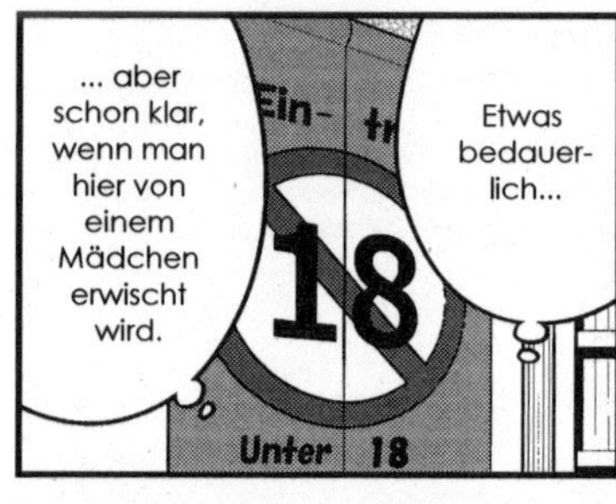

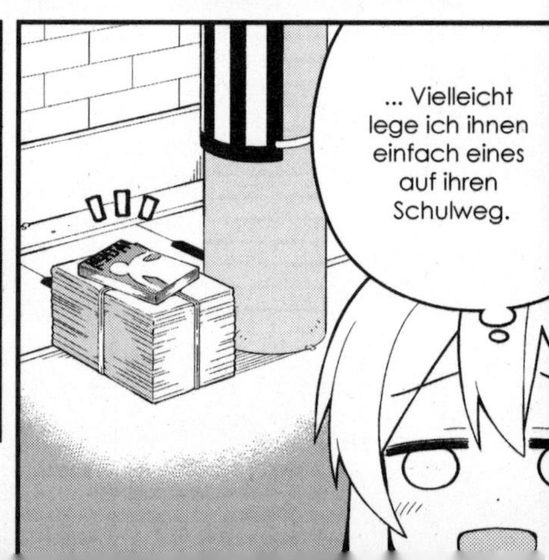

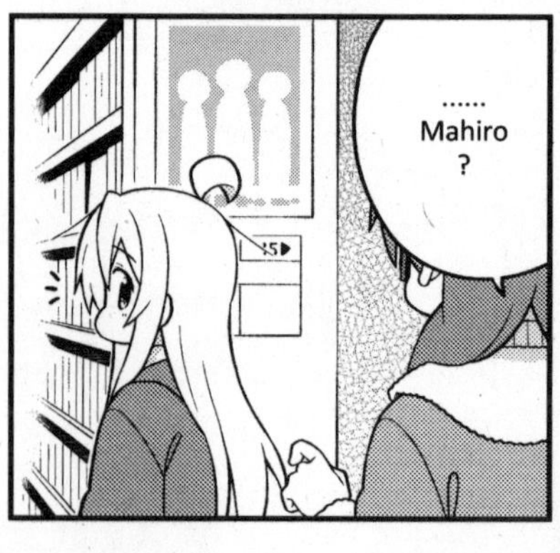

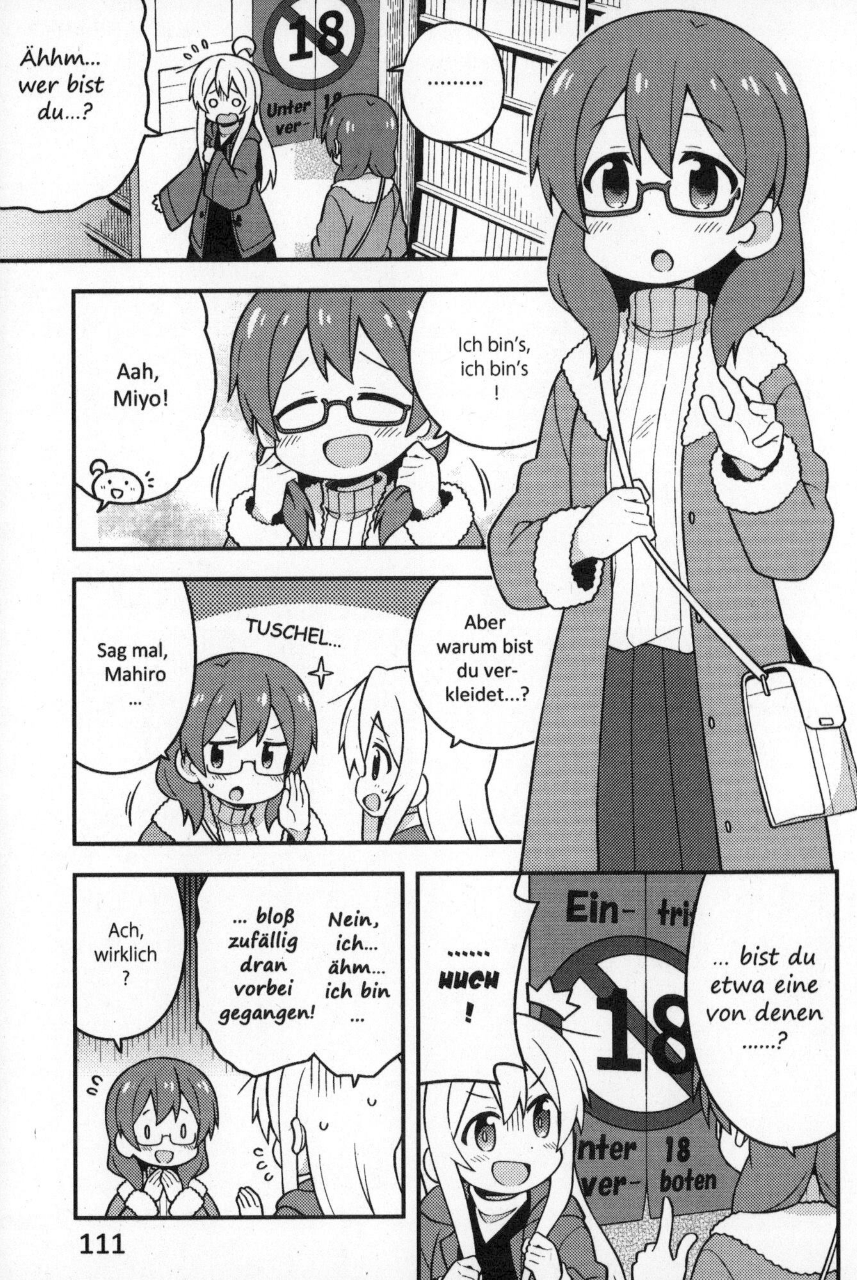
18
Unter 18 ver-
....
Ähhm... wer bist du...?
Ich bin's, ich bin's !
Aah, Miyo!
Aber warum bist du verkleidet...?
TUSCHEL...
Sag mal, Mahiro ...
Ein- trit
18
Unter 18 ver- boten
... bist du etwa eine von denen ......?
...... HUCH !
Nein, ich... ähm... ich bin ...
... bloß zufällig dran vorbei gegangen!
Ach, wirklich ?

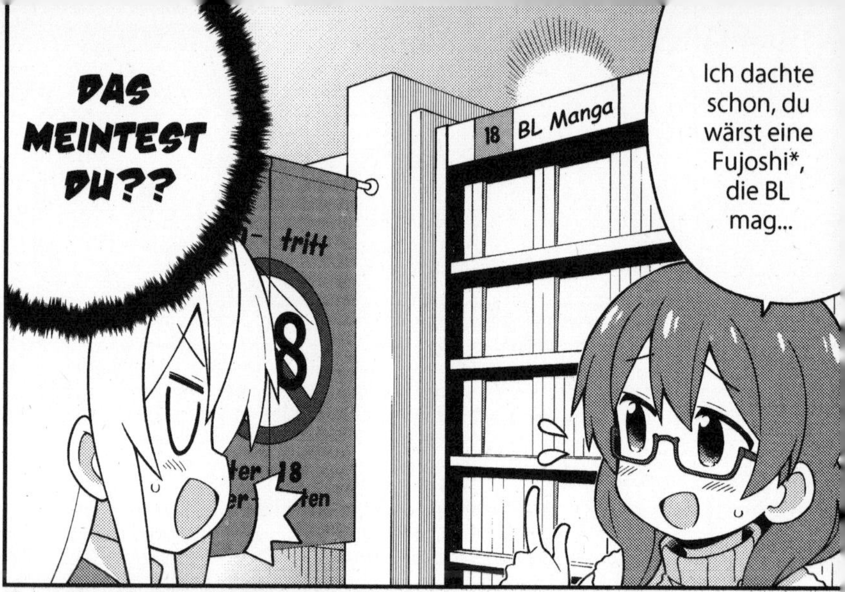

Ich dachte schon, du wärst eine Fujoshi*, die BL mag...

DAS MEINTEST DU??

18 BL Manga

*Frauen, die auf BL- (= Boys Love) Manga abfahren.

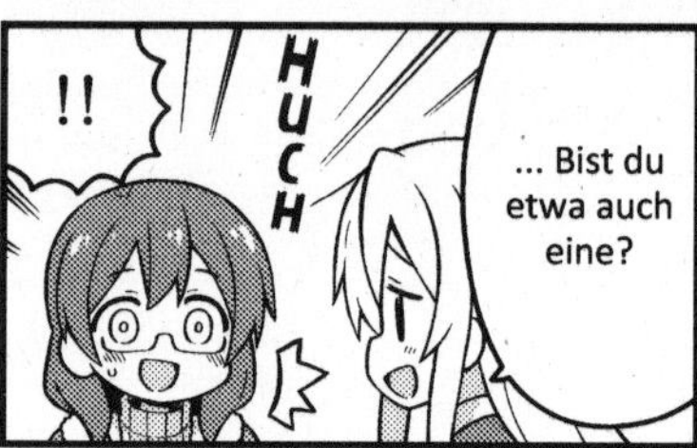

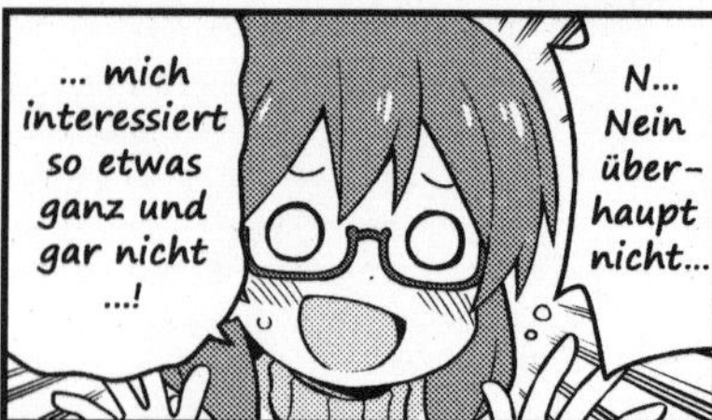

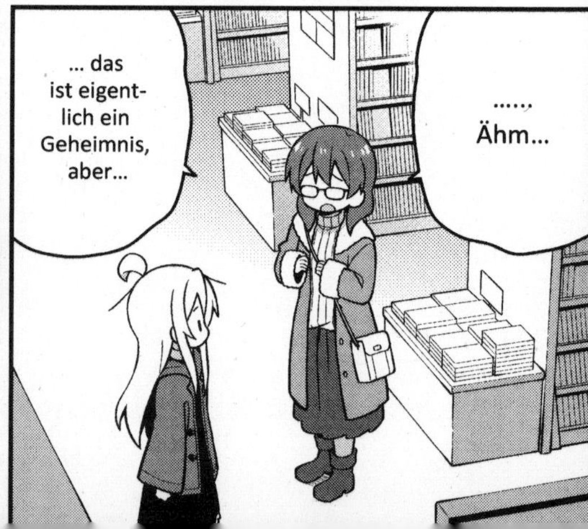

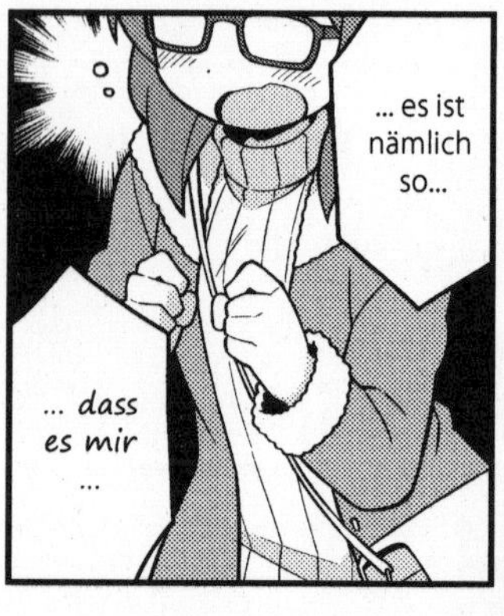

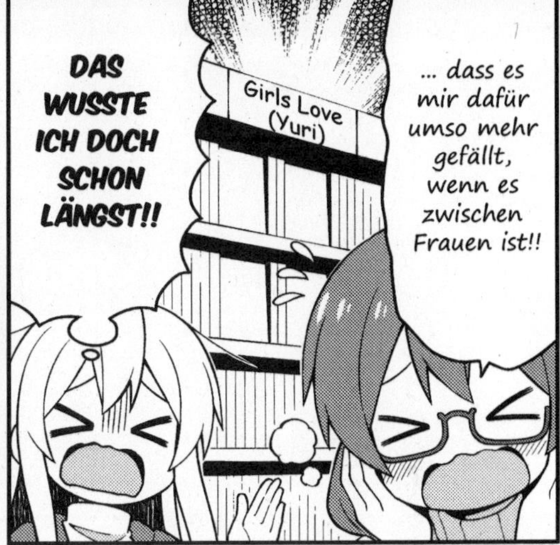

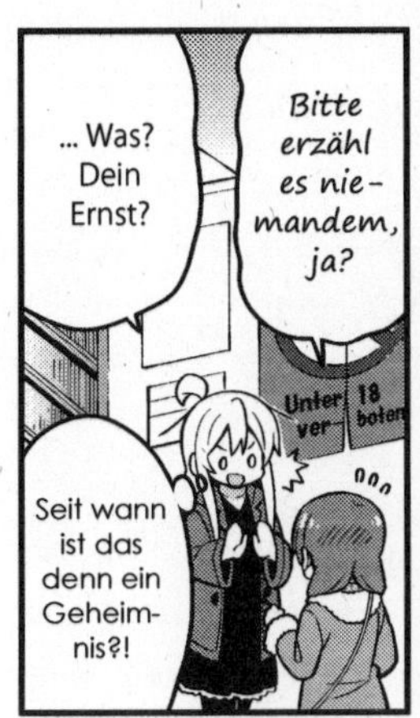

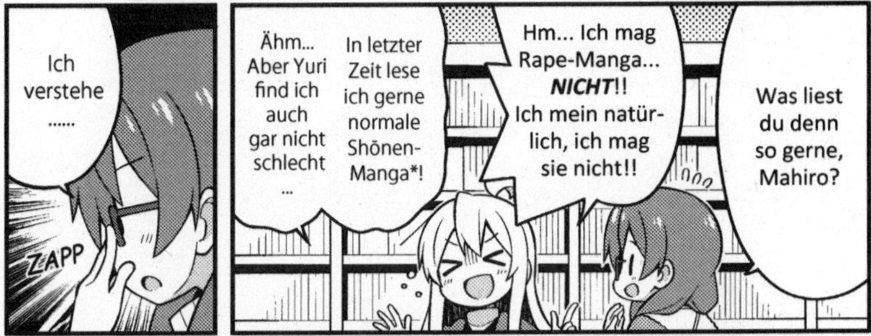

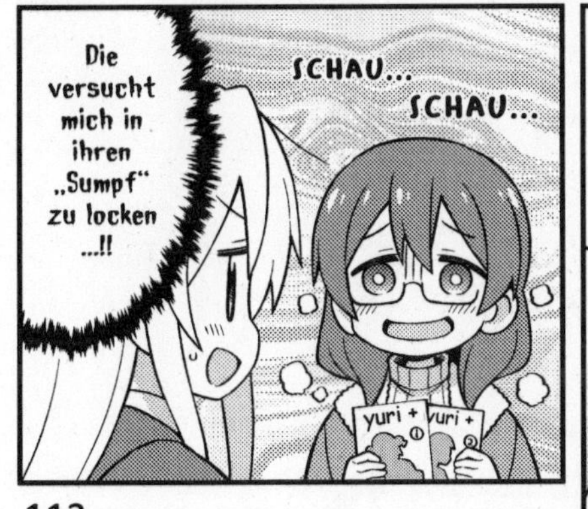

*Manga mit der Hauptzielgruppe männlicher Jugendlicher; typische Genres sind Action und Abenteuer.

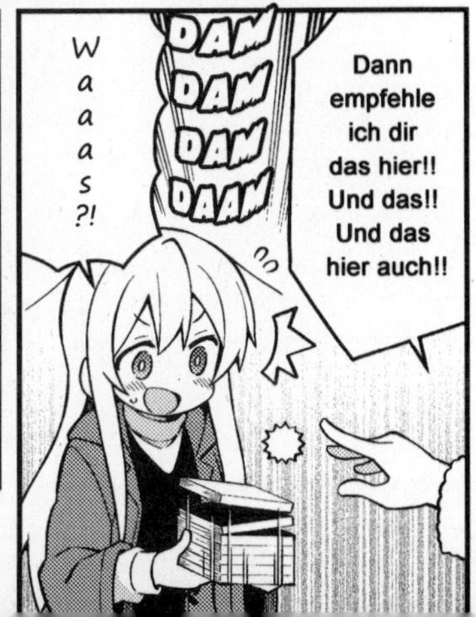

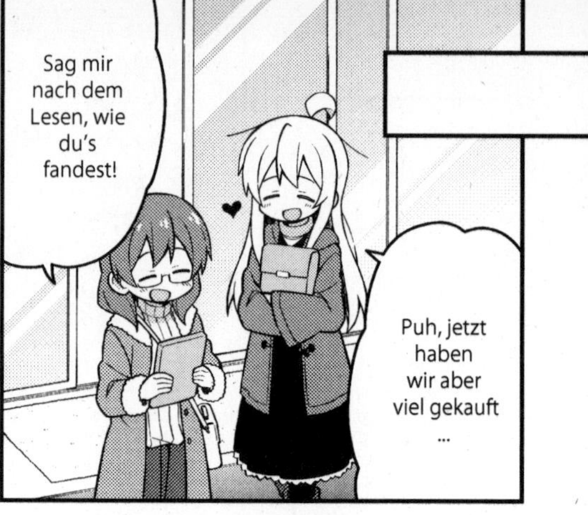
Puh, jetzt haben wir aber viel gekauft ...
Sag mir nach dem Lesen, wie du's fandest!

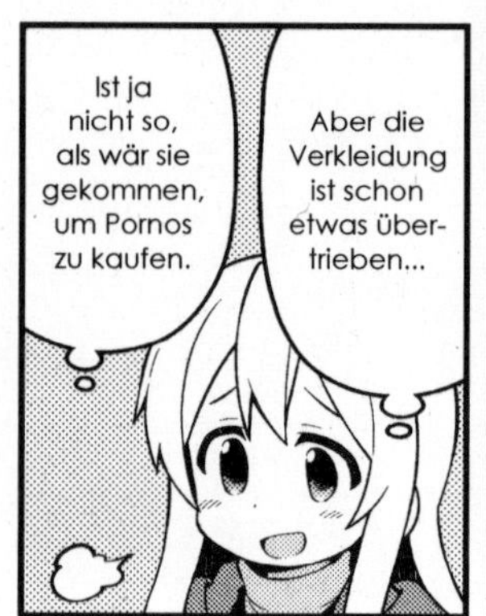
Aber die Verkleidung ist schon etwas über-trieben...
Ist ja nicht so, als wär sie gekommen, um Pornos zu kaufen.

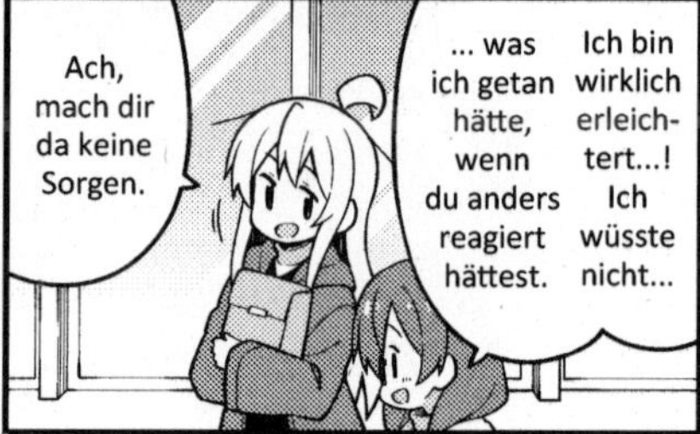
Ich bin wirklich erleich-tert...! Ich wüsste nicht...
... was ich getan hätte, wenn du anders reagiert hättest.
Ach, mach dir da keine Sorgen.

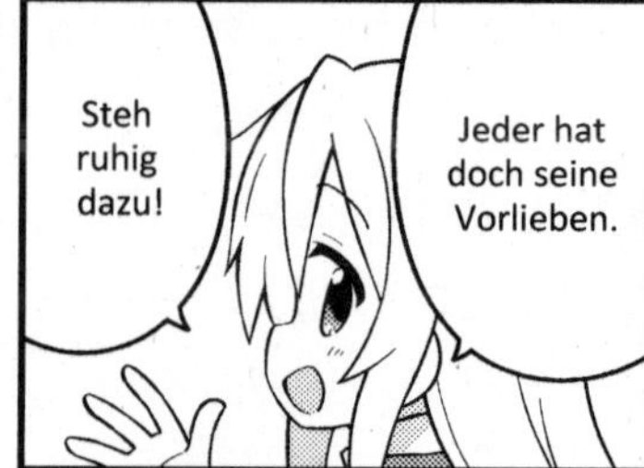
Jeder hat doch seine Vorlieben.
Steh ruhig dazu!

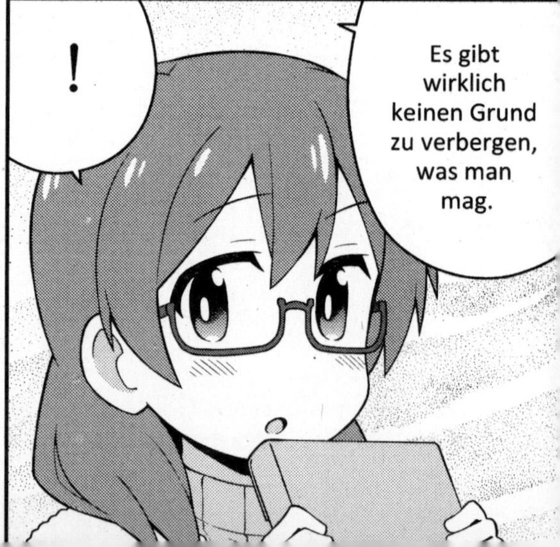
Es gibt wirklich keinen Grund zu verbergen, was man mag.
!

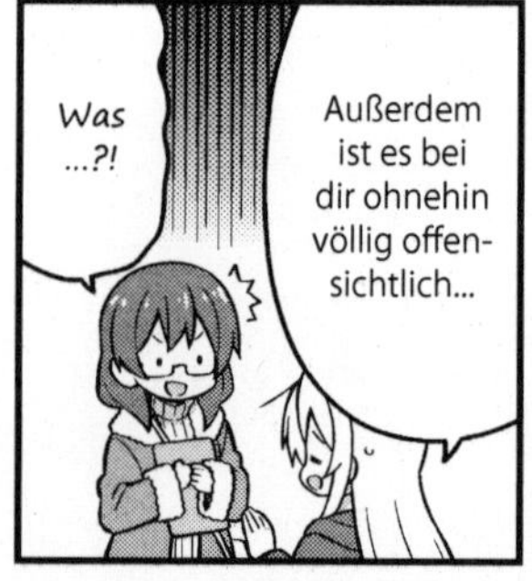
Außerdem ist es bei dir ohnehin völlig offen-sichtlich...
Was ...?!

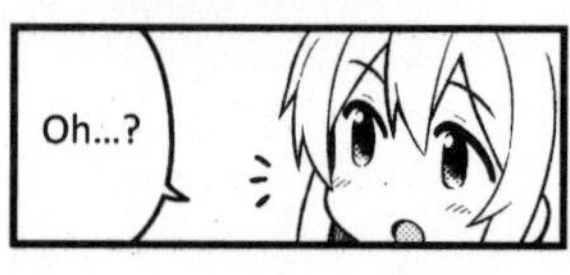
Oh...?

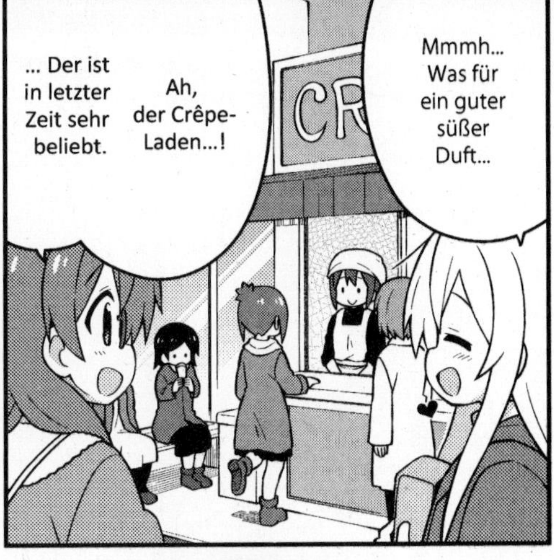
CR
Mmmh... Was für ein guter süßer Duft...
Ah, der Crêpe-Laden...!
... Der ist in letzter Zeit sehr beliebt.

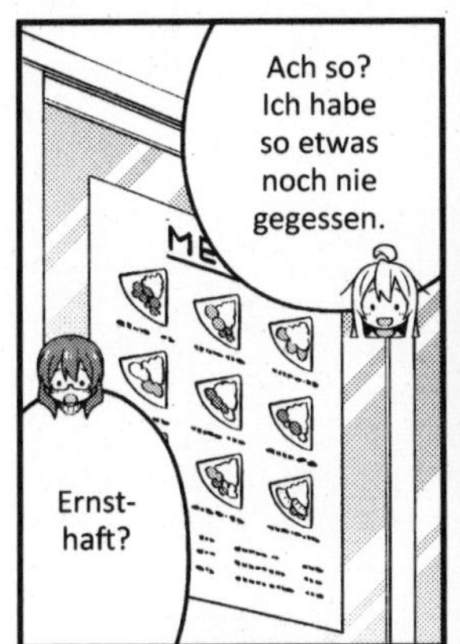
Ach so? Ich habe so etwas noch nie gegessen.
Ernst-haft?

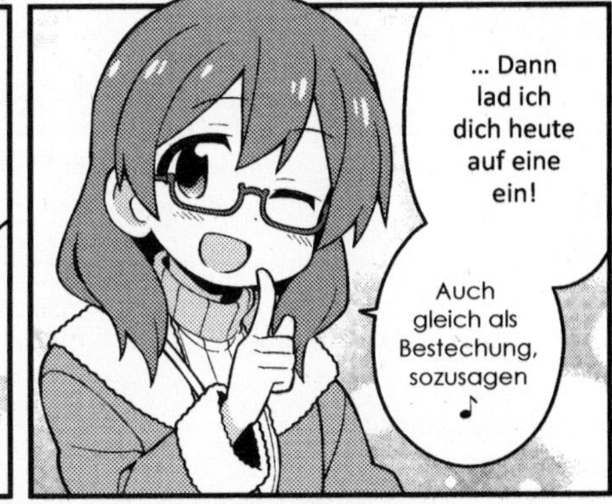
... Dann lad ich dich heute auf eine ein!
Auch gleich als Bestechung, sozusagen ♪

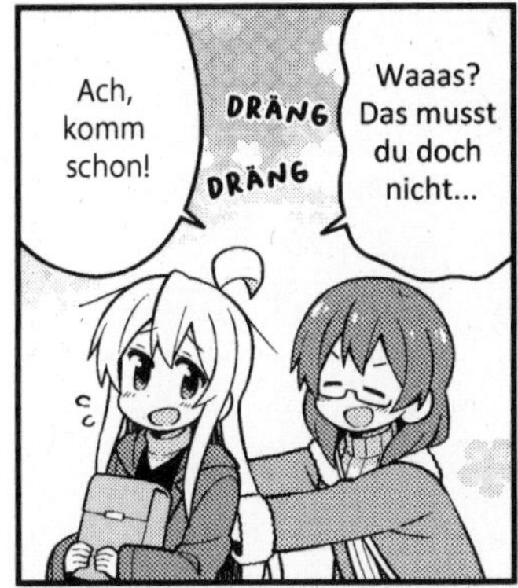
Waaas? Das musst du doch nicht...
DRÄNG
DRÄNG
Ach, komm schon!

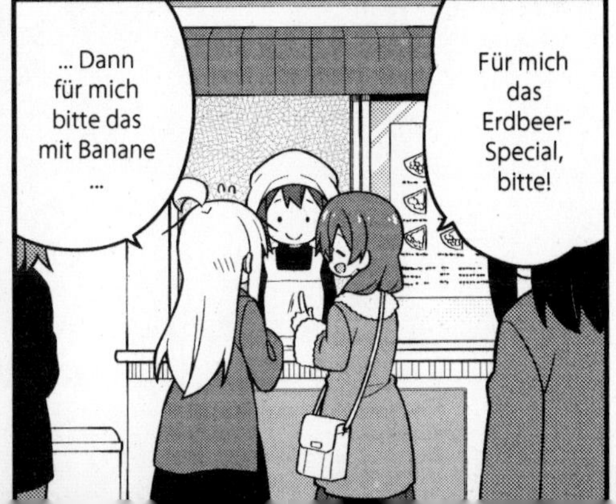
Für mich das Erdbeer-Special, bitte!
... Dann für mich bitte das mit Banane ...

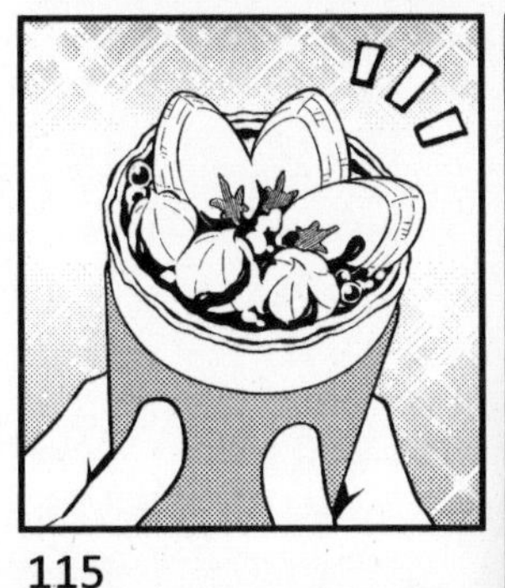

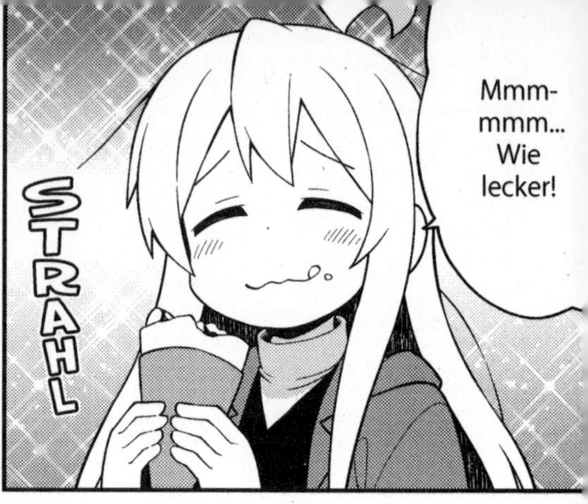
Mmm-
mmm... Wie lecker!
STRAHL

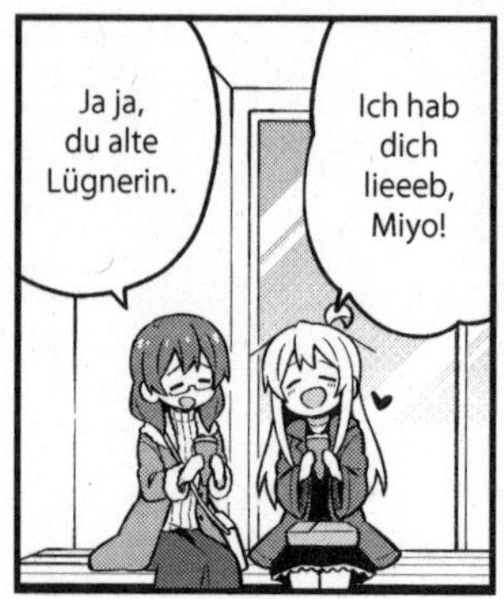
Ich hab dich lieeeb, Miyo!
Ja ja, du alte Lügnerin.

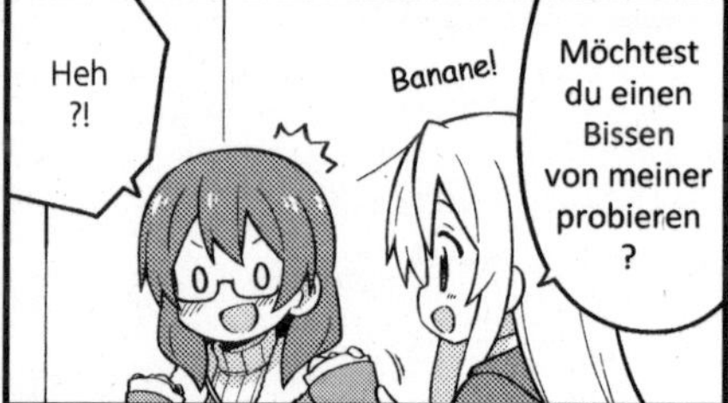
Möchtest du einen Bissen von meiner probieren ?
Banane!
Heh ?!

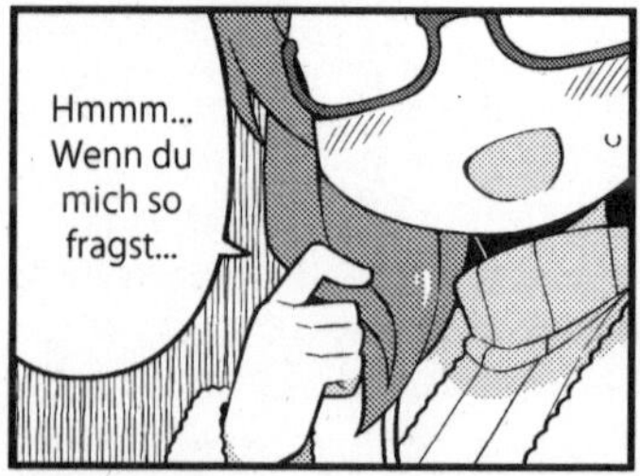
Hmmm... Wenn du mich so fragst...

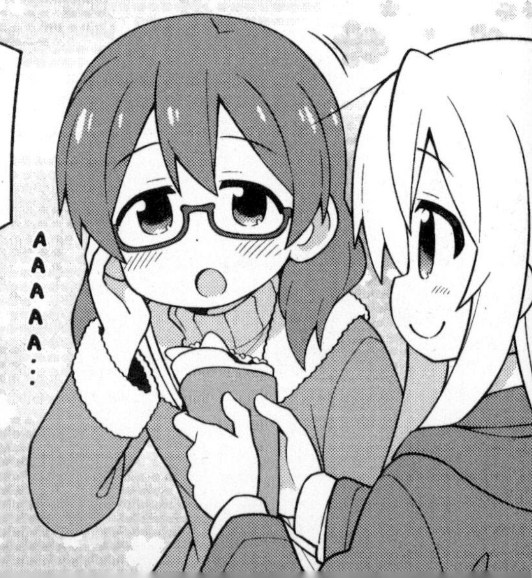
AAAAA...

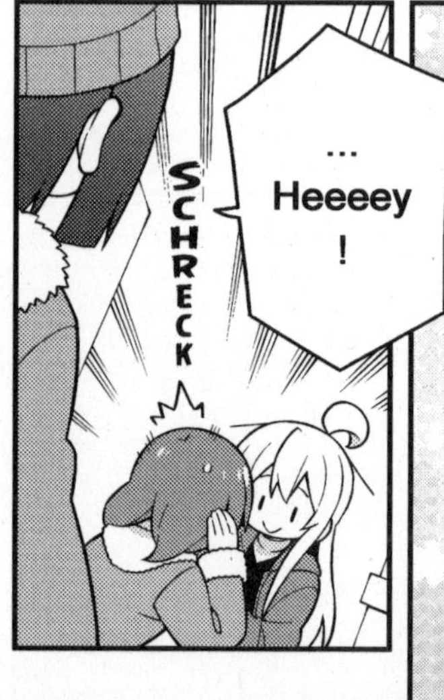
... Heeeey !
SCHRECK

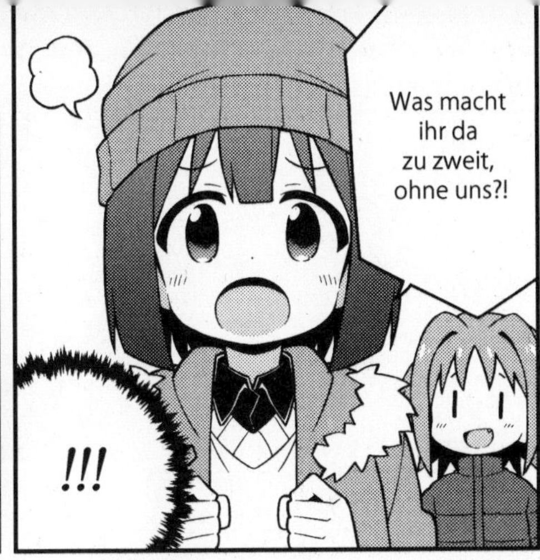
Was macht ihr da zu zweit, ohne uns?!
!!!

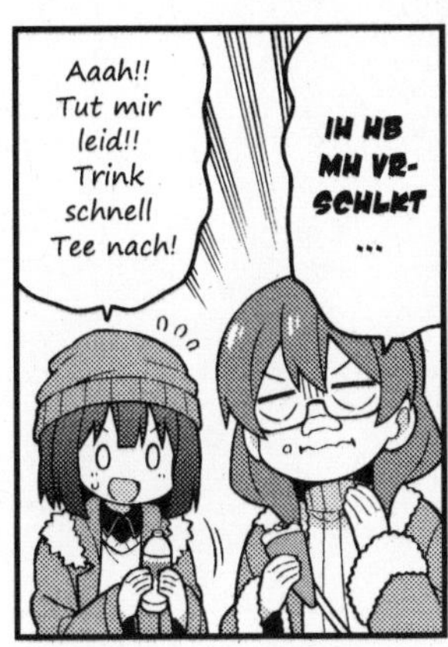
IH HB MH VR-SCHLKT ...
Aaah!! Tut mir leid!! Trink schnell Tee nach!

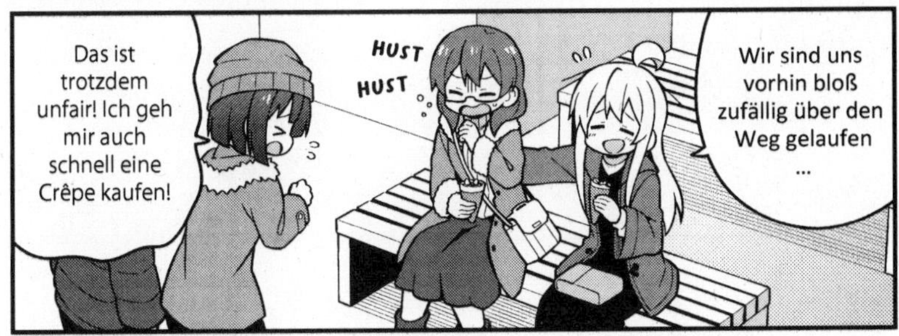
Wir sind uns vorhin bloß zufällig über den Weg gelaufen ...
HUST
HUST
Das ist trotzdem unfair! Ich geh mir auch schnell eine Crêpe kaufen!

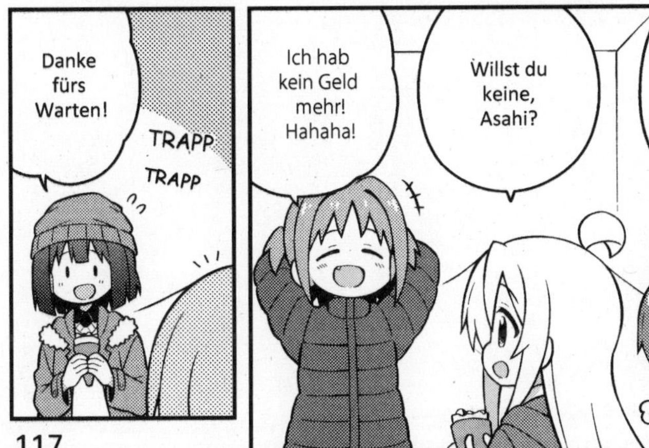
Das hätte auch schiefgehen können...
Willst du keine, Asahi?
Ich hab kein Geld mehr! Hahaha!
TRAPP
TRAPP
Danke fürs Warten!

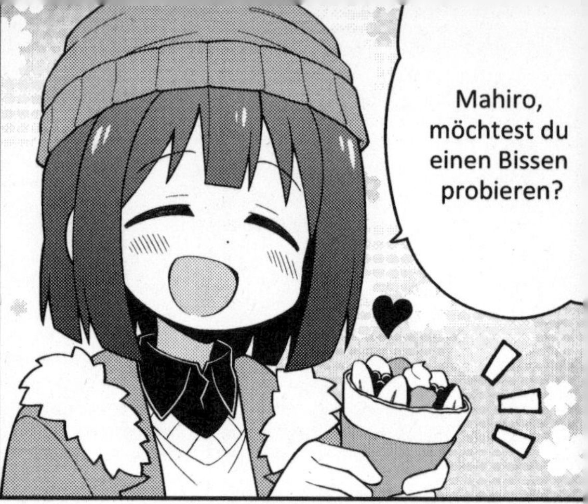

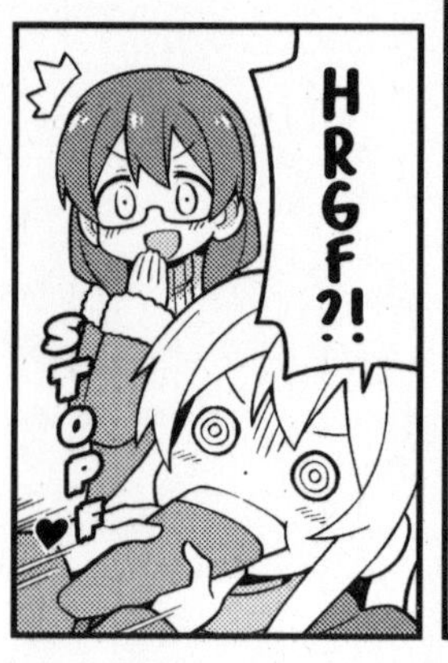

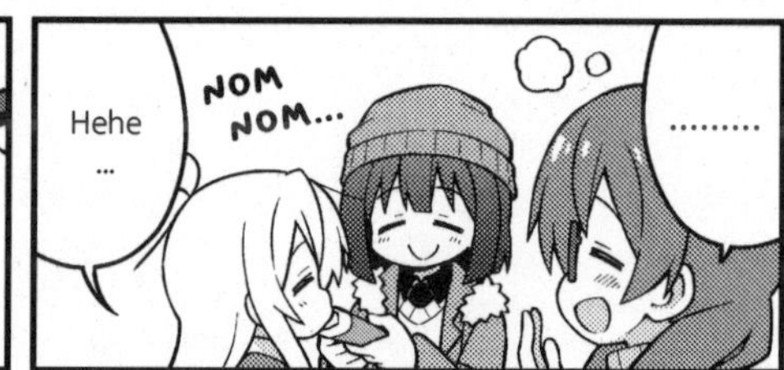

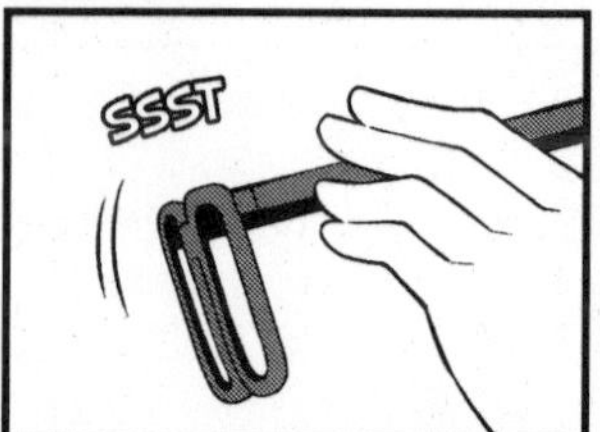

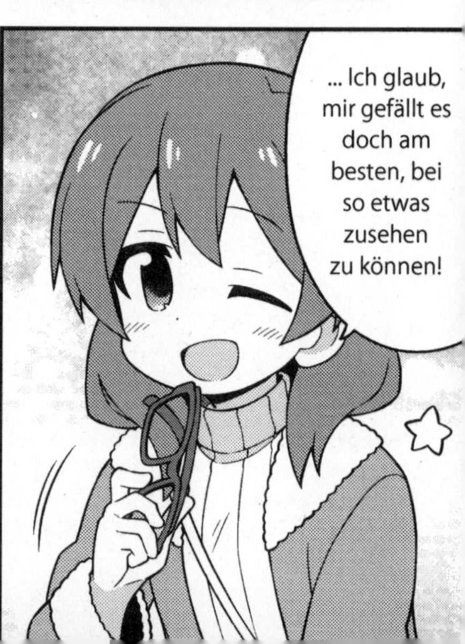

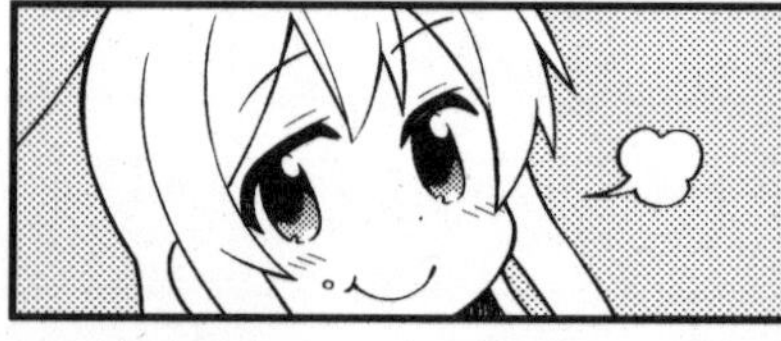

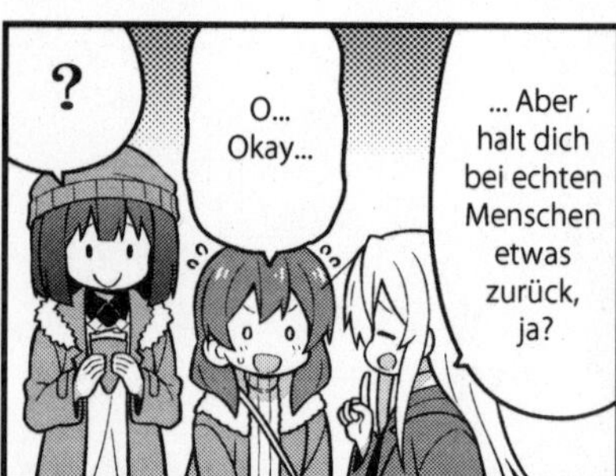

Fortsetzung folgt...

Ab sofort Schwester!

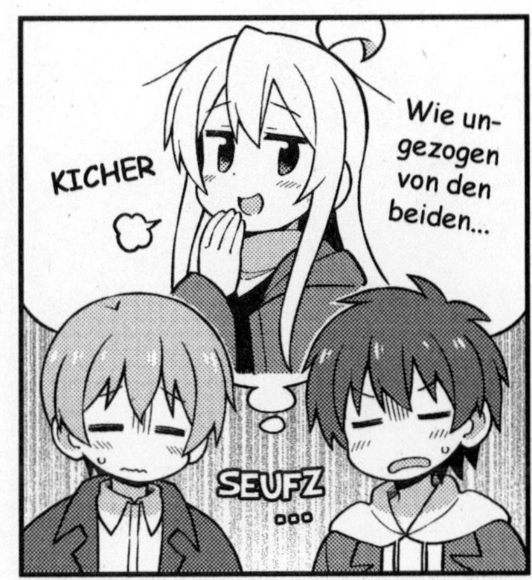

Ab sofort Schwester!

★Special Sketch★

Mahiros Wochentagsroutine

6 Heimkehr

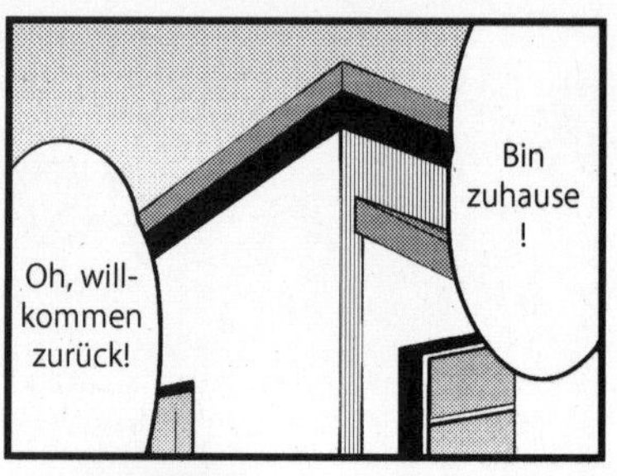

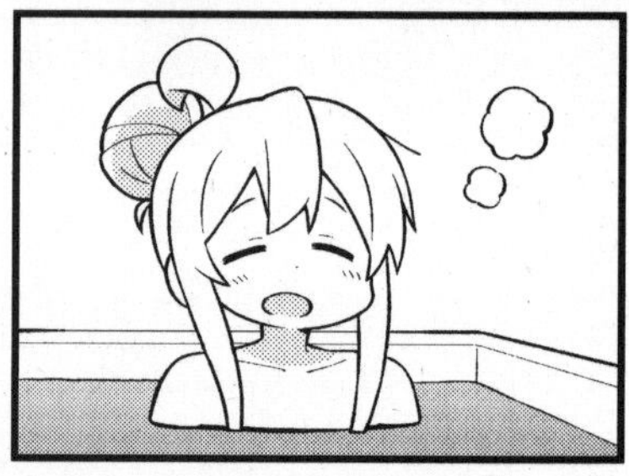

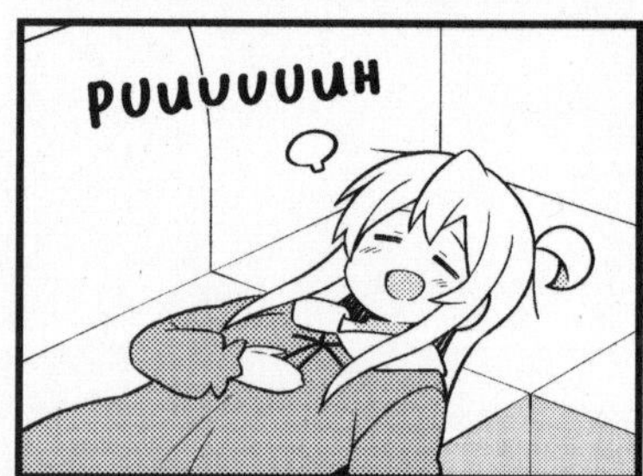

- Kap. 34.5 Nr. 1 -

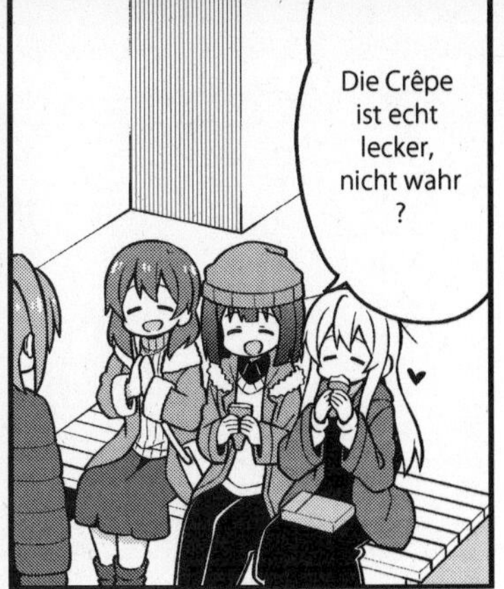
Die Crêpe ist echt lecker, nicht wahr ?

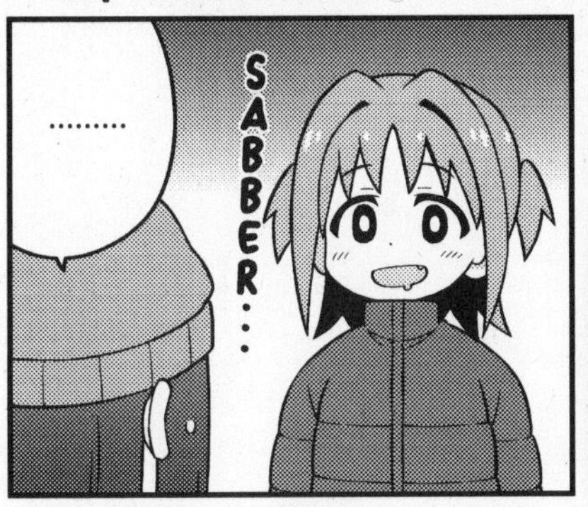
....
SABBER...

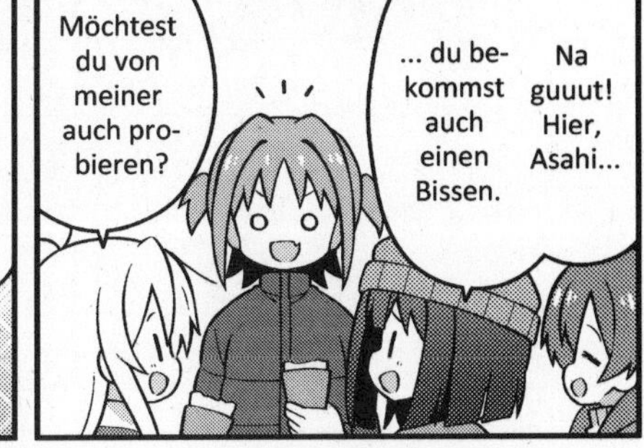
Na guuut! Hier, Asahi...
... du bekommst auch einen Bissen.
Möchtest du von meiner auch probieren?

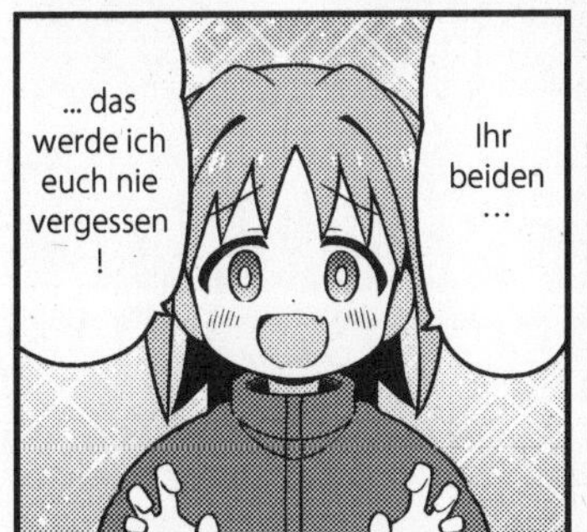
Ihr beiden ...
... das werde ich euch nie vergessen !

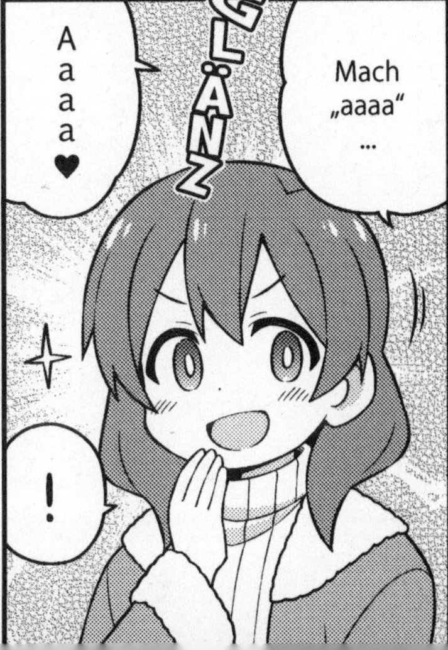
Mach „aaaa" ...
GLÄNZ
Aaaa♥
!

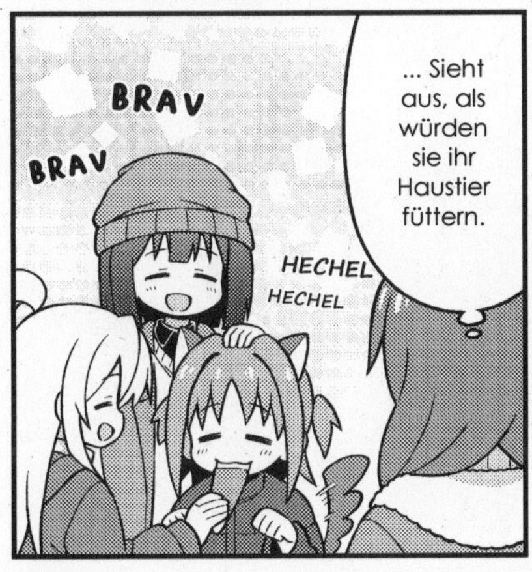
... Sieht aus, als würden sie ihr Haustier füttern.
BRAV
BRAV
HECHEL
HECHEL

- Kap. 34.5 Nr. 2 -

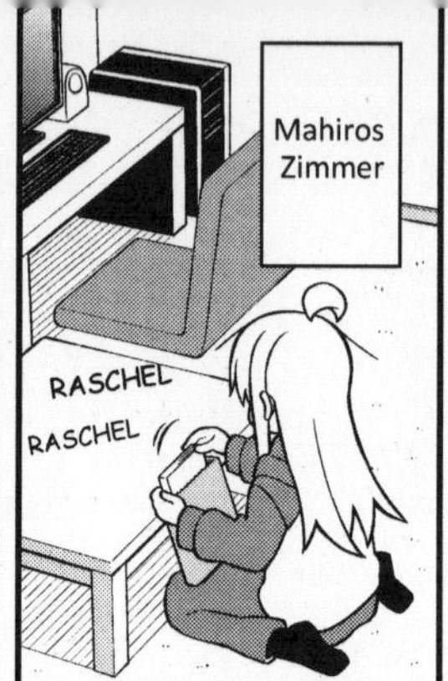

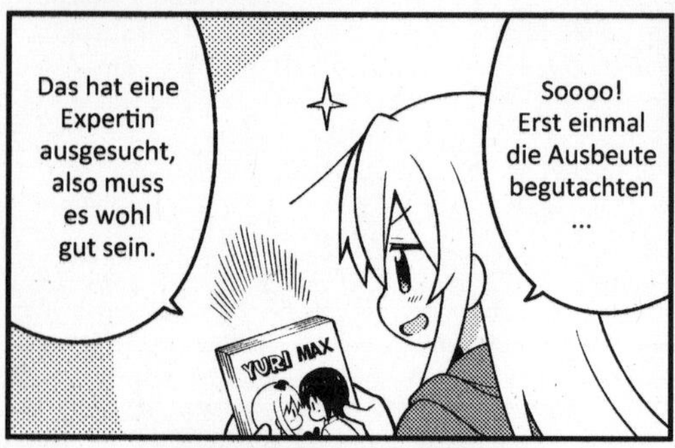

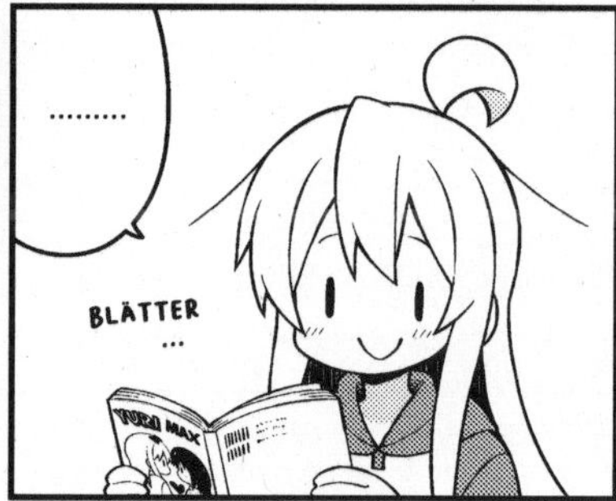

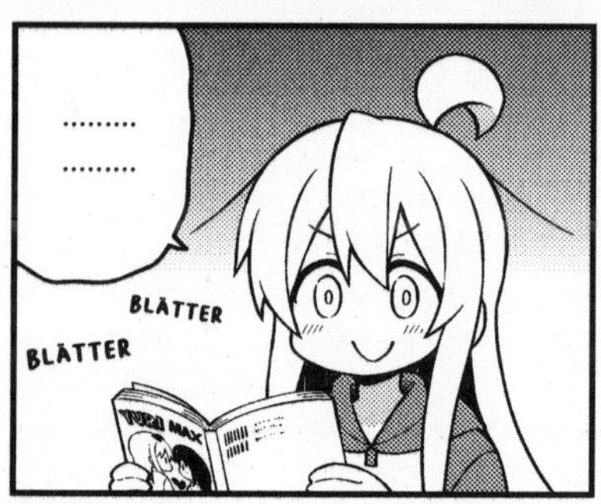

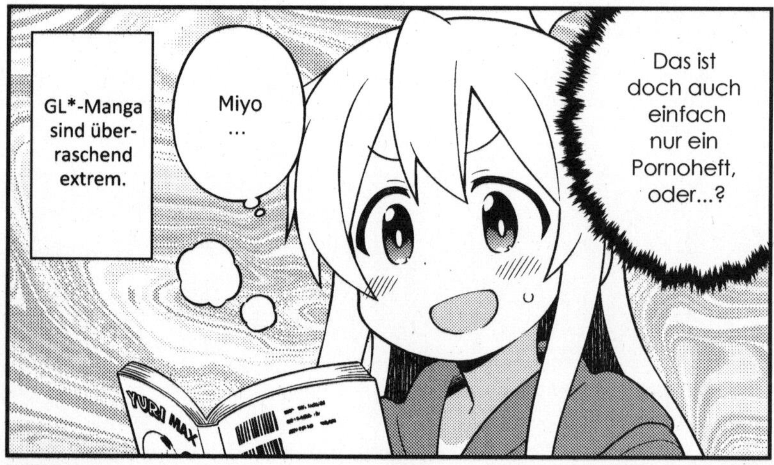

*Girls Love

- Kap. 34.5 Nr. 3 -

O... Oyama!
WUSCH

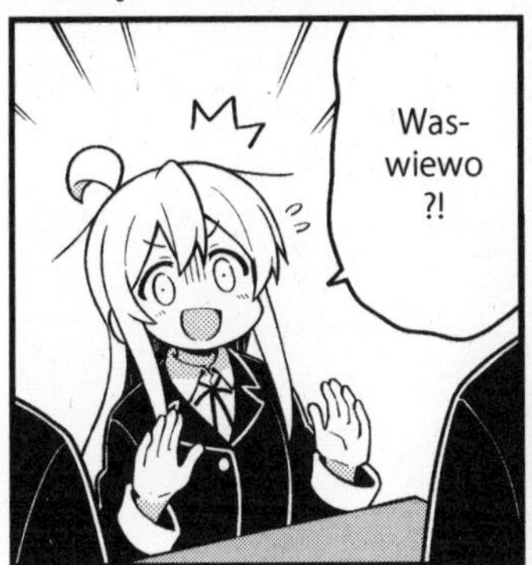

Was-wiewo?!

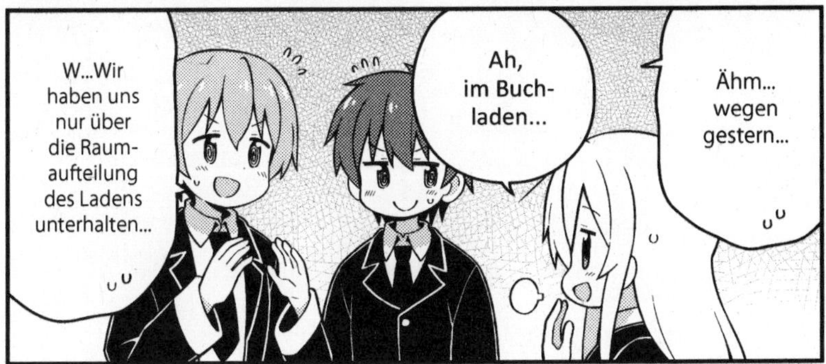

Ähm... wegen gestern...
Ah, im Buchladen...
W...Wir haben uns nur über die Raumaufteilung des Ladens unterhalten...

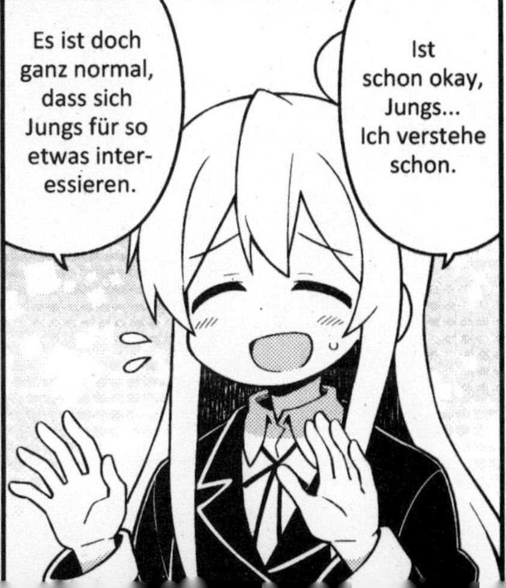

Ist schon okay, Jungs... Ich verstehe schon.
Es ist doch ganz normal, dass sich Jungs für so etwas interessieren.

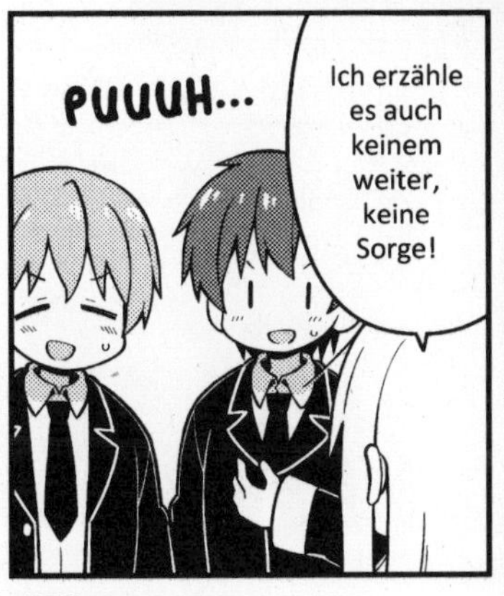

Ich erzähle es auch keinem weiter, keine Sorge!
PUUUH...

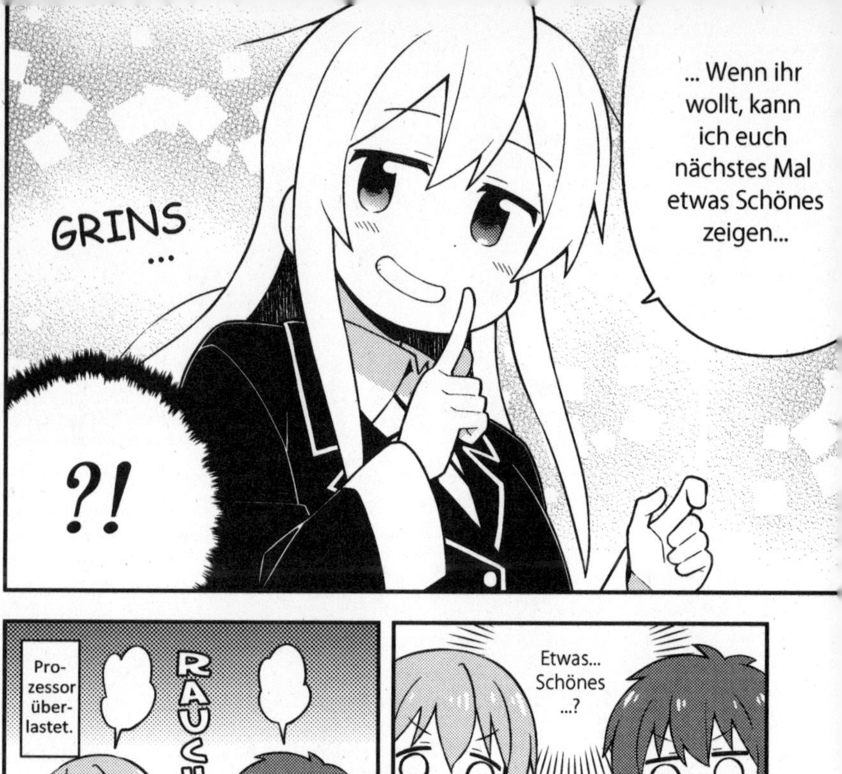

... Wenn ihr wollt, kann ich euch nächstes Mal etwas Schönes zeigen...

GRINS ...

?!

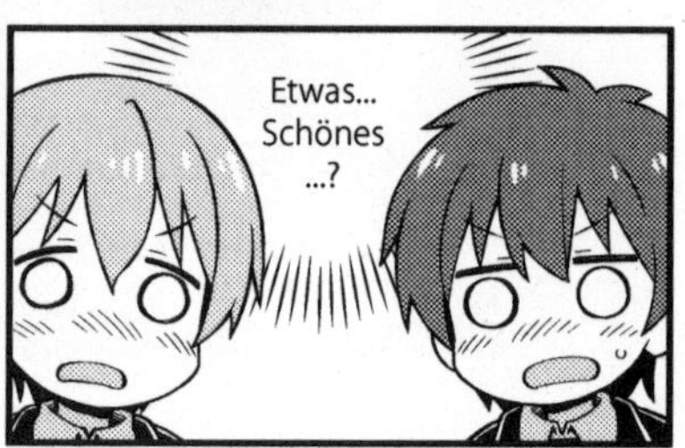

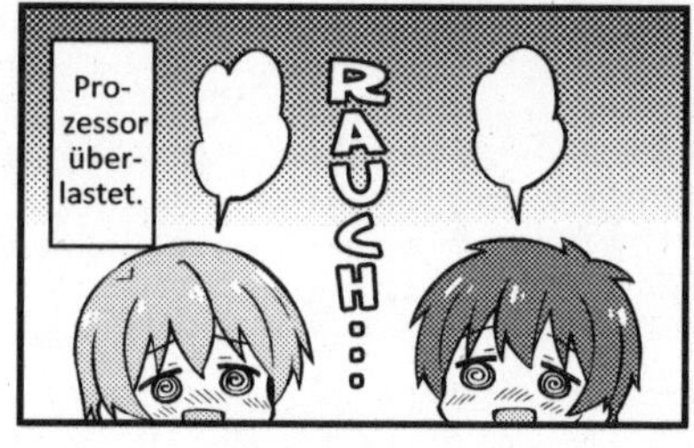

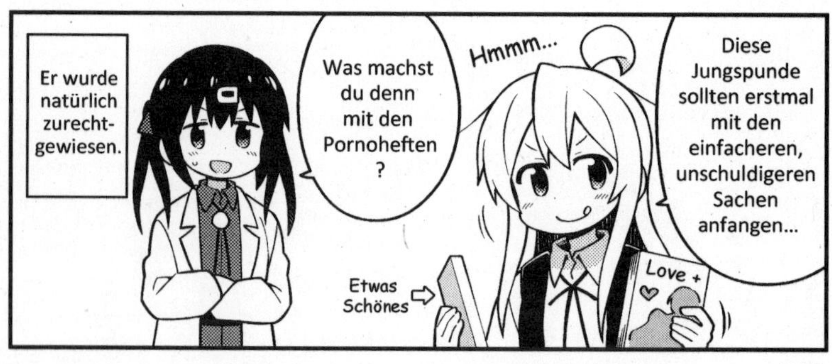

Ab sofort Schwester!

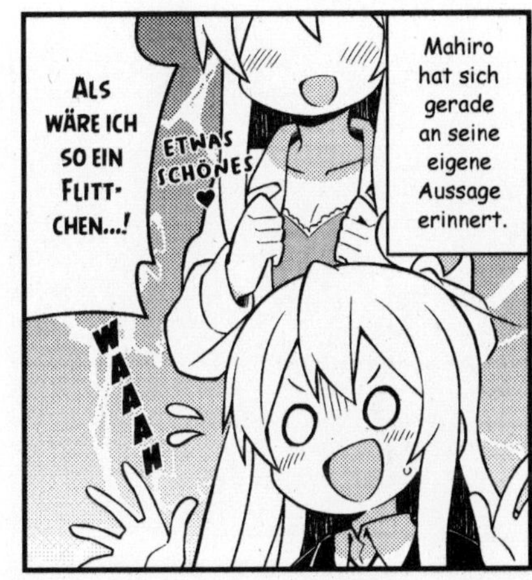

Ab sofort Schwester!

★Special Sketch★

Mahiros Wochentagsroutine

7 Nachts

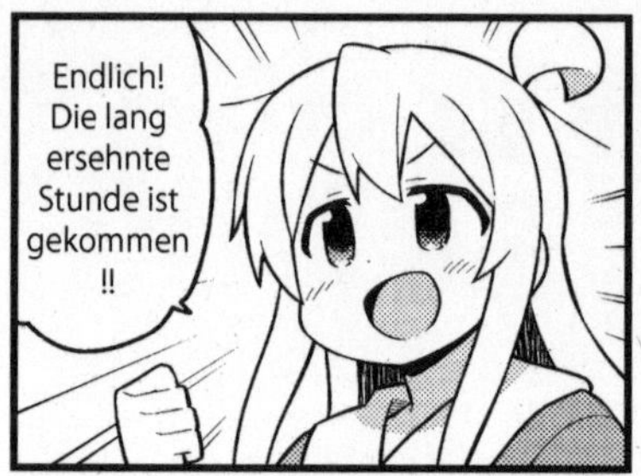

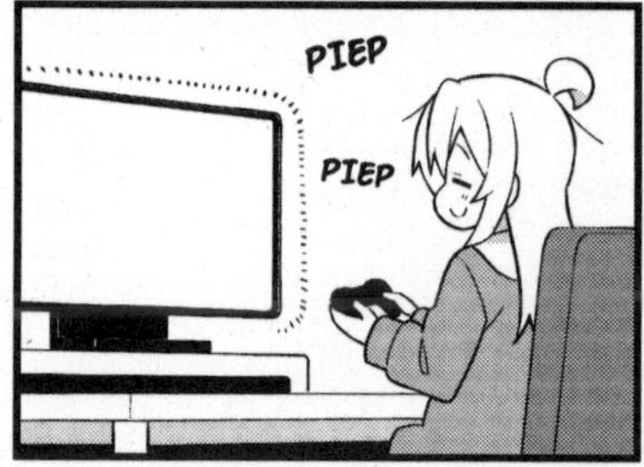

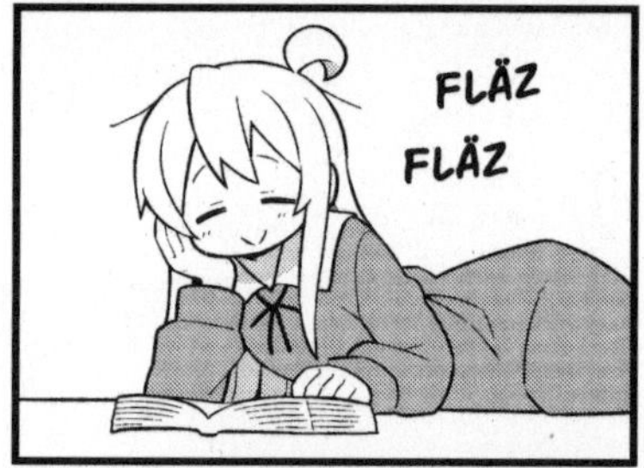

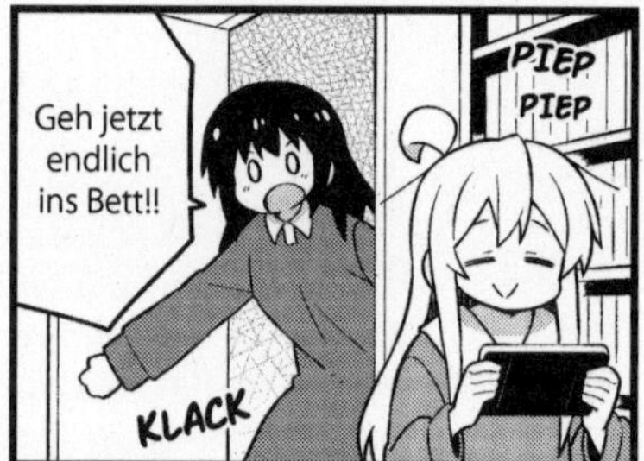

- Kap. 35 -

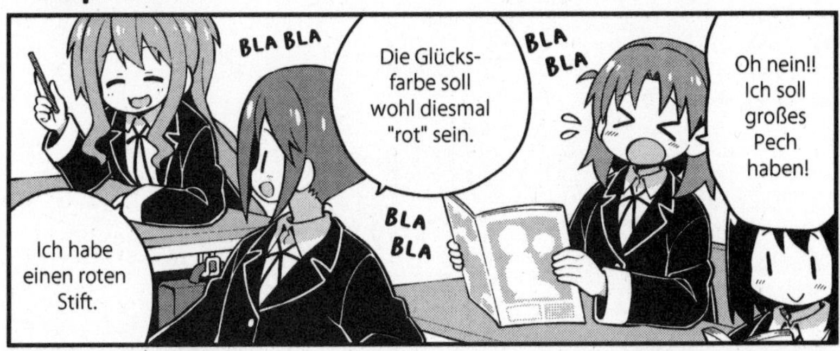
Oh nein!! Ich soll großes Pech haben!
BLA BLA
Die Glücks-farbe soll wohl diesmal "rot" sein.
BLA BLA
BLA BLA
Ich habe einen roten Stift.

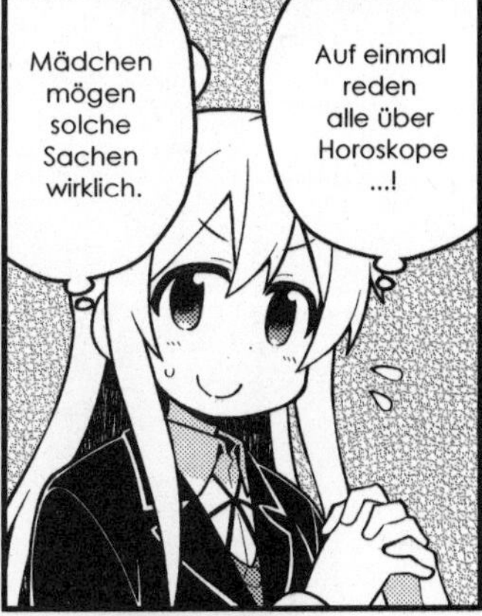
Auf einmal reden alle über Horoskope ...!
Mädchen mögen solche Sachen wirklich.

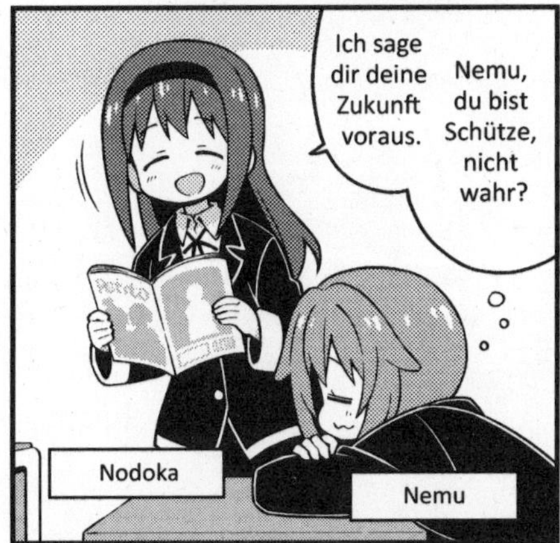
Nemu, du bist Schütze, nicht wahr?
Ich sage dir deine Zukunft voraus.
Nodoka
Nemu

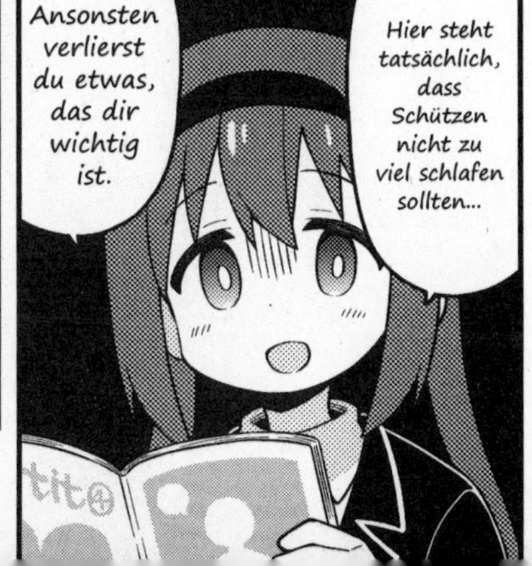
Hier steht tatsächlich, dass Schützen nicht zu viel schlafen sollten...
Ansonsten verlierst du etwas, das dir wichtig ist.

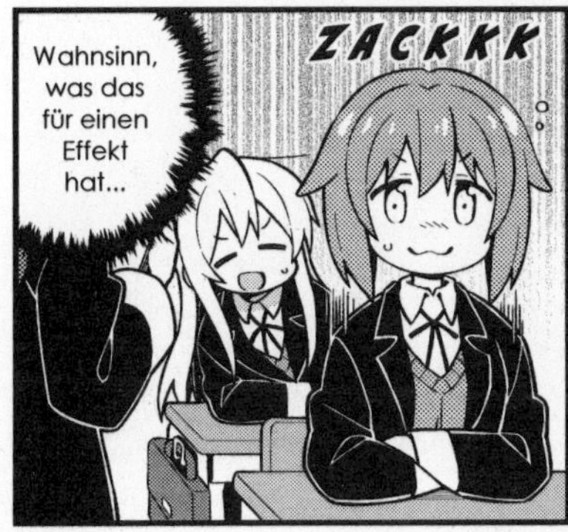
ZACKKK
Wahnsinn, was das für einen Effekt hat...

Kapitel 35 :
Mahiro und das Horoskop

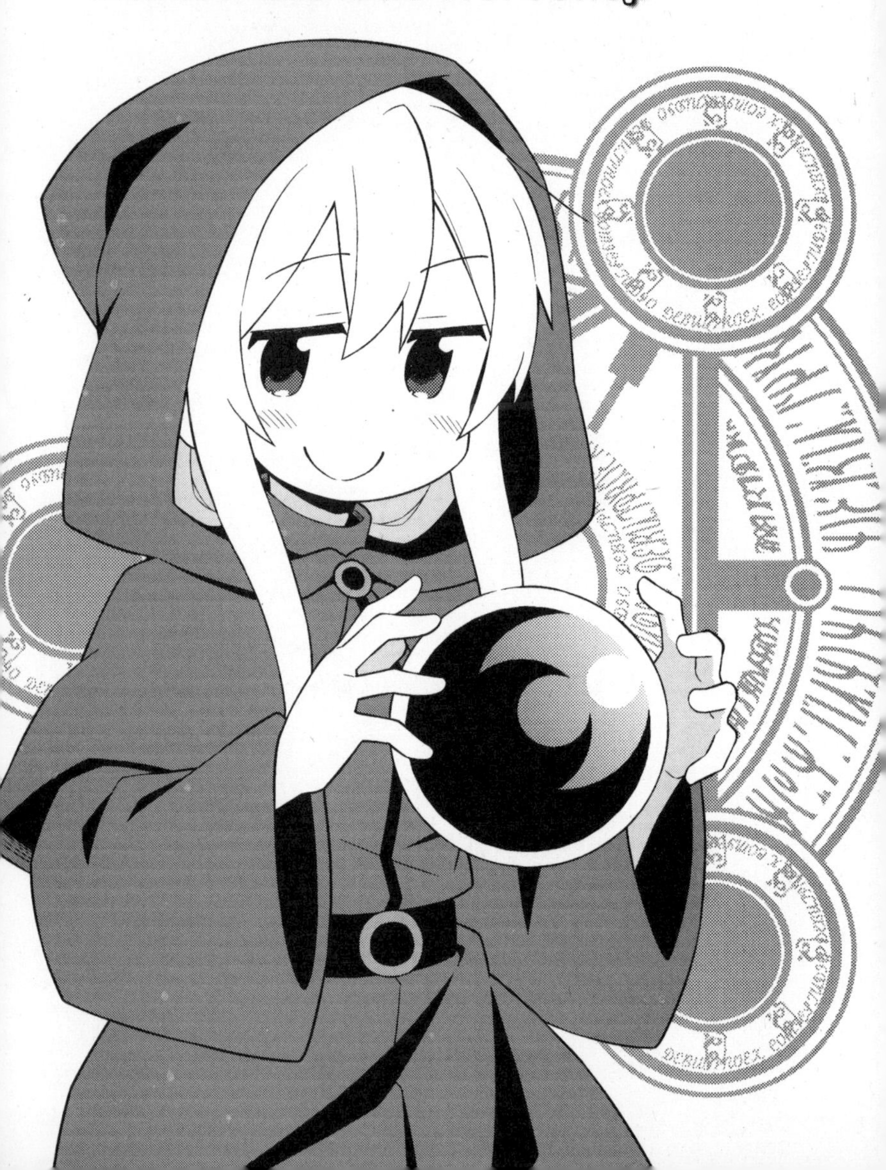

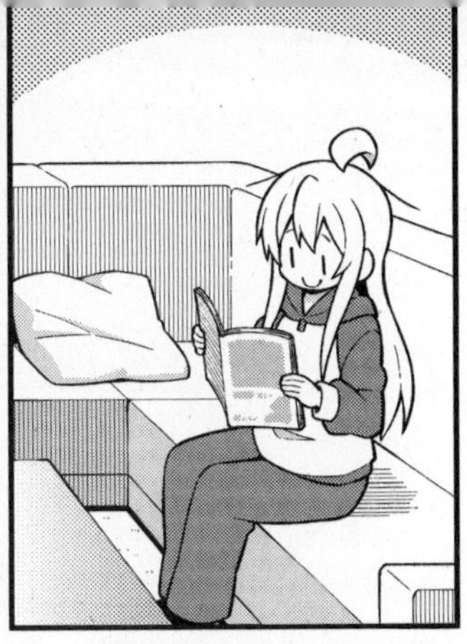

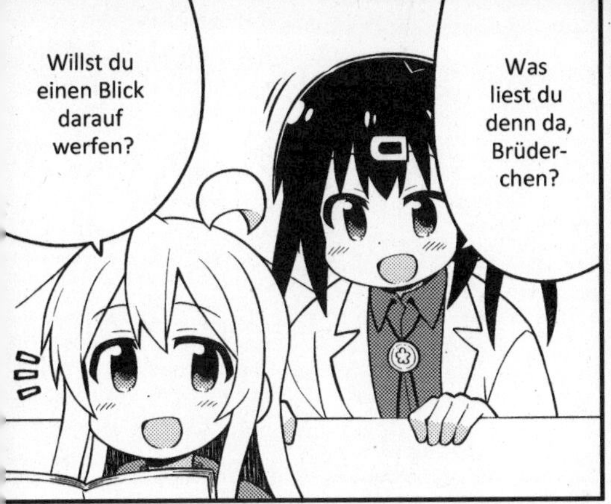
Was liest du denn da, Brüder-chen?
Willst du einen Blick darauf werfen?

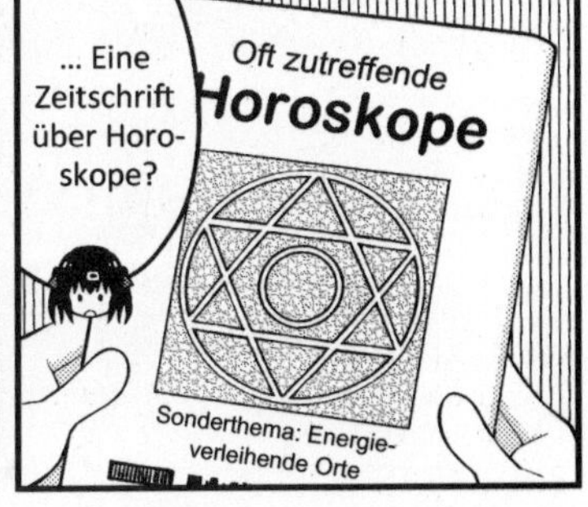
... Eine Zeitschrift über Horo-skope?
Oft zutreffende Horoskope
Sonderthema: Energie-verleihende Orte

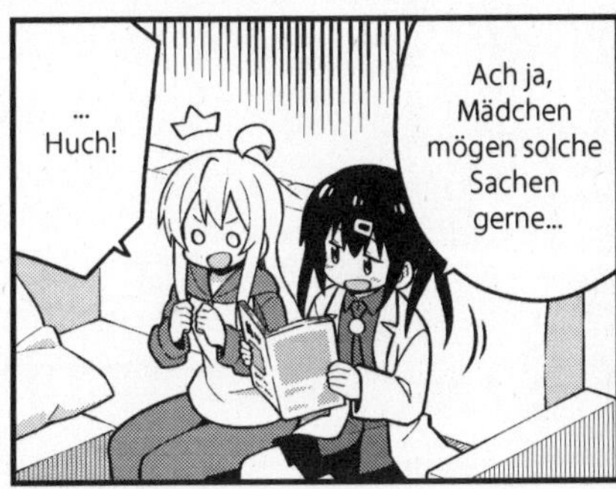
Ach ja, Mädchen mögen solche Sachen gerne...
... Huch!

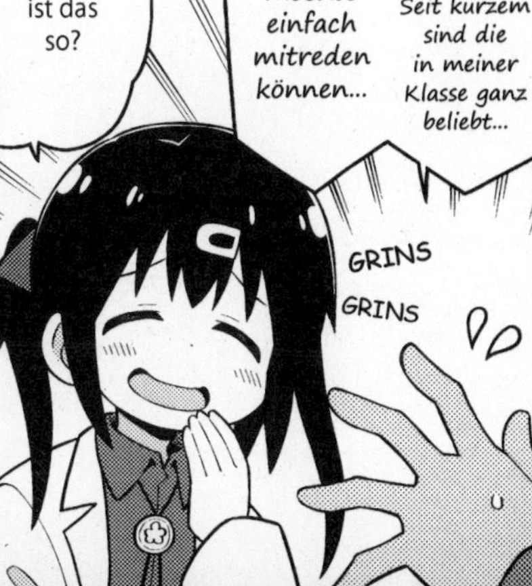
Du versteht das ganz falsch! Seit kurzem sind die in meiner Klasse ganz beliebt...
... und ich möchte einfach mitreden können...
Ach, ist das so?
GRINS
GRINS

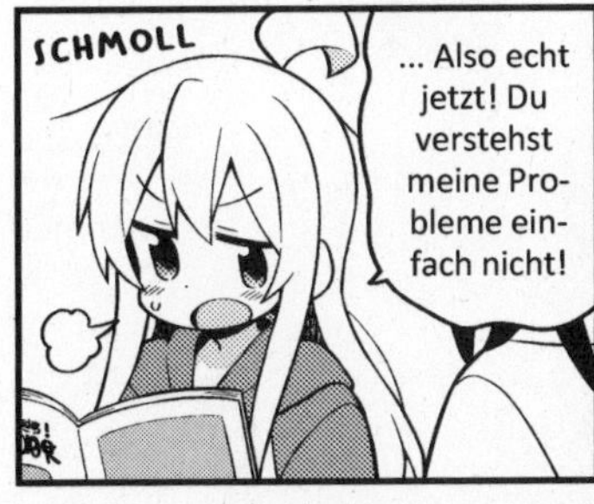
SCHMOLL
... Also echt jetzt! Du verstehst meine Pro-bleme ein-fach nicht!

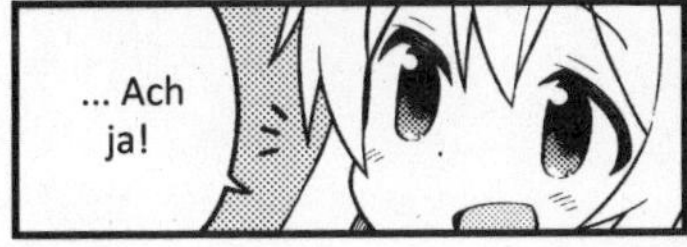
... Ach ja!

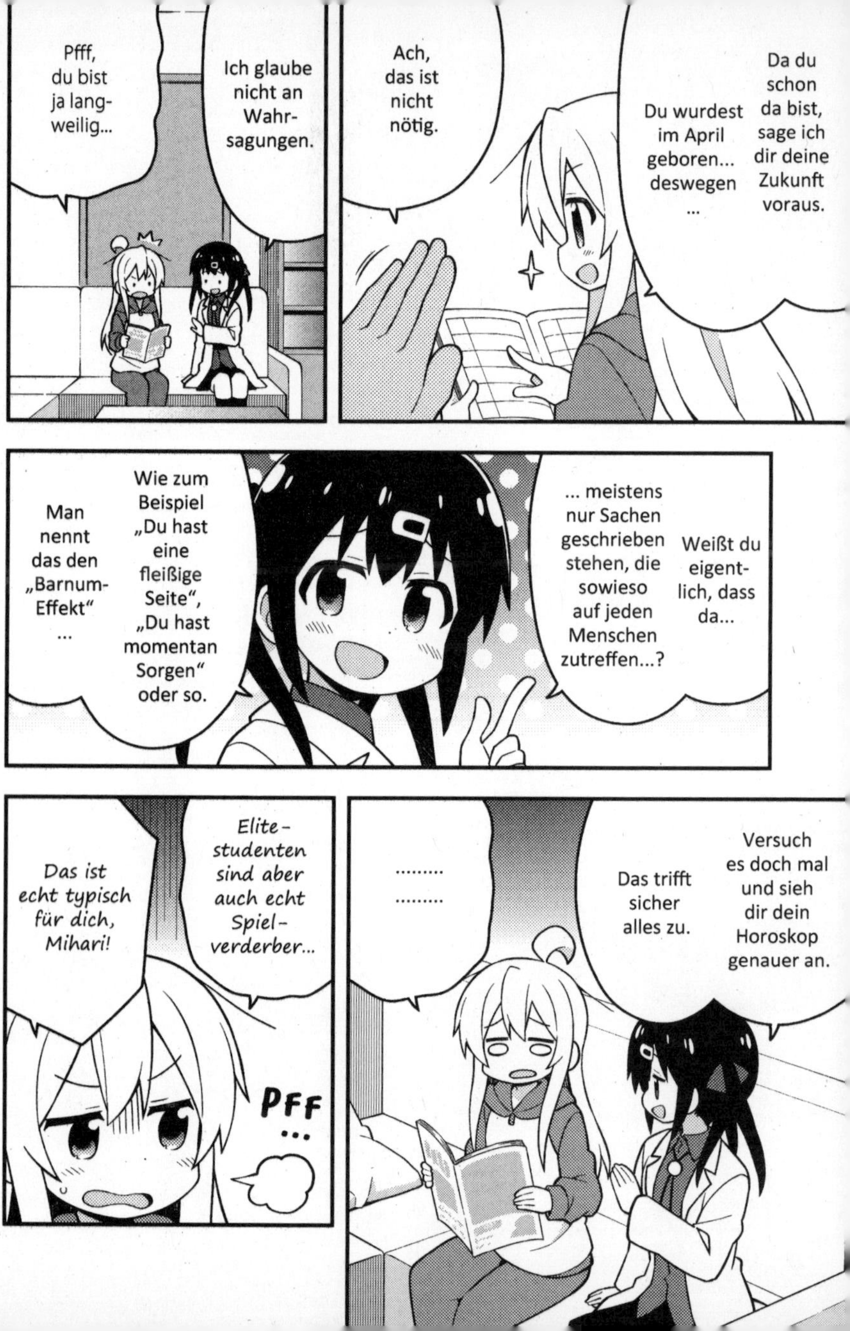

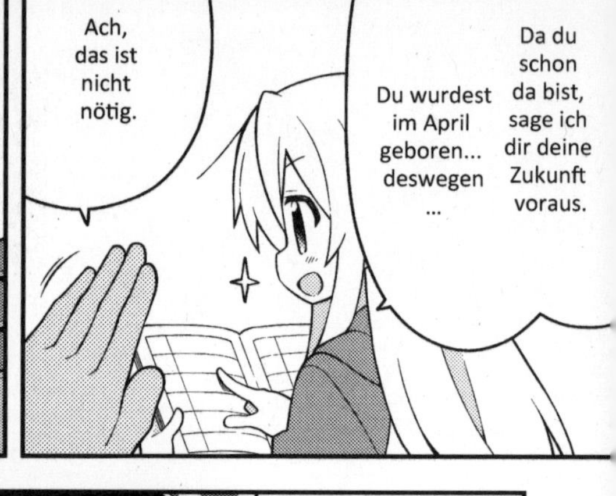

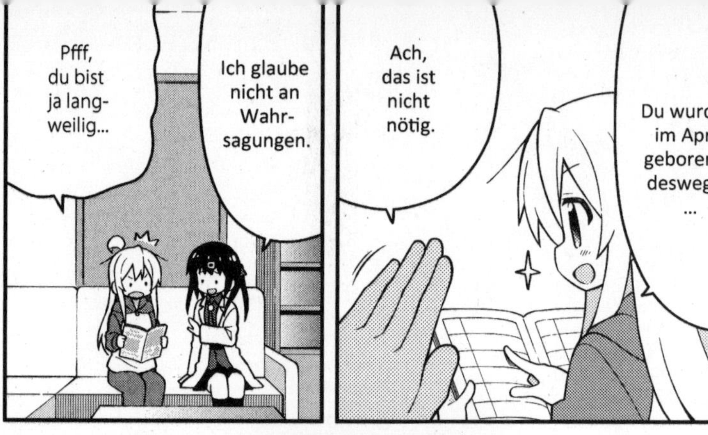

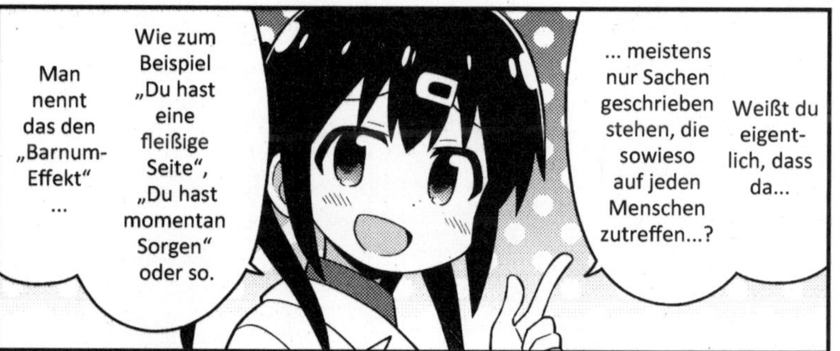

Versuch es doch mal und sieh dir dein Horoskop genauer an.

Das trifft sicher alles zu.

....

Elite-studenten sind aber auch echt Spiel-verderber...

Das ist echt typisch für dich, Mihari!

PFF ...

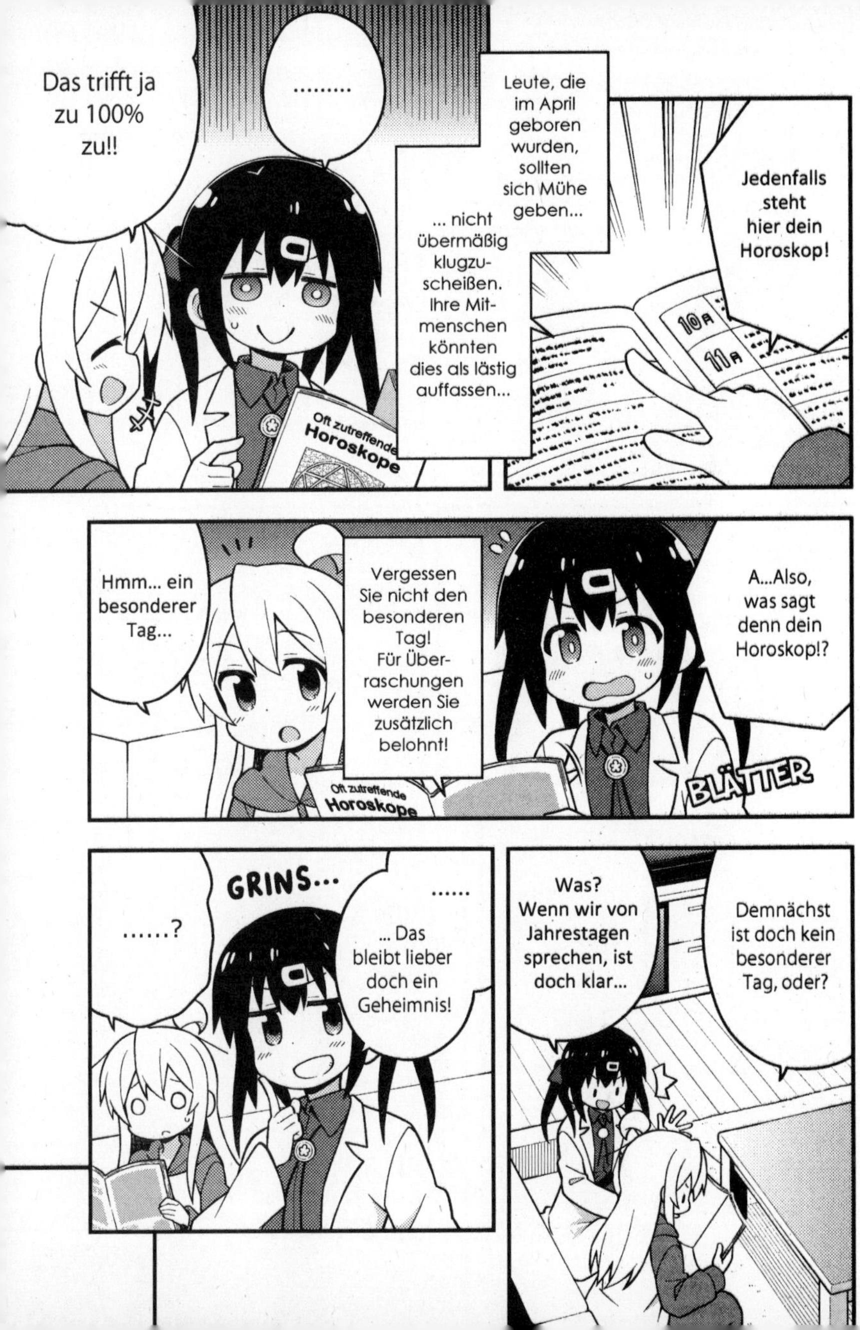

Jedenfalls steht hier dein Horoskop!

Leute, die im April geboren wurden, sollten sich Mühe geben...

... nicht übermäßig klugzuscheißen. Ihre Mitmenschen könnten dies als lästig auffassen...

....

Das trifft ja zu 100% zu!!

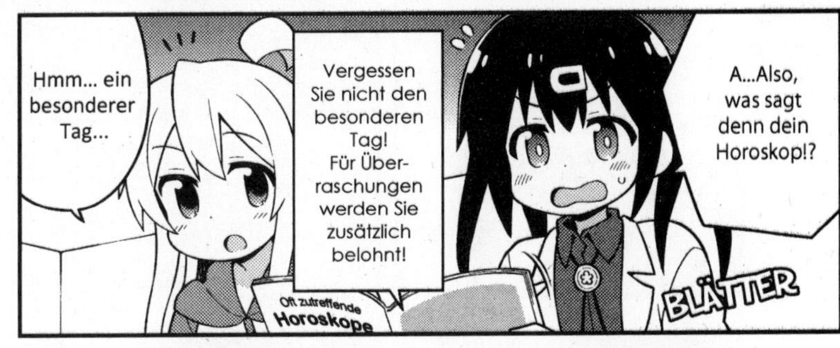

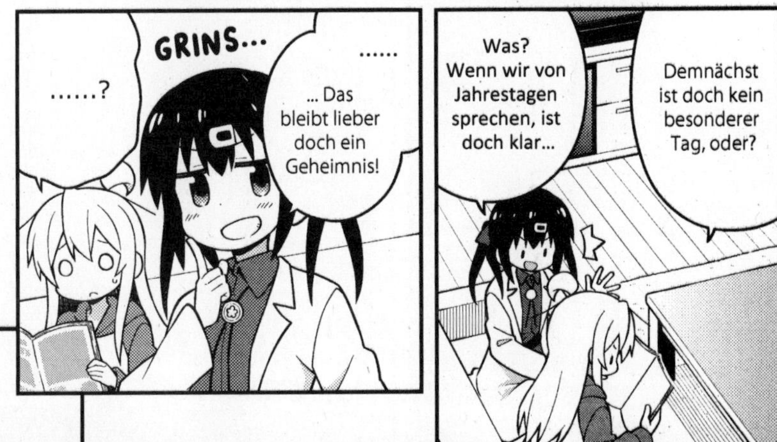

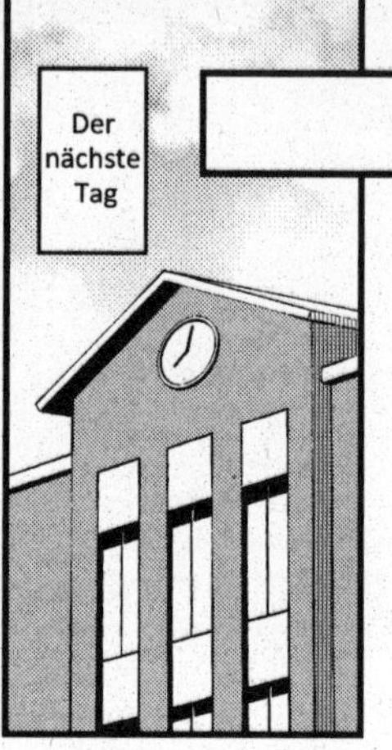
Der nächste Tag

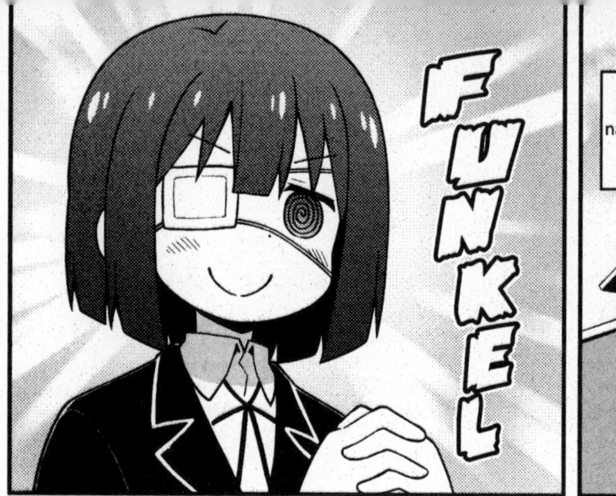
FUNKEL

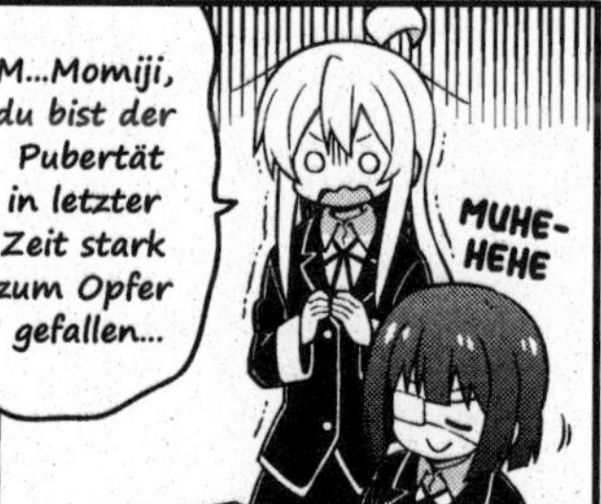
M...Momiji, du bist der Pubertät in letzter Zeit stark zum Opfer gefallen...
MUHEHEHE

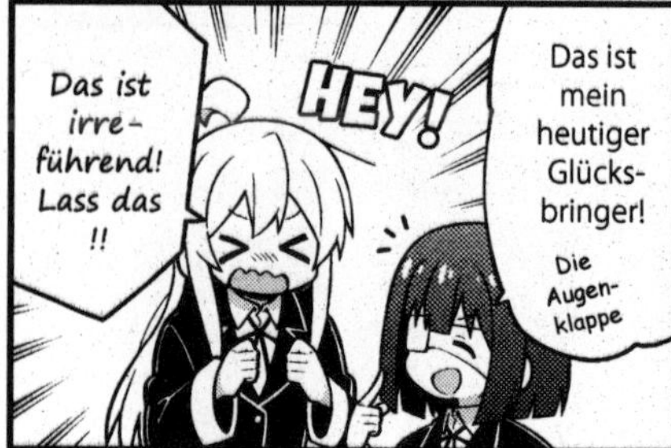
Das ist mein heutiger Glücksbringer!
Die Augenklappe
HEY!
Das ist irreführend! Lass das !!

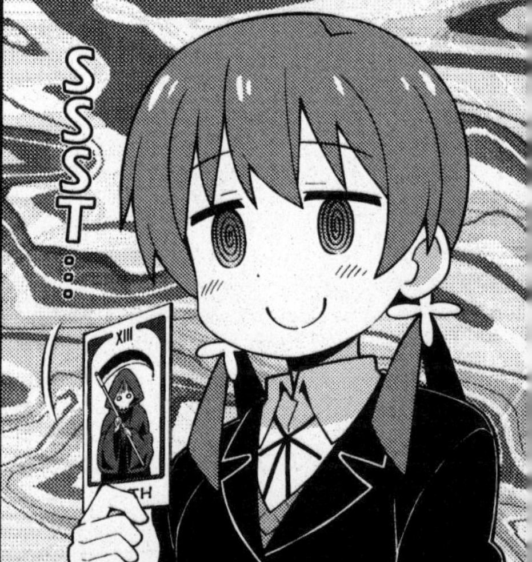
SSST...
XIII

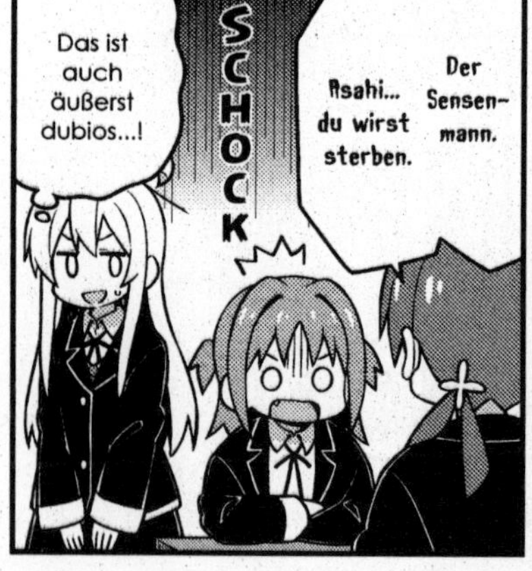
Der Sensenmann.
Asahi... du wirst sterben.
SCHOCK
Das ist auch äußerst dubios...!

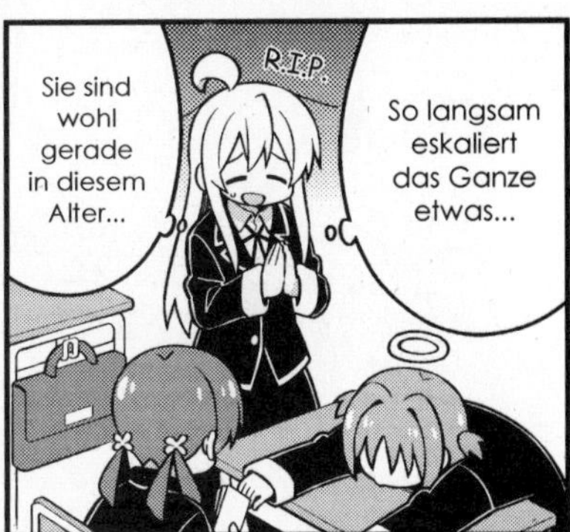
So langsam eskaliert das Ganze etwas...
R.I.P.
Sie sind wohl gerade in diesem Alter...

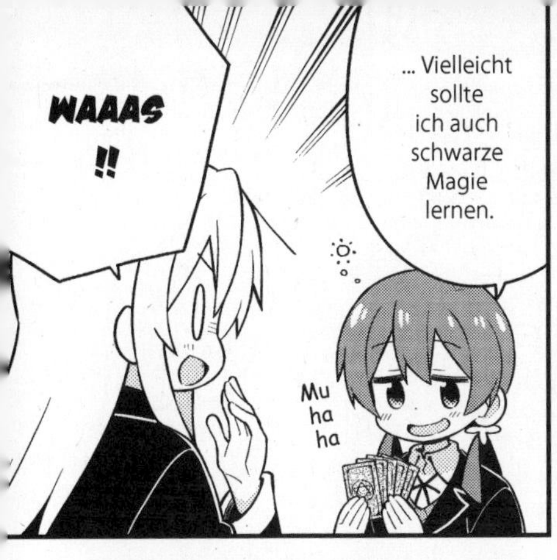
... Vielleicht sollte ich auch schwarze Magie lernen.
Mu ha ha
WAAAS !!

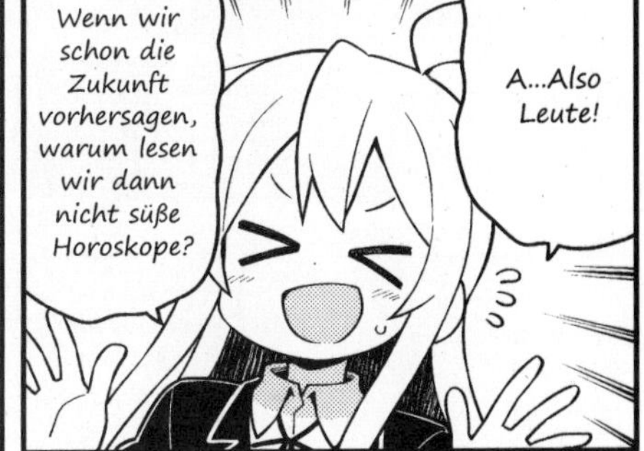
A...Also Leute!
Wenn wir schon die Zukunft vorhersagen, warum lesen wir dann nicht süße Horoskope?

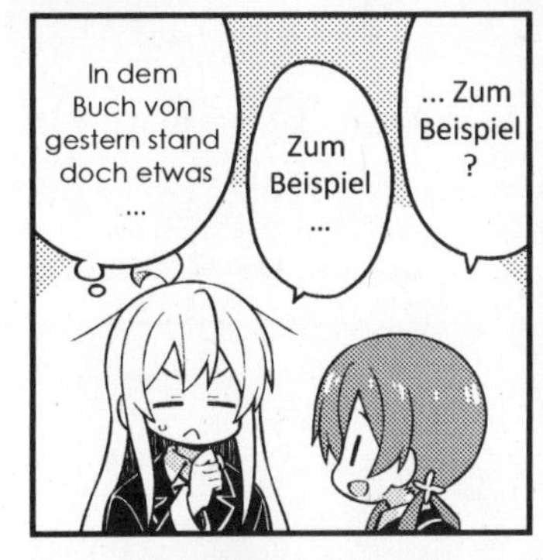
... Zum Beispiel ?
Zum Beispiel ...
In dem Buch von gestern stand doch etwas ...

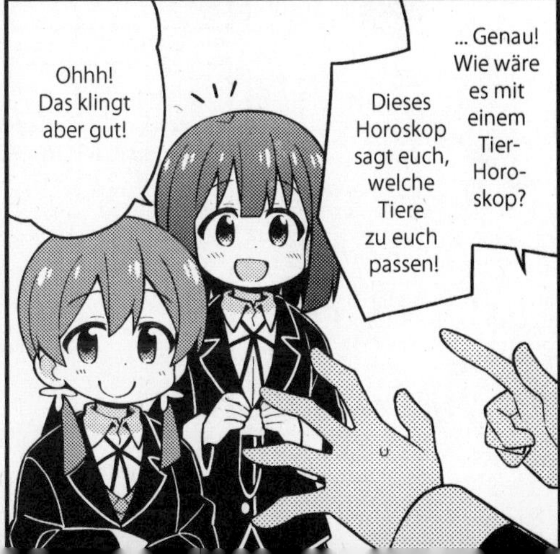
... Genau! Wie wäre es mit einem Tier-Horoskop?
Dieses Horoskop sagt euch, welche Tiere zu euch passen!
Ohhh! Das klingt aber gut!

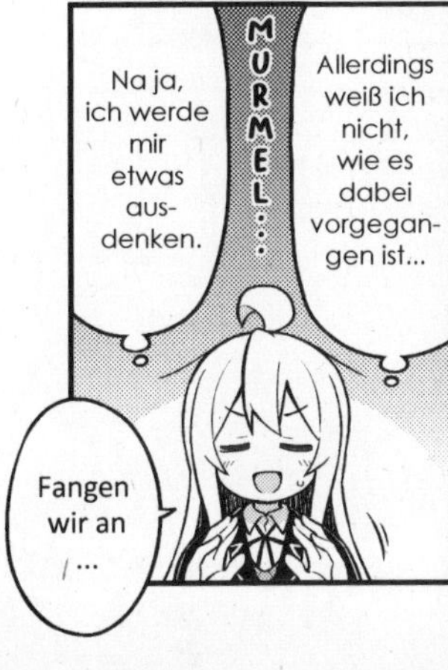
Allerdings weiß ich nicht, wie es dabei vorgegangen ist...
MURMEL...
Na ja, ich werde mir etwas ausdenken.
Fangen wir an ...

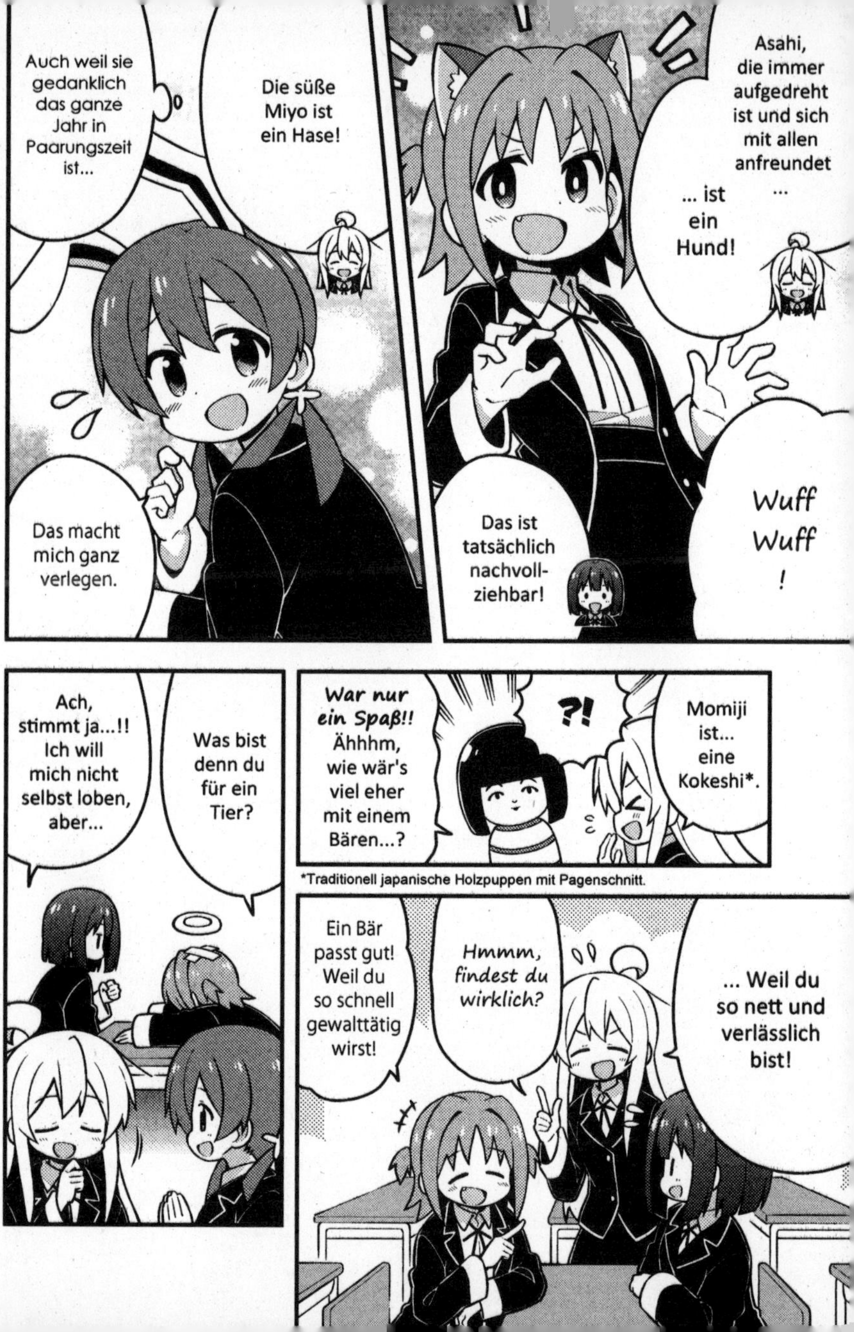

Asahi, die immer aufgedreht ist und sich mit allen anfreundet ...

... ist ein Hund!

Wuff Wuff!

Das ist tatsächlich nachvoll-ziehbar!

Die süße Miyo ist ein Hase!

Auch weil sie gedanklich das ganze Jahr in Paarungszeit ist...

Das macht mich ganz verlegen.

Momiji ist... eine Kokeshi*.

?!

War nur ein Spaß!! Ähhhm, wie wär's viel eher mit einem Bären...?

*Traditionell japanische Holzpuppen mit Pagenschnitt.

Was bist denn du für ein Tier?

Ach, stimmt ja...!! Ich will mich nicht selbst loben, aber...

... Weil du so nett und verlässlich bist!

Hmmm, findest du wirklich?

Ein Bär passt gut! Weil du so schnell gewalttätig wirst!

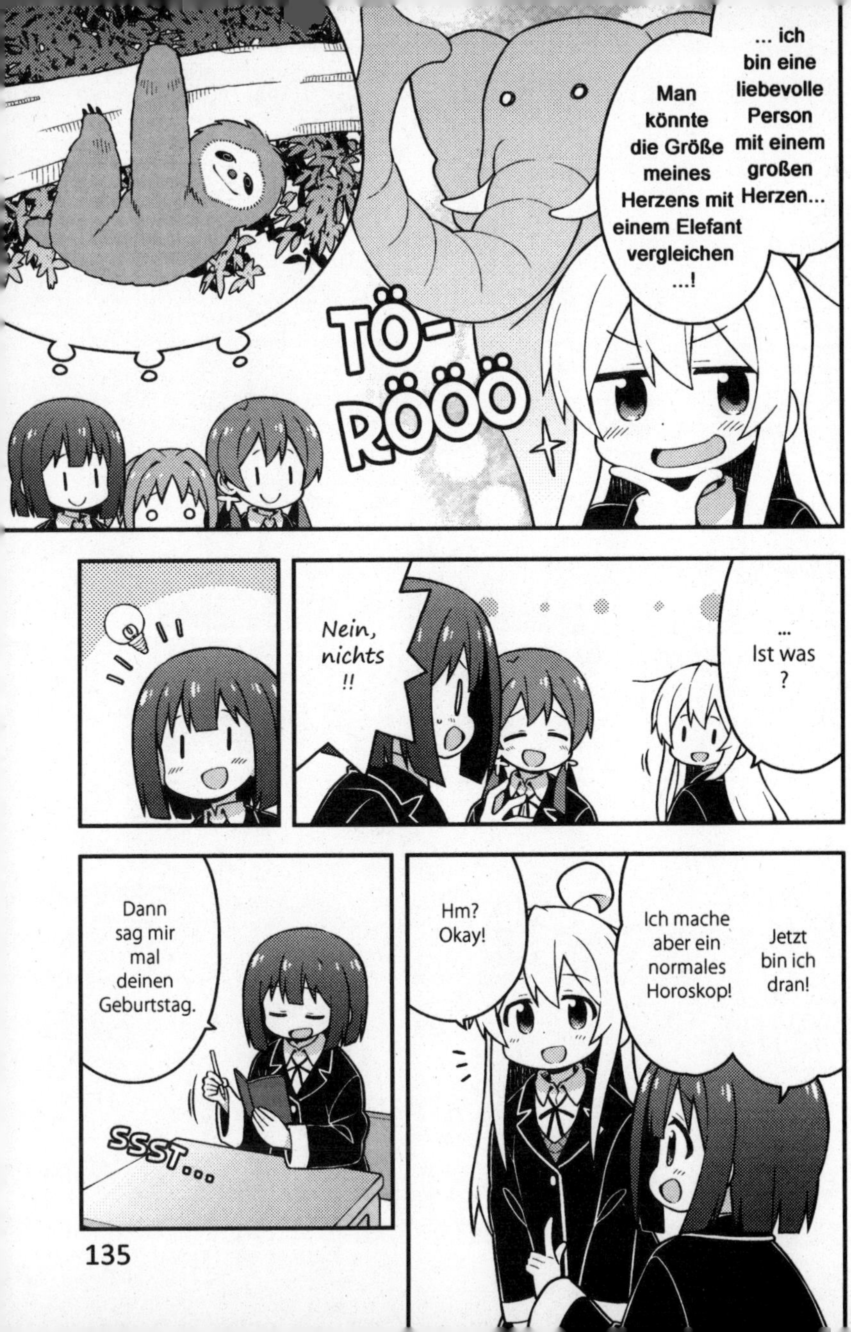

... ich bin eine liebevolle Person mit einem großen Herzen...
Man könnte die Größe meines Herzens mit einem Elefant vergleichen ...!
TÖ-RÖÖÖ

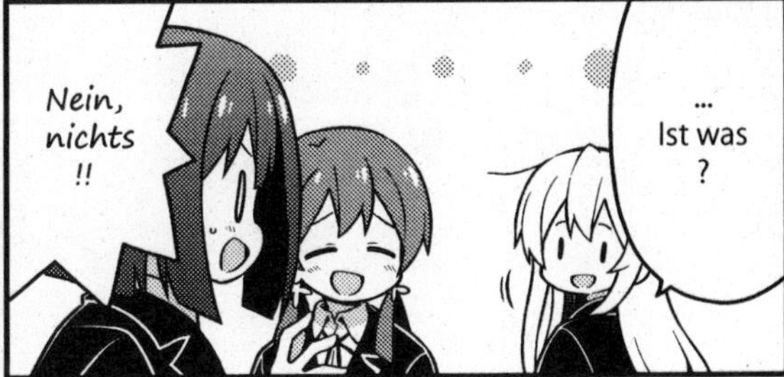

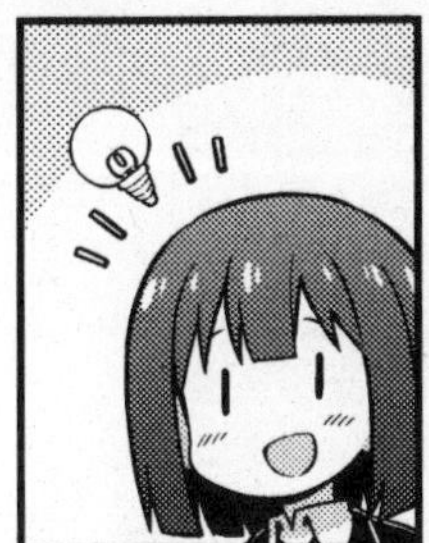

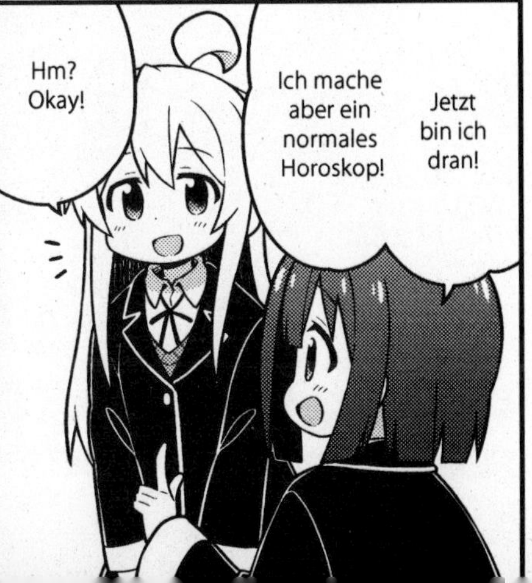

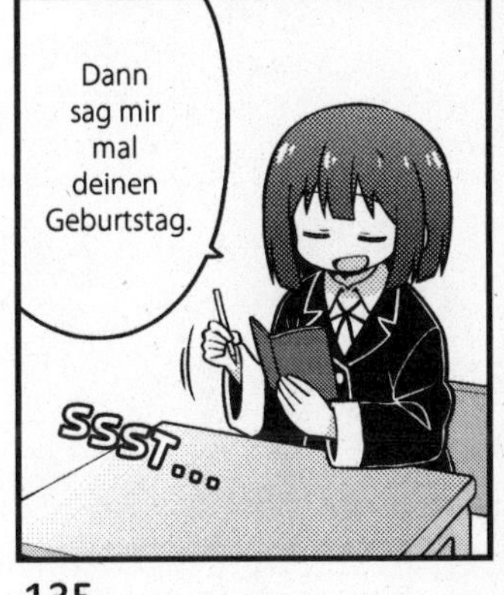

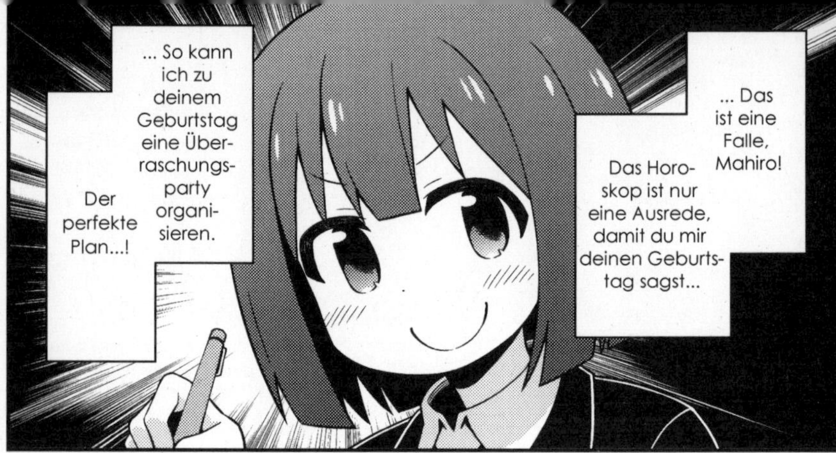
... Das ist eine Falle, Mahiro!
Das Horoskop ist nur eine Ausrede, damit du mir deinen Geburtstag sagst...
... So kann ich zu deinem Geburtstag eine Überraschungsparty organisieren.
Der perfekte Plan...!

Mein Geburtstag also...
Also der ist im März und zwar ...

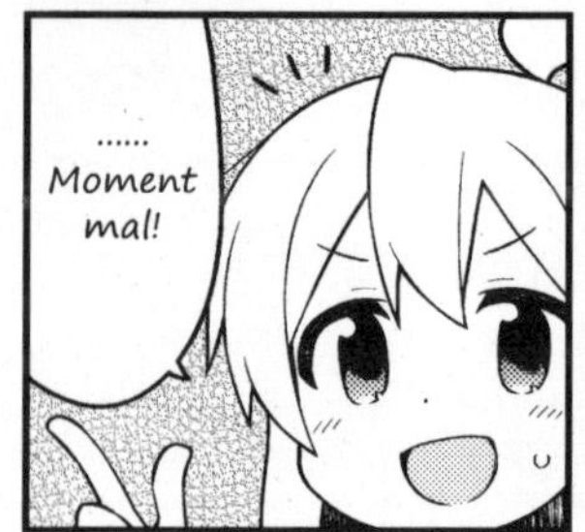
...... Moment mal!

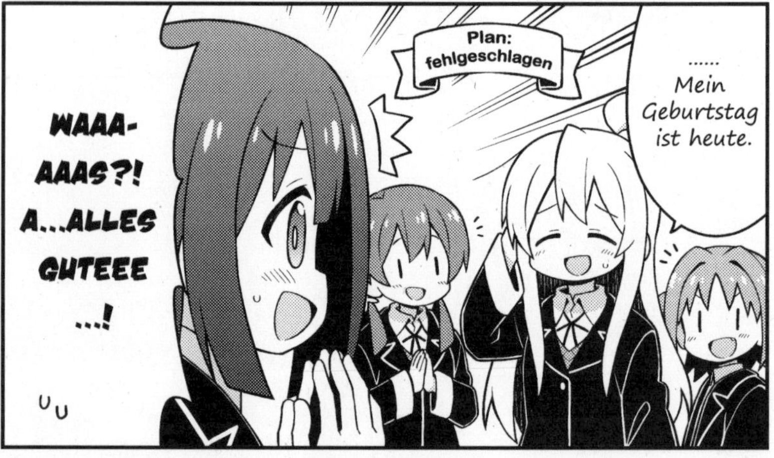
...... Mein Geburtstag ist heute.
Plan: fehlgeschlagen
WAAAAAAS?! A...ALLES GUTEEE ...!

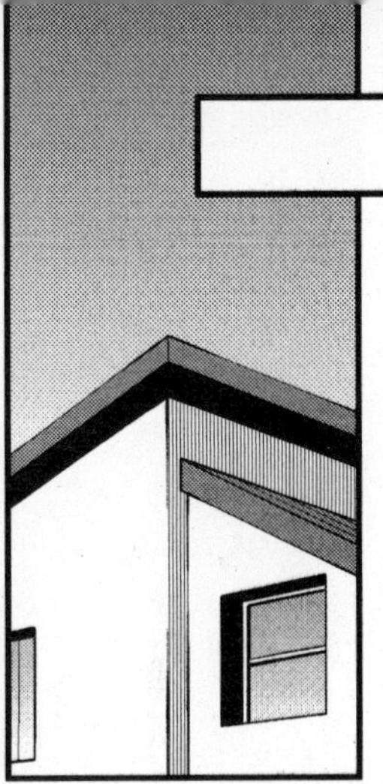

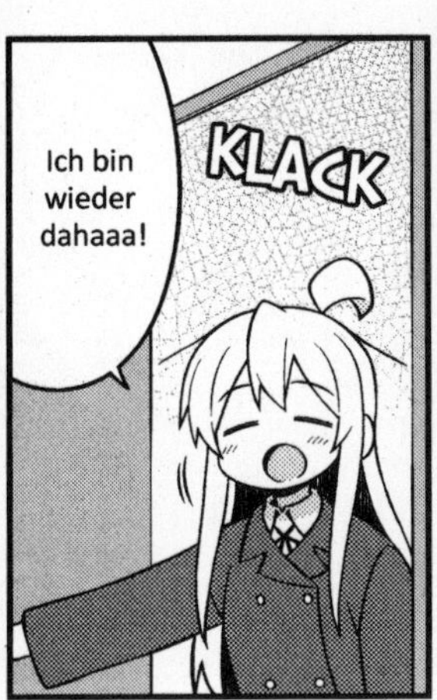
KLACK
Ich bin wieder dahaaa!

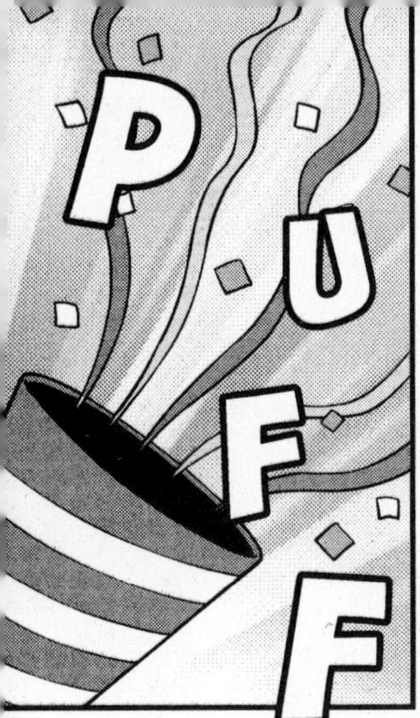
PUFF

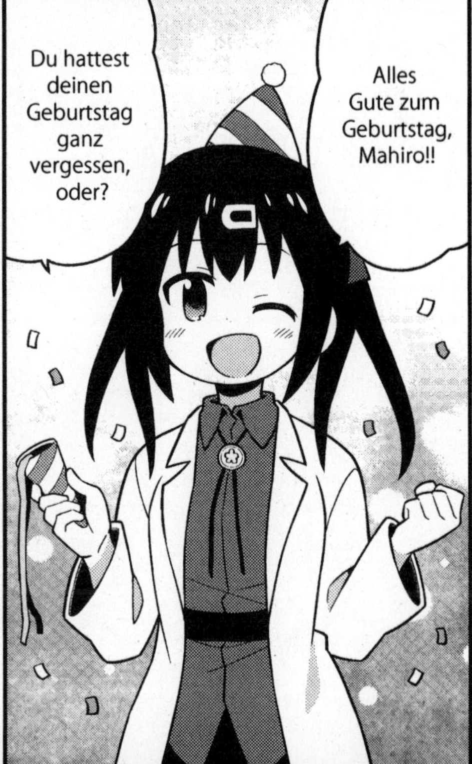
Alles Gute zum Geburtstag, Mahiro!!
Du hattest deinen Geburtstag ganz vergessen, oder?

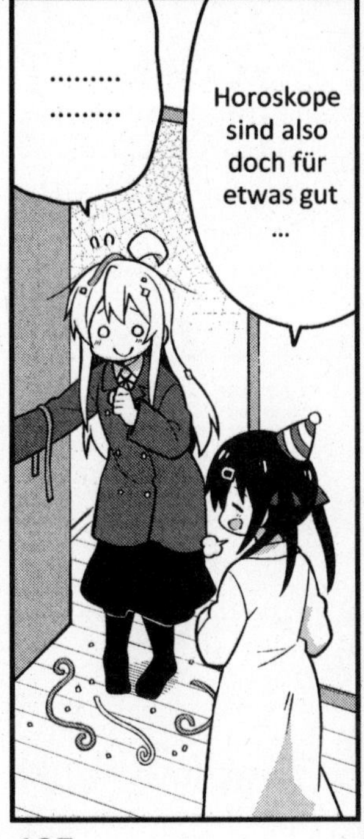
Horoskope sind also doch für etwas gut …
………
………

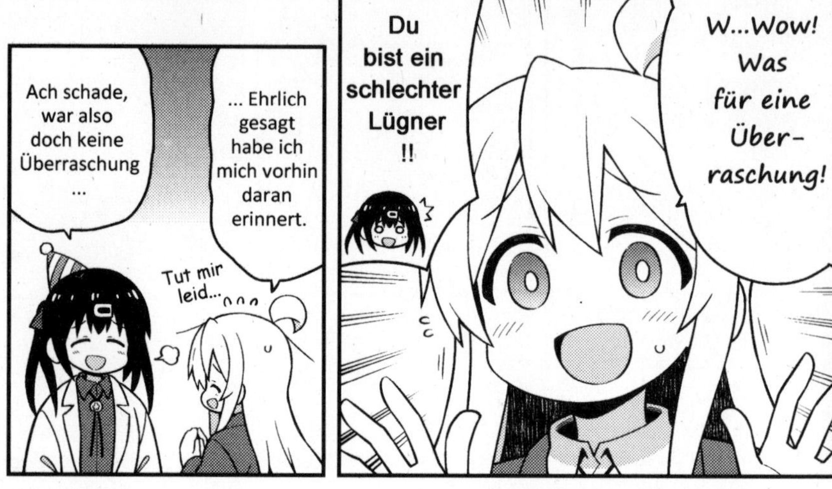

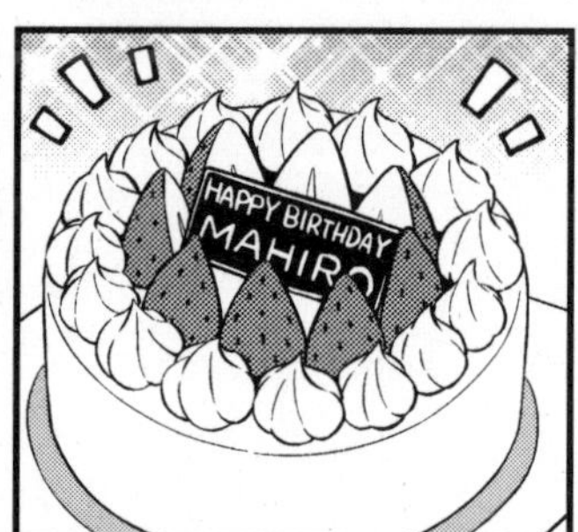

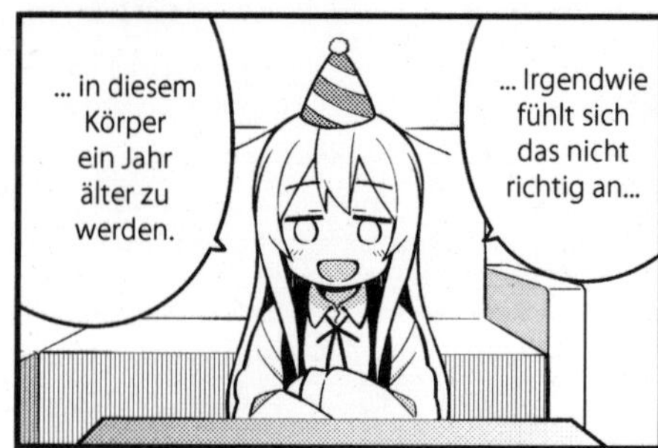

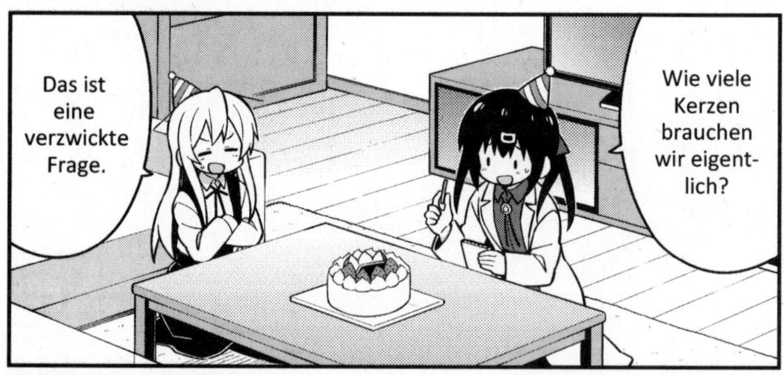

Fortsetzung folgt...

Ab sofort Schwester!

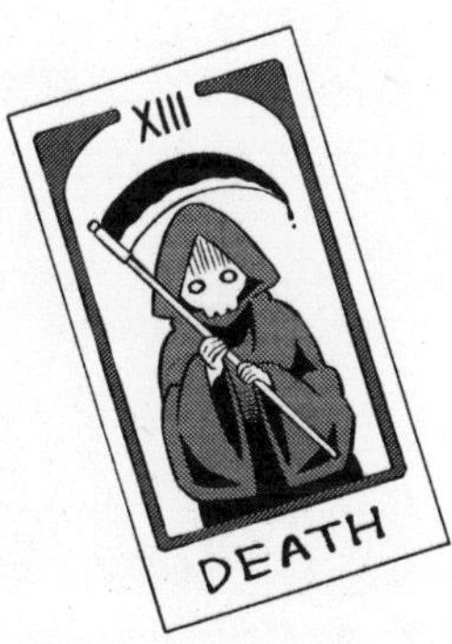

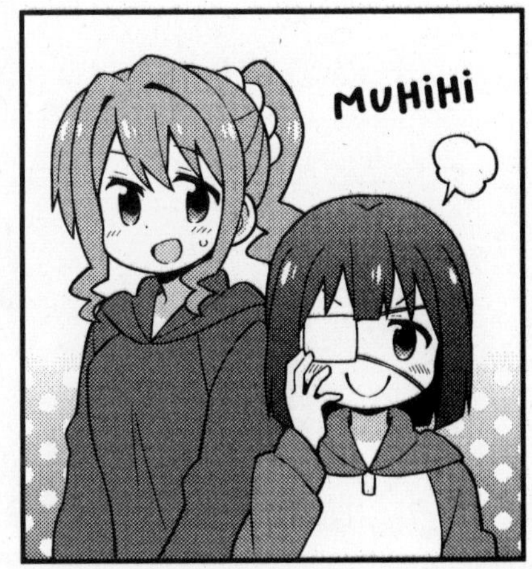

Ab sofort Schwester!

★Special Sketch★

Mahiros Wochentagsroutine

8 Ins Bett Gehen

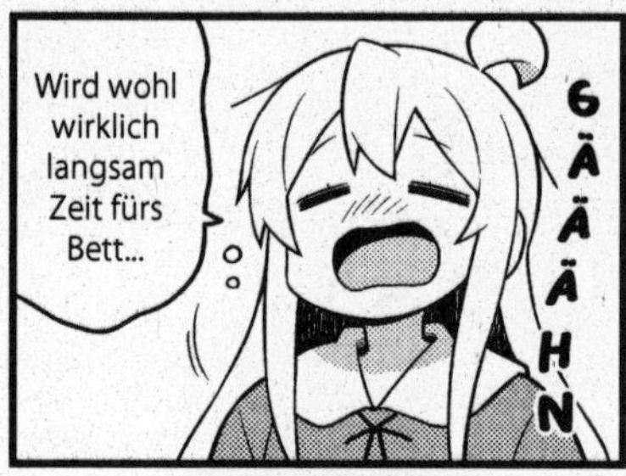

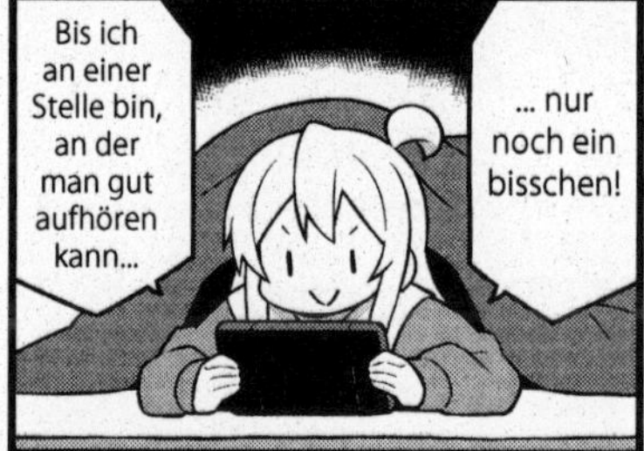

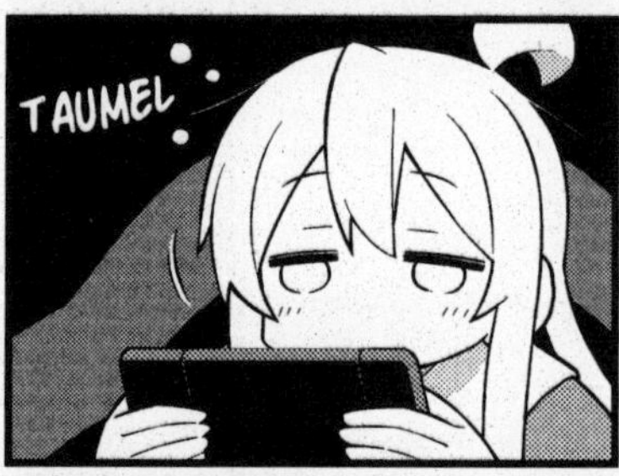

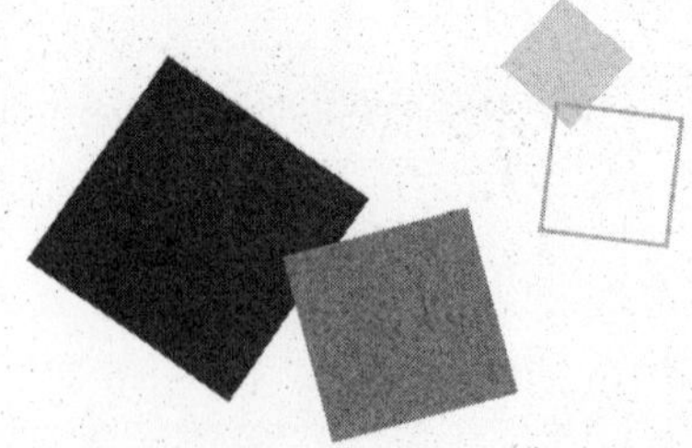

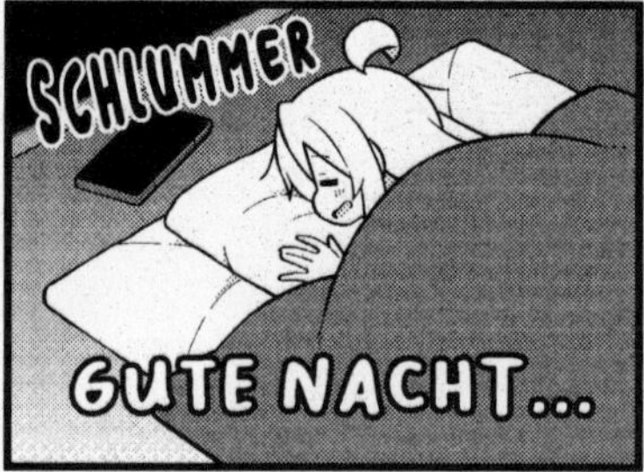

- Kap. 36 -

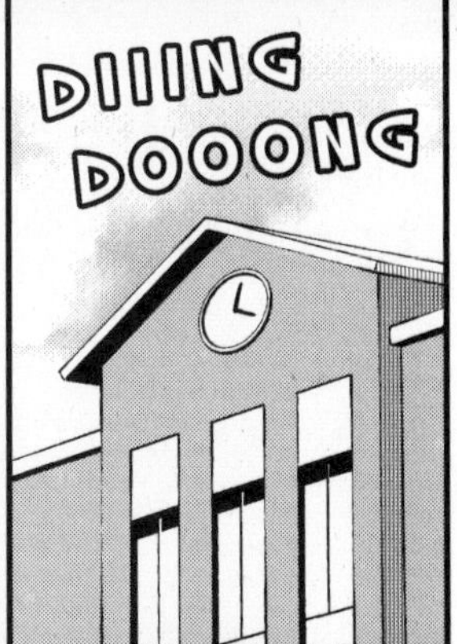
DIIING DOOONG

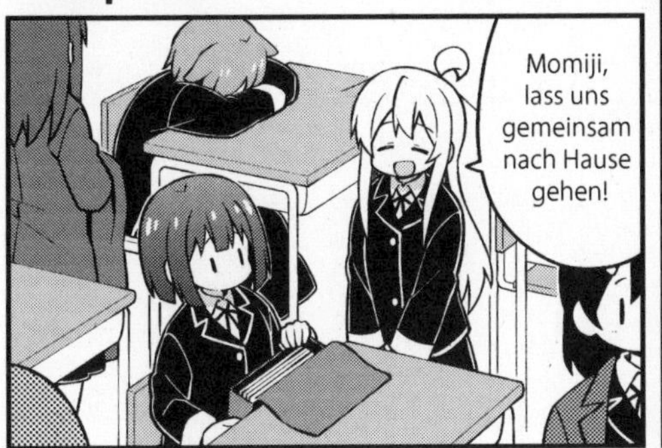
Momiji, lass uns gemeinsam nach Hause gehen!

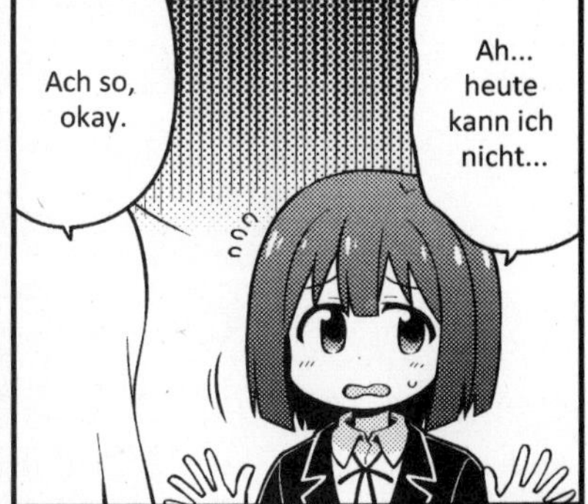
Ah... heute kann ich nicht...
Ach so, okay.

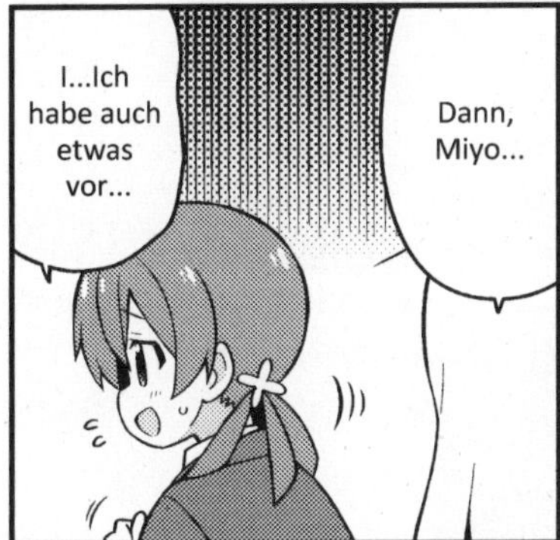
Dann, Miyo...
I...Ich habe auch etwas vor...

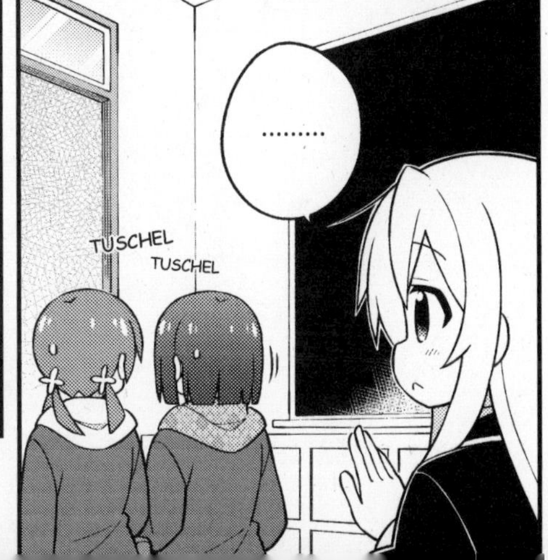
....
TUSCHEL
TUSCHEL

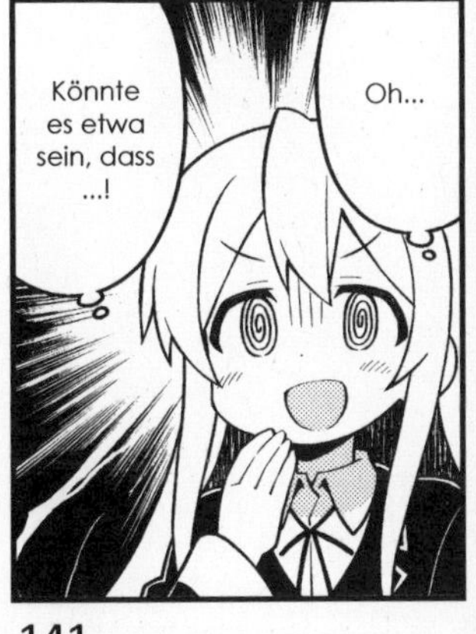
Oh...
Könnte es etwa sein, dass ...!

Kapitel 36 :
Mahiro und die Überraschung

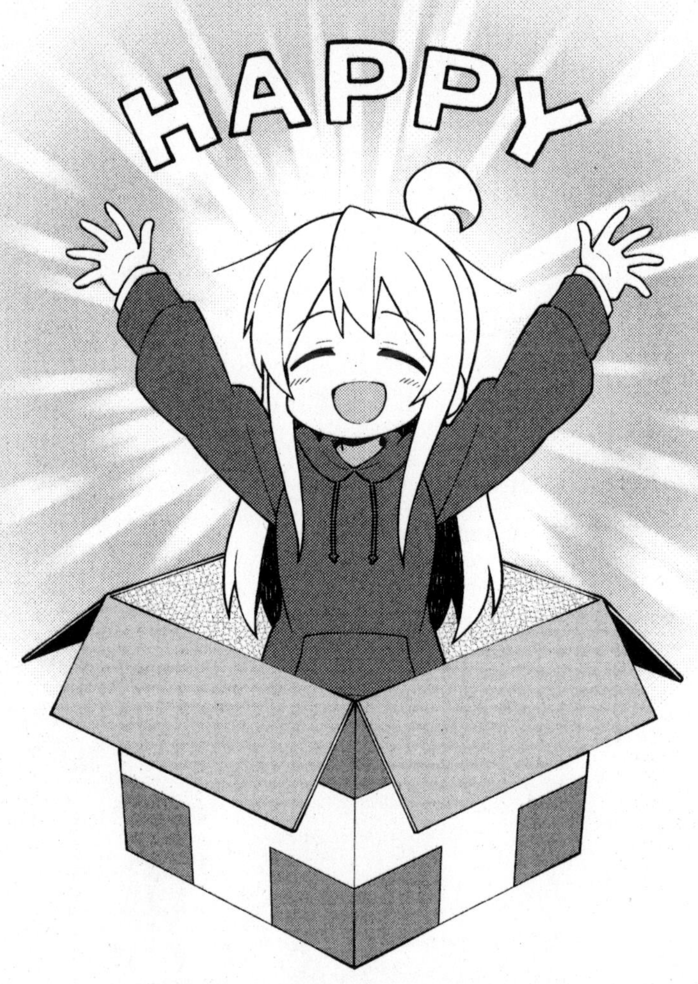

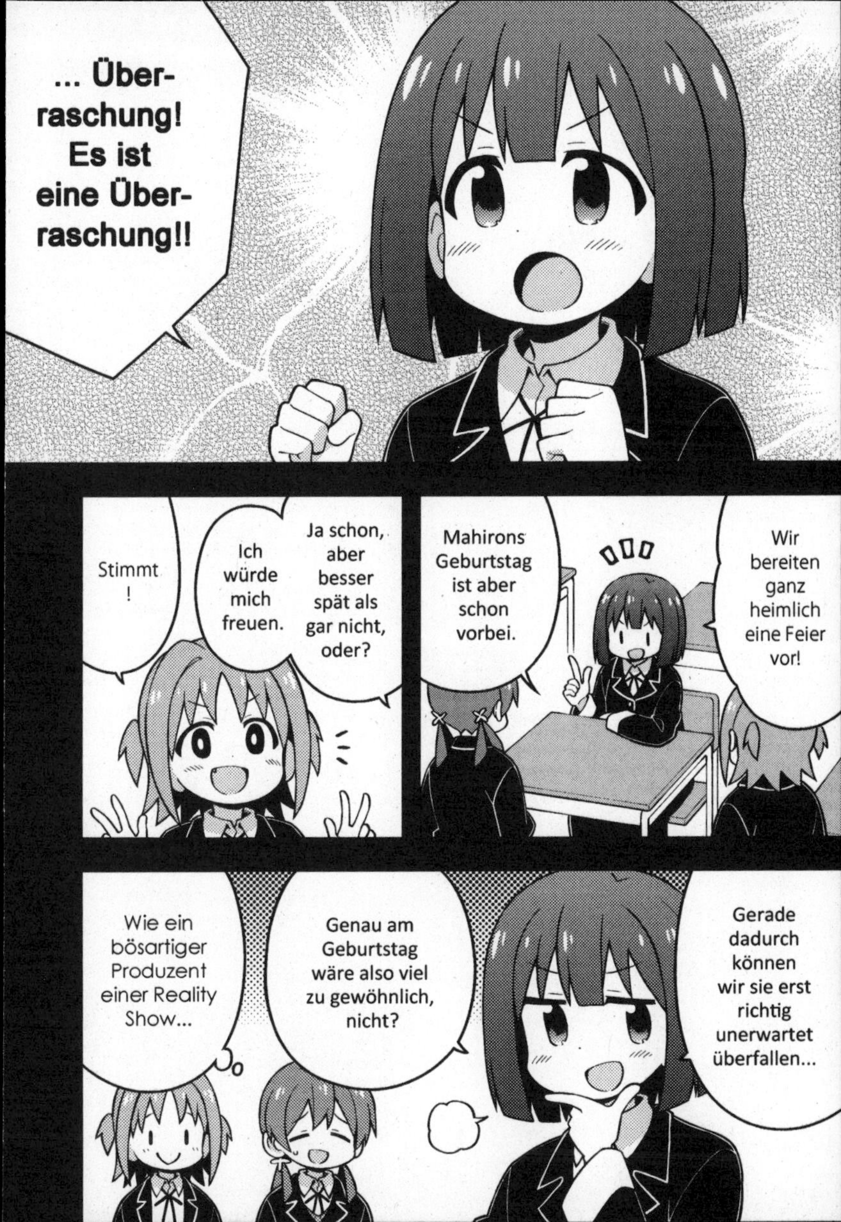

... Über-
raschung!
Es ist
eine Über-
raschung!!

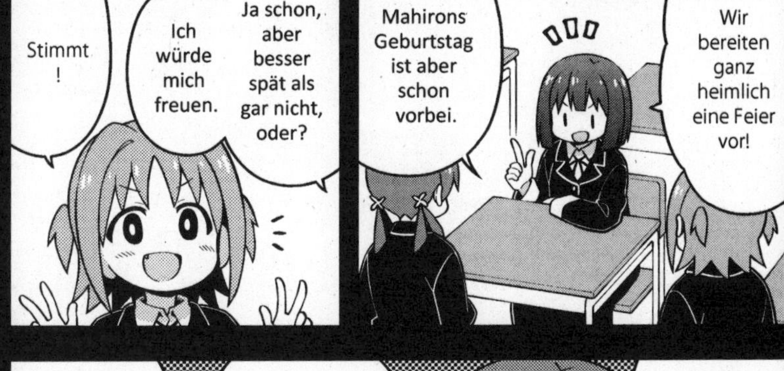

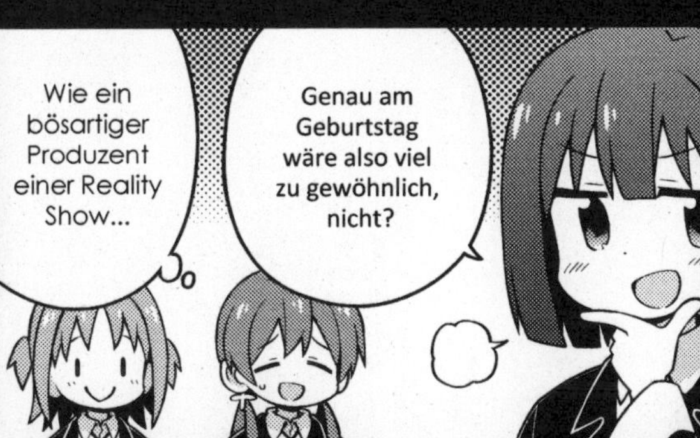

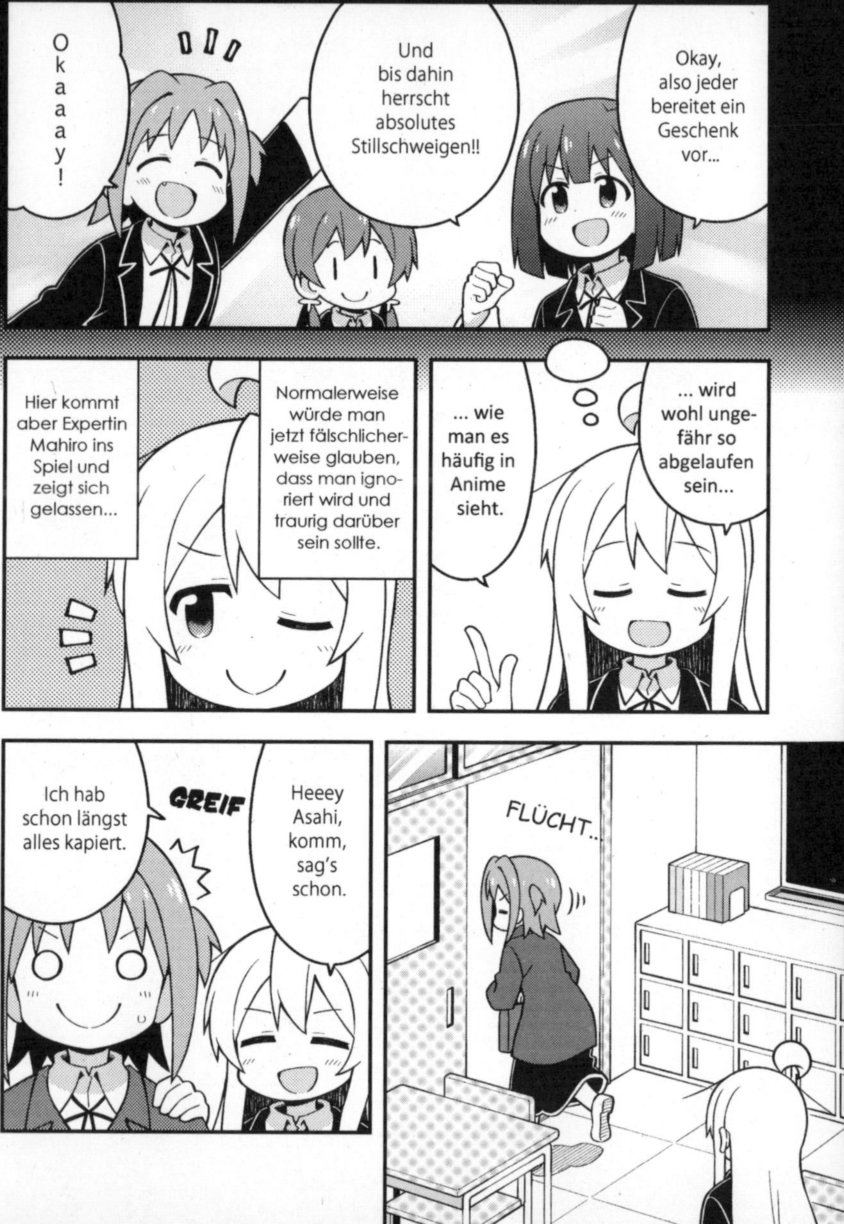

Okay, also jeder bereitet ein Geschenk vor...

Und bis dahin herrscht absolutes Stillschweigen!!

Okaaaay!

... wird wohl ungefähr so abgelaufen sein...

... wie man es häufig in Anime sieht.

Normalerweise würde man jetzt fälschlicherweise glauben, dass man ignoriert wird und traurig darüber sein sollte.

Hier kommt aber Expertin Mahiro ins Spiel und zeigt sich gelassen...

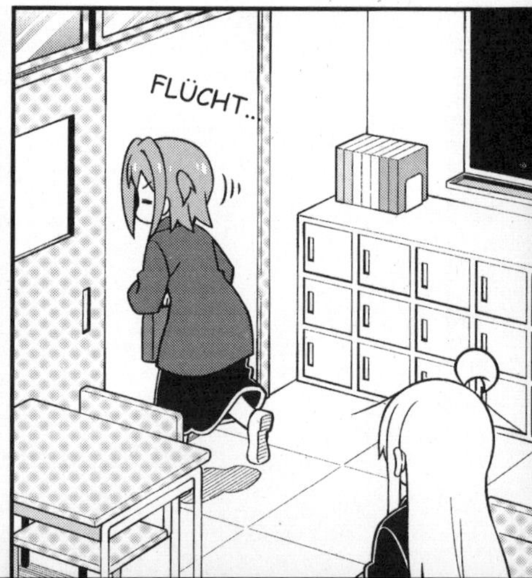

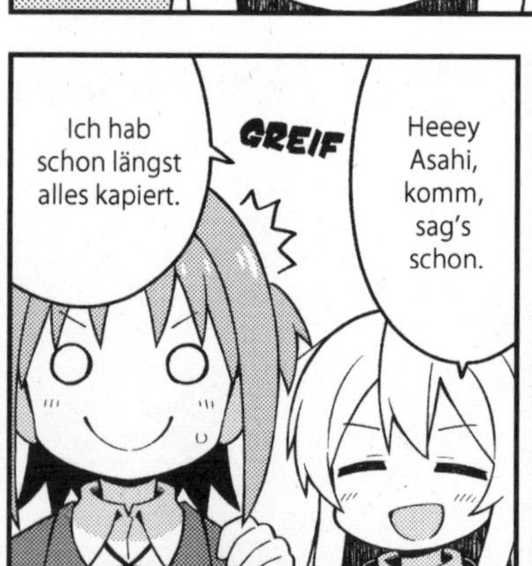

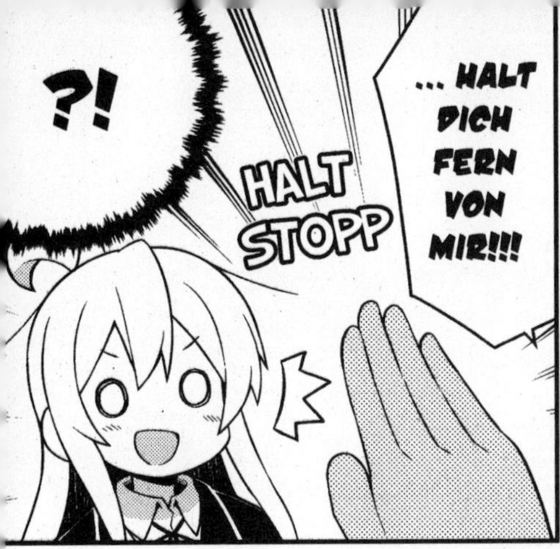
... HALT DICH FERN VON MIR!!!
HALT STOPP
?!

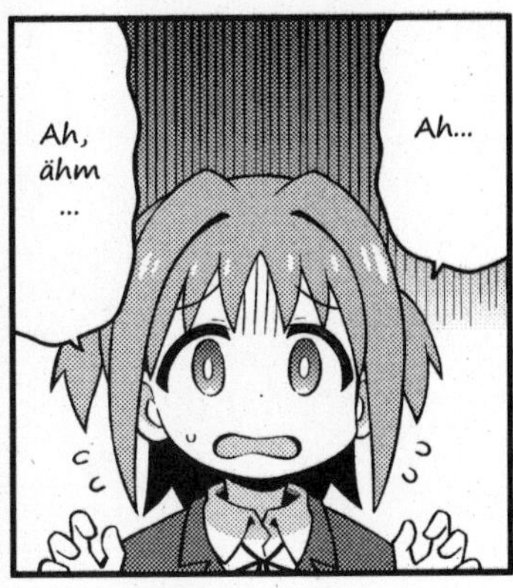
Ah...
Ah, ähm ...

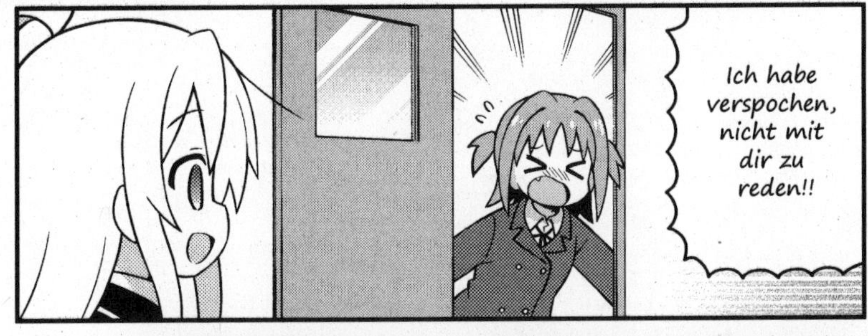
Ich habe verspochen, nicht mit dir zu reden!!

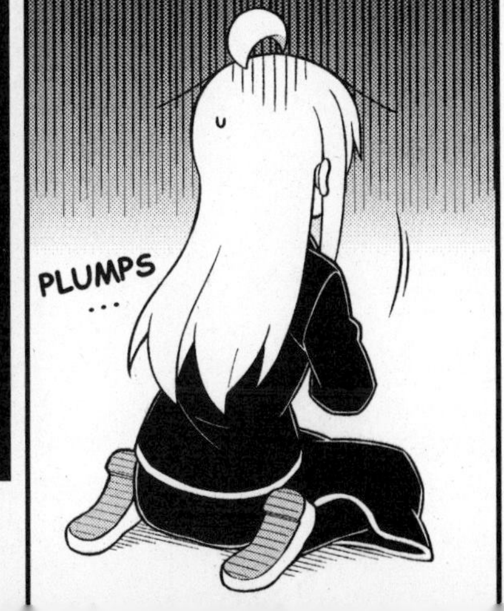
PLUMPS ...

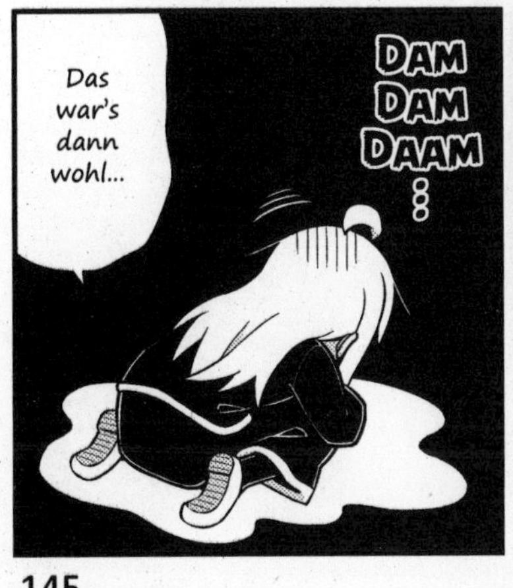
DAM DAM DAAM ...
Das war's dann wohl...

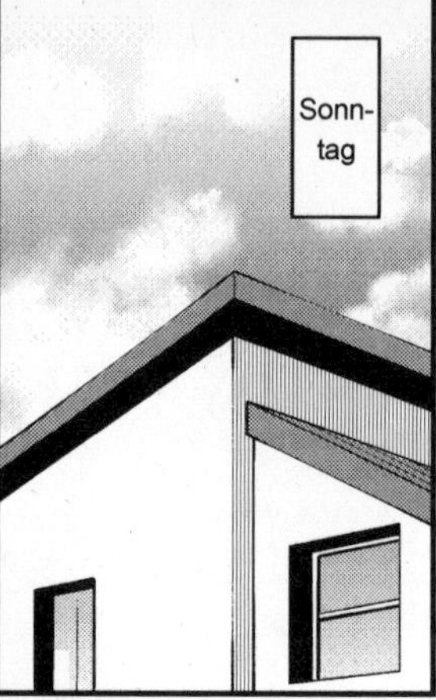
Sonntag

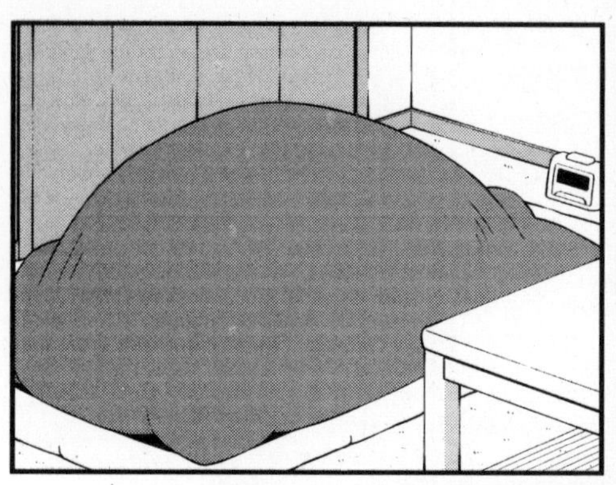

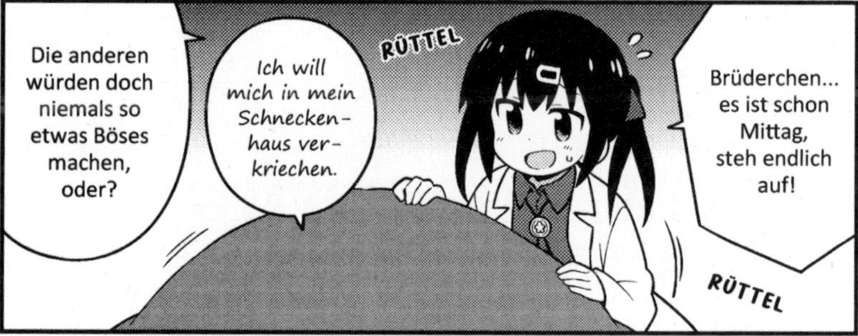
Brüderchen... es ist schon Mittag, steh endlich auf!
RÜTTEL
RÜTTEL
Ich will mich in mein Schneckenhaus verkriechen.
Die anderen würden doch niemals so etwas Böses machen, oder?

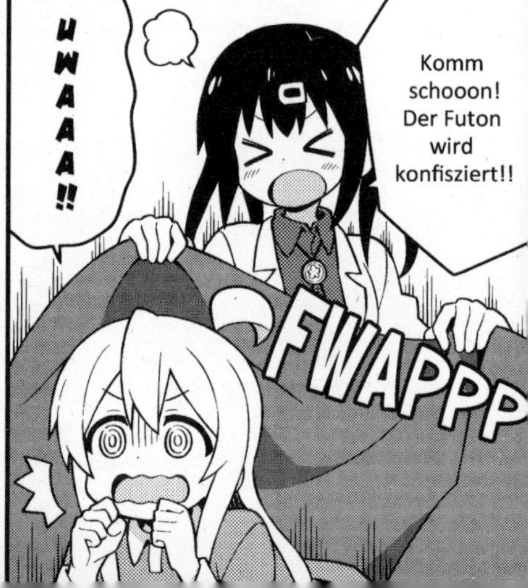
Komm schooon! Der Futon wird konfisziert!!
UWAAAA!!
FWAPPP

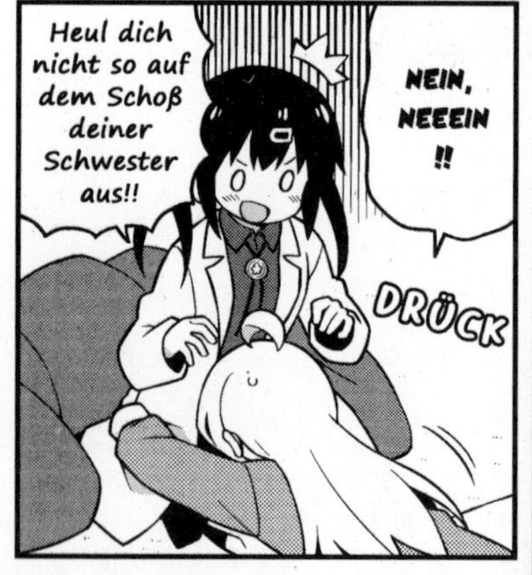
NEIN, NEEEIN!!
Heul dich nicht so auf dem Schoß deiner Schwester aus!!
DRÜCK

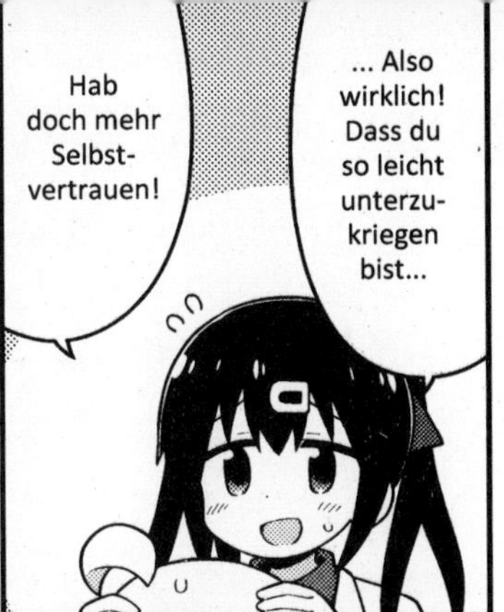
... Also wirklich! Dass du so leicht unterzukriegen bist...
Hab doch mehr Selbstvertrauen!

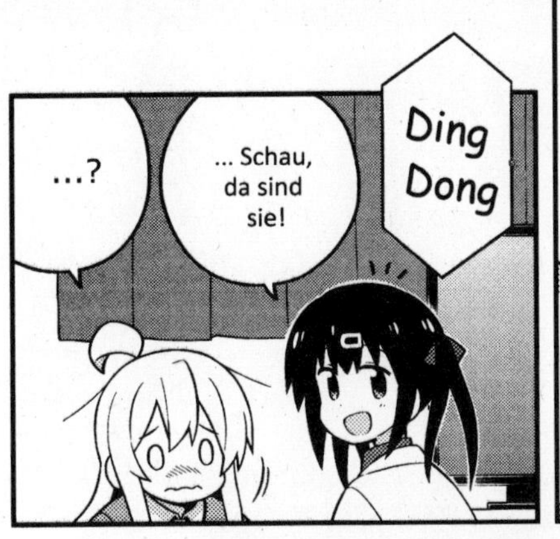
Ding Dong
... Schau, da sind sie!
...?

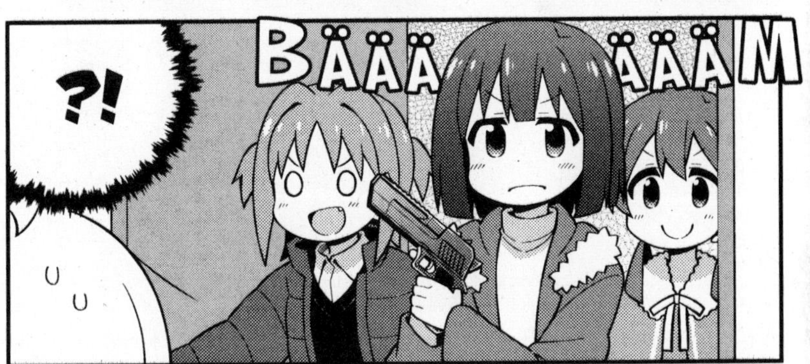
BÄÄÄÄÄÄÄM
?!

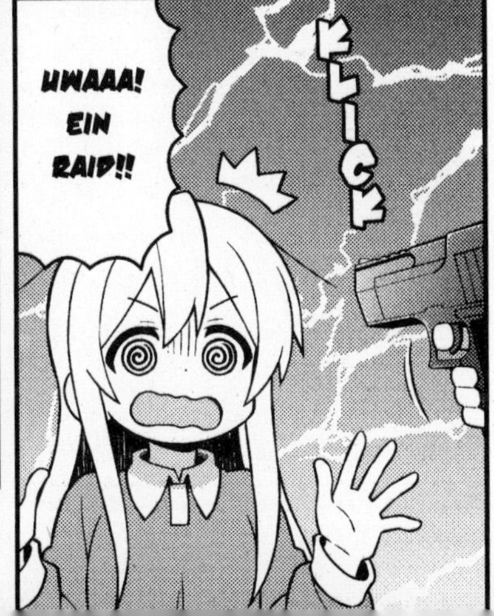
KLICK
UWAAA! EIN RAID!!

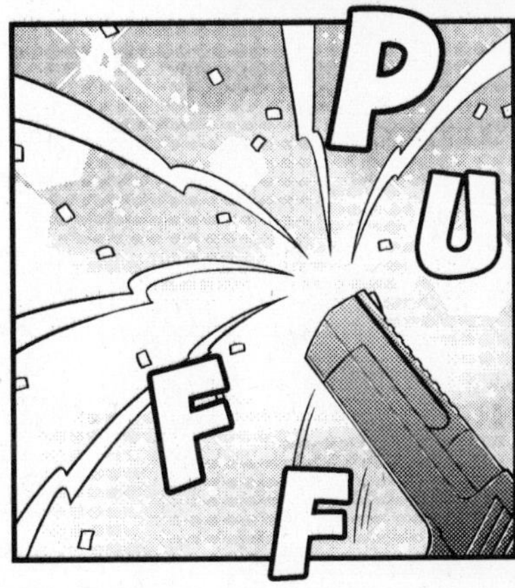
PUFF

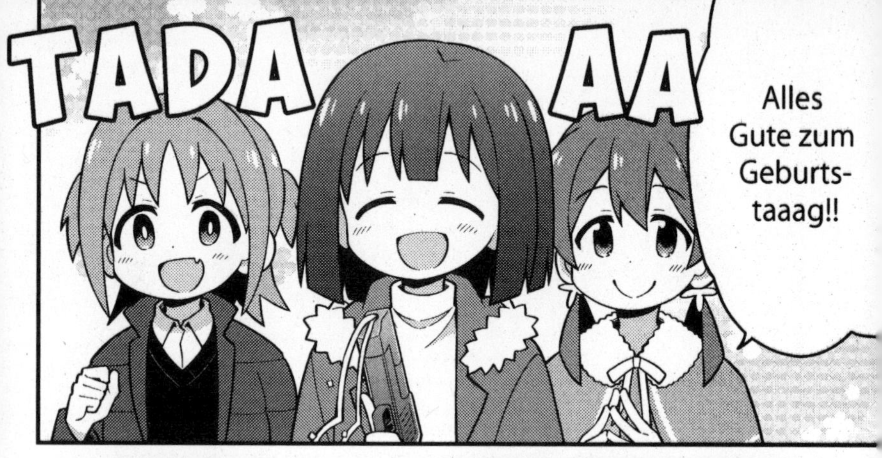
TADAAA
Alles Gute zum Geburtstaaag!!

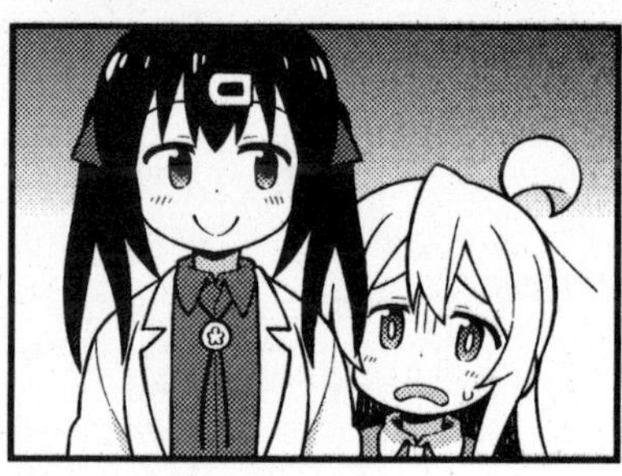

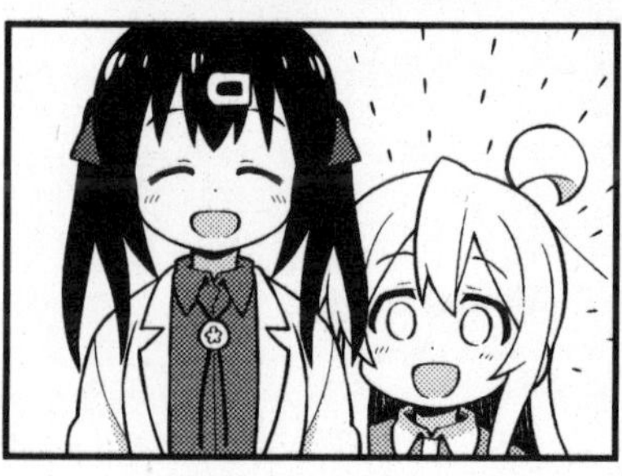

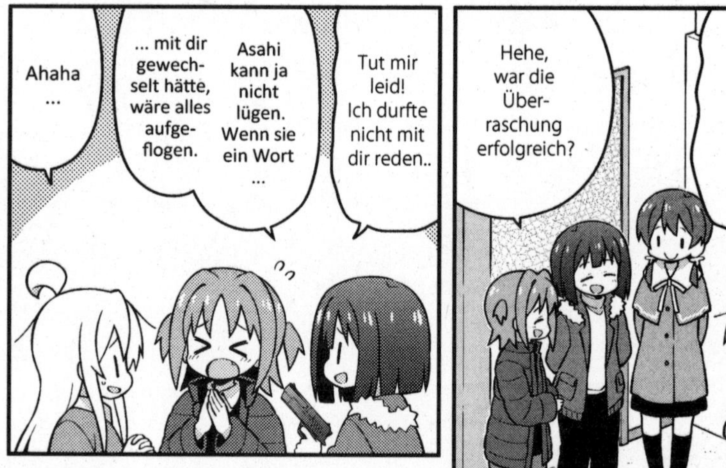
Oh Maaaaaann!! Ihr habt mir so eine Angst eingejagt!!
Hehe, war die Überraschung erfolgreich?
Tut mir leid! Ich durfte nicht mit dir reden..
Asahi kann ja nicht lügen. Wenn sie ein Wort ...
... mit dir gewechselt hätte, wäre alles aufgeflogen.
Ahaha ...

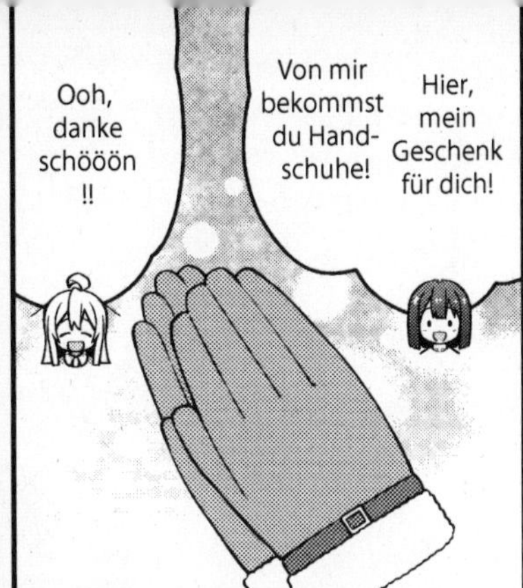
Hier, mein Geschenk für dich!
Von mir bekommst du Handschuhe!
Ooh, danke schöööön !!

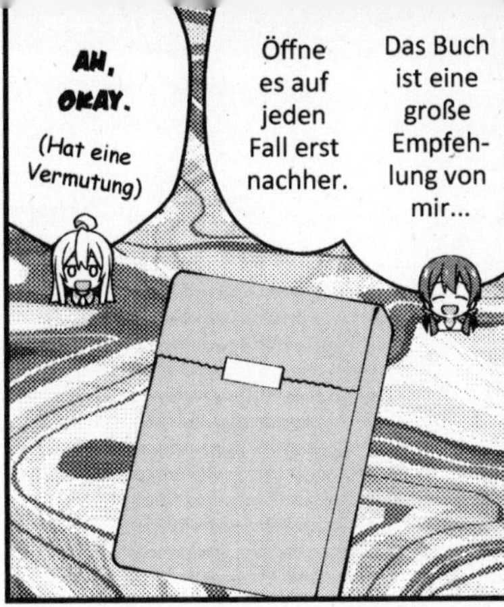
Das Buch ist eine große Empfehlung von mir...
Öffne es auf jeden Fall erst nachher.
AH, OKAY.
(Hat eine Vermutung)

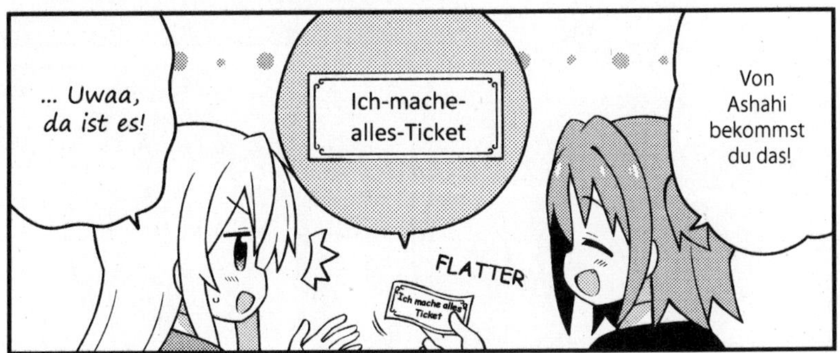
Von Ashahi bekommst du das!
Ich-mache-alles-Ticket
FLATTER
Ich mache alles Ticket
... Uwaa, da ist es!

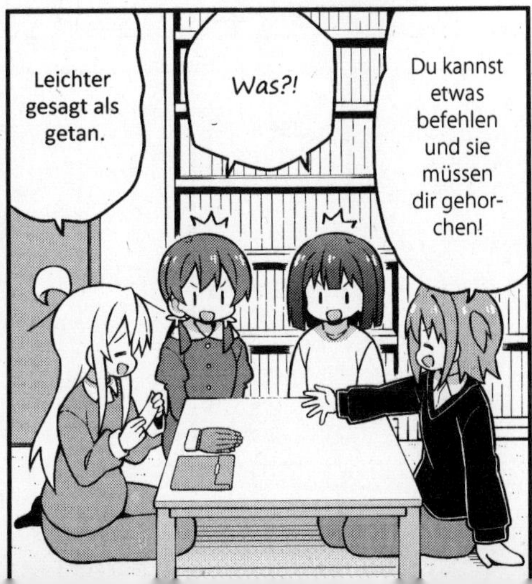
Du kannst etwas befehlen und sie müssen dir gehorchen!
Was?!
Leichter gesagt als getan.

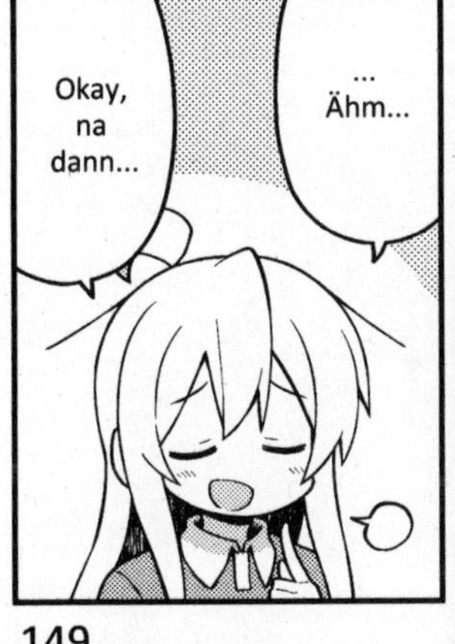
... Ähm...
Okay, na dann...

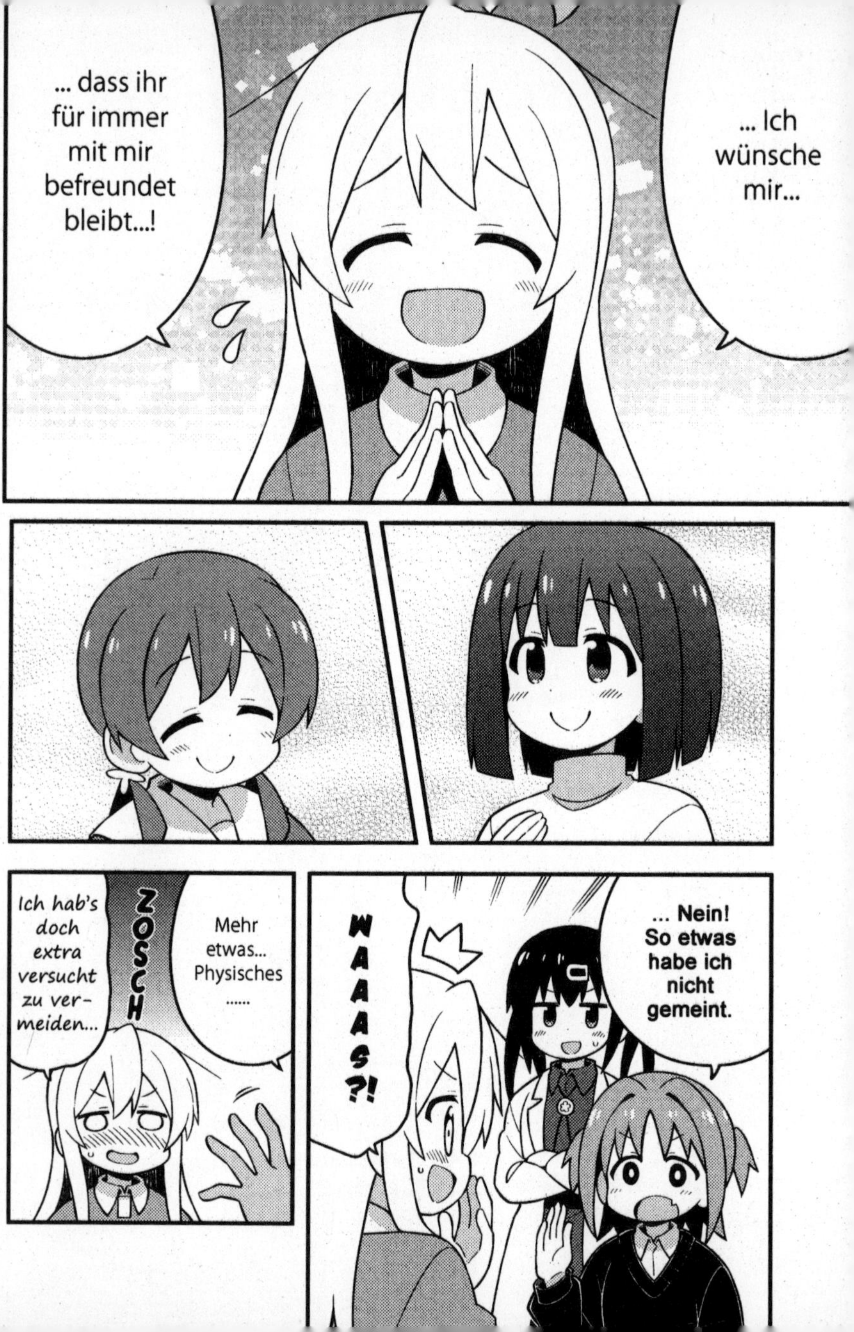

... Ich wünsche mir...

... dass ihr für immer mit mir befreundet bleibt...!

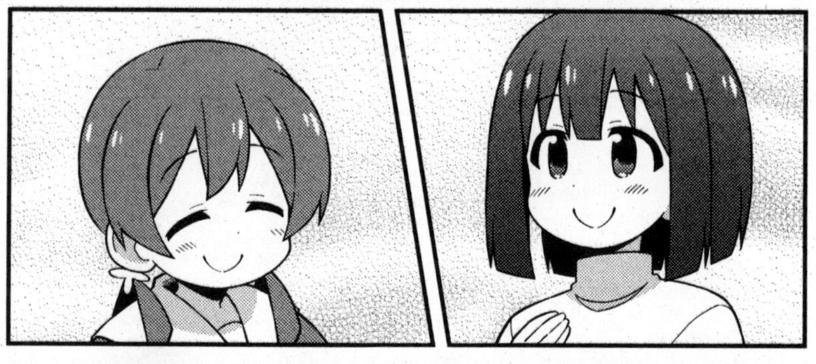

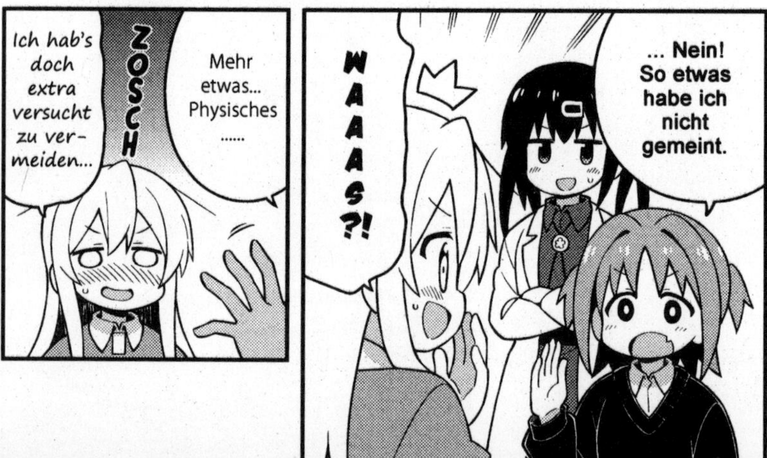

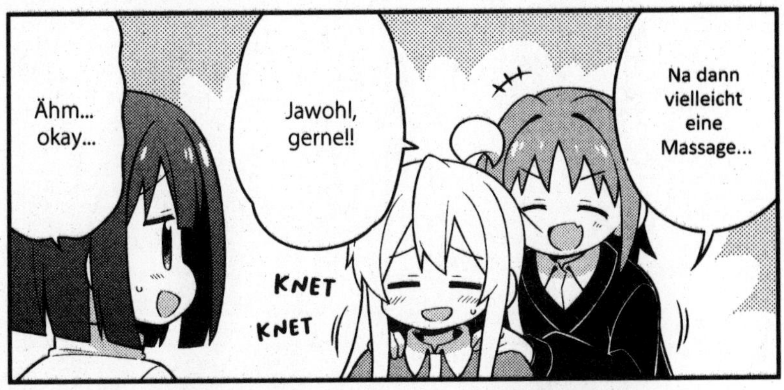
Na dann vielleicht eine Massage...
Jawohl, gerne!!
Ähm... okay...
KNET
KNET

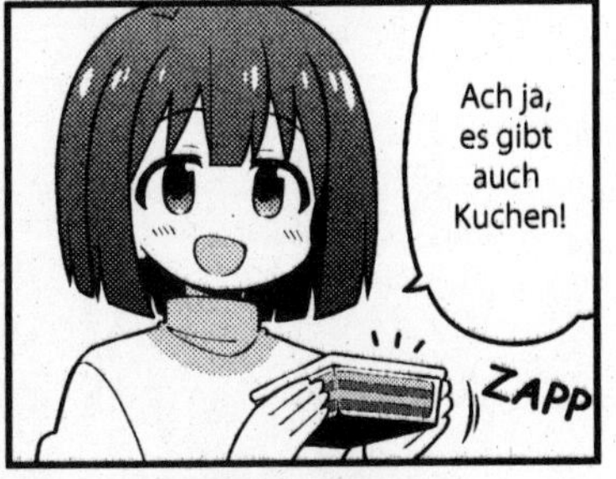
Ach ja, es gibt auch Kuchen!
ZAPP

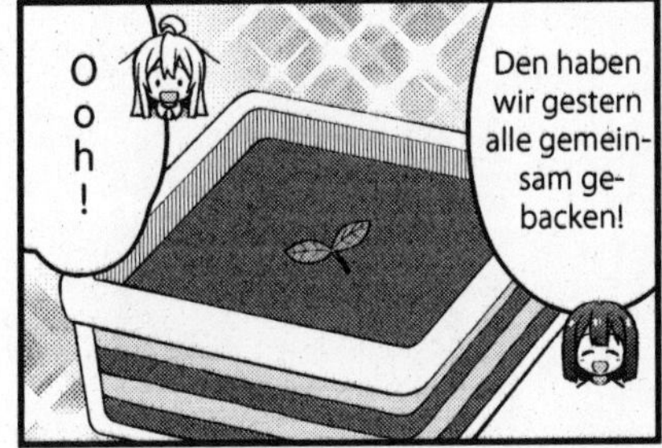
Den haben wir gestern alle gemeinsam gebacken!
Ooh!

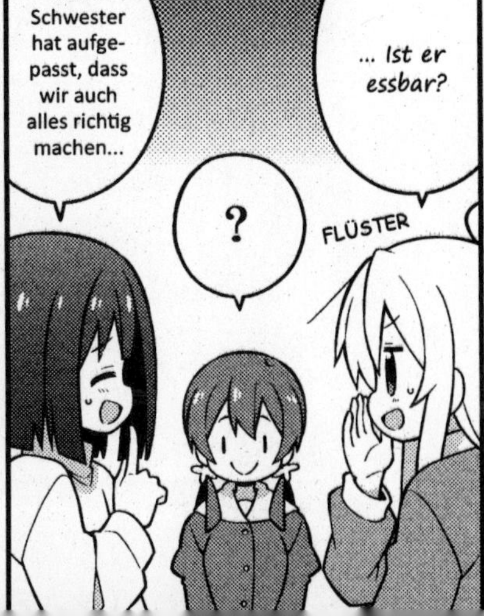
... Ist er essbar?
FLÜSTER
Meine Schwester hat aufgepasst, dass wir auch alles richtig machen...
?

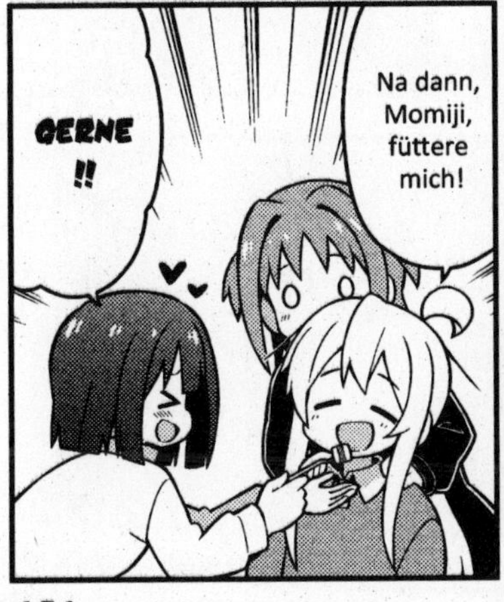
Na dann, Momiji, füttere mich!
GERNE !!

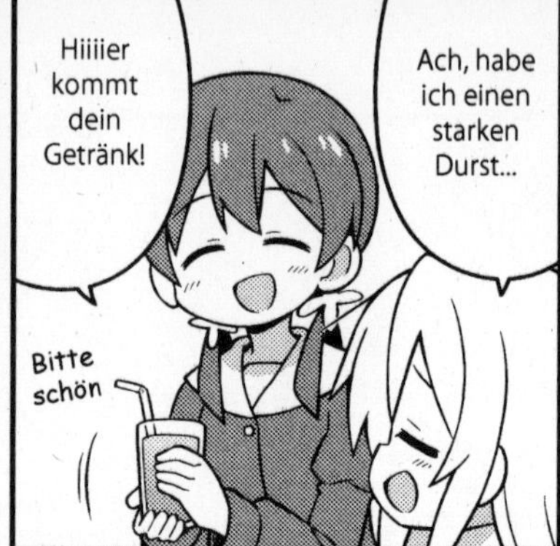

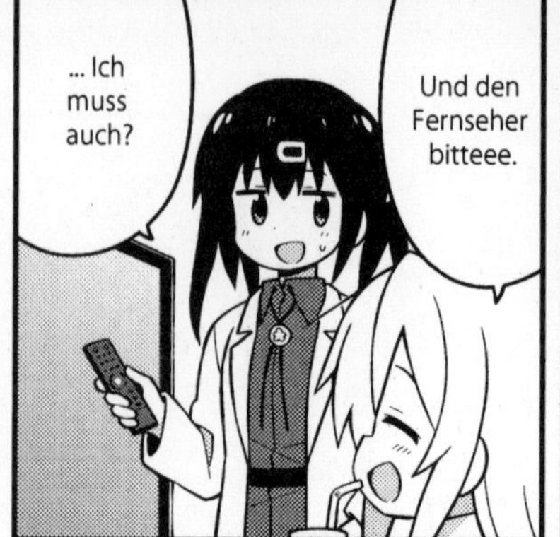

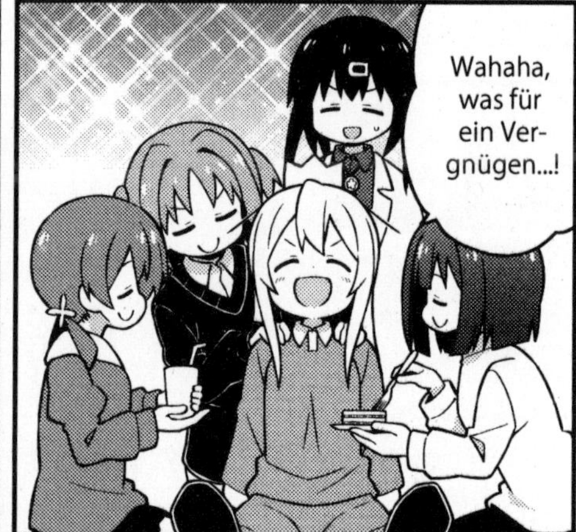

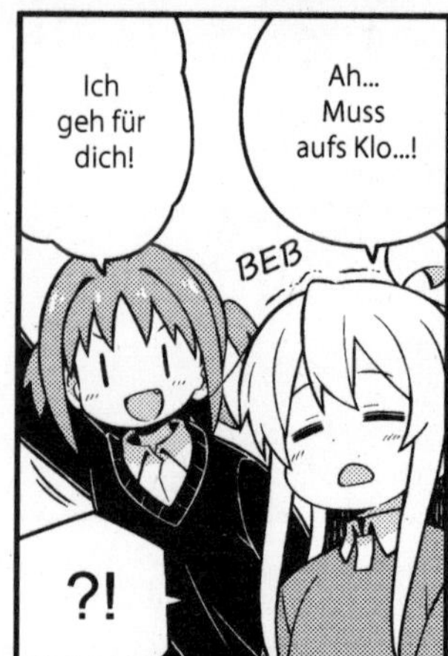

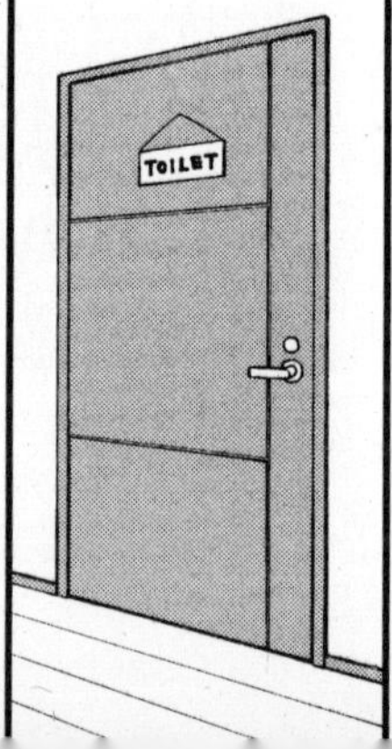

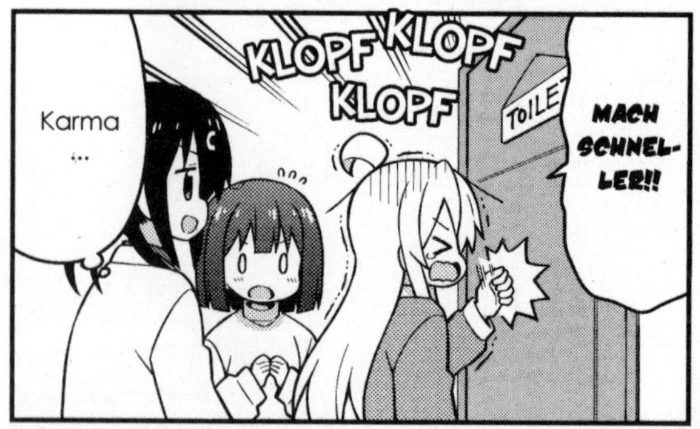

Fortsetzung folgt...

Ab sofort Schwester!

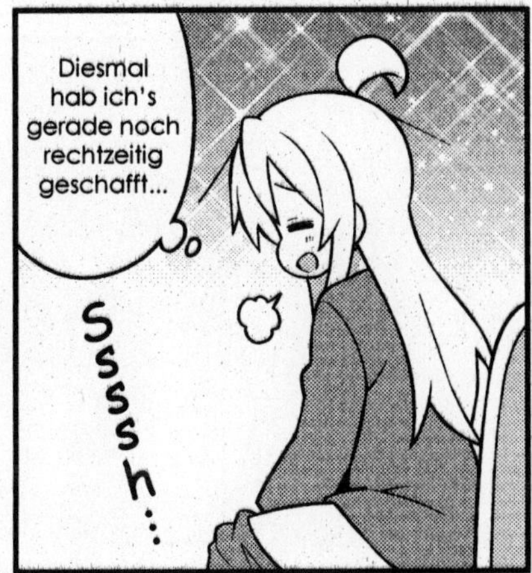

Kapitel 36.5: Mahiro und das Geschenk

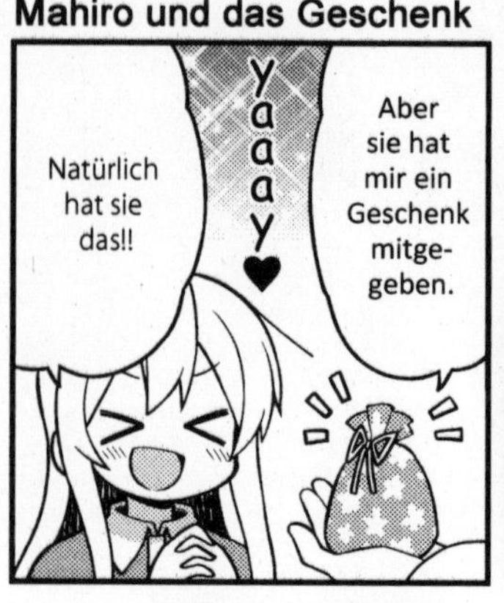

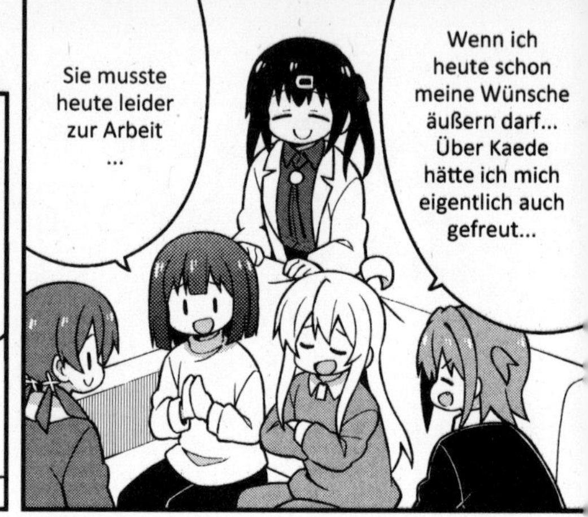

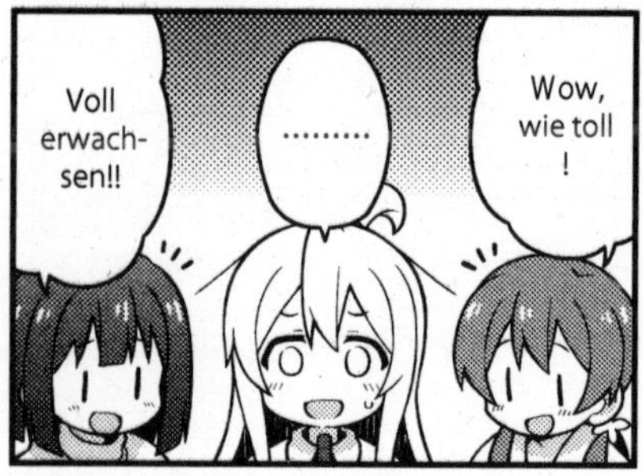

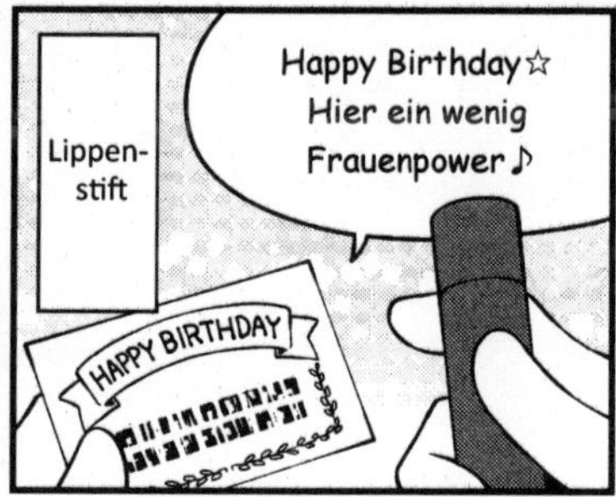

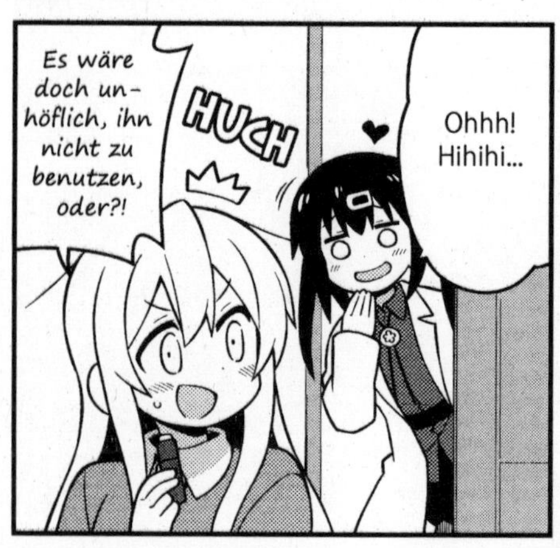

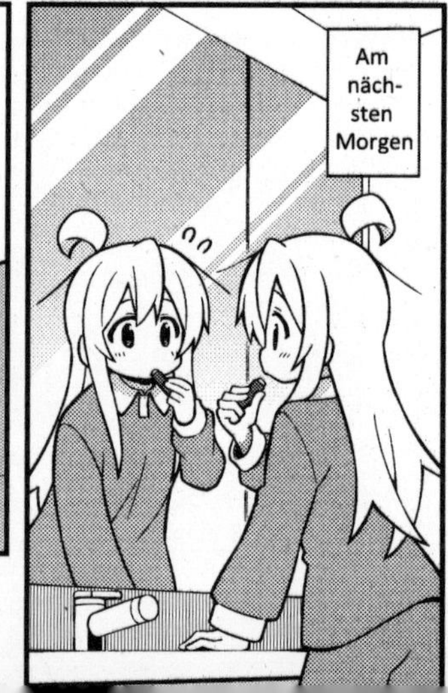

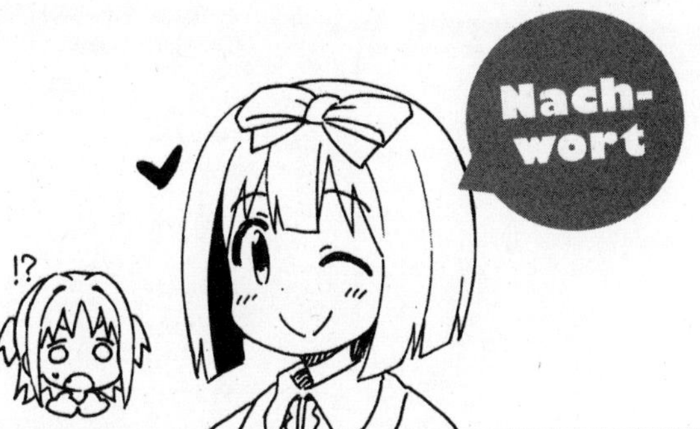

Danke, dass ihr euch *Band* 4 der deutschen Ausgabe von „Ab sofort Schwester!" gekauft habt!

Nachdem das letzte Kapitel von Band 3 mittendrin endete, konnte diese nun mit dem neuen Band fortgesetzt werden. Ich hoffe, sie hat euch gut gefallen!

Noch mehr freut es mich, euch bekanntgeben zu dürfen, dass endlich eine Anime-Adaption von „Ab sofort Schwester!" angekündigt wurde!! Schon ab Januar 2023 soll sie in Japan ausgestrahlt werden. All das ist nur dank eurer großartigen Unterstützung und Begeisterung für meinen Manga möglich geworden, danke!!

Sie sollte nicht nur im TV, sondern auch im Web zum Streaming angeboten werden, ich weiß aber ehrlich gesagt selbst nicht, in welchen Sprachen sie verfügbar sein wird. Ich würde mich dennoch sehr freuen, wenn ihr auch in die Anime-Adaption reinschauen würdet!

In diesem Sinne verabschiede ich mich wieder bei euch und freue mich wie immer darauf, euch beim nächsten Band wieder dabei zu haben!

18. Sep, NEKOTOFU

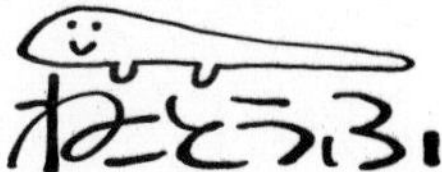

謹賀新年

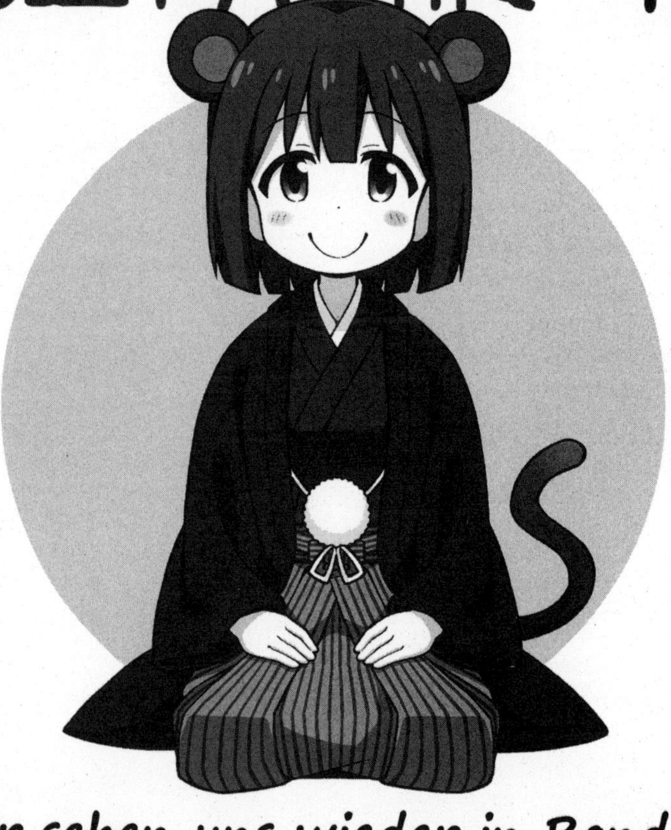

Wir sehen uns wieder in Band 5!!

GRINP Website
http://grin.oops.jp/
mail:grin@ch.oops.jp
twitter:@nekotou

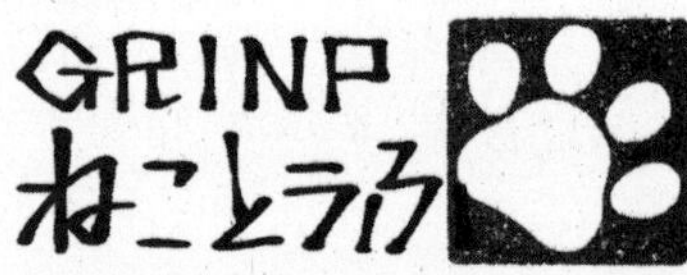

*GRINP ist der Name des Dôjinshi-Teams von NEKOTOFU.

... und das wartet auf Euch in **BAND 5** von:

Ab sofort Schwester!

5

Mahiros Geheimnis ist aufgeflogen?! Ein neuer mysteriöser Charakter kennt nun scheinbar sein Geheimnis! Ist sein Schulalltag nun bedroht...?

Mahiros Schulleben lief wie am Schnürchen! Endlich konnte er sich erfolgreich eingewöhnen und versteht sich auch noch gut mit seinen Klassenkameraden. Doch kaum hat das neue Semester begonnen, kommt es schon zu Schwierigkeiten! Ein mysteriöses Mädchen erscheint auf dem WC vor Mahiro und zu seiner Verwunderung spricht sie ihn mit „Brüderchen" an! Ist dieses Mädchen – das wohl sein Geheimnis zu kennen scheint – Freund oder Feind? Mahiro gerät in diesem Band in seine wohl größte Notlage, seit er begonnen hat, die Schule zu besuchen!

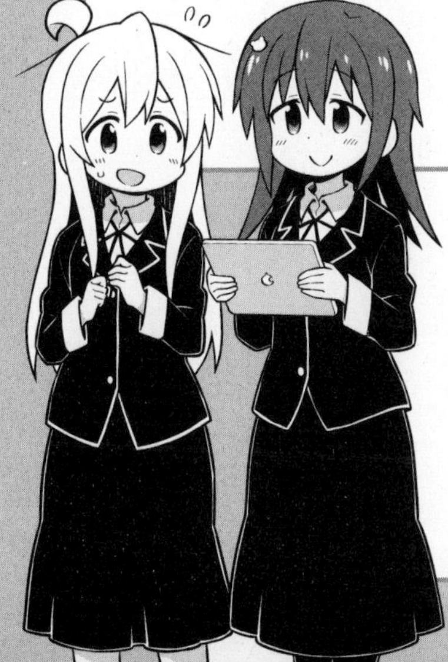

Höschen werden von einer geheimnisvollen Schulärztin gesehen... an Miharis Geburtstag machen alle einen Ausflug in den Vergnügungspark... und im Sommer wird zusammen gegrillt... Der beliebte Manga „Ab sofort Schwester!" (nun bald mit Anime-Adaption) bleibt auch in Band 5 spannend!

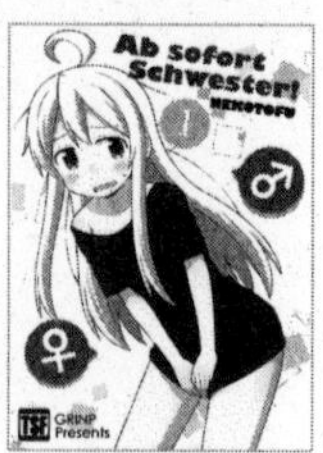
Ab sofort Schwester!
NEKOTOFU
1
TSF
GRINP Presents

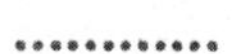

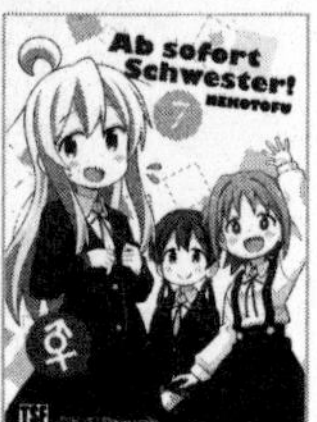
Ab sofort Schwester!
NEKOTOFU
7
TSF

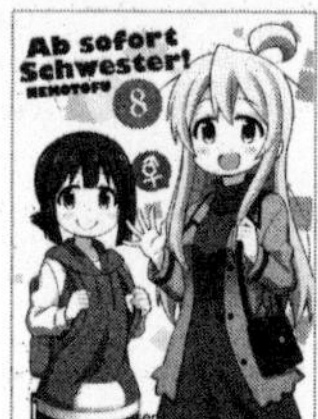
Ab sofort Schwester!
NEKOTOFU
8

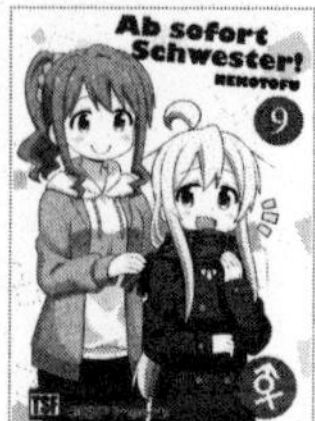
Ab sofort Schwester!
NEKOTOFU
9
TSF

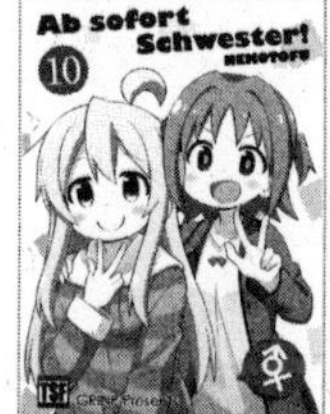
Ab sofort Schwester!
NEKOTOFU
10
TSF

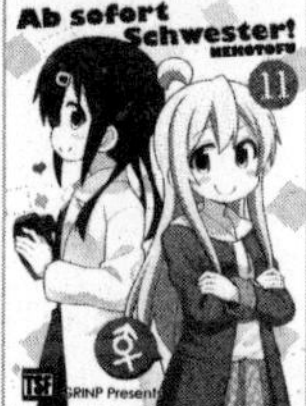
Ab sofort Schwester!
NEKOTOFU
11
TSF
GRINP Presents

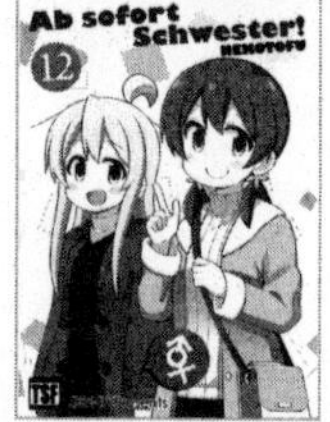
Ab sofort Schwester!
NEKOTOFU
12
TSF

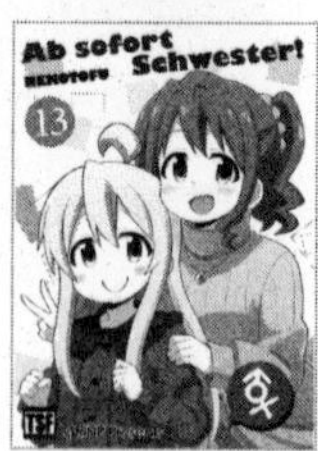
Ab sofort Schwester!
NEKOTOFU
13
TSF

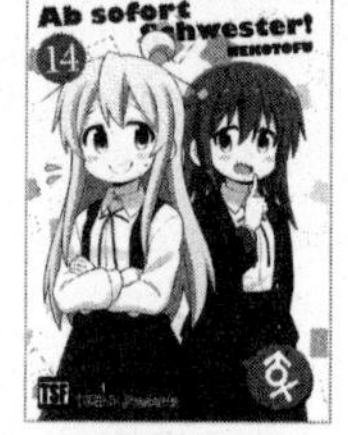
Ab sofort Schwester!
NEKOTOFU
14
TSF

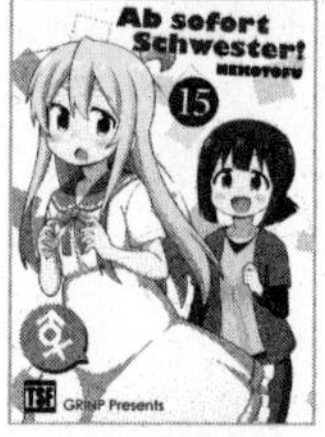
Ab sofort Schwester!
NEKOTOFU
15
TSF
GRINP Presents

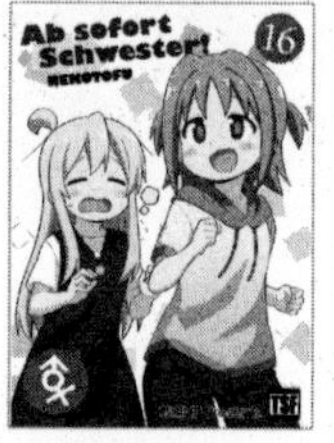
Ab sofort Schwester!
16
NEKOTOFU
TSF

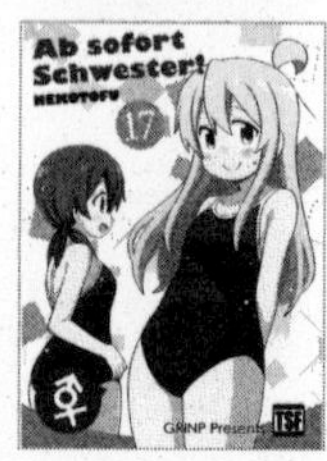
Ab sofort Schwester!
NEKOTOFU
17
GRINP Presents
TSF

Ab sofort Schwester!
NEKOTOFU
18
TSF

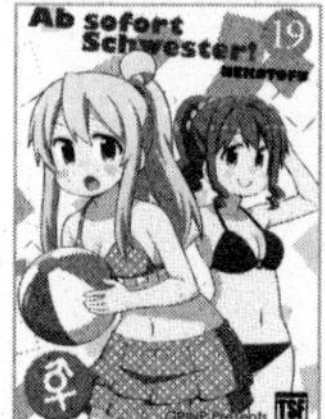
Ab sofort Schwester!
19
NEKOTOFU
GRINP Presents
TSF

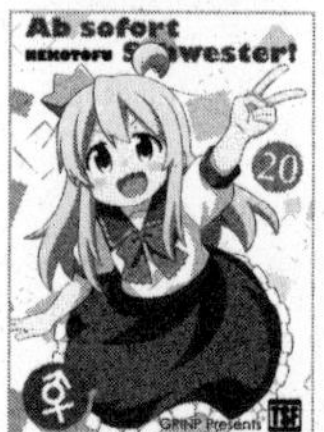
Ab sofort Schwester!
NEKOTOFU
20
GRINP Presents
TSF